ALBER LEHRBUCH

Dieses Lehrbuch führt systematisch in die Wissenschaftstheorie und Methodologie ein, indem es vier zentrale Themen darstellt und eigenständig weiterentwickelt: 1) Wissenschaft besteht aus sozialen Systemen und Handlungen, muß in dieser Dimension von Religion und Politik abgegrenzt werden und einen eigenen Typ von Verantwortung definieren. 2) Wissenschaft ist geprägt von geistigen Repräsentationen in Form von Strukturen, Modellen, Theorien, Computerprogrammen, die meist durch Sprache beschrieben werden. 3) Wissenschaft ist an Erfahrung gebunden durch Daten, Experimente, Messung sowie deren statistische Aufbereitung. 4) Wissenschaft ist geprägt von charakteristischen Vorgehensweisen (Methoden), die je nach Disziplin und Gegenstand variieren. Die Behandlung dieser Themen ist für Natur-, Sozial- und Informationswissenschaften und für statistische Theorien gleichermaßen zutreffend. Die allgemeinen Begriffe werden durch detaillierte Beispiele aus den verschiedensten Fachgebieten belegt. Zu jedem Abschnitt wird ergänzende und weiterführende Literatur angegeben, vor allem für die Dimensionen des Sozialen und der Methoden.

Der Autor, Professor Dr. phil. Wolfgang Balzer, forscht im Bereich der – hauptächlich strukturalistischen – Wissenschaftstheorie, er untersucht speziell soziale Praktiken, Institutionen und Simulationen. Er lehrte fast drei Jahrzehnte an der Universität München und ist durch zahlreiche Bücher und Aufsätze in internationalen Fachzeitschriften hervorgetreten.

Wolfgang Balzer

Die Wissenschaft und ihre Methoden

Wolfgang Balzer

Die Wissenschaft und ihre Methoden

Grundsätze der Wissenschaftstheorie

Ein Lehrbuch

Verlag Karl Alber Freiburg / München

2., völlig überarbeitete Auflage

Druckvorlage durch den Autor

Gedruckt auf alterungsbeständigem Papier (säurefrei)
Printed on acid-free paper

www.verlag-alber.de
Druck und Bindung: Difo-Druck, Bamberg
ISBN 978-3-495-48377-0

Inhalt

Vorwort 9

Kapitel 1 Soziales

1.1 Wissenschaft als Prozess 11
1.2 Dimensionen und Faktoren im Wissenschaftsprozess 15
1.3 Selbstorganisation in der Wissenschaft 25
1.4 Wissen 29
1.5 Wissenschaft versus Offenbarung 33
1.6 Verantwortung in der Wissenschaft 38
Ergänzende Lektüre zu Kapitel 1 45

Kapitel 2 Strukturen

2.1 Empirische Theorien 46
2.2 Die Sprache einer Theorie 58
2.3 Einige Ableitungsregeln 66
2.4 Definitionen 71
2.5 Strukturen 78
2.6 Interpretation und Gültigkeit 86
2.7 Aspekte von mengentheoretischen Sprachen 96
2.8 Mengentheoretische Prädikate 103
2.9 Modelle 108
2.10 Morphismen 116
2.11 Praktische Disziplinen 121
2.12 Statistische Theorien 125
2.13 Computerprogramme 135
2.14 Umfassende Theorien 142
Ergänzende Lektüre zu Kapitel 2 151

Kapitel 3 Daten

3.1 Daten 153
3.2 Harte und weiche Daten 163
3.3 Datengewinnung 169
3.4 Fundamentale Messung 178
3.5 Theoriegeleitete Messung 186
3.6 Das Messproblem 196
3.7 Datenstrukturen 206
3.8 Teilstrukturen 212
3.9 Passung von Modellen und Daten 217
3.10 Approximative Passung 228
3.11 Test statistischer Hypothesen 242
3.12 Wissensbasierte Systeme 250
3.13 Die Anwendung formaler Theorien 254
Ergänzende Lektüre zu Kapitel 3 263

Kapitel 4 Methoden

4.1 Grundmuster wissenschaftlicher Übergänge 264
4.2 „Dialektische" Entwicklungsmuster 268
4.3 Induktive Methode 273
4.4 Maschinelle Entdeckung 284
4.5 Deduktive Methode 290
4.6 Identifikation im Limes 296
4.7 Hermeneutische Methode 299
4.8 Bestätigung 313
4.9 Computersimulation 324
4.10 Erklärung 333
Ergänzende Lektüre zu Kapitel 4 340

Literatur 341
Autorenregister 355
Sachregister 359
Liste der Symbole 366

Vorwort

Die zweite, vollständig neubearbeitete Auflage dieses Buches soll als einführendes Lehrbuch in die *allgemeine* Wissenschaftstheorie dienen. Dieser Bereich umfasst die Strukturen, die Entwicklung, die Methoden der Wissenschaften und die Einpassung dieser Dinge in eine – hier insbesondere: unsere – Gesellschaft. Das Buch wendet sich an Studierende und Lehrende aller Disziplinen, die sich mit Grundlagenfragen und methodischen Problemen auseinandersetzen.

Die Wissenschaftstheorie ist im Moment auf Universitätsebene kaum präsent. Dies ist schade. Denn unsere Gesellschaft ist wohlhabend geworden durch Bildung, die in mehreren Generationen aufgebaut wurde. Im Moment soll die Gesellschaft durch Ausbildung in produktnahen Wissenschaftsbereichen zukunftsfähig gemacht werden. Aber wo ist die Bildung geblieben? Das Nachdenken über Wissen und das Nachdenken über das Schaffen von Wissen ist ein Kernbestandteil der Bildung. Dies wussten die Gebildeten immer.

Ich habe mich bemüht, die Naturwissenschaften nicht als übermächtiges Vorbild darzustellen und den Sozialwissenschaften und anderen Disziplinen einen angemessenen Platz einzuräumen. Die strukturellen und die methodischen Probleme sind in den Sozial- und Geisteswissenschaften im Vergleich zur Naturwissenschaft wesentlich schwieriger. Normalerweise werden in jedem Wissenschaftsbereich solche Probleme anders isoliert und diskutiert. Mein Ziel in diesem Buch war, die Naturwissenschaften und die anderen Wissensgebiete zu einem zunächst einheitlichen Bild zusammenzufügen, innerhalb dessen dann die interessanten Unterscheidungen getroffen werden können. Ohne diesen Rahmen wird der wissenschaftliche Wettbewerb ausgelagert, auf Neudeutsch: „outgesourced“, nämlich in den Bereich der Politik und der Wirtschaft.

Die Abschnitte in den Kapiteln 2 und 3 bauen -mit Ausnahmen- systematisch aufeinander auf und vermitteln ein präzises Modell von Theorie und Anwendung, das für jeden wissenschaftlich Arbeitenden von Nutzen sein dürfte. In Kapitel 4 werden die wichtigsten allgemeinen Typen wissenschaftlichen Vorgehens jeweils kurz behandelt; diese Abschnitte sollen in der akademischen Lehre jeweils als Ausgangspunkt für ein tieferes Eindringen in das jeweilige Thema dienen. Dazu sind an den Kapitelenden ausgewählte, weiterführende Arbeiten angegeben.

Aufgrund der allgemeinen Ausrichtung geht das Buch nicht auf schwierige Beispiele ein und enthält keine umfangreichen Fallstudien; auch hier finden sich in den Literaturangaben einschlägige Hinweise.

Aus der *Munich Simulation Group* habe ich viele Anregungen bekommen. Ich bedanke mich speziell bei *Karl Brendel*, *Solveig Hofmann*, *Klaus Manhart*, *Joseph Urban* und *Dieter Will*. Bei der Vorbereitung und der Abfassung des Manuskripts habe ich durch *Phillio Marcou* und *Stefanie Seith* wertvolle Diskussionen und Hilfen erhalten.

München, im Mai 2009

Kapitel 1: Soziales

1.1 Wissenschaft als Prozess

Wissenschaftler und Wissenschaftlerinnen bilden mit ihrem Verhalten ein Teilsystem der Gesellschaft, welches im Laufe der Zeit interessante Änderungen durchmacht. Eine allgemeine Abgrenzung dieses „Systems" Wissenschaft ist schwierig und wird hier nicht versucht, obwohl sich in einigen speziellen Fällen, wie etwa bei den Universitätsprofessoren, leicht entscheiden lässt, ob eine Person oder eine ihrer Handlungen zu diesem System gehört oder nicht.

Das Wissenschaftssystem definiert in seinem Ablauf einen Prozess. Dieser „Wissenschaftsprozess" lässt sich auf mindestens zwei verschiedenen Ebenen analysieren, nämlich einmal auf der *strukturellen* Ebene des Wissens, wie es in materiell fixierter Weise in Büchern, Aufsätzen und Manuskripten dargestellt ist und sich im Laufe der Zeit ändert und entwickelt. Solches Wissen kann als Produkt, als „Output" der Wissenschaft und des Wissenschaftsprozesses angesehen werden. Es dient als „Rohstoff" oder „Input" für andere gesellschaftliche Teilsysteme: Technik, Wirtschaft, Politik, Medizin, Armee, Bildung. Der Wissenschaftsprozess kann aber auch auf einer zweiten Ebene analysiert werden, nämlich der Ebene der Menschen, ihrer Handlungen, Ziele, Werte, der Ebene der sozialen Gruppen und Institutionen, kurz: der sozialen Ebene.

Auf beiden Ebenen bietet der Wissenschaftsprozess ein vielfältiges und lebendiges Bild. Auf der Wissensebene entwickeln sich immer komplexere Strukturen von Theorien und Modellen, die sowohl miteinander, als auch mit zugehörigen Daten in einer Beziehung der Kohärenz oder des Passens stehen. Ausgehend von ziemlich allgemeinen Grundmodellen, die einen großen Bereich realer Systeme abdecken, werden immer feinere Spezialisierungen erfunden, die immer speziellere Teile der Realität modellieren. Dieses Bild eines sich ausdifferenzierenden Theoriennetzes finden wir in den verschiedensten Objektbereichen und Disziplinen. Zwischen Theoriennetzen entstehen begriffliche Querverbindungen und zwischen den realen Systemen aus verschiedenen Bereichen werden direktere Identitätsbeziehungen geknüpft. Auf diese Weise wird ein Objekt- oder Phänomenbereich immer feiner modelliert, die Zahl der erfassten Phänomene und ebenso die Zahl der Daten wird größer, die Passung zwischen Daten und immer feineren Modellen wird besser.

Im Gesamtgefüge von Theorien und Daten entstehen durch die ständigen Neuerungen aber auch Spannungen, nämlich wenn *neue* Daten oder *neue* Theorien nicht mit den bisherigen Theorien und Daten zusammenpassen. Manchmal erfolgen dann größere Umbrüche in Form von Korrekturen an den allgemeinen Grundmodellen eines Bereichs, durch die die Spannung eliminiert und die Kohärenz des Gesamtsystems erhöht wird.[1]

Die *Wissenschaftstheorie* bewegte sich bisher fast ausschließlich auf der ersten Analyseebene, der des Wissens. Die Objekte: Theorien, Modelle, intertheoretische Relationen, Daten etc. sind begrifflicher Natur und bei ziemlicher Stabilität auch gut als Forschungsobjekte geeignet. Das angedeutete Bild von der Struktur und Entwicklung der Wissenschaft ist wichtig und komplex genug, um eine eigene Theorie zu „nähren".

Auf der zweiten, sozialen Analyseebene fällt demgegenüber die Systematisierung schwerer. Hier sind die Objekte und Phänomene – Personen, Handlungen und Systeme von solchen – instabil und schwer zugänglich, unser Wissen über sie ist bis jetzt ziemlich dürftig. Eine neue Teildisziplin, die *Wissenschaftsforschung*, ist mit ersten Schritten der Theoriebildung auf dieser Ebene im Entstehen begriffen.[2]

Auf der sozialen Ebene sind mindestens zwei Arten von Phänomenen zu unterscheiden. Bei der ersten Art steht die einzelne Person mit ihren Handlungen im Mittelpunkt. Die Person macht einen Prozess der Ausbildung durch, forscht, veröffent-

[1] Dieses informelle Bild ist eine Mischung von Kuhn 1962 und strukturalistischer Wissenschaftstheorie, etwa in der Darstellung von Balzer, Moulines, Sneed 1987.

[2] Vergleiche z.B. Weingart 1973/74, Knorr-Cetina 1981, Krohn & Küppers 1990, Balsiger 2005, Gläser 2006.

licht, diskutiert mit anderen, macht Werbung für die eigenen Ergebnisse, versucht, Mittel für die eigene Forschung und den eigenen Unterhalt zu bekommen und auch, die Mittel für rivalisierende Ansätze knapp zu halten.[3] Sie wirkt mit beim Aufbau von Instituten und Institutionen, die die eigenen Ergebnisse verbreiten und festigen helfen. Die Person wird jeweils in eine bestimmte Gesellschaft und ein soziales Umfeld hineingeboren, deren Werte und Meinungen, aber auch Stil und Mentalität sie zunächst automatisch übernimmt. Umgekehrt wirkt die wissenschaftliche Arbeit der einzelnen Person mehr oder weniger deutlich ausgeprägt auf ihr gesellschaftliches Umfeld ein und verändert dieses.

Die zweite Art von Phänomenen betrifft die sozialen Gruppen. Eine Forscherin ist stets in eine Forschungsgruppe, eine *wissenschaftliche Gemeinschaft* eingebunden, d.h. eine Gruppe von Personen, die die gleichen Objekte oder Phänomene mit gleichen Mitteln und gleicher Wertung untersucht. Die Gesamtgesellschaft, zu der die Forscherin gehört, stellt einen Fundus an technischen Möglichkeiten zum Bau von Apparaten, zur Durchführung von Experimenten und zur Datenerhebung zur Verfügung. Andere Gruppen ermöglichen der Forscherin die Benutzung dieser Mittel. Vielfach entstehen aus wissenschaftlichen Gemeinschaften neue Institutionen: Institute an Universitäten, Forschungsabteilungen der Industrie, EU-geförderte Gruppen, und auch Forschungsinstitute der politischen Organisationen.

Schließlich ist das vielleicht wirkungsmächtigste Gruppenphänomen die politische Bewertung verschiedener wissenschaftlicher Aktivitäten, wie in den letzten zwanzig Jahren an der Förderung von Krebs-, AIDS-, Nano-, neurobiologischer Forschung, oder verschiedenen Arten von wissenschaftsbezogener Ethik einerseits und der Einschränkung der Friedens- und Konfliktforschung, oder der Genforschung andererseits deutlich zu sehen ist.

Sowohl auf der strukturellen als auch auf der sozialen Ebene werden also Prozesse, Abläufe, untersucht. Ein Prozess ist ein ständiger Übergang vom Möglichen zum Wirklichen, eine Folge

[3] Sie spielt in diesem Fall die Rolle des Gutachters oder Politikberaters.

von *Zuständen* in einem Raum von Möglichkeiten, dem sogenannten *Zustandsraum*, der auch alternative, bloß *mögliche* Zustände enthält. Die Vorstellung von wissenschaftlicher Entwicklung in einem Zustandsraum legt das Bild der Evolutionstheorie nahe. Am Zustand, der in einer bestimmten Periode vorliegt, treten verschiedene Änderungen oder Neuerungen auf. Einige davon bleiben unbeachtet, werden unterdrückt oder rückgängig gemacht, andere finden Anklang, stabilisieren sich und werden als Elemente in den Folgezustand aufgenommen. Im *Unterschied* zur Evolutionstheorie treten die Änderungen in einem Zustand jedoch nicht – wie Mutationen – spontan auf, sondern nach einem, nicht zu unterschätzenden, allerdings auch noch nicht gut verstandenen, methodischen Muster.[4]

Die Erforschung des Wissenschaftsprozesses hat nach diesem Bild mindestens zwei, ineinander verflochtene Aufgaben. Erstens ist ein Zustandsraum aufzubauen, indem die zur Beschreibung von Änderungen relevanten *Dimensionen* geklärt und zusammengefügt werden. Zweitens sind die *Faktoren* zu erforschen und zu bestimmen, die den Übergang von einem Zustand in einen anderen bewirken oder als Teilursachen fördern. Man kann grob „interne" und „externe" Faktoren unterscheiden. Interne Faktoren verursachen oder beeinflussen die Veränderung auf der strukturellen, nicht-sozialen Ebene, während externe Faktoren auf der sozialen Ebene die Stabilisierung oder Unterdrückung solch interner Veränderungen bewirken.

Eine Erforschung des Wissenschaftsprozesses hat neben dem reinen Erkenntnisgewinn mindestens zwei praktische Ziele. Erstens möchte man in der Politik wissenschaftliche Entwicklungen bewerten, fördern oder verhindern. In einem zweiten, mehr „internen" Ziel möchte man die wissenschaftliche Forschung durch „gute" historische Vorbilder, durch gute Organisation des Wissens in Theorien und durch bessere Methodenstandards in Forschung und Ausbildung optimieren.

[4]Vergleiche hierzu auch Abschnitt 4.4.

Ein Zustand im Wissenschaftsprozess zu einer bestimmten Zeit enthält viele Komponenten, die für seine Systematisierung relevant werden können. Wir interessieren uns hier weniger für Zustände des *gesamten* Wissenschaftssystems, als mehr für Zustände verschiedener *Teil*systeme, wie sie zum Beispiel durch wissenschaftliche Disziplinen oder kleinere Einheiten gegeben sind. Sowohl das Gesamtsystem, als auch all seine Teilsysteme wollen wir als *Wissenschaftssysteme* bezeichnen. Relevant für die Zustandsbeschreibung eines Wissenschaftssystems sind mindestens all jene Komponenten, bei deren Änderung sich auch der gesamte Zustand des untersuchten Wissenschaftssystems ändert. Diese Bedingung hängt allerdings nicht nur vom Wissenschaftssystem ab, sondern auch vom Typ und vom Erfolg, den eine mit den entsprechenden Komponenten arbeitende Meta-Theorie hat. Eine Liste von Zustandskomponenten wäre vollständig, wenn jede relevante Komponente in ihr vorkommt oder sich aus Elementen der Liste definieren lässt. Ohne Anspruch auf Vollständigkeit listen wir folgende Komponenten oder Dimensionen auf.

1. Dimension: Theorien und Modelle.

Die wichtigste Dimension zur Beschreibung eines Zustandes betrifft die Theorien. Theorien stellen das in einem Zustand vorhandene Wissen in objektivierter, meist sprachlich niedergelegter Weise dar. Sie sind dann vor allem in Form von Hypothesen und Daten relativ leicht identifizierbar und in zusammengehörige Gruppen klassifizierbar. Theorien, die ein gewisses Maß an Kohärenz aufweisen, erlauben die Definition oder Konstruktion von Modellen.[5] Modelle können wir uns in erster Näherung als begriffliche Konstrukte zur „Abbildung“ realer Systeme – einschließlich der Daten – oder zum Umgang mit solchen, vorstellen.

Die Erfindung einer neuen Theorie oder der Wegfall einer vorhandenen Theorie (aus welchen Gründen auch immer) mar-

[5] Der Modellbegriff wird hier stets im präzisen Sinn der Modelltheorie verwandt, vergleiche etwa Shoenfield 1967, sowie 2.9 unten. Der Modellbegriff der Informatik ist spezieller; er schließt Daten nicht ein.

kieren stets eine Änderung im Zustand des untersuchten Wissenschaftssystems. So etwa änderte sich der Zustand der klassischen Mechanik – und damit die klassische Mechanik selbst – durch die Entdeckung und Hinzufügung des *Hooke*'schen Gesetzes um 1720 und ebenso durch die Herausnahme optischer Gesetze, die *Newton* ursprünglich als zur Mechanik gehörig angesehen hatte.

2. Dimension: Beziehungen und Querverbindungen zwischen Theorien.

Neben den Theorien als „Grundobjekten" enthält eine Zustandsbeschreibung die Angabe vielfältiger Beziehungen, die zwischen Theorien und ihren Modellen existieren, etwa in Form intertheoretischer Relationen wie Reduktion oder approximativer Reduktion, oder in schwächeren Formen der begrifflichen oder datenmäßigen Verknüpfung, die auch als „Links" bezeichnet werden. Solche Querverbindungen dienen dazu, Begriffe, theoretische Annahmen und Daten von einer Theorie in die andere zu übertragen. Während eine intertheoretische Relation jeweils auf zwei „ganze" Theorien Bezug nimmt, werden durch Links nur einzelne Begriffe oder Daten der Theorien miteinander verbunden. So bedeutet zum Beispiel die approximative Reduktion der *Newton*schen Gravitationstheorie auf die allgemeine Relativitätstheorie, dass alle wichtigen Begriffe und Hypothesen der ersteren auch in letzterer approximativ enthalten sind.[6] Dagegen beinhaltet eine bekannte Verbindung, die *keine* intertheoretische Relation stiftet, die Identität von Substanzen, die in Systemen der Stöchiometrie einerseits und der idealen Gastheorie andererseits vorkommen, sowie eine entsprechende Beziehung zwischen dem stöchiometrischen Begriff der Molzahl und dem der Gaskonstanten in der Gastheorie.[7] Etablierung oder Elimination einer intertheoretischen Relation sind dramatische Ereignisse, die den Zustand des Wissenschaftssystems deutlich verändern. Das Neuhinzukommen oder Wegfallen von Datenverbindungen ist weniger spektakulär, markiert aber doch jeweils eine deutliche, qualitative Änderung des Ge-

---

[6] Vergleiche z.B. Ehlers 1986, siehe auch Scheibe 1997, 1999.

[7] Vergleiche Lauth 1989 für Details.

samtzustandes, vor allem dann, wenn das untersuchte Wissenschaftssystem nicht zu groß ist.

Diesen ersten beiden Dimensionen liegt ein „systemisches" Bild der Realität zugrunde: die „Welt", die in einem Wissenschaftssystem erforscht wird, besteht aus vielen *verschiedenen* Systemen, deren Querverbindungen einen zentralen Beitrag zu ihrer Gesamtstruktur liefern. Nach einer anderen, entgegengesetzten Sichtweise bezieht sich das ganze, in einer Theorie zusammengefasste Wissen auf einen einzigen, umfassenden Gegenstandsbereich. Eine Diskussion über diese verschiedenen Sichtweisen ist nicht nötig; unser Ansatz ist differenzierter und enthält die zweite Sichtweise als Spezialfall.

3. Dimension: Invarianzen und Symmetrien.

Werden in einem Modell Objekte und Funktionen nach bestimmten Regeln durch andere Objekte und Funktionen ersetzt, so ist die entstehende, transformierte Struktur wieder ein Modell. Die Modelle von Theorien sind in diesem Sinn invariant unter bestimmten, für die jeweilige Theorie charakteristischen Transformationen. Modelle der klassischen Mechanik bleiben beispielsweise unter bestimmten Koordinatentransformationen, den Galilei-Transformationen, erhalten. Symmetrien sind Transformationen spezieller mathematischer Form. Neben den formalen, „passiven" Transformationen spielen auch reale, aktive Transformationen eine wichtige Rolle. Dabei werden die durch die jeweilige Theorie modellierten, realen Systeme aktiv verändert und es zeigt sich, dass bei bestimmten Formen von Veränderung die Theorie auch auf die transformierten Systeme anwendbar ist.[8] Zum Beispiel bleiben die *Newton*schen Axiome in einem mechanischen System gültig, wenn das System vom ursprünglichen Zustand in einen Zustand konstanter Geschwindigkeit gebracht wird. Neben „natürlichen" Invarianzen einer Theorie, die sich aus deren Modellen definitorisch ergeben, werden vielfach noch andere Arten von Transformationen studiert, deren Angabe einen Beitrag zur Zustandsbeschreibung darstellen kann.

---

[8]Zum Ursprung von Invarianzen und ihrem operationalen Hintergrund vergleiche Balzer 1983, 1980.

4. Dimension: Daten.

Daten sind die singulären Gegenstücke der allgemeinen Hypothesen. Hypothesen und Daten bilden zwei Pole, die einander im Spannungsverhältnis von Systematisierung und Test gegenüberliegen. Da sich die Datenmenge eines Wissenschaftssystems quasi kontinuierlich ändert, wäre es unzweckmäßig, *jede* Änderung der Datenlage als Anlass für eine entsprechende Zustandsänderung des Wisssenschaftssystems zu nehmen. Die Datenlage kann sich allerdings „wesentlich" ändern, wenn etwa wichtige Experimente wiederholt zu Fehlschlägen führen, oder Daten einer neuen, unerwarteten Art auftreten. In solchen Fällen führt eine Änderung bei den Daten zu einer Zustandsänderung, und dies zeigt, dass die Daten eine unverzichtbare Dimension von Zuständen bilden.

5. Dimension: Objekte und intendierte Systeme.

Noch „hinter" den Daten stehen die „realen" Systeme und die in ihnen vorkommenden Objekte und Beziehungen. Sie bilden den Ausgangs- und Bezugspunkt der Forschung, die mit theoretischen Modellen endet. Die realen Systeme und Dinge sind – so lehrt uns die Philosophie[9] – uns immer schon und immer nur in sprachlichem Gewand gegeben, so dass eine gewisse Theorie- oder Sprachrelativität der „Systeme an sich" nicht vermieden werden kann. Über die Systeme „an sich" lässt sich kaum etwas sagen: es gibt sie. Alles andere, was wir über sie sagen, wird im Inhalt durch die sprachliche Beschreibung mitbestimmt. Jede inhaltliche Aussage über ein reales System setzt eine bestimmte Begrifflichkeit voraus, die die Menschen aktiv in das System hineinprojizieren. Obwohl sich wenig über sie sagen lässt, müssen die „realen" Systeme als eigene Dimension der Zustandsbeschreibung geführt werden. Sie sind der „Anker", der die anderen, begrifflichen Dimensionen vom „freien Schweben" abhält. In der Meta-Theorie werden sie vor allem zur korrekten Zusammenfassung und Gruppierung der Daten gebraucht. Daten, die aus dem gleichen System stammen, bilden eine Einheit, an der eine Hypothese zu testen ist.

[9] Angefangen von Kant 1956 bis Quine 1960.

6. Dimension: Messmethoden.

Messmethoden liefern den wichtigsten, nämlich regelgeleiteten, Zugang zu Daten und sind für den empirischen Erfolg von Theorien von zentraler Bedeutung. Sie können einerseits begrifflich charakterisiert werden, enthalten aber andererseits einen Überschuss an praktischem Wissen in der Herstellung und im Umgang mit Geräten, welcher sich nur schwer systematisieren lässt. Die Entwicklung neuer Messmethoden, die oft mit der Erfindung neuer Apparate einhergeht, kann den Zustand eines Wissenschaftssystems ändern, was ihre Behandlung in einer eigenen Dimension rechtfertigt. Als Beispiel sei genannt die Erfindung des elektrischen Thermometers um 1820 durch *Seebeck*, das die Messung sehr hoher Temperaturen ermöglichte und damit entscheidend zur Untersuchung der Hohlraumstrahlung beitrug, die schließlich zur Quantenphysik führte.[10]

7. Dimension: Probleme.

Der Begriff des wissenschaftlichen Problems und der Problemlösung lässt sich mit Hilfe der zuvor genannten Komponenten weitgehend charakterisieren. Trotzdem ist für Probleme eine eigene Dimension erforderlich, weil die begriffliche Analyse nur den Begriff des *möglichen* Problems erfasst. Wichtig für die Beschreibung des Wissenschaftsprozesses sind aber vor allem die Probleme, die in einem bestimmten Zustand tatsächlich als Probleme angesehen werden und an deren Lösung gearbeitet wird. Die tatsächlich untersuchten Probleme stellen stets nur eine kleine Auswahl aus dem Spektrum der im jeweiligen Zustand möglichen Probleme dar.

Bei den Problemen wird unterschieden zwischen empirischen, begrifflichen und technischen Problemen.[11] Empirische Probleme treten bei der Passung von Daten und Theorien auf, begriffliche, wenn neue Theorien oder Querverbindungen die Verhältnisse in den schon vorhandenen Theorien stören. Technische Probleme betreffen die Herstellung von Apparaten und die Erhebung von Daten.

[10] Vergleiche etwa Fraunberger & Teichmann 1984, 132 ff.
[11] Vergleiche etwa Laudan 1977. Siehe auch Polya 1949.

Mit der Dimension der Probleme kommen wir in den Bereich sozialer Einflüsse, denn die Auswahl von Problemen wird heute oft durch forschungspolitische Entscheidungen mitbestimmt. Die Problemdimension stellt damit eine „Naht" dar, an der die strukturelle und die soziale Ebene zusammentreffen.

8. Dimension: Institutionen.

Die jeweils vorhandenen Institutionen, wie Universitäten, industrielle oder staatliche Forschungseinrichtungen, Stiftungen und andere Einrichtungen zur Forschungsförderung, aber auch rechtliche Rahmenbedingungen wie etwa das Patentrecht, beeinflussen den Zustand eines Wissenschaftssystems. Neue Institute oder Fachbereiche an Universitäten, neue Laboratorien, aber auch einfach neue Förderungsinstitutionen oder Instrumente führen zu vermehrter Forschung, die in einigen Fällen schon als Zustandsänderung angesehen werden kann. Als Nebeneffekt, aber oft auch mit Absicht, führt die Gründung einer neuen Institution, die eine bestimmte Forschungsrichtung fördert, zugleich zur Schwächung anderer Ansätze, die mit gleichen oder ähnlichen Themen beschäftigt sind. Zu den Institutionen sind auch die Auswahlmechanismen zu rechnen, nach denen Stellen besetzt werden, also die Zusammensetzung und Statuten von Auswahlgremien, wie Fakultäten oder dem Nobelpreis-Komitee. Die vorhandenen Institutionen sind der wichtigste Ausdruck des gesellschaftlichen Umfeldes, der vorliegenden Machtverhältnisse und Verhaltensnormen.[12] Allerdings können nicht *alle* sozialen Einflüsse auf das Wissenschaftssystem als Veränderung institutioneller Bedingungen dargestellt werden.

9. Dimension: Werte.

Werte lassen sich nicht auf wissenschaftliche Institutionen reduzieren. Wir denken hier an Werte, die sich im Rahmen der politischen und kulturellen Verhältnisse ändern. Solche Werte schlagen sich in der Forschungspolitik nieder und bewirken Änderungen bei den Problemen, und den Institutionen.

[12]Vergleiche Balzer 1993 für eine detaillierte, an Machtverhältnissen ansetzende Theorie sozialer Institutionen.

Schließlich gibt es noch zwei weitere Dimensionen, die einer genaueren Untersuchung zu unterziehen wären, nämlich die Charaktereigenschaften der ForscherInnen, sowie die Dimension des Stils und der Mentalitäten. Zweifellos äußern sich die vorhandenen, unterschiedlichsten Charaktere in verschiedenem Verhalten der Individuen und dieses bestimmt die kausale Entwicklung eines Wissenschaftssystems. Ebenso unzweifelhaft ist die Existenz verschiedener Denkstile und Kulturen, die sich ebenfalls in verschiedenem Verhalten der Individuen niederschlagen können. Unser Kriterium für die Einführung einer eigenen Dimension war allerdings, dass Änderungen in der Ausprägung dieser Dimension zu einer Änderung des Zustandes des Wissenschaftssystems führen. Dieses Kriterium scheint für die beiden letzten „Dimensionen" nicht erfüllt zu sein. Individuen ändern ihren Charakter kaum, und es ist schwer zu sagen, wann eine Änderung von individuellen Charakteren vorliegt. Denkstile andererseits ändern sich viel langsamer als Zustände eines Wissenschaftssystems, so dass das Beziehungsverhältnis eher umgekehrt anzusetzen ist: die Wissenschaftssysteme beeinflussen und verändern die Denkstile.

Die genannten neun Dimensionen sind unabhängig voneinander in dem Sinn, dass keine von ihnen ohne Rest durch die anderen explizierbar ist. Die letzten beiden lassen sich nur schwer untersuchen; ihre Erforschung muss Erkenntnisse und Methoden der Sozialwissenschaften einschließen und steckt noch in den Kinderschuhen. Die bisherigen Erkenntnisse reichen hier nicht über eine Bestandsaufnahme und vage Typologien hinaus, weshalb wir auf diese Dimensionen auch nicht näher eingehen möchten.

Es liegt nahe, Änderungen in den angegebenen Dimensionen als Ursachen oder Teilursachen von Zustandsänderungen aufzufassen. Wir könnten zum Beispiel sagen, die Erfindung einer neuen Theorie sei die Ursache für eine entsprechende Änderung des Wissenschaftszustandes. Abgesehen davon, dass solche „Ursache-Wirkungs-Zusammenhänge" sehr grob, abstrakt und unbefriedigend bleiben, tragen sie auch wenig zum Verständnis der Theoriendynamik bei. Eine befriedigende Antwort auf die Frage, warum eine bestimmte Zustandsänderung eingetreten ist, erfordert den Bezug auf Muster von Ausprägungen in verschiedenen Dimensionen. Eine befriedigende Antwort sollte folgende Form haben: „Der neue Zustand ist eingetreten, weil der Vorgängerzustand von bestimmter Art war und Zustände dieser Art immer (oder häufig) zu Nachfolgezuständen der eingetretenen Art führen“. Als *Faktoren* der wissenschaftlichen Entwicklung sind also zunächst Zustände ins Auge zu fassen, die wir uns als Muster oder Gruppen von „Ausprägungen“ der verschiedenen Dimensionen vorstellen. Damit soll nicht geleugnet werden, dass auch die Änderung in einer einzigen Dimension als Faktor wirksam werden kann, nämlich, wenn die „restlichen“ Dimensionen unverändert bleiben.

Ausgehend von diesen Dimensionen und ohne, dass die Reihenfolge der Aufzählung etwas über die Wichtigkeit besagt, lassen sich einige Faktoren der Wissenschaftsentwicklung identifizieren.

Ein erster Faktor ist die vorhandene begriffliche Umgebung in Form von Theorien, Querverbindungen und Invarianzen. Diese beeinflusst die Wissenschaftsentwicklung auf mehrfache Weise: als Ausgangsbasis für weitere Spezialisierung, als Generator von Problemen und von Lösungsräumen für Probleme und als Vorrat, aus dem Analogien für neue Phänomenbereiche geschöpft werden können. Es ist völlig klar, *dass* die jeweilige Ausprägung dieser Dimensionen entscheidenden Einfluss auf den Folgezustand hat und somit als kausaler Faktor wirkt.[13] Weniger klar ist dagegen, genau *welche* Wirkung dieser Faktor hervorruft.

Die akuten Probleme bilden einen zweiten Faktor. Eine Änderung des Wissenschaftssystems wird oft von den möglichen und anerkannten Problemen hervorgerufen. Möglichkeit eines Problems lässt sich dabei an der begrifflichen Umgebung im Vorgängerzustand festmachen. Ein Problem ist nur dann möglich, wenn es formuliert werden kann und dies wiederum hängt vom Zustand der Theorien und der darin vorhandenen

[13] Dies gilt schon im Sinne des ersten systematischen Kanons für kausale Analyse in Mill 1941, Kap.8, S.388-406 und ebenso für neuere begriffliche Ansätze in diesem Bereich, wie z.B. Suppes 1970.

Begriffe ab. Genau wie beim Individuum Neues nur dann gelernt oder „assimiliert“ wird,[14] wenn das Neue gerade in der „richtigen“, „greifbaren“ Nähe zu den schon vorhandenen, intellektuellen Strukturen steht, werden im Wissenschaftsprozess neue Probleme nur dann formuliert und bearbeitet, wenn sie den „richtigen“ Abstand zu den vorhandenen Theorien haben. Von allen begrifflich möglichen Problemen werden immer nur einige wenige auch als relevante Probleme anerkannt und bearbeitet. Ihre Bearbeitung führt zu einer Zustandsänderung, wobei wir allerdings nicht sagen können, genau welche Änderung eintreten wird. So waren beispielsweise das begriffliche Problem, dass Elektrodynamik und klassische Mechanik verschiedene Invarianzen haben, und das empirische Problem, dass die Ortsdaten des Planeten Merkur nicht gut zu den theoretischen Bahnen der *Newton*schen Gravitationstheorie passten, wichtige Faktoren für die Entwicklung der speziellen bzw. die Durchsetzung der allgemeinen Relativitätstheorie.

Ein dritter Faktor der wissenschaftlichen Veränderung besteht in der Natur der jeweils untersuchten Objekte und Systeme. Stabile und einfache Objekte, wie sie etwa in der Physik untersucht werden, lassen sich schneller und mit mehr Erfolg erforschen, als veränderliche und komplexe Objekte, wie wir sie in den Sozialwissenschaften antreffen. Damit verknüpft sind auch Unterschiede in der Natur der Daten. Bei stabilen, einfachen Objekten ist es leicht, viele Daten zu erheben, bei veränderlichen, komplexen Objekten ist die Datengewinnung ungleich schwieriger (siehe 3.2 und 3.3).

Viertens sind als Faktor zu nennen die vorhandenen Methoden. Wir denken hier weniger an allgemeine, wissenschaftliche Methoden, wie Induktion, Deduktion, Abduktion, sondern an spezielle Methoden, die zum Handwerkszeug bestimmter Disziplinen gehören: Methoden der Messung, des Experiments, der statistischen Analyse. Die Entwicklung neuer Messmethoden führt oft zu Änderungen auch in anderen Dimensionen, vor allem in der der Modelle. Die Erforschung eines ansonsten begrifflich „reifen“ und auch anerkannten Problems kann sich verzögern, wenn keine hinreichend präzisen Messmetho-

[14] Vergleiche Piaget & Inhelder 1941, Piaget & Szeminska 1941.

den bekannt sind. Als Beispiel sei das *Michelson-Morley*-Experiment genannt, dem eine längere Phase der Diskussion auf rein begrifflicher Ebene voranging. Das Problem, ob ein Äther existiert, war schon vorher begrifflich reif und auch anerkannt, aber es fehlten die experimentellen Mittel und Ideen zu seiner Erforschung.

Auf der Ebene der Individuen sind mindestens zwei Arten von Faktoren auszumachen. Erstens rufen bestimmte Charakterzüge wie Ehrgeiz, Machtstreben, Geldgier, Streben nach Ruhm und Unsterblichkeit, aber auch Fähigkeiten wie Redekunst, Schnelligkeit in der Diskussion, Führungskraft und Überzeugungskraft, Wirkungen im Wissenschaftssystem hervor. Ein schönes Beispiel ist hier *Newton*, dessen idiosynkratische Psyche und die aus ihr resultierende Forschungssucht wesentliche Bedingungen für seine wissenschaftlichen Entdeckungen waren.[15] Zweitens spielt die Bildung und die Ausbildung der Individuen und ihr Kontakt zu anderen Disziplinen und Kulturen eine nicht zu unterschätzende Rolle. Wie *Thomas Kuhn* bemerkt, werden bahnbrechende Neuerungen in einer Disziplin oft von Personen eingeführt, die enge Kontakte zu einer anderen Disziplin unterhalten.

Einen weiteren Faktor der Veränderung stellt das politische und das Medieninteresse dar. Diese Interessen ergeben sich oft ziemlich unabhängig vom Zustand der Wissenschaft aus den verschiedensten Modetrends oder sonstigen, wie auch immer entstandenen Bedürfnissen, wie zum Beispiel dem zeitgenössischen Bedürfnis vieler Mitmenschen, ihren Tod mit allerlei merkwürdigen Mitteln so lang wie möglich hinauszuschieben, oder unliebsame Menschen zu eliminieren. Solche Trends und Stimmungen schlagen sich im Zufluss oder im Ausbleiben von Forschungsmitteln nieder und sind heute vielleicht der wichtigste Faktor im Wissenschaftsprozess.[16]

Schließlich ist noch ein Faktor zu nennen, der in der Vergangenheit keine Rolle spielte, aber nun zunehmend an Bedeutung gewinnt: die Fähigkeiten von Computern und Program-

[15] Vergleiche hierzu Schneider 1988.

[16] Siehe hierzu auch die Arbeiten von Böhme, van den Deale und Krohn 1972, 1973.

men, den Forschungsprozess nicht nur zu unterstützen, sondern auch aktiv voranzutreiben. Es gibt inzwischen neben den reinen Hilfsprogrammen, den „Number-Crunchers“, recht intelligente Programme, die zum Beispiel a) neue Theorien aus gegebenen Daten konstruieren, b) vorhandene Theorien im Licht gegebener Daten verbessern, und c) dynamische Interaktionen verschiedenster Art simulieren oder ausführen.[17]

Bei all diesen Faktoren können wir zwar sagen, *dass* sie zu Veränderungen führen, aber nicht, genau *welche* Veränderungen sie bewirken. Eine bloße Aufzählung oder Typologie gibt wenig Aufschluss über die wissenschaftliche Entwicklung.

Die oben zuletzt angedeuteten möglichen Dimensionen, wie Charaktereigenschaften und Denkstile, lassen vermuten, dass selbst ganze Zustände des Wissenschaftssystems als Faktoren noch zu grob sind. Einzelne *Handlungen* oder individuelle Handlungsmuster, die durchaus von Charaktereigenschaften und Denkstil mitbestimmt werden, können Zustandsänderungen beeinflussen. Das ist besonders deutlich bei berühmten Figuren, die uns in der Wissenschaftsgeschichte Hinweise auf kuriose Umstände bei ihren Entdeckungen geben.

Die Aufzählung und Abgrenzung verschiedener Dimensionen und Faktoren allein liefert kein befriedigendes Gesamtbild des Wissenschaftsprozesses. Ihre Zusammenfügung zu einem Modell setzt Kenntnisse ihrer Wechselwirkung und ihres Zusammenspiels voraus, von denen wir noch weit entfernt sind. Insbesondere ist derzeit ein *erklärendes* Modell für die Wissenschaftsentwicklung nicht einmal in Umrissen sichtbar.

1.3 Selbstorganisation in der Wissenschaft

Ein erster Ansatz für ein umfassendes, systemorientiertes Modell des Wissenschaftsprozesses stammt von *Krohn* und *Küppers*.[18] Die Autoren greifen die Idee der Selbstorganisa-

[17] Siehe für a) etwa das bahnbrechende Buch von Langley, Simon, Bradshaw, Zytkow 1987, auch 4.4 unten, für b) Glymour, Scheines, Spirtes, Kelley 1987 und für c) die vielen Werke die von Abelson 1973 bis Hofmann 2009 reichen.

[18] Siehe Krohn & Küppers 1987 und für eine knappe Zusammenfassung den Aufsatz der beiden Autoren in Krohn & Küppers 1990.

tion auf, die aus Systemtheorie[19] und Biologie stammt. Sich selbst organisierende Systeme wie Organismen, Zellen, aber auch soziale Gebilde, existieren in einer Umwelt, die von anderen Systemen gebildet wird. Zwischen dem System und seiner Umwelt bestehen Wechselwirkungen, die nach systemtheoretischem Muster in Rückkoppelungsschleifen[20] ablaufen können. Selbstorganisierte Systeme sind auf Selbsterhaltung ausgerichtet, die sie mittels zweier Strategien verfolgen. Einerseits rekonstruieren sie in ständiger Rückkoppelung ihre eigene, innere Struktur, andererseits versuchen sie aber auch, ihre Umwelt aktiv so zu verändern, dass sie in ihr und mit ihr möglichst gut zurechtkommen. Durch die rückgekoppelten Wechselwirkungen verändern sich also sowohl das System intern, als auch die Systeme, die seine Umwelt bilden. Dabei können stabilere Phasen auftreten, in denen nur geringfügige Veränderungen stattfinden und sich das System in diesem Sinn mit den umgebenden Systemen im Gleichgewicht befindet. Die Wechselwirkungen zwischen dem System und seiner Umwelt definieren durch ihren „Ort", ihre Art und die involvierten Objekte den *Rand* des Systems, jenes Gebiet, das weder zur inneren Struktur des Systems, noch zum „Inneren" eines umgebenden Systems gehört.

In Anwendung auf den Wissenschaftsprozess soll dieser als sich selbst organisierendes System verstanden werden. Systemelemente könnten die in 1.2 angegebenen Faktoren und ihre Wechselwirkungen sein. *Krohn* und *Küppers* verfolgen jedoch einen viel eingeschränkteren Ansatz, nach dem als Elemente des Systems nur Personen, sowie deren Handlungen und die Wechselwirkungen zwischen den Handlungen zählen. Bei den Handlungen wird unterschieden zwischen *Forschungshandlungen* und *Wissenschaftshandlungen*.

Forschungshandlungen dienen dem direkten Ziel des Wissenserwerbs. Die wichtigsten Typen solcher Handlungen

[19] Bertalanffy 1968.

[20] In der Soziologie wird hierfür „rekursiv" verwendet. Es darf jedoch bezweifelt werden, ob dieser im Kontext der Selbstorganisation stets seinen strengen Sinn aus der *Rekursionstheorie* hat, siehe etwa Shoenfield 1967, Kap. 7. Wir ziehen deshalb den ursprünglichen Ausdruck *Rückkoppelung* vor.

sind Lesen, Nachdenken, Experimentieren, in der Gruppe diskutieren, wobei wir unter Nachdenken auch entsprechende Hilfstätigkeiten subsumieren, die das Nachdenken unterstützen, wie Zeichnen von Diagrammen, Computerprogramme ausführen, Notizen machen, Rechnen, Information sammeln.

Wissenschaftshandlungen sind demgegenüber Handlungen, die die Möglichkeiten zur Durchführung von Forschungshandlungen stabilisieren und verbessern, also allgemein Handlungen, die das Umfeld für Forschungshandlungen absichern und günstig gestalten. Einige typische Arten von Wissenschaftshandlungen sind: Vorträge halten, Verfassen von Zeitschriftenaufsätzen und Büchern, Aktivitäten in der Wissenschaftspolitik und Forschungsplanung, Lehre, Kontakte mit praktischen Bereichen, sowie populäre Darstellungen.[21] Durch Vorträge werden andere Wissenschaftler von den eigenen Ergebnissen informiert. Publikation von Zeitschriftenaufsätzen und Büchern dient neben der Information auch dem Aufbau der eigenen Reputation. Forschungsplanung erfolgt zum Beispiel in Institutionen, die Forschungsmittel im Auswahlverfahren und unter Konkurrenzbedingungen verteilen. Das Wissenschaftshandeln besteht hier unter anderem in der Auswahl von Projekten, die förderungswürdig sind, oder in der Festsetzung von Verteilungsschlüsseln nach Disziplinen oder kleineren Untereinheiten. Je weniger solche Entscheidungen am wissenschaftlichen Gehalt der Projekte interessiert sind, desto stärker geht Forschungsplanung in Wirtschaft und Politik über. Von der Seite der Wirtschaft her kommend sind Wissenschaftshandlungen schon jene, in denen ein gesellschaftlicher Bedarf an bestimmten Ergebnissen, oder eine Priorität solcher Ergebnisse formuliert wird. Auch diese Handlungen werden in der Regel von Wissenschaftlern beeinflusst. Die Lehre dient dazu, qualifizierten Nachwuchs heranzubilden, der ohne Bruch in die jeweils vorhandenen Positionen hineinwachsen kann. Kontakte mit der Praxis finden im Bereich von Industrie, Gesundheits- und Erziehungswesen statt. Auch sie tragen zur Stabilisierung des Wissenschaftssystems bei, indem sie Anforderungen und

[21] Vergleiche Krohn & Küppers 1990, S.314 ff.

Präferenzen aus dem Umfeld in das Wissenschaftssystem hineintragen. Populäre Darstellungen schließlich breiten nicht nur die wissenschaftlichen Inhalte in weitere Bereiche des Umfeldes aus, sie dienen auch dazu, Wissenschaft als für die Gesellschaft wertvoll herauszustellen.

Forschungshandlungen lassen sich einerseits in Gruppen von Handlungen einteilen, andererseits sind diese Gruppen miteinander verwoben. Jeder Gruppe solcher Forschungshandlungen entspricht eine Gruppe von Forschern, eine *Forschungsgruppe*, bestehend aus den Personen, die die Forschungshandlungen ausführen. Forschungsgruppen weisen zwei Charakteristika auf. Erstens bestehen in den Wirkungsketten zwischen den Handlungen innerhalb einer solchen Gruppe Rückkopplungen. Die Handlung einer Person hat Wirkungen auf andere Personen in der Gruppe und deren resultierende Handlungen beeinflussen wiederum die späteren Handlungen der ersten Person. Die Handlung einer Person beeinflusst damit auf dem Umweg über andere Gruppenmitglieder spätere Handlungen der gleichen Person. Das Phänomen an sich ist nicht ungewöhnlich und tritt auch in nicht-wissenschaftlichem Kontext auf. Speziell ist in Forschungsgruppen jedoch die durch theoretische Inhalte vermittelte Form solcher „Selbstbeeinflussung“. Zweitens entwickeln Forschungsgruppen eine eigene Identität, die in den intellektuellen Strukturen der Mitglieder repräsentiert wird. Die Personen haben ein Bild oder eine Repräsentation der eigenen Gruppe, das mit Bildern der anderen Gruppen kontrastiert; sie haben ein entsprechendes „Wir“-Gefühl. Die Identität der Forschungsgruppe drückt sich oft in einem eigenen Stil aus. Die Terminologie, aber auch bestimmte Sicht- und Lösungsweisen von Problemen, bilden sich innerhalb der Gruppe in spezieller Weise aus.[22]

Während Forschungshandlungen sich so über Forschungsgruppen immerhin ansatzweise systematisieren lassen, herrscht bei den Wissenschaftshandlungen eine große Vielfalt vor. Die augenfälligste Wirkung von Wissenschaftshandlungen besteht im Aufbau und dem Erhalt verschiedenartiger Institutionen, angefangen von Universitäten über Forschungslabors der In-

[22]Hierauf hat zuerst Fleck 1980 hingewiesen. Siehe auch Kuhn 1962.

dustrie bis zu Institutionen der Wissenschaftsförderung, zum Informationsaustausch (Zeitschriften, Verlage), zur Kontaktaufnahme mit der Industrie, oder zur Beratung der Politik (Wissenschaftsrat). Die Systematisierung dieser Institutionen bietet der Wissenschaftsforschung ein reiches Betätigungsfeld. Neben den fest institutionalisierten Handlungskomplexen existiert aber auch ein weiter Bereich von „sonstigen" Wissenschaftshandlungen, die sich aus der jeweiligen Situation eines Wissenschaftlers mehr oder weniger zufällig ergeben. Er kann einen Industriellen kennenlernen, der sich für seine Forschungen erwärmt und Mittel als Spende oder Stiftung bereitstellt, oder einen Journalisten, der über seine Forschungen berichtet, oder einen Politiker, der Einfluss auf Förderinstitutionen hat.

Insgesamt besteht der Wissenschaftsprozess demnach aus zwei Hauptkomponenten: dem Kernbereich von Forschungsgruppen, in denen die auf Wissensvermehrung abzielende Forschung stattfindet, und dem aus Wissenschaftshandlungen bestehenden Rand, durch den das institutionelle und gesellschaftliche Umfeld so strukturiert wird, dass der Kernbereich möglichst erhalten und weiter ausgebaut werden kann.

Dieses systemtheoretische Modell kann als Rahmen für weitere Untersuchungen von Wissenschaftsprozessen auf sozialer Ebene dienen. Eine *Erklärung* solcher Prozesse ist allerdings (ähnlich wie in 1.2) noch nicht zu sehen.

1.4 Wissen

Schon lange bevor die Wissenschaftstheorie entstand, machten sich Philosophen Gedanken über Wissen und Erkenntnis im allgemeinen, d.h. nicht nur beschränkt auf Wissenschaft. Die Wissenschaftstheorie knüpfte in ihrer Entwicklung an diese Gedanken an, so dass einige Bemerkungen über den Begriff des Wissens im allgemeinen das Verständnis der folgenden, speziell wissenschaftstheoretischen Modelle erleichtern dürfte.[23]

Nach der am weitest verbreiteten Vorstellung besteht das Wissen einer Person aus den wahren Sätzen, die die Person für richtig hält und für deren Richtigkeit sie gute Gründe hat.

[23]Siehe auch Lauth & Sareiter 2002.

Diese Charakterisierung ist nicht besonders präzise. Bis heute streiten sich Philosophen darüber, was die Wahrheit eines Satzes bedeutet, und Philosophen und Psychologen, ob Glauben oder Überzeugung[24] („für richtig halten") durch eine rein dispositionale Auffassung adäquat erfasst wird. Noch weniger klar ist der Begriff der „guten Gründe".

In den Sozialwissenschaften scheint diese, auf ein Individuum zugeschnittene „Definition" des Wissens zunächst völlig unzureichend, weil dort Wissen mehr als soziales Phänomen, denn als individuelle Disposition gesehen wird. Die angegebene, „individualistische" Version hat jedoch ihre Vorzüge. Sie impliziert keineswegs, dass Wissen ein rein individuelles Phänomen ist. Bei genauerer Betrachtung zeigt sich, dass alle drei genannten Ingredienzien des Wissens eine ausgeprägt soziale Komponente haben.

Die erste soziale Komponente des Wissens liegt in der Sprache. Wissen wird durch Sätze ausgedrückt, Sätze sind in einer Sprache formuliert. Sprache aber ist ein soziales Phänomen. Es impliziert Übereinkunft von Individuen einer Gruppe im Gebrauch von Lauten oder Schriftzeichen.[25]

Die zweite soziale Komponente des Wissens liegt im Wahrheitsbegriff. Gewusste Sätze sollen wahr sein. Auch Wahrheit ist ein soziales Phänomen. Wahrheit impliziert – unter anderem –, dass die Individuen einer Gruppe einem Satz normalerweise zustimmen oder ihn normalerweise ablehnen.

Drittens hat auch der Glaube, dass ein Satz richtig sei, sozialen Bezug. In behavioristischer Redeweise ist Glaube eine Disposition, in bestimmten Situationen in sprachgeleiteter Weise, etwa durch Zustimmung oder Ablehnung zu reagieren. Dies gilt nicht nur für Beobachtungssätze,[26] sondern auch für hochtheoretische Sätze, wie etwa das zweite *Newton*sche Axiom: „Kraft gleich Masse mal Beschleunigung". Auch dieser Satz

[24]Vergleiche etwa Davidson 1986 und Habermas 1973 und, zusammenfassend, Puntel 1983. Im Deutschen hat das Verb „glauben" heute eine stark religiöse Färbung; im vorliegenden Kontext ist es jedoch gleichbedeutend mit „überzeugt sein". Wir verwenden aus verschiedenen Gründen stets das Verb „glauben".

[25]Siehe auch Balzer 1999.

[26]Der Begriff ist in Quine 1960 präzisiert.

ruft Reaktionen der Zustimmung oder Ablehnung hervor, je nach sprachlichem Kontext. Glauben ist eine propositionale Einstellung, eine Einstellung gegenüber Propositionen, die in der allgemeinen Form: „Ich glaube, dass A" (mit einem geeigneten Satz A) zum Ausdruck kommt. Propositionale Einstellungen sind wesentlich durch die Sprache bestimmt, schon deshalb, weil sie sehr stark von der jeweiligen sprachlichen Formulierung der Proposition A abhängen. Was in einer Formulierung geglaubt wird („ich wollte den Einbrecher niederschießen"), stößt in anderer Formulierung („ich wollte meinen betrunkenen Freund niederschießen") auf Ablehnung. Situationen, in denen das Glauben einer Person relevant ist, haben deshalb in der Regel einen sprachlichen und damit sozialen Hintergrund.

Auch die letzte und für uns im folgenden wichtigste Komponente des Wissens, nämlich, dass es gute Gründe für das Gewusste gibt, hat einen starken sozialen Einschlag. In erster Näherung können wir zweierlei Arten von guten Gründen ausmachen. Einmal liegen gute Gründe für einen gewussten Satz vor, wenn dieser ein Teil eines gut bestätigten Systems von Sätzen ist. Die zweite Art guter Gründe liegt in der sozialen Stellung der Person, die den Satz äußert. Wenn die Person vertrauenswürdig oder mächtig ist, hat der von ihr geäußerte Satz von vornherein einen Bonus. „Vertrauenswürdig" beinhaltet ja, dass die Person den Satz nicht ohne Grund geäußert hat und „mächtig", dass man Schwierigkeiten bekommt, wenn man den Satz in Frage stellt.

Gute Gründe der zweiten, machtorientierten Art finden wir in großer Zahl; sie normativ auszuschließen wäre wirklichkeitsfremd. Zur Einschätzung ihrer Rolle kann auf die Existenz von Gruppen hingewiesen werden, in denen die wissenschaftliche Denk- und Lebensweise praktisch unbekannt ist, wie etwa steinzeitlich lebende Stämme in Neu-Guinea, oder stark magisch orientierte Stämme, wie die Azande.[27] Auch in den „fortschrittlichen", hochtechnisierten Gesellschaften spielen gute Gründe dieser Art eine große Rolle im Bereich des Religiösen: „Ich *weiß*, dass mein Erlöser lebt".

---

[27] Vergleich etwa Evans-Pritchard 1937 zu letzteren.

Für wissenschaftliches Wissen sind gute Gründe der ersten Art („Bestätigung“) zentral, obwohl in der Lehre vielfach dem Lehrer als Vertrauensperson gute Gründe der zweiten Art zugestanden werden. Der Begriff der Bestätigung ist allerdings in keinem befriedigenden Zustand, sondern selbst Gegenstand der wissenschaftstheoretischen Fachdiskussion. Auf einer sehr allgemeinen Ebene (siehe 4.8) lässt sich feststellen, dass mindestens drei, sich teilweise überlappende Arten von Bedingungen für den Bestätigungsbegriff einschlägig sind.

Erstens hat Bestätigung etwas mit Kohärenz zu tun. Ein Satz ist in gewissem Grad bestätigt, wenn er zu einem kohärenten System von Sätzen gehört. Kohärenz kann dabei ihrerseits verschiedene „Grade“ oder Formen annehmen. Die schwächste Form von Kohärenz einer Satzmenge besteht in deren Konsistenz: aus den Sätzen der Menge darf kein Widerspruch ableitbar sein. Auf der anderen Seite liegt Kohärenz der stärksten Art vor, wenn das Satzsystem formal mit einer kleinen Anzahl von Grundbegriffen und Hypothesen axiomatisierbar ist. Alle Sätze lassen sich dann aus einigen wenigen, überschaubaren Axiomen ableiten. Diese Art von Bestätigung hat keinen sozialen Hintergrund, ein so bestätigter Satz braucht allerdings auch keinen empirischen Bezug zu haben. Auch Mengen logisch wahrer Sätze wären in diesem Sinn bestätigt.

Eine zweite Bedingung für Bestätigung bringt uns näher an die Erfahrungssätze. Ein Satzsystem – und damit jeder Satz desselben – ist in gewissem Grad bestätigt, wenn das System ein Teilsystem von atomaren Sätzen enthält und die „restlichen“ Sätze mit den atomaren im gegebenen Grad zusammenpassen (siehe 3.9). Die atomaren Sätze stehen dabei für Daten oder Beobachtungssätze, über die sich eine Gruppe einig ist. Der durch die Interpretation der atomaren Sätze als Daten hergestellte empirische Bezug führt zugleich wieder in soziale Bereiche. Was Daten oder Beobachtungssätze sind, hängt vom Übereinkommen in einer Gruppe ab.

Die dritte Bedingung für Bestätigung geht noch weiter ins Soziale. Sie besagt, dass ein Satzsystem in gewissem Grad bestätigt ist, wenn es sich in der Praxis einer Gruppe als Werkzeug in diesem Grad bewährt. Bewährung im Technischen oder im Machbaren, die Erreichung gesetzter, materieller Ziele, rückt dabei häufig in den Vordergrund und verdrängt eine andere Art der praktischen Bewährung, die in der Erhaltung eines stabilen und für die Beteiligten erträglichen,[28] sozialen Systems besteht.

Die Details des so nur kurz beschriebenen Wissensbegriffs sind hier nicht vordringlich. Es kommt zunächst darauf an, die soziale Verankerung hervorzuheben, die in allen Bedingungen (mit Ausnahme der axiomatischen Kohärenz) zum Vorschein kommt. Sie zeigt, dass die Charakterisierung von Wissen pragmatische Komponenten enthalten muss. Und was für Wissen gilt, gilt auch für Wissenschaft. Wir können nicht erwarten, dass sich die Begriffe von Wissenschaft, wissenschaftlicher Methode und wissenschaftlicher Weltsicht völlig unabhängig vom sozialen Hintergrund charakterisieren und von ihren Gegenstücken abgrenzen lassen.[29]

1.5 Wissenschaft versus Offenbarung

Für die Erhaltung und Ausbreitung der Wissenschaft ist es wichtig, sich von anderen gesellschaftlichen Systemen abzugrenzen, bei denen auch begriffliche Repräsentationen im Mittelpunkt stehen. Grob gesprochen gibt es drei alternative Arten, den Grad festzulegen, in dem Sätze in einer Gruppe für richtig gehalten werden: den *Glaubensgrad*. Nach einer ersten Art der Festlegung wird der Glaubensgrad eines Satzes per Dekret angeordnet. Dies geschieht in Gesellschaften mit totalitärer Herrschaft, in denen neben den materiellen Verhältnissen auch das Denken unter Kontrolle der Herrschenden gebracht ist. Die Sätze, die nach diesem „Mechanismus“ geglaubt werden, nennen wir *doktrinäres Wissen*. Der zweite Weg zur Festlegung von Glaubensgraden ist der der Pseudowissenschaft. Um die Anerkennung bestimmter Sätze zu erreichen, werden vieldeutige „Theorien“ konstruiert, mit denen praktisch alle Sätze, die in einem gewissen Vokabular formulierbar sind, erklärt werden können. Ein dritter Weg ist der

---

[28] „Angenehm“ würde die Standards höher setzen.
[29] Im Gegenteil: Balzer 2003.

der Offenbarung. Hier benutzt eine Person Berichte über ihre tatsächlichen oder vermeintlichen („inneren") Erlebnisse dazu, die Überzeugungen der anderen Individuen in bestimmter Weise zu verändern. In der Religion heißt es, die Anderen würden zum „rechten Glauben" bekehrt.

Die Wissenschaft kann von diesen Alternativen deutlich abgegrenzt werden, allerdings nicht durch Form und Struktur des Wissens, sondern durch Bezug auf Formen der sozialen Interaktion.

Abgrenzung von der Pseudowissenschaft ist relativ harmlos, ebenso wie die Pseudowissenschaft selbst und kann ziemlich formal erfolgen. Pseudowissenschaftliche Theorien sind nicht widerlegbar, sie können *alle*, in einem bestimmten Vokabular möglichen Sätze erklären. „Theorien" solcher Art sind, genau wie logisch inkonsistente Theorien, praktisch nutzlos. Eine Theorie, die *alles* erklärt, hat keinen Erklärungswert.

Der Unterschied zwischen wissenschaftlichem Wissen einerseits und doktrinärem oder offenbartem Wissen andererseits ist schwieriger zu sehen. In der Wissenschaft bleibt es jeder einzelnen Person überlassen, die Richtigkeit eines Satzes durch eigenes Urteil, eigene Wahrnehmung und eigene Erfahrung zu überprüfen. Jede einzelne Person, die sich für wissenschaftliche Sätze interessiert, kann sich mit Hilfe des eigenen Verstandes und der eigenen Erfahrung ein Urteil bilden. Von der Richtigkeit wissenschaftlichen Wissens braucht man nicht durch Überredung, Propaganda oder Polizeikontrolle überzeugt zu werden. Der Mensch kommt im Prinzip ohne diese „Hilfen" aus. In dieser Bedingung ist *nicht* impliziert, dass das Verfahren Erfolg hat, dass also die Person genau die wissenschaftlich anerkannten Sätze als richtig einsieht und annimmt. Der Erfolg hängt noch von anderen Bedingungen, vor allem dem Erkenntnisinteresse der Person ab. Bei doktrinärem Wissen ist dagegen die Überprüfung durch den Einzelnen verboten und bei offenbartem Wissen ist sie auch unter noch so gutem Vorsatz nicht möglich. Offenbarung ist eine Episode im Inneren des Erleuchteten und entzieht sich der Erfahrung durch Andere. Der Erwerb doktrinären Wissens und Offenbarungswissens ist also klar von „echtem" Wissen abgegrenzt.

Wieder besteht hier die Gefahr, nur auf eine Person zu schauen und so zu tun, als ob es keine weiteren Menschen gäbe. Natürlich setzt die angegebene Abgrenzung ein soziales Umfeld voraus. Die Person lebt in einer Gruppe und spricht deren Sprache. Durch den Spracherwerb wird die Richtigkeit vieler Sätze mitbestimmt, die in die Überprüfung wissenschaftlicher Sätze eingehen. Dies ist besonders klar zu sehen bei Theorien, deren Vokabular Termini aus der Alltagssprache enthält, wie „ist grün“ oder „ist größer als“. Der soziale Prozess, in dem die Person lernt, Sätze der Form „X ist grün“ korrekt zu äußern, könnte ja in anderen Gruppen zu Sätzen der Form „X ist rot“ führen, so dass eine Person bei gleicher Wahrnehmung in der einen Gruppe korrekt „X ist grün“, in der anderen Gruppe „X ist rot“ sagen müsste und im letzten Fall, wenn sie einige Grundregeln über Farbausdrücke gelernt hat, auch: „X ist nicht grün“. Die Richtigkeit solcher Basissätze hängt also nicht nur von der jeweils wahrgenommenen Situation ab, sondern auch davon, welche sprachlichen Ausdrücke in der Gruppe – mehr oder weniger evolutionär – benutzt werden. Aber auch bei Theorien, deren Vokabular keine Alltagsausdrücke enthält, muss die Überprüfung atomarer Sätze irgendwo an umgangssprachliche Ausdrücke angebunden sein. Die individuelle Überprüfung wissenschaftlicher Sätze setzt also über die Sprache bestimmte vorgängige, in der Gruppe befolgte Konventionen voraus. Die obige Abgrenzung von wissenschaftlichem Wissen ist relativ zu einer gegebenen Sprache definiert. Auf der Grundlage der durch eine Sprache gegebenen Konventionen und Wahrheitswerte für alltägliche Sätze ist die Person aufgefordert, sich von der Richtigkeit wissenschaftlicher Sätze durch eigene Prüfung zu überzeugen. Der Punkt ist, dass ihr auch diese, relative Überprüfung, bei doktrinärem oder offenbartem Wissen versagt bleibt. Die Frage, ob wissenschaftliches Wissen durch eine Einzelperson ohne Bezug auf einen sozialen Hintergrund als gültig erkannt werden kann, stellt sich bei genauerer Analyse als nicht sehr sinnvoll heraus.

Wie eine Person eine solche Überprüfung angeht, bleibt dabei ganz offen. Die Wahl „ihrer“ Methoden bleibt ihr freigestellt, jedenfalls hängt die Abgrenzung der Wissenschaft in diesem Punkt nicht von der Wahl „wissenschaftlicher" Methoden ab; das würde die Abgrenzung zirkelhaft machen. Allerdings ist weitere Anleitung durch bereits Wissende zulässig, wenn dabei in jedem Schritt das Urteil der Person überlassen bleibt. Natürlich gibt es eine Fülle verschiedener Methoden, nach denen eine Person vorgehen kann. Die genauere Analyse solcher Methoden ist Sache der Wissenschaftstheorie (siehe Kapitel 4).

Heutzutage ist die Überprüfung wissenschaftlicher Sätze durch eine einzelne Person in vielen Fällen nur noch prinzipiell möglich. Die wirkliche Überprüfung würde die Kraft der Person übersteigen und ohne spezielle Hilfestellung von wissenschaftlicher Seite nicht gelingen. Die Überprüfung erfordert ja bei gesetzesartigen Aussagen einen Vergleich mit den zur Verfügung stehenden Daten, die erst einmal aus den verstreuten Quellen zusammengetragen werden müssen. Dann ist aber auch für jedes einzelne Datum dessen Entstehung und Gültigkeit zu prüfen, was in äußerst komplexe Bereiche führen kann.[30] In der Praxis wird eine Person, sofern sie nicht forscht, die Überprüfung nur so weit vorantreiben, bis die Zuverlässigkeit von vorliegenden Angaben deutlich wird.

Die beschriebene Abgrenzung erhebt auch keinerlei Anspruch darauf, den Prozess der Weitergabe und des Erwerbs von Wissen realistisch darzustellen. Den Kindern wird wissenschaftliches und alltägliches Wissen gleichermaßen eingetrichtert, auch wenn wir die Anstrengungen einzelner Lehrer zur Förderung der Urteilskraft der Kinder anerkennen. Es scheint wenig sinnvoll, wissenschaftliches von praktischem oder alltäglichem Wissen in der Schule zu trennen und es ist zweifelhaft, ob alltägliches Wissen den Kindern durch Vorlage zur eigenen Beurteilung beigebracht werden könnte. All dies rührt jedoch in keinerlei Weise an unserer Abgrenzung. Eine Person, die das entsprechende Interesse hat, kann sich von der Richtigkeit wissenschaftlicher Sätze selbst überzeugen. Da den Kindern in ihren ersten Lebensjahren dies Interesse in der Re-

[30] Vergleiche etwa die noch ziemlich harmlose Bestimmung der Lichtgeschwindigkeit durch *O. Roemer* im Jahre 1676, Balzer & Wollmershäuser 1986, in die nicht weniger als 12 verschiedene Gesetze, und zwar zu wiederholten Malen (insgesamt 38 mal), eingehen.

gel fehlt und in der Gesellschaft trotzdem der Wunsch besteht, ihnen solches Wissen beizubringen, muss bei ihnen anders verfahren werden.

In der Realität finden wir denn auch Aktivitäten der Überprüfung hauptsächlich in der Forschung, wo einerseits die Ergebnisse rivalisierender Ansätze kritisch geprüft werden, andererseits aber auch im Zuge eigener, neuer Ergebnisse die vorhandene Wissensbasis, von der diese ausgingen, kritisch überdacht wird. In der akademischen Lehre ist dagegen das Ideal des selbständig denkenden Studenten nicht die durchgängige Regel.

Mit Hinweis auf *Kuhn*, *Fleck* und neuere Ansätze in der Wissenschaftsforschung[31] liegt der Einwand nahe, unser Abgrenzungskriterium gehe von *Popper*schen oder empiristischen Vorstellungen aus und sei durch die genannten, neueren Entwicklungen schon „widerlegt". Dazu ist zweierlei zu sagen. Erstens hat die Wissenschaftstheorie bereits den „Gang der sicheren Wissenschaft" eingeschlagen, für den es charakteristisch ist, dass ältere, „überholte" Ansätze nicht für schlichtweg falsch angesehen werden, sondern als in gewissen Grenzen durchaus richtig und nur außerhalb dieser Grenzen verbesserungsbedürftig. Genau dies gilt auch für das Verhältnis der neueren Wissenschaftstheorie zu früheren Ansätzen. Der Einwand, man übernehme Gedanken aus einer überholten Theorie, impliziert damit *nicht*, dass auch diese Gedanken schon überholt sind. Er zeigt im Gegenteil, dass diese Gedanken Teil einer wissenschaftlichen Tradition sind, die kurzlebige Modetrends durchaus überleben und auch teilweise assimiliert werden können. Zweitens ist jedoch zu betonen, dass der genannte Einwand völlig fehlgeht. Das formulierte Abgrenzungskriterium hat *nichts* mit Wissenschaftslogik und wissenschaftlichen Methoden zu tun, es ist völlig neutral in der Frage, *wie* die Person ihre Überprüfung vornimmt. Im Kriterium ist die Rede von der sozialen Interaktion einer „wissenden" Person (oder Gruppe) mit einer anderen, noch nicht Wissenden. Im wissenschaftlichen Fall breitet die wissende Person ihr Wissen einschließlich der Wege, einschlägige Erfahrungen zu sammeln, vor der nicht

[31] Kuhn 1962, Fleck 1980, Gläser 2006.

wissenden Person aus und überlässt es dieser, sich eine Überzeugung zu bilden. Bei doktrinärem Wissen wird die Überzeugung der nicht wissenden Person durch Drohungen und bei offenbartem Wissen durch Versprechungen von außen geprägt. Auch der Verweis auf die Existenz von Propaganda und geistigen „Kämpfen“ unter den Wissenschaftlern ändert nichts an unserer Unterscheidung. Wissenschaftler sind Menschen und haben daher die bekannten persönlichen Triebe und Wünsche. In einem Umfeld, wo Egoismus und Nutzen ideologisch als das bestmögliche Verhalten gepriesen wird, ist es nicht verwunderlich, wenn auch die Wissenschaftler ihren persönlichen Nutzen nachgehen. Es mag auch sein, dass manche Individuen entgegen ihrer eigenen Einsicht Ergebnisse aus gegnerischen Gruppen nicht öffentlich akzeptieren. Wenn die Ergebnisse öffentlich sind, ist dies jedoch eine – zumindest langfristig – bedeutungslose Trotzhaltung.

Unsere Abgrenzung der Wissenschaft räumt dieser eine eindeutige Sonderstellung ein. Der Mitmensch und Mitwissenschaftler wird als gleichberechtigt und unabhängig bei der Beurteilung wissenschaftlichen Wissens anerkannt. Der Mitmensch soll sich selbst seine Meinung bilden, sich in Punkto Wissen selbst bestimmen. Diese Grundhaltung ist Teil der umfassenderen Idee der Aufklärung als einer Befreiung von Zwängen verschiedener Art, hier insbesondere vom Zwang, den Glauben anderer Menschen übernehmen zu müssen.[32]

1.6 Verantwortung in der Wissenschaft

Die immer stärkere Durchdringung aller Lebensbereiche mit Produkten und Systemen, deren Herstellung erst durch wissenschaftliche Erkenntnis ermöglicht wurde, sowie die langsam wachsende Einsicht, dass nicht jedes neue, materielle Produkt das Wohl der Menschheit vergrößert, weckt den Bedarf an Kriterien für sozial vertretbare Forschung. Außer einem warmen Regen staatlicher Mittel für die Wissenschaftsethik lässt sich freilich nur wenig Aktivität ausmachen, um diesen Bedarf zu befriedigen. Das Thema „Ethik in der Wissenschaft“ ist

[32]Kant 1964.

weitläufig und bis jetzt wenig ergiebig. Dagegen ist die Frage nach der Verantwortung für die Folgen wissenschaftlicher Forschung von handfester Art, aktuell und zugleich hochgradig relevant für ethische Überlegungen. Die Forschungen über Zuschreibung von Verantwortung sind allerdings auch noch nicht weit gediehen;[33] *ein* Grund hierfür dürfte sein, dass sie vermutlich zu einer Erschütterung der Grundfesten der derzeitigen Wirtschafts- und Gesellschaftsordnung führen.[34]

Die für Wissenschaftler bequeme und weitverbreitete Antwort auf die Frage nach der Verantwortung besteht darin, einen Unterschied zu machen zwischen Herstellung und Benutzung eines Werkzeugs. Das Werkzeug ist „ethisch neutral“, es kann für gute und schlechte Zwecke eingesetzt werden. Mit einem Hammer kann ich einen Nagel, aber ebensogut den Kopf meines Mitmenschen, einschlagen. Im zweiten, negativen Fall lehnt der Hersteller jede Verantwortung ab und schiebt sie auf den Benutzer. Genauso werden wissenschaftliche Erkenntnisse als neutrale Werkzeuge angesehen, die für gute und schlechte Zwecke eingesetzt werden können, wobei die Verantwortung bei denen liegt, die den Einsatz anordnen oder vornehmen.

Dieses weiche Ruhekissen hat allerdings bei genauerer Betrachtung harte Stellen. Die Unterscheidung zwischen Herstellung und Einsatz eines Instruments ist nicht nur fließend, sondern in gewissem Maß auch künstlich. Werkzeuge wurden ursprünglich zur eigenen Benutzung hergestellt. Die Trennung von Herstellung und Benutzung ist ein Produkt der arbeitsteiligen Lebensform in Massengesellschaften. Der in der „kleinen, heilen Welt“ überschaubare Zusammenhang zwischen Herstellung, Benutzungszweck und Zielen der ganzen Gruppe und damit auch eine gewisse Kontrolle des Einsatzes von Werkzeugen durch andere ist in den heutigen „globalisierten“ Gesellschaften nicht mehr vorhanden. Tatsächlich steht der Hersteller eines Werkzeugs vor einem Kontinuum von Möglichkeiten, wie und mit welcher Wahrscheinlichkeit dieses von verschiedenen

[33] Siehe z.B. Lenk 1991 allgemein; Wallach & Allen 2009 über „Robotermoral“.

[34] Hier ist nicht der Platz, dies weiter auszuführen. Vergleiche aber Balzer 1993 für die Entwicklung eines theoretischen Hintergrundes, von dem aus unsere Vermutung plausibel scheint.

anderen Personen oder Gruppen zu verschiedenen guten und weniger guten Zwecken eingesetzt werden kann. Ein schönes Beispiel ist die Waffenherstellung. Eine Waffe ist im Prinzip vom Hammer nicht sehr verschieden. Ihr „positiver Zweck“ ist die Abschreckung und Friedenserhaltung. Bei konsequenter Anwendung der Trennung zwischen Herstellung und Einsatz sind die Waffenhersteller jeder Verantwortung für deren Einsatz enthoben. Die Tatsache, dass sich fast kein Staat der Welt hier vollkommen neutral verhält, ist zumindest *auch* ein Indiz für ein gewisses Verantwortungsbewusstsein, sei es auch nur ein machtpolitisch verbrämtes für die eigene Bevölkerung oder die Stellung der eigenen, politischen Führungsschicht.

Je genauer wir hinsehen, desto weniger überzeugend wirkt die Trennung von Herstellung und Benutzung. Versuchen wir eine kurze, theoretische Analyse. Verantwortung kann zunächst nur eine Person tragen, und zwar für die Folgen ihrer Handlungen. Die ursprüngliche Syntax des Begriffs führt zu Aussagen der Form: „Person X ist verantwortlich für das Ereignis Y“, wobei der dispositionelle Charakter dieser Aussage in indikativen Sätzen der Art „Person X wird in einer Gruppe für Ereignis Y verantwortlich gemacht“ verankert ist.[35] In erster Näherung wird X für Y verantwortlich gemacht, wenn zwei Bedingungen erfüllt sind. Erstens muss das Ereignis Y kausal durch eine Handlung der Person X mitverursacht sein (Verursachungsbedingung) und zweitens muss das Ereignis in der Gruppe als ein Schaden aufgefasst werden (Schadensbedingung), der sich mehr oder weniger präzise erfassen und im günstigen Fall auch auf Personen verteilen lässt. Die Schadensbedingung schränkt Verantwortung auf „negative“ Handlungsfolgen ein. Dies wäre begrifflich nicht nötig; eine Person ist auch für die „positiven“ Folgen ihrer Handlungen verantwortlich, aber in den gesellschaftlichen Praktiken der Belobigung und Auszeichnung werden meist andere Termini benutzt.

Der soziale Charakter der Schadensbedingung liegt auf der Hand, denn was ein Schaden ist, lässt sich in der Regel nicht „objektiv“ beschreiben. Ein Schaden muss von Personen als

[35] Vergleiche Lewis 1973 für eine weithin akzeptierte Form der „Logik“ von Dispositionen.

solcher empfunden werden, wie man am Beispiel der Verantwortung für zukünftige Generationen sieht: wir können nicht objektiv sagen, dass zukünftige Generationen durch die gegenwärtige Produktionswut geschädigt werden, aber manche Mitmenschen empfinden die voraussichtlichen Folgen *schon jetzt* als Schaden. Die Schadensermittlung ist ein schwieriger Prozess, der bekanntlich ins Rechtswesen führt und dort letzten Endes durch eine Mischung aus juristischer Bildung und „Lebenserfahrung" von Juristen und Beratung durch „Experten" erfolgt.

Mehr über die Schadensbedingung ergibt sich aus der Betrachtung der Verursachungsbedingung. Diese führt in die vielfältige, begriffliche Welt der Kausalität. Wir wollen uns auf keinen der verschiedenen Kausalitätsbegriffe festlegen.[36] Es genügt festzustellen, dass sich über „die" (volle) Ursache und „die" (volle) Wirkung zwar theoretisch leicht reden lässt, dass aber volle Ursache und Wirkung in der Realität sehr selten ermittelt werden können. Dies hat Gründe, die bis in die Metaphysik reichen. Meistens hat man es in der Anwendung mit Teilursachen und partiellen Wirkungen zu tun.

Im Zusammenhang mit Verantwortung sind zwei inhaltliche Züge von Kausalverhältnissen wichtig. Sie haben erstens sozialen Charakter. Wir betonen dies angesichts der vorherrschenden, an materiellen oder mechanistischen Beispielen orientierten Sichtweise. Aus der Ethnologie sind viele Beispiele von Gesellschaften bekannt, die keine Trennung von materieller und sozialer Welt kennen,[37] in denen aber doch ein gewisser Begriff von Kausalität zumindest in der Praxis vorhanden ist. Immaterielle „Ursachen" wie Geister, Fluch, böser Blick, die wir heute als akausale, soziale Phänomene ansehen, sind dort weitverbreitet. Für den sozialen Charakter wiegt noch schwerer, dass Ursachen und Wirkungen, die durch menschliche Handlung entstehen, vom Handlungsbegriff selbst „infiziert" und damit sprachlich und letzten Endes sozial mitbestimmt sind. Bis heu-

[36] Für mindestens drei verschiedene Ansätze siehe Mackie 1974, Krüger 1992 und Suppes 1970, siehe auch Spohn 1988.

[37] Beispielhaft seien genannt die schon oben angeführten Azande, Evans-Prichard 1937, und die Stämme der australischen Urbevölkerung, Durkheim 1984.

te liegen keine Kenntnisse über materielle Wirkungsketten vor, mit denen Wirkungen der Art „Mein Freund fährt auf meine Bitte hin nach Pirmasens“ lückenlos beschrieben werden. Was als Ursache und Wirkung zählt, ist zum großen Teil sprachlich und sozial bedingt.

Ein zweiter, im gegenwärtigen Kontext noch wichtigerer Zug von Kausalverhältnissen ist ihre oft große Komplexität, die sich im sozialen Bereich vor allem bei Gemeinschaftshandlungen[38] auf zweierlei Weise äußert. Einerseits sind Ursachen und Wirkungen oft auf sehr viele Individuen und große Raum-Zeit-Gebiete verteilt. An der Zerbombung einer Stadt zum Beispiel sind viele Personen teilursächlich und zeitlich breit gestreut beteiligt, genauso wie viele Personen in einem größeren Gebiet unter der Wirkung dieser komplexen Gemeinschaftshandlung leiden. Diese ausufernde Verteilung von Teilursachen und Teilwirkungen ist bei der Ermittlung von Verantwortung zu berücksichtigen. Jeder an der Gesamthandlung beteiligte Akteur trägt für den entstehenden Schaden Verantwortung in dem Maß, in dem er zu einer Teilursache beigesteuert hat. Offenbar tut sich hier ein weites, wissenschaftliches Betätigungsfeld auf, über dessen Vernachlässigung man sich nur wundern kann.

Die zweite, noch schwerer zu fassende Art von Komplexität sozialer Kausalverhältnisse rührt daher, dass viele Handlungen durch Institutionen vermittelt sind. Der Postbeamte, Richter, Minister bis zum Kanzler, aber auch der Vorstand einer Aktiengesellschaft, handelt von außen betrachtet nicht in eigener Sache, sondern als Repräsentant einer Institution. Die Frage ist in solchen Fällen, ob wir bei Ermittlung von Ursachen die jeweilige Institution als abstrakten Akteur ansehen, der ursächlich an der Entstehung der Schadensfolge beteiligt ist, oder ob wir die jeweilige Person, die als Repräsentant der Institution handelt, als Teilverursacher betrachten. Diese Frage ist wieder einmal brisant. Wir meinen, dass die in der Frage formulierten Alternativen nur zwei mögliche Extremfälle darstellen, und dass in den meisten Fällen die „korrekte“ Analyse zwischen den Extremen liegen wird. Sowohl der konkrete Akteur als auch die Institution als ganze sind an der Verursachung

[38] Balzer & Tuomela 1999.

beteiligt. Entscheidend ist nur die Gewichtung des kausalen Beitrags, die beim individuellen Akteur umso stärker ausfallen muss, je wichtiger und mächtiger er in der Institution ist.

In der Verantwortungsfrage ergibt sich aus dieser institutionellen Vermittlung von Ursache und Wirkung ein theoretisches Problem. Die Einzelperson, die als Repräsentant einer Institution einen Schaden verursacht, schiebt die Verantwortung auf die Institution: sie befolgt nur die Vorschriften, die Gesetze, oder verfolgt das abstrakte Interesse der Firma oder der Kapitaleigner. Für den kleinen Beamten oder Angestellten im großen Betrieb mag diese Begründung durchgehen, nicht aber für den Direktor oder den Firmenchef. Theoretisch ist die Verantwortung für einen Schaden, den eine Person als Repräsentant einer Institution anrichtet, aufzuteilen in einen, an der Stellung der Person in der Institution auszurichtenden, „direkten" Anteil und den „Rest", der auf die anderen Mitglieder der Institution – wiederum je nach ihrer Stellung – aufzuteilen ist. Im Prinzip ist daher *jedes* Mitglied der Institution für den Schaden mitverantwortlich, allerdings je nach Stellung in sehr unterschiedlichem Maße. Das theoretische Problem besteht nun darin, dieses rein qualitative Bild in brauchbare Gewichtungsregeln umzusetzen.[39] Eine befriedigende Lösung würde den entscheidenden Anteil an Verantwortung explizit machen, der den Institutionen zukommt und auf die Mitglieder und Nutznießer der Institutionen zu verteilen ist. *Praktisch* ist das Problem nicht virulent, weil die juristischen Konstruktionen für Institutionen (juristische Personen) so angelegt sind, dass Institutionen nur in geringem Umfang für Schäden haften.[40] Nur der Anteil an Verantwortung der verursachenden Person wird geltend gemacht, der sich aus der institutionellen Rolle dieser Person ergibt.

Ebenso schwierig wie die Verursachungsbedingung ist eine weitere, noch nicht genannte Bedingung für Verantwortung, die in der Rechtspraxis von zentraler Bedeutung ist. Danach muss

---

[39] Bis jetzt sind allerdings keine guten Lösungsansätze in Sicht; angesichts der zentralen Bedeutung der Frage kann man sich wiederum über ihre Vernachlässigung nur wundern.

[40] Vielsagend sind hier schon die juristischen Bezeichnungen wie „Gesellschaft mit beschränkter Haftung".

der Handelnde die Schadensfolge in gewissem Grad gewollt haben (Schuldbedingung). Im Strafrecht werden hier graduelle Unterschiede mit Hilfe von Begriffen wie „schuldhaft", „Vorsatz" und „Fahrlässigkeit" gemacht, die zur genaueren Bestimmung des Verantwortungsgrades dienen. Die Schuldbedingung scheint uns aus zwei *rein theoretischen* Gründen für eine Analyse des Verantwortungsbegriffs nicht geeignet. Erstens ist ihre Hauptfunktion die Entlastung der Handelnden von Verantwortung. Das Leben von Personen, die ohne Schuld einen Schaden anrichten, soll nicht ruiniert werden. Der Grundsatz sieht ganz human aus, allerdings nur aus der Sicht des „Täters". Objektiv muss auch die betroffene Seite betrachtet werden. Wenn es sich nicht um Detailschäden handelt, *ist* das Leben der Betroffenen durch die Schadensfolge bereits ruiniert. Der objektive Tatbestand, dass eine Person eine andere ruiniert, lässt sich mit noch so subtilen Argumenten nicht aus der Welt schaffen. Ebenso objektiv ist die Asymmetrie des Verhältnisses der beiden Personen. Die Betroffene ist ruiniert, die Handelnde hat im allgemeinen nicht nur keinen Schaden, sondern meist noch einen Nutzen, der sich aus dem eigentlichen Ziel ihrer Handlung ergibt (der Schaden ist oft eine unbeabsichtigte Nebenfolge). Der Passive erleidet Schaden, der Aktive gewinnt. Aus der Sicht der Gesellschaft oder Gruppe werden damit die aktiven Mitglieder bevorzugt. Aktivität wird insofern belohnt, als unbeabsichtigte Schadensfolgen nicht angerechnet werden. Diese Asymmetrie wird durch die Schuldbedingung festgeschrieben und in gewissem Sinn legitimiert. Zweitens hat sich die Schuldbedingung in Zeiten entwickelt, in denen die Schäden, die eine Person anrichten konnte, noch ziemlich übersichtlich waren. In der heutigen Zeit sind die Schäden, vor allem aus der wissenschaftlich geführten Herstellung neuer Produkte weitverzweigt und kaum zu überblicken. Dieser rein quantitative Unterschied kann dramatische Formen annehmen. So ist abzusehen, dass in naher Zukunft einzelne Personen oder, etwas realistischer: kleine Gruppen, durch die Wissenschaft in den Stand gesetzt werden, den Rest der Menschheit auszurotten, gleichgültig, ob gewollt oder ungewollt. Im Lichte dieser Aussichten hat die Schuldbedingung ein etwas anachronistisches Flair.

Ein Wissenschaftler sollte folgendes Resümee ziehen. Im Prinzip trägt er einen Teil der Verantwortung für die Schäden, die sich aus seinen Forschungshandlungen und den daraus resultierenden Erkenntnissen ergeben. Dieser Anteil ist in quantitativer Abschätzung meist winzig, etwa vergleichbar dem Gewicht, das ein Wähler mit seiner Stimme auf den Wahlausgang hat. Er hängt ab von solch vagen Parametern wie der Wahrscheinlichkeit, dass die Erkenntnisse zur Verursachung von Schäden eingesetzt werden und der Stellung des Forschers im Gesamtprojekt, in dem die Erkenntnisse gewonnen werden.[41] Diese Mitverantwortung sollte, da sie weder von Individuen noch von Institutionen geltend gemacht wird, wenigstens dem Forscher selbst bewusst sein und ihn zu Handlungen führen, die im Rahmen seiner Möglichkeiten dazu beitragen, die Wahrscheinlichkeit von schädlichen Einsätzen seiner Erkenntnisse zu vermindern.

Ergänzende Lektüre zu Kapitel 1

Umfassendere Ansätze zur Beschreibung des Wissenschaftsprozesses sind in Kuhn 1970, Popper 1966, Lakatos 1982 und Laudan 1984 zu finden, die soziale Komponente wurde sehr früh von Fleck 1980 betont. Lauth & Sareiter 2002 enthält eine gut lesbare Einführung in die Wissenschaftstheorie, Moulines 2008 eine historische Einführung in die moderne Wissenschaftstheorie.

Speziellere Werke: Krohn & Küppers 1987 über die Selbstorganisation der Wissenschaft; Weingart 1973/74: eine Sammlung der bis dato wichtigsten wissenschaftssoziologischen Aufsätze; Gläser 2006: ein soziologisches Werk über wissenschaftliche Gemeinschaften; Balsiger 2005 über Transdisziplinarität; Gärdenfors 1988: erste Behandlung von Wissensdynamik und -revision, weitergehende Werke: Spohn 1988, 2007 und Rott 2006; sowie Lenk 1991 zu Fragen von Ethik und Wissenschaft.

[41] Oft weiß er gar nicht, welches Ziel das Gesamtprojekt hat.

Kapitel 2 Strukturen

2.1 Empirische Theorien

Der erste ernsthafte Versuch, wissenschaftliche Theorien auf den Begriff zu bringen, führte im logischen Empirismus dazu, Theorien als deduktiv abgeschlossene Mengen von Sätzen zu definieren,[42] d.h. von Satzmengen, die alle ihre logischen Folgerungen schon enthalten. Dieser Begriff erfasst zwar mit der Betonung logischer Beziehungen einen wesentlichen Aspekt wissenschaftlichen Vorgehens, aber es ist ohne weitere Argumentation klar, dass empirische Wissenschaft mehr als Sätze und logische Ableitungen beinhaltet. Dieser Theoriebegriff wurde dann auch oft kritisiert. Allerdings werden uns die beiden Aspekte einer Theorie, die wir durch den Begriff der Sprache und durch den Begriff des Einprägens ausdrücken, immer begleiten. Wir entwickeln im Folgenden einen differenzierteren Theoriebegriff, der zur ersten Orientierung zunächst nur in Umrissen dargestellt wird.

Vorab ist zu bemerken, dass es in der Welt der Wissenschaften mehrere Formen von „Theorien“ und daher in der Metatheorie mehrere Kandidaten für den Theoriebegriff gibt. Beispielsweise werden „kleine“ Theorien nur für kurze Zeit anerkannt und enthalten nur ein einziges Gesetz, während umfassende Theorien eine lange Lebensdauer haben und oft viele Gesetze beinhalten. Für die größeren und historisch umfassenderen Gebilde haben sich in den letzten 30 Jahren Begriffe wie *Theoriennetz, Forschungsprogramm* und *Theorieevolution*[43] herausgeschält. Diese Begriffe treffen jedoch nur auf ziemlich ausgereifte „Theorien“ zu, die den größten Teil ihrer Entwicklung bereits hinter sich haben. Entsprechend stammen

---

[42]Siehe etwa Suppe 1974.

[43]Vergleiche Balzer & Sneed 1977/78, Moulines 1979, Lakatos 1982.

die Beispiele fast durchweg aus der Physik, wo das größte Repertoire an reifen Theorien vorhanden ist.[44]

Ein anderer Theoriebegriff setzt bei „kleineren" historischen und systematischen Einheiten, einzelnen Gesetzen, Regularitäten, Hypothesen und deren jeweiliger Periode der Entdeckung und Bestätigung an. Dieser „lokalere" Theoriebegriff ist streng genommen in dem vorherigen, umfassenden Begriff enthalten, letzterer ist quasi aus vielen Instanzen des ersteren zusammengesetzt. Der lokale Begriff hat folglich einen weit größeren Anwendungsbereich und kann quer über viele Disziplinen mit zahlreichen Beispielen belegt werden. Er passt auf die einfachsten, elementaren[45] Formen der Theoriebildung, die „kleinsten" Wissenseinheiten, mit denen Ausschnitte der Realität beschrieben und erklärt werden können. Damit ist für die komplexeren Formen nichts verloren, diese können immer unter Zuhilfenahme der einfacheren Theorieform definiert oder konstruiert, und beschrieben werden.

Das Bild einer lokalen Theorie ist im wesentlichen statisch, wir beschreiben einen zeitlichen Querschnitt durch den historischen Prozess, in dem die Theorie entsteht und sich entwickelt. Ein solcher Zeitschnitt neutralisiert den breiten Hintergrund an Sprache, sozialen Strukturen und anderen, stets schon vorhandenen Theorien und ist keinesfalls als Grundlage für die Diskussion philosophischer Fragen geeignet, wie etwa dem Verhältnis von Hypothesen und objektiver Realität oder dem Übergang von individuellen Sinneseindrücken zu wissenschaftlichen Sätzen. Derartige „absolute" Fragen sind auf empirischer Ebene nur unter Einbeziehung des *gesamten* Zivilisations- und Wissenschaftsprozesses sinnvoll zu diskutieren, jede Beschränkung auf einen winzigen, lokalen Aus-

---

[44] Beispiele für die Theoriennetze und Theorieevolutionen der Mechanik und Thermodynamik sind in Balzer, Moulines, Sneed 1987, Kap.4 und 5, ausgearbeitet. In Bartelborth 1988 und Lauth & Zoubek 1992 werden Netze aus dem Bereich von Elektrodynamik und Bohr'scher Atomtheorie untersucht. Für nicht-physikalische Beispiele seien auf die ökonomische Gleichgewichtstheorie, Weintraub 1985, Ingrao & Israel 1990, und die Studie in Hamminga 1983, sowie auf die Entwicklung des Utilitarismus, Gähde 1992, hingewiesen.

[45] In Balzer & Sneed 1977/78 wird dementspechend für diese Art von Theorien der Ausdruck *Theorie-Elemente* verwandt.

schnitt, den ein einzelnes Gesetz oder Modell darstellt, führt zu falschen Vorstellungen und fruchtlosen Diskussionen.

Eine wissenschaftliche Theorie **T** in diesem „lokalen" Sinn besteht im wesentlichen[46] aus vier Teilen:

- einer Klasse **M** von Modellen
- einer Menge **I** intendierter Systeme
- einer Menge **D** von Datenstrukturen
- einem Approximationsapparat **U**:

$$\mathbf{T} = \langle \mathbf{M}, \mathbf{I}, \mathbf{D}, \mathbf{U} \rangle.$$

All diese Komponenten werden natürlich mit einer Sprache beschrieben, die aber hier im Hintergrund bleibt.

Die Modelle sind durch bestimmte Sätze der Theorie, die wir als *Hypothesen* bezeichnen, charakterisiert; umgekehrt legt jede „ordentliche" Satzmenge eine Modellklasse fest, nämlich die Klasse aller Modelle, in denen mindestens diese Sätze erfüllt sind. Wir brauchen deshalb nicht immer streng zwischen Modellen und Hypothesen[47] zu unterscheiden, sie ergeben sich jeweils auseinander. Wenn wir von den Hypothesen einer Theorie reden, so ist damit genau genommen die entsprechende Modellklasse gemeint, also die Klasse aller Modelle, die die Hypothesen der Theorie erfüllen.

Von den Hypothesen sind die Daten zu unterscheiden. Daten werden meist zu *Datenstrukturen* zusammengefasst, so dass alle Daten aus einer Datenstruktur aus demselben wirklichen System *stammen*. Sowohl Daten als auch Hypothesen werden durch Sätze dargestellt oder ausgedrückt und beide Arten von Sätzen haben hypothetischen Charakter, sie werden von einer Forschungsgruppe als mehr oder weniger sicher akzeptiert. In der zeitlichen Entwicklung einer Theorie kommen sowohl Daten als auch Hypothesen zu den jeweils schon vorhandenen neu hinzu oder fallen weg. Unser Theoriebegriff erfasst im Kern gerade die so entstehende Wechselwirkung von Daten und Hypothesen: Hypothesen werden durch Daten bestätigt; Daten er-

---

[46] Zwei Komponenten, nämlich *Constraint* (Nebenbedingung, oder Querverbindung) und *Invarianz*, werden in diesem Buch nur kurz erwähnt, und eine dritte (nämlich: *Begriff*) bleibt weitgehend implizit.

[47] Wir vermeiden den in der 1. Auflage systematisch verwendeten Begriff „Gesetz", der uns zu sehr zu philosophischen Themen führt.

halten durch Hypothesen Bedeutung. Die Frage, ob Daten und Hypothesen zueinander passen, ist das Hauptkriterium für die Akzeptanz beider Komponenten, sowohl voneinander isoliert als auch zusammen. Eine Theorie, deren Hypothesen zu ihren Daten passen, nennen wir *brauchbar*.[48]

Methoden der Datenfindung können beliebig komplex sein und brauchen der Komplexität von Hypothesen um nichts nachzustehen. Insbesondere werden Daten in der Regel nicht direkt *durch die Sinne* wahrgenommen. Die Einigung über Daten erfolgt in anderen Formen als die über Hypothesen,[49] aber diese Formen geben für sich keinen Hinweis darauf, dass Daten ein objektives Fundament der Erkenntnis bilden. Für die korrekte Einschätzung unseres Theoriebegriffs ist es jedenfalls wichtig, die reiche Vorgeschichte von Daten und deren hypothetischen Charakter nicht aus den Augen zu verlieren. Es ist nicht Aufgabe der Wissenschaftstheorie, zu beweisen, dass wissenschaftliche Theorien absolut sicher sind, weil sie absolut sichere Beobachtungen systematisieren; diese Aufgabe können wir getrost halbreligiösen Wahrheitssuchern überlassen.

Daten gehen nicht als homogene Masse in eine Theorie ein. Jedes Datum wird in einem wirklichen System bestimmt; es *stammt* aus einem realen System. Die Daten, die aus demselben System stammen, werden sinnvollerweise in Gruppen zusammengefasst. Sie bilden in dieser Weise eine Datenstruktur. Da ein reales System in der Regel durch „seine" Daten nicht eindeutig festgelegt ist, müssen wir auch das System selbst, oder wenigstens einen Repräsentanten desselben, in die Theorie mit aufnehmen. Die realen Systeme oder Phänomene, auf die eine wissenschaftliche Gemeinschaft ihre Aufmerksamkeit richtet, die sie interessant findet und im Rahmen einer Theorie wissenschaftlich erforschen möchte, nennen wir die *intendierten*

[48] Der Ausdruck stammt von Ludwig 1991.

[49] Daten besitzen vielleicht eine erkenntnistheoretische Vorzugsstellung, insofern ihr Bezug zu den Dingen, aus denen, wie wir meinen, die Welt besteht, direkter ist, als der Bezug von Hypothesen zu diesen Dingen. Treiben wir diese vordergründige Vermutung jedoch etwas weiter, so erkennen wir, dass die Dinge, aus denen die Realität besteht, durch unsere Theorien mitkonstituiert werden.

Systeme der Theorie.[50] Die genauere Untersuchung der intendierten Systeme liefert einerseits Daten, die aus diesen wirklichen Systemen stammen. Andererseits werden für die intendierten Systeme Modelle konstruiert, die die Struktur der Systeme und/oder deren Ablauf in geschlossener, übersichtlicher Weise darstellen sollen. Wir unterscheiden die, meist unscharf umgrenzte, Menge aller Daten eines realen Systems von den vielen verschiedenen Datenstrukturen, die ebenfalls von demselben realen System abstammen. *Wenn* wir uns der – philosophisch etwas bedenklichen – Redeweise von „Abbildung der Realität durch Theorie" bedienen, wäre die Realität in Form der realen Systeme nicht nur durch die Hypothesen, sondern auch durch die Daten abgebildet. Ein „theoretisches Bild" eines realen Systems besteht so aus den Hypothesen der Theorie *und* aus den Datenstrukturen des Systems.

Um das Verhältnis von Daten und Hypothesen, und deren Passung metatheoretisch beschreiben zu können, ist ein *Approximationsbegriff* erforderlich. Hypothesen passen immer nur approximativ zu „ihren" Daten (und umgekehrt), aber weder der Begriff noch der Grad der Approximation ist durch Hypothesen und Daten eindeutig festgelegt. Wir müssen deshalb einen Approximationsapparat separat in den Theoriebegriff aufnehmen. Er legt einerseits fest, was Approximation, Abstand oder Ähnlichkeit in der jeweiligen Theorie genau bedeuten soll und zeichnet andererseits bestimmte Abstände, Passungsgrade oder Signifikanzniveaus aus, die für die Akzeptanz der Theorie – oder von Teilen von ihr – eingehalten werden sollten.

Diese vier Teile sind im Entstehungsprozess einer Theorie gut sichtbar. Zuerst lassen sich in der Regel intendierte Systeme ausmachen, reale Systeme, die neue und als interessant angesehene Phänomene enthalten. Für deren Modellierung und Erklärung werden zweitens Modelle konstruiert. Modelle sind geistige Konstrukte, begriffliche Bilder, die in einem geeigneten

[50] Sneed 1971 nennt sie *intended applications*, als deutsche Übersetzung hat sich der Ausdruck *intendierte Anwendungen* eingebürgert. „Anwendung" weist jedoch auf einen Prozess hin und kann in der deutschen Sprache leicht zu Missverständnissen führen, weshalb wir eine terminologische Änderung für angebracht halten.

Repräsentationsformalismus – meistens der Sprache – Ausdruck finden. Aus den intendierten Systemen werden drittens unter Anleitung der Modelle Daten gewonnen und es wird untersucht, wie gut die Modelle die intendierten Systeme „abbilden“ oder wie gut die Modelle mit den aus den Systemen gewonnenen Daten zusammenpassen. Da außerhalb der Formalwissenschaften vollkommene Passung sehr selten vorkommt, muss die Güte der Passung zwischen Daten und Modellen angegeben werden. Dazu wird viertens ein geeigneter statistischer oder topologischer Approximationsformalismus entwickelt oder ein schon vorhandener benutzt.

Nach diesem Ansatz gehört zu jeder Theorie per Definition eine Menge intendierter Systeme und der Einwand liegt nahe, dass zumindest in den Formalwissenschaften solche nicht auszumachen oder nicht nötig seien. Sicher sind die intendierten Systeme in den empirischen Wissenschaften am klarsten ausgeprägt, wo die Anwendung der Theorie auf reale Systeme unmittelbare, praktische Konsequenzen hat. In den Natur- und Sozialwissenschaften können die intendierten Systeme, mit denen sich eine Theorie befasst, ziemlich klar bestimmt und oft auch gut von anderen Systemen abgegrenzt werden. So handelt die Mechanik von Systemen fester, bewegter Körper, die Quantenmechanik von Systemen im atomaren Bereich (etwa Spektralanalysen, *Stern-Gerlach* Versuche), die Genetik von lebendigen Populationen, ihrer Fortpflanzung und Veränderung, die Soziologie von Institutionen und größeren gesellschaftlichen Gruppen, die Psychologie vom Verhalten einzelner Personen oder kleiner Gruppen, usw. Die jeweilige Theorie ist stets für „ihre“ intendierten, realen Systeme gedacht und gemacht.

Anders in den formalen Wissenschaften. Hier scheint es zunächst schwierig, reale Systeme zu finden, für die die Theorie gemacht wurde. Solche Systeme werden jedoch bei genauerer Analyse sichtbar. Die Arithmetik als Paradebeispiel hat operationale Wurzeln in der praktischen Anwendung des Zählens und der elementaren Grundrechenarten, ihre intendierten Systeme bestehen aus Entitäten, die sich in lineare Ordnung bringen und einander eineindeutig zuordnen lassen.[51] Diese gro-

[51] Vergleiche Balzer 1980 für eine genaue Analyse.

be Charakterisierung gilt zwar für sehr viele reale Systeme, aber eben nicht für alle. Ein lebender Bakterienstamm in der Nährlösung ist kein intendiertes System für die Arithmetik: die Zahl der Objekte verändert sich während des Zählens so schnell, dass kein definitives Ergebnis zu erzielen ist, und Fixierung der Anzahl bedeutet experimentelle Veränderung des Systems. Ebensowenig ist eine gallertartige Masse ein intendiertes System, weil sich in ihr keine identifizierbaren Objekte unterscheiden lassen. Während in den empirischen Wissenschaften die intendierten Systeme in der Regel reale Systeme sind, werden in den Formalwissenschaften auch mögliche Systeme als intendiert zugelassen, wobei Möglichkeiten durch die Fortsetzung realer Systeme in die Welt der Gedanken gegeben ist (siehe auch 4.9).

Auch die praktischen (Jura, Medizin, Technik) und die geisteswissenschaftlichen (Literaturwissenschaft, Philologie, Geschichte) Disziplinen haben ihre intendierten Systeme. Im ersten Fall sind es praktische Anwendungen in der Rechtsprechung, bei der Heilung und bei der Konstruktion technischer Geräte, im zweiten Fall sind es Texte, Sprachverhalten, Entwicklung menschlicher Angelegenheiten über bestimmte historische Perioden hinweg.

Die intendierten Systeme sind für unser Bild von der Wissenschaft von zentraler Bedeutung, weil sie einen Fixpunkt darstellen, an dem mögliche Kritik ansetzen kann. Ohne intendierte Systeme macht die Frage nach Richtigkeit (Wahrheit), aber auch die nach Brauchbarkeit einer Theorie keinen Sinn. Wenn die intendierten Systeme für eine Theorie überhaupt nicht angegeben werden, kann *jede* mögliche Kritik abgeblockt werden durch den Hinweis, dass die Kritik nur nicht-intendierte Systemen betrifft und diese können – weil nicht vorgegeben – jeweils passend für die Zurückweisung der Kritik gewählt werden.

Zugleich mit der Betonung dieser „Ankerfunktion“ muss jedoch auch die Problematik der Bestimmung der intendierten Systeme erwähnt werden, die diese Ankerfunktion zum Teil wieder rückgängig macht und zu einer gewissen Immunität von Theorien gegen Kritik führt. Die intendierten Systeme werden normalerweise nicht völlig unabhängig von den Modellen, sondern nach der *paradigmatischen Methode*[52] festgelegt. Zuerst werden vom Erfinder der Theorie einige wenige Systeme explizit angegeben, auf die sie zutreffen soll. Er hofft, dass die angegebenen Systeme durch die vorgeschlagenen Modelle „korrekt" dargestellt werden. Diese angegebenen Systeme bilden eine Menge $\mathbf{I}_0$ von sogenannten *paradigmatischen* Fällen. Paradigmatische Fälle für die *Newton*sche Mechanik etwa waren unter anderen das Planetensystem und frei fallende Teilchen auf der Erdoberfläche, solche der klassischen Genetik waren die Fortpflanzungseigenschaften von *Mendel*s Erbsen, und in der Quantenmechanik war ein paradigmatischer Fall die Spektralanalyse des Wasserstoffatoms. Die paradigmatischen Fälle sind am Anfang von den Hypothesen der Theorie unabhängig und können als Ausgangspunkte für Kritik oder Widerlegung dienen. Ausgehend von den paradigmatischen Fällen bestimmt nun die Theorie zum Teil selbst, welche sonstigen Systeme als intendierte Systeme zählen und welche nicht. Mögliche Kandidaten müssen einerseits den paradigmatischen Fällen hinreichend ähnlich sein, wobei bis jetzt handfeste Kriterien für Ähnlichkeit fehlen. Andererseits gibt dann die Theorie den Ausschlag. Wenn das jeweils untersuchte System erfolgreich unter die Theorie subsumiert, d.h. durch eines ihrer Modelle brauchbar beschrieben werden kann, wird es in die Menge der intendierten Systeme aufgenommen, andernfalls nicht. Mit anderen Worten werden also Systeme, die zwar den paradigmatischen Fällen ähnlich sind, aber auf die die Theorie *nicht* passt, *nicht* als intendierte Systeme behandelt und liefern so keinen Anlass zu Diskussion oder gar Revision. *Stegmüller* hat diesen Vorgang zu Recht als *teilweise Autodetermination* (der intendierten Systeme durch die Theorie) bezeichnet. Nach diesem Verfahren wurde zum Beispiel in der Mechanik „der" harmonische Oszillator, der ursprünglich kein paradigmatischer Fall war, in die Menge der intendierten Systeme aufgenommen. Es handelte sich Anfangs um Teilchen, die, an einer elastischen Feder aufgehängt, auf und ab schwingen. In der Quantenmechanik wurden Spin-Experimente nach *Stern-Gerlach* unter die

[52] Vergleiche Stegmüller 1973, Kap. IX.

intendierten Systeme aufgenommen, in der Genetik die Fortpflanzungseigenschaften der Fliege *Drosophila Melanogaster.*[53]

Diese Bemerkungen zeigen, dass sich die Menge intendierter Systeme für eine Theorie nicht durch Definition festlegen lässt. Ihre Festlegung enthält irreduzibel pragmatische Züge, die stets soziale Einigung mitbeinhalten. Dies gilt auch für die Menge aller Daten einer Theorie. Eigentlich enthalten alle interessanten Begriffe eine pragmatische Komponente. Das sollte auch so sein, wenn Wissenschaftstheorie eine empirische Disziplin sein soll. Denn gerade die paradigmatische „Offenheit“ der wissenschaftstheoretischen Begriffe zwingt uns dazu, auch auf der Metaebene intendierte Systeme anzugeben, auf die solche Begriffe zutreffen sollen. Ohne Bezugnahme auf intendierte Systeme verwickeln wir uns in oft fruchtlose Kontroversen über die „Gültigkeit“ und „Adäquatheit“ wissenschaftstheoretischer Begriffe, die stets durch Konstruktion phantasievoller „Gegenbeispiele“ in Frage gestellt werden kann.[54] Im Fall des Theoriebegriffs müssen wir intendierte Systeme angeben, auf die unserer Meinung nach der Begriff zutrifft. Es sind dies, abstrakt gesprochen, all jene Wissenssysteme, die sich in der Geschichte der Wissenschaften isolieren lassen. Konkreter zählen zu den paradigmatischen Fällen die euklidische Geometrie, die klassische und die relativistische Kinematik und Mechanik, alle heute in Lehrbüchern der Physik dargestellten physikalischen Theorien, die klassische und die molekulare Genetik, die ökonomische Gleichgewichtstheorie, die soziologische Netzwerktheorie, die linguistische Syntaxtheorie, aber auch die doppelte Buchhaltung. Eine vollständige Liste fehlt bis jetzt.[55]

Neben den intendierten Systemen sind auch die Datenstrukturen und der Approximationsapparat daraufhin zu prüfen, ob sie in Theorien aller Disziplinen vorkommen. In praktischen und geisteswissenschaftlichen Theorien gibt es offenbar Daten (Fakten in Medizin, Rechtsprechung und Technik, Texte, Sprechakte, archäologische Funde und ähnliches in den Geistes-

[53]Siehe Jammer 1966, Dobzhansky 1932.

[54]Ein schönes Beispiel hierfür bildet die Diskussion um einen allgemeinen Erklärungsbegriff, wie sie in Stegmüller 1974 dokumentiert ist.

[55]Viele Beispiele sind in Diederich, Ibarra, Mormann 1989, 1994 aufgelistet.

wissenschaften), wodurch auch die Notwendigkeit eines Approximationsapparats zur Anpassung zwischen Theorie und Daten gegeben ist. In den Geisteswissenschaften wird dieser allerdings in Ermangelung eines unmittelbaren Anwendungsdrucks oft vernachlässigt. Einzig in den formalen Disziplinen: Mathematik und Logik spielen Daten und entsprechend auch der Approximationsapparat eine untergeordnete Rolle. Zwar gibt es auch dort atomare, datenartige Sätze, aber die Frage der empirischen Prüfung der Theorie, der Passung, tritt – wie wir in 3.13 sehen werden – in den Hintergrund.[56] Wir können formale Theorien als Grenzfälle auffassen, in denen wegen *idealer* Verhältnisse die Güte der Passung von Daten und Hypothesen stets maximal ist und daher nicht thematisiert zu werden braucht.

Indem wir die intendierten Systeme als *reale* Systeme bezeichnen, bringen wir einen heiklen philosophischen Begriff ins Spiel. „Real“ bezieht seinen Sinn aus der Verbindung zu, und der Abgrenzung von, „möglich“. Und möglich ist alles, was wir uns, ausgehend von unserer Welt und Sprache, vorstellen und sprachlich beschreiben können. Unter diese Definition von „möglich“ fällt alles Reale, ebenso wie die zukünftigen Entwicklungen des gegenwärtigen Zustandes. Was also ist real? Eine Klärung dieser Frage würde uns zu weit in die Philosophie führen. Wir erwähnen den Punkt nur, um die Gefahr eines zu naiven Begriffs von intendierten Systemen zu vermeiden. Tatsächlich sind nicht alle intendierten Systeme real in einem naiv direkten Sinn. Zum Beispiel sind experimentelle Apparate, also Artefakte, für diejenigen Theorien, die ihren Ablauf erklären, intendierte Systeme, und dies gilt auch für Apparate – wie etwa einen Teilchenbeschleuniger –, die gar nicht existieren, aber nach bekannten Anleitungen gebaut werden könnten. Ein weiteres Element von Möglichkeit kommt dadurch ins Spiel, dass intendierte Systeme sich oft (wie zum Beispiel unser Planetensystem) in die Zukunft erstrecken und damit zukünftige, „(noch) nicht-reale Teile“ haben. Weiter ist zu betonen, dass ein System auch ohne vorherige genaue Erforschung intendiert sein kann. Es kann aufgrund starker Ähnlichkeiten mit schon

[56] Vergleiche jedoch Lakatos 1979.

erforschten Systemen oder wegen Schwierigkeiten bei der Datenerhebung auch in ziemlich unerforschtem Zustand zum intendierten System werden. Die Menge der intendierten Systeme enthält also ein schwer abgrenzbares, hypothetisches Element, das sich auch durch das Studium der historischen Entwicklung einer Theorie nur zum Teil festmachen lässt.

Wir bemerken bereits hier, dass selbst eine oft erhobene Minimalforderung an Daten *für eine Theorie* **T**, nämlich, dass die „Daten *für* **T**" von **T** unabhängig gewonnen sein müssen, im Lichte der empirischen Befunde aus der Wissenschaftspraxis mehr als fragwürdig erscheint. Das Wechselspiel zwischen Daten und Hypothesen ist weitaus komplexer und subtiler als die naheliegende Vorstellung von gegebenen Daten, an denen Hypothesen geprüft werden, vermuten lässt.

Dass Theorien die vier genannten Teile haben, ist eine klassifikatorische Feststellung. Entitäten mit diesen Komponenten kommen als Theorien in Frage, Entitäten, die diese vier Komponenten nicht haben, können keine Theorien sein.[57] Der Theoriebegriff erschöpft sich jedoch keineswegs in dieser Aussage. Sein eigentlicher Inhalt liegt vielmehr in der Art, wie diese vier Teile miteinander verbunden sind. Erst, wenn die Teile in der „richtigen" Weise zusammengefügt sind, bilden sie ein Ganzes, das als Theorie bezeichnet wird. Die „richtige" Kombination der Teile einer Theorie wird in drei fundamentalen, metatheoretischen Hypothesen (Annahmen) ausgedrückt. Eine aus vier gegebenen Teilen $\langle \mathbf{M}, \mathbf{I}, \mathbf{D}, \mathbf{U} \rangle$ bestehende Entität wollen wir nur dann als *empirische Theorie*, oder kurz einfach: als *Theorie* bezeichnen, wenn gilt:[58]

Hypothese 1 (*Abstammungsbedingung*) Alle Daten aus einer Datenstruktur von **D** *stammen* von einem einzigen intendierten System x, $x \in \mathbf{I}$.

Hypothese 2 (*Passungsbedingung*) Modelle aus **M** und Datenstrukturen aus **D** müssen zueinander passen.

[57] Drei weitere Komponenten: *Constraint, Invarianz, Begriff*, die wir oben erwähnten, kommen in manchen Theorien hinzu.

[58] Siehe auch Sneed 1971.

Hypothese 3 (*Widerlegbarkeitsbedingung*) Es muss „mögliche“ Datenstrukturen geben, die *nicht* zu den Modellen aus **M** passen.

Hypothese 1 besagt mit anderen Worten, dass jede richtig strukturierte Gruppe von Daten aus einem „zugrundeliegenden“, intendierten System stammt. Erst diese Gruppen, diese Datenstrukturen, machen Passungsuntersuchungen möglich.[59] Passung in Hypothese 2 ist ein Verhältnis zwischen Datenstrukturen und Modellen, das durch numerische, zum Approximationsapparat gehörige, Parameter beherrscht wird. In Hypothese 3 kommt ein Rahmen von möglichen Strukturen ins Spiel, der alle Strukturen enthält, die den Datenstrukturen ähnlich sind. Ohne die Widerlegungsbedingung könnte es sein, dass *alle möglichen* Datenstrukturen zu Modellen passen. Solche Modellklassen „erklären“ alles, und damit gar nichts. Dieser Möglichkeitsrahmen lässt sich auf verschiedene Weise präzisieren. Er kann sich mehr an die Logik oder mehr an die intendierten Systemen anlehnen. Er führt so zu verschiedenen Widerlegbarkeitsbegriffen.

Kurz ausgedrückt ist eine empirische Theorie also eine Zusammenfassung von Modellen, intendierten Systemen, Daten und Approximationsapparat, die der Abstammungs-, Passungs- und der Widerlegbarkeitsbedingung genügt.

Abschließend sei noch kurz auf zwei Punkte hingewiesen. Erstens darf Passung nicht mit Wahrheit gleichgesetzt werden. Da wir auf die Probleme des Wahrheitsbegriffs nicht genauer eingehen können, soll eine Theorie dann als wahr bezeichnet werden, wenn ihre intendierten Systeme im idealen Sinn (ohne Approximation) Modelle der Theorie „sind“. Passung als eine Beziehung zwischen Modellen und Daten, und nicht zwischen Modellen und den intendierten Systemen selbst, kann daher auch bei nicht-wahren, d.h. falschen Theorien vorliegen, und zwar gleich aus zwei verschiedenen Gründen. Einerseits kann es sein, dass die Daten die realen Verhältnisse nicht korrekt wiedergeben. Die Messapparate können fehlerhaft sein oder nicht richtig funktionieren; bei der Datenerhebung können falsche

[59] Genaueres hierzu in Kap. 3.

theoretische Voraussetzungen gemacht werden. Andererseits können die Modelle so gebaut sein, dass sie zwar zu den jeweils vorliegenden Daten passen, aber trotzdem viele Züge der realen, intendierten Systeme *nicht* erfassen, einfach weil diese Züge weder in den Daten noch in den Modellen präsent sind.[60]

Zweitens ist zu betonen, dass Widerlegbarkeit eine strukturelle Eigenschaft der Theorie ist und mit historischen Ereignissen der „Widerlegung einer Theorie" nur soweit zu tun hat, als faktische Widerlegung nur bei einer widerlegbaren Theorie möglich ist. Der Begriff der faktischen Widerlegbarkeit war und bleibt umstritten.[61]

Drittens wird manchmal nicht immer genau zwischen „Theorie", „Modellklasse" und „Hypothesen" unterschieden. In vielen Kontexten geht es bei einer Theorie zunächst nur um deren Hypothesen, die die Modellklasse definieren. Wenn wir dabei von „Theorie" reden, so ist die - aus dem Kontext meist eindeutige- Theorie gemeint, die die gegebene Modellklasse als Komponente hat. Ähnlich ist es beim Unterschied zwischen Hypothese und Theorie. Die Sätze, die die Modelle einer Theorie definieren, bilden Hypothesen und häufig lässt sich „die" Theorie – im Kontext – aus ihren Hypothesen bestimmen.[62]

2.2 Die Sprache einer Theorie

Eine Theorie wird meist in natürlicher – hier in deutscher – Sprache erörtert. Die deutsche Sprache besteht, wie jede andere Sprache, aus Buchstaben, Wörtern, Sätzen und den Regeln der Grammatik, nach denen Wörter und Sätze gebildet werden. In der Linguistik wird ein weiterer Begriff benutzt, nämlich der der *Phrase*. Eine Phrase ist eine Sequenz von Wörtern, die

[60]Siehe z.B. Nowak 1980.

[61]Unter den Wissenschaftstheoretikern gab es z.B. die Deduktivisten, wie Popper 1966 oder Lakatos 1982 und die Induktivisten wie Carnap 1959, die sich unter anderem über diesen Begriff stritten. Siehe auch Stegmüller 1973, Kap. IX.

[62]Für eine inhaltliche Unterscheidung, nach der Theorien „sicherer", im Sinne von „weniger hypothetisch", sind als Hypothesen, sehen wir keinen Bedarf. Zwar gibt es Unterschiede, aber diese sind so fein abgestuft, dass eine einfache Unterscheidung zur Zeit wenig hilft.

die eine Bedeutung ausdrückt.[63] Bei einer wissenschaftlichen Diskussion sprechen normalerweise zwei Personen die gleiche natürliche Sprache. Es kann aber passieren, dass zwei Wissenschaftler bei der Diskussion einer Theorie zwei verschiedene Sprachen sprechen. Eine natürliche Sprache kann daher kein zentraler Bestandteil einer empirischen Theorie sein.

Bei einer empirischen Theorie lassen sich die interessanten Sätze der Theorie oft mit wenigen Worten ausdrücken. Einige dieser Worte sind Kunstwörter (technische Terme), und andere sind Worte, die in einer gegebenen, natürlichen Sprache schon benutzt werden, und nur durch eine solche Theorie hervorgehoben werden. Die wichtigen Worte einer Theorie „müssen" verwendet werden, um die Inhalte dieser Theorie zu beschreiben und zu verstehen. Mit diesen interessanten Wörtern lassen sich die Sätze der Theorie wie üblich zusammenbauen. Wenn wir die „restlichen" Wörter und Sätze einer natürlichen Sprache, die für eine bestimmte Theorie mehr oder weniger irrelevant sind, ausblenden, erhalten wir eine *normierte* Sprache, eine Sprache *für* eine bestimmte Theorie. In vielen Disziplinen werden zunehmend normierte Sprachen benutzt. Ihre Verwendung ist jedoch noch nicht so weit fortgeschritten, dass sie als Kriterium der Wissenschaftlichkeit dienen könnte. Wir betonen, dass Normierung nichts mit Abkürzungen zu tun hat. Die normierten Wörter und Sätze einer Theorie lassen sich durchaus grammatisch einwandfrei formulieren.

Eine natürliche Sprache enthält viele Mehrdeutigkeiten, sie ist sehr komplex und hat keinen allgemein anerkannten Folgerungsbegriff. Diese Nachteile, die in bestimmten Situationen durchaus auch Vorteile sein können, lassen sich durch Benutzung einer normierten Sprache vermeiden. Eine normierte Sprache besteht aus präzisen, eindeutigen Ausdrücken, d.h. Ausdrücken, die nur eine einzige Bedeutung zulassen. Eine normierte Sprache ist einfach und sie verfügt über den Ableitungsbegriff der Logik, der genau festlegt, wie ein Satz A aus einem anderen Satz B abgeleitet werden kann. Die Logik als Wissenschaft vom korrekten Schliessen lässt sich nicht auf alle Sätze einer natürlichen Sprache anwenden. Ein korrekter

[63]Siehe z.B. Bünting 1972.

Schluß ist nur möglich, wenn die benutzten Sätze aus einer passend normierten Teilmenge von Sätzen stammen. Nur in dem beschränkten Rahmen einer normierten Sprache hat das Argumentieren eine sichere Grundlage. In diesem Bereich ergeben sich mit Hilfe der logischen Maschinerie aus einfachen Annahmen Schlußfolgerungen, die auch der formal ausgebildete Verstand nicht direkt einsieht, sondern eben nur als Ergebnis einer langen Kette von Ableitungen versteht. Als einfaches Beispiel sei der Satz von *Desargues*: „Liegen die entsprechenden Ecken zweier Dreiecke auf kopunktalen Geraden, so sind die Schnittpunkte entsprechender Dreiecksseiten kollinear.“[64] genannt, der sich aus den sehr anschaulichen Axiomen der euklidischen Geometrie ableiten lässt, der sich aber selbst durch Anschauung kaum als richtig oder falsch einsehen lässt.

Im Grenzfall kann die normierte Sprache einer Theorie ohne Wörter einer natürlichen Sprache auskommen. Dieser Fall ist für uns besonders interessant. Denn erstens ist eine solche Sprache wirklich global anwendbar. Wissenschaftler haben für diese Theorie kein Übersetzungsproblem. Und zweitens ist eine solche Sprache nicht nur normiert, sie ist auch formalisiert. Solche *formalen* Sprachen werden in einigen Bereichen schon lange benutzt. In ihnen spielen neben den Wörtern und Sätzen, die Formeln und Terme eine wichtige Rolle. Im wesentlichen ist eine *Formel* ein Satz, aus dem ein Name, der in dem Satz vorkommt, durch eine Variable ersetzt wird, und ein *Term* ist im wesentlichen eine Nominalphrase, aus der ein Name aus der Phrase durch eine Variable ersetzt wird. Eine Nominalphrase bezeichnet ein Ding, ein Objekt, während z.B. Verbalphrasen Tätigkeiten bezeichnen.

Eine normierte Sprache für eine Theorie besteht aus ihrem *Vokabular*, ihren *Sätzen*, und ihren *Regeln* der Konstruktion und Ableitung von Sätzen. Das Vokabular der Theorie besteht aus Wörtern einer natürlichen Sprache, aus einem Standardvorrat von logischen, mengentheoretischen und mathematischen Ausdrücken, und aus einer meist kleinen Menge von speziellen Ausdrücken, mit denen gerade diese Theorie formu-

[64] Vergleiche z.B. Borsuk & Szmielew 1960, S. 357.

liert wird. Die logischen, mengentheoretischen und mathematischen Ausdrücke nennen wir *formale* Ausdrücke.

Unter den *logischen* Standardausdrücken finden wir unter anderen folgende:

- Namen: $\mathbf{a}$, $\mathbf{b}$, $\mathbf{a}_i$
- Variablen: $\mathbf{x}$, $\mathbf{y}$, $\mathbf{x}_i$ für Objekte oder Entitäten
- Sorten: σ, σ_i, die Objektarten unterscheiden
- Typen, die komplexe Ausdrücke ordnen können
- Prädikate, wie $\mathbf{R}$, $\mathbf{R}_i$
- Junktoren, wie *nicht*, *und*, *oder*, *wenn-dann*, *gdw*[65]
- Quantoren, wie *für alle* und *es gibt*
- Regeln zum Aufbau von Termen und Sätzen aus elementaren Teilen.

In der empirischen Anwendung sollte der Bereich jeder Variablen einigermaßen klar abgegrenzt sein; es muss festliegen, durch welche Art von Objekten die Variable instantiiert wird. Wenn wir – das ist in empirischen Theorien die Regel – über Objekte verschiedener Art reden, so muss für jede Variable deren *Sorte* angegeben sein. Manchmal werden auch Variablen für Mengen von Objekten verwendet. In solchen Fällen muss deren *Typ* angegeben werden.

Aus den *mathematischen* Ausdrücken können wir nur eine kleine Auswahl treffen. Wichtig sind:

- Zahlenmengen: die Mengen der reellen Zahlen ($\mathbb{R}$), der natürlichen Zahlen ($\mathbb{N}$), der komplexen und der rationalen Zahlen
- Ausdrücke für mathematische Räume: Körper, Vektorraum, Wahrscheinlichkeitsraum, Mannigfaltigkeit
- Ausdrücke für mathematische Relationen: *kleiner*, *zwischen* usw.
- Ausdrücke für mathematische Funktionen: $+$, $\cdot$, *exp*, *sinus*, $\mathfrak{p}$ (Wahrscheinlichkeit) usw.
- Ausdrücke für mathematische Terme: Zahlen (z.B. 2 oder *zwei*), Vektoren (z.B. $\langle 2,4 \rangle$), n-Tupel von Zahlen usw.

Häufig wird für eine mathematische Struktur das gleiche Symbol wie für deren Grundmenge verwandt, etwa „V“ zur Be-

[65] *gdw* ist die Abkürzung für „genau dann wenn“.

zeichnung eines Vektorraums und gleichzeitig für die Grundmenge des Vektorraums, die Menge der Vektoren.[66] Wir werden systematisch immer nur Symbole für die Grundmengen der mathematischen Strukturen einer gegebenen Theorie angeben, die wir mit

$$\mathbf{A}_1, ..., \mathbf{A}_m$$

bezeichnen. $\mathbf{A}_i$ kann zum Beispiel die Grundmenge eines Vektorraums, eines Wahrscheinlichkeitsraums, oder einer differenzierbaren Mannigfaltigkeit bezeichnen.

Die logischen Sprachelemente sind für alle Theorien gleich. Wir kennen keine empirische Theorie, die in Bezug auf die Logik besondere Ansprüche stellen würde.[67] Wir setzen daher die Logik als einen allgemeinen, disziplinenübergreifenden Hintergrund voraus, der für alle wissenschaftlichen Theorien gleich ist. Es gibt keine spezielle „Logik“ der Forschung, des Verstehens, der Sozialwissenschaften. Wenn trotzdem häufig derartige Ausdrücke verwandt werden, so bedeutet in ihnen „Logik“ nicht das, was die Logiker darunter verstehen, sondern es wäre besser dies durch „Gesetzmäßigkeit“ oder „Methoden“ zu umschreiben. Es gibt nur *eine* „echte“ Logik, nämlich die, die Gegenstand der Disziplin dieses Namens ist. Damit soll nicht behauptet werden, dass die Logik eine monolithische Wissenseinheit sei. Innerhalb dieser Disziplin gibt es zahlreiche Varianten, die aber alle einen gemeinsamen Kern, nämlich den Begriff des korrekten Schlusses und der formal wahren Aussage, haben.

Ähnliches gilt auch für die Mathematik. Die[68] Theorie der reellen Zahlen zum Beispiel ist für alle Disziplinen gleich und für die Theologie ebenso verbindlich wie für die Literaturwissenschaft. Wir brauchen daher nicht alle Standardausdrücke der Mathematik, die in einer empirischen Theorie benutzt werden, als expliziten Bestandteil dieser Theorie aufzuführen. Es genügt beim mathematischen Teil einer empirischen Theorie die Angabe, welche Zahlenmengen oder mathematischen Räume diese Theorie benutzt. Dadurch sind die in der Ma-

[66] *Ein* Beispiel für viele andere ist Greub 1967, S. 5.

[67] Die sogenannte *Quantenlogik* macht hier keine Ausnahme.

[68] Auch hier gibt es natürlich mehrere Varianten.

thematik zugehörigen Funktionen und Relationen durch die mathematischen Standarddefinitionen implizit immer mitgedacht.[69]

Während die Bedeutung der formalen Symbole in verschiedenen Theorien konstant bleibt und die Auswahl dieser Ausdrücke nur von der gerade benutzten Theorie abhängt, ist die dritte Kategorie des Vokabulars, nämlich die der speziellen Ausdrücke, für jede Theorie spezifisch. Diese Kategorie enthält einerseits die *empirischen Grundbegriffe* einer Theorie und andererseits *Namen*,[70] die in der Sprache der Theorie benutzt werden. Sowohl empirische Grundbegriffe als auch Namen dienen zur Beschreibung der empirischen Entitäten, mit denen sich die Theorie befasst, sowie der Beziehungen zwischen diesen Entitäten. Wir unterscheiden vier Arten von empirischen Grundbegriffen.

Gattungsbegriffe bezeichnen die Objektarten, mit denen eine Theorie zu tun hat, wie *Zeitpunkt, Raumpunkt, Teilchen, Atom, Molekül* in naturwissenschaftlichen, oder *Individuum, Rolle, Gruppe, Handlung, Wahrnehmung, Ereignis* in sozialwissenschaftlichen Theorien. Die Objekte selbst können – „von außen" betrachtet – komplexer Natur sein, wie zum Beispiel *soziale Rollen*, und dennoch in einer Theorie den Status von Grundobjekten haben, deren Zusammensetzung in dieser Theorie nicht weiter analysiert wird. Als Zeichen für die Gattungsbegriffe einer gegebenen Theorie verwenden wir

$$\mathbf{D}_1, \ldots, \mathbf{D}_k.$$

Relationsbegriffe bezeichnen Beziehungen zwischen den Objekten, wie zum Beispiel *liegt zwischen*, *ist größer als* in der Naturwissenschaft, oder *ist im Besitz von*, *übt Macht aus über* in der Sozialwissenschaft. Das Beispiel des „in Besitz habens" zeigt die umgangssprachliche Mehrdeutigkeit. Der Ausdruck kann in der Form „Person j ist im Besitz von Gut a", oder in der Form „Person j ist im Besitz von α Einheiten von Güterart a", oder mit Zeitargument verwandt werden. Die Relationsbegriffe einer Theorie bezeichnen wir mit

[69]Genauer wird dies in Bourbaki 1968, Kap. IV, ausgeführt.

[70]Wir verwenden hier Namen in allgemeinerer Bedeutung. Statt des Terms „Name" sollte man eigentlich „Phrase" verwenden.

$$\mathbf{R}_1^*, ..., \mathbf{R}_s^*.$$

Die dritte Art von empirischen Grundbegriffen sind die *Funktionsbegriffe*. Sie werden oft umgangssprachlich durch Angabe des Funktionswertes mitgeteilt, wie zum Beispiel

- der Ort von Teilchen $\mathbf{p}$ zur Zeit $\mathbf{t}$; kurz $\mathbf{F}_1(\mathbf{p}, \mathbf{t})$
- die Masse von $\mathbf{p}$; kurz $\mathbf{F}_2(\mathbf{p})$
- der Preis einer Einheit von Gut $\mathbf{g}$; $\mathbf{F}_3(\mathbf{g})$
- der Nutzen, den Person $\mathbf{j}$ aus den Gütermengen $\alpha_1, ..., \alpha_n$ zieht; $\mathbf{F}_4(\mathbf{j}, \alpha_1, ..., \alpha_n)$.

Die Funktionsbegriffe der Theorie bezeichnen wir durch

$$\mathbf{F}_1, ..., \mathbf{F}_t.$$

Schließlich werden noch die *Konstanten* als Grundbegriffe benutzt. Konstanten bezeichnen empirische oder mathematische Objekte, die in der Theorie eine besondere Rolle spielen, zum Beispiel: die Gravitationskonstante (als reelle Zahl), „der Bundespräsident“ (als ausgezeichnetes Grundobjekt einer politischen Strukturtheorie) oder „die tatsächlich ausgeführte Handlung“ (in einer sozialen Rollentheorie,[71] in der nur eine Person betrachtet wird). Oft drückt eine Konstante das Verhältnis zwischen zwei oder mehreren Objektmengen aus. Die Konstanten einer Theorie bezeichnen wir mit

$$\mathbf{K}_1, ..., \mathbf{K}_u.$$

Normalerweise braucht eine Theorie wenige Konstanten.

Für eine empirische Theorie sind neben den empirischen Grundgriffen auch die Namen wichtig, die in der Sprache einer solchen Theorie benutzt werden. Diese Namen werden in den Daten der Theorie verwendet. Ein *Name* kann ein echter Name, ein Wort, eine Liste von Symbolen, oder, wie oben schon eingeführt, eine Nominalphrase sein. Ein Name deutet auf ein bestimmtes Ding in einem intendierten System oder auch auf eine komplexere Entität, die in der gegebenen Theorie erforscht wird. Ein bestimmter Planet hat in der Gravitationstheorie den Namen „Jupiter“, eine bestimmte Person in der Institutionentheorie den Namen „Angela Merkel“, oder ein

[71] Genauer haben wir hier die Rollentheorie von Gross et al. 1958 im Auge, die in 3.6 unten genauer dargestellt wird.

bestimmtes Riesenmolekül im Zellforschungslabor XYZ den Namen „Kg342jJ“. Diese Namen sind in den Daten einer Theorie oft zahlreich. Die gerade als Beispiele genannten Namen lassen sich auch als Phrasen ausdrücken: „der größte Planet unseres Sonnensystems“, „die erste Kanzlerin von Deutschland“ und „das Molekül abgebildet im Bild Nr. ABC im Labor XYZ“. Allgemein gesagt lässt sich ein Name immer durch eine Phrase ausdrücken, und umgekehrt. Für uns ist es besonders interessant, dass sich dieser Prozess in der mengentheoretischen Sprache (2.7) fast so effektiv ausführen lässt, wie in einer natürlichen Sprache.

Im Unterschied zu den empirischen Grundbegriffen bezieht sich in einer Theorie der Name normalerweise nur auf ein Ding aus *einem einzigen* intendierten System, während sich ein empirischer Grundbegriff auf *jedes* intendierte System der Theorie anwenden lässt. In der klassischen Mechanik bezieht sich z.B. die Gravitationskonstante auf alle Systeme dieser Theorie, während der Name „Jupiter“ ein bestimmtes Ding bezeichnet, das in einem intendierten System der Theorie zu finden ist.

Die empirischen Grundbegriffe und die Begriffe für die Grundmengen der mathematischen Strukturen einer Theorie nennen wir *Grundbegriffe (der Theorie)* und fassen sie zu einer Liste

$$\langle \mathbf{A}_1, ..., \mathbf{A}_m, \mathbf{D}_1, ..., \mathbf{D}_k, \mathbf{R}_1^*, ..., \mathbf{R}_s^*, \mathbf{F}_1, ..., \mathbf{F}_t, \mathbf{K}_1, ..., \mathbf{K}_u \rangle$$

zusammen. Außer den Grundbegriffen und den Namen nehmen wir weitere Begriffe hinzu, die wir *Begriffe einer Theorie* nennen und die durch die Grundbegriffe definiert werden können (siehe 2.4). Diese Abgrenzung der Begriffe einer gegebenen Theorie führt zu einfachen Verhältnissen im Vergleich zu der uferlosen Vielfalt der Begriffe im Allgemeinen.

Formal lassen sich Funktionen als spezielle („links“ überall definierte und „rechts“ eindeutige) Relationen, und Konstante als spezielle (nullstellige) Funktionen auffassen, so dass in der Liste die Unterscheidung von Relations-, Funktionsbegriffen und Konstanten im Prinzip entfallen könnte. Anders gesagt *sind* Funktionen und Konstanten auch Relationen. Relationen, die keine Funktionen oder Konstanten sind, nennen wir *Relationen im engeren Sinn.* Wenn wir über alle drei Arten von Relationen reden, benutzen wir den Ausdruck *Relation im weiteren Sinn.* Fassen wir die Zeichen für Relationsbegriffe im weiteren Sinn zu einer einzigen Liste $\mathbf{R}_1, ..., \mathbf{R}_n$ zusammen, und stellen die mathematischen Begriffe in die Mitte, so erhalten wir das Vokabular als eine Liste,[72] auf die wir im folgenden stets Bezug nehmen werden:

$$\mathbf{D}_1, ..., \mathbf{D}_k, \mathbf{A}_1, ..., \mathbf{A}_m, \mathbf{R}_1, ..., \mathbf{R}_n.$$

2.3 Einige Ableitungsregeln

Die zentralen Einheiten aus den natürlichen und den normierten Sprachen sind die Sätze. Relativ zu einer Theorie lassen sich die Sätze einer Theorie in *atomare* und *komplexe* Sätze einteilen. Ein atomarer Satz besteht aus einem Relationssymbol (aus einem Wort) der Theorie und aus einigen Namen. Ein atomarer Satz hat z.B. die Form $\mathbf{R}(\mathbf{a}_1, ..., \mathbf{a}_n, \alpha)$, $\mathbf{a} = \mathbf{b}$ oder $\mathbf{f}(\mathbf{a}_1, ..., \mathbf{a}_n) = \mathbf{b}$, wobei $\mathbf{R}, \mathbf{f}$ und $=$ Relationssymbole und $\mathbf{a_1}, ..., \mathbf{a_n}, \mathbf{a}, \mathbf{b}$ und α Namen für bestimmte Dinge sind. Wir werden oft aus „Faulheit" auch negierte Atomsätze als Atomsätze bezeichnen, etwa $\neg\mathbf{R}(\mathbf{a}_1, ..., \mathbf{a}_n)$. Ein komplexer Satz enthält als Hauptzeichen des Satzes entweder einen Junktor ($\neg, \wedge, \vee, \rightarrow$ etc.) oder einen Quantor ($\forall, \exists$ etc.).

In den formalen Sprachen spielen die Funktionen eine große Rolle. Eine Funktion **f** ordnet den *Argumenten* **a** Funktionswerte **b** zu, oder anders: das Argument **a** wird durch **f** in den Funktionswert **b** umgewandelt, kurz: $\mathbf{f}(\mathbf{a}) = \mathbf{b}$. Noch anders: die Funktion wird auf ein Argument angewandt. Funktionen haben die schöne Eigenschaft, „auf sich selbst" anwendbar zu sein. Genauer kann man ein Argument **a** durch **f** zum Funktionswert $\mathbf{f}(\mathbf{a})$ umwandeln und diesen Funktionswert wieder als neues Argument benutzen. Das Argument $\mathbf{f}(\mathbf{a})$ kann nun durch **f** wieder umgewandelt werden zu $\mathbf{f}(\mathbf{f}(\mathbf{a}))$, und so weiter: $\mathbf{f}(\mathbf{f}(...(\mathbf{f}(\mathbf{a})...)$. Wenn **a** ein Name für ein reales Objekt ist, werden so im Prinzip unendlich viele neue Namen erzeugt. Damit lassen sich „neue Objekte" – eindeutig – bestimmen, die man vorher nicht direkt wahrgenommen hatte. Solche Iterationen

[72] Genau genommen werden die Symbole aus dieser Liste als syntaktische Variablen benutzt, Shoenfield 1967.

lassen sich auch in komplizierteren Formen durchführen, etwa **f**(**g**(**a**),**b**).

Die so induktiv erzeugten Funktionswerte werden verallgemeinert, indem ein Argument in dieser Kette durch eine Variable ersetzt wird, z.B. **f**(**f**(**x**)). All diese Symbolreihen werden als *Terme* bezeichnet.

Aus Sätzen, die gegeben sind, lassen sich weitere, „neue" Sätze mit Hilfe von Ableitungsregeln erzeugen. Wenn uns einige gegebene Sätze vorliegen, können wir versuchen, bestimmte Regeln auf diese Sätze anzuwenden, wobei auch die Regeln gegeben sind. Wenn eine der Regeln auf einen Satz oder auf mehrere Sätze angewendet wird, erzeugen wir mit der Regel einen neuen Satz. Ein „neuer" Satz wird also aus anderen Sätzen und gegebenen Regeln abgeleitet. In natürlichen Sprachen gibt es viele verschiedene Ableitungsregeln, die sich mit der Zeit auch verändern können.[73] Eine interessante Unterart von Regeln betrifft die „richtigen", wahren, gültigen Sätze. In der Logik werden Regeln untersucht, die von gültigen Sätzen zu neuen, gültigen Sätzen führen. Die Logik filtert die vielen möglichen Regeln, die in den natürlichen Sprachen zu finden sind, und schränkt sie auf logische Regeln ein, die nur auf eingeschränkte Satzbereiche angewandt werden. Mit logischen Ableitungsregeln bekommen wir *korrekte* Ableitungen. Dagegen führen im Bereich der natürlichen Sprachen andere Regeln zu unkorrekten Ableitungen, d.h. mit einer solchen Regel kann ein richtiger Satz falsche Konsequenzen haben, oder ein falscher Satz zu wahren Konsequenzen führen.

Wir listen kurz einige logische, wahrheitserhaltende Regeln auf, mit denen sich aus gegebenen Sätzen weitere, kompliziertere Sätze bilden lassen. Um diese Regeln einfach zu beschreiben, benutzen wir folgende Abkürzungen. **A** und **B** seien Sätze, $\mathbf{a}, \mathbf{a}_1, ..., \mathbf{a}_i, \mathbf{a}_{i+1}, ...$ Namen und **x** eine Variable, die an die Stelle eines Namens eingesetzt werden kann. Der Name **a** kann in dem Satz **A** an mehreren Stellen vorkommen, was durch **A**(**a**)

[73]Ein „klassischer" Kern von Regeln, der für die indogermanischen Sprachen stabil geblieben ist, findet sich etwa in Chomsky 2002.

angedeutet wird.[74] Wenn der Name **a** an den genau angegebenen Stellen durch die Variable **x** ersetzt wird, entsteht aus **A**(**a**) eine *Formel*, ein satzartiges Gebilde der Form **A**(**x**). Wir vermeiden die Wörter *wahr* und *falsch*, und benutzen die neutraleren Ausdrücke *gültig* und *ungültig*, um zu betonen, dass es sich hier um formale, lokale Regeln handelt.

Eine erste logische Regel ist die *Konjunktionsregel*. In dieser wird das Symbol „*und*" (oft mit $\wedge$ abgekürzt) ein formaler Teil eines neuen Satzes (**A** *und* **B**), wenn **A** und **B** Sätze bezeichnen.

(**A** *und* **B**) ist gültig gdw (**A** ist gültig und **B** ist gültig).

Das Wort „und" auf der rechten Seite der Regel wird also wie üblich in der natürlichen, deutschen Sprache verwendet. Anders gesagt wird hier geregelt, wie sich die Konjunktion **A** $\wedge$ **B** durch die zwei Sätze **A** und **B** einführen und eliminieren lässt, und wie zugleich die Gültigkeit und Bedeutung der Konjunktion völlig eindeutig festgelegt wird.

In der *Adjunktionsregel* wird das „*oder*" (mit $\vee$ abgekürzt) eingeführt.

(**A** *oder* **B**) ist gültig gdw (**A** ist gültig oder **B** ist gültig).

Dieses Prinzip wird in verschiedenen Disziplinen abgewandelt. In der Rechtswissenschaft und in der Informatik wird eine andere, effektivere Regelung verwendet. **A** $\vee$ **B** ist dort gültig gdw ((**A** ist gültig) oder (wenn **A** nicht gültig ist, dann ist **B** gültig)). In dieser Regel, braucht das zweite Adjunktionsglied **B** nicht weiter untersucht zu werden, *wenn* sich der Satz **A** als gültig herausgestellt hat.

Die Verneinung eines Satzes (*nicht* **A**) (oft mit $\neg$**A** abgekürzt) wird durch die *Negationsregel* erzeugt.

$\neg$**A** ist gültig gdw (**A** nicht gültig ist).

Diese Regel wird sowohl in der Wissenschaft als auch in allen Lebenslagen verändert oder außer Kraft gesetzt. Zum Beispiel lässt sich eine dritte Gültigkeitsstufe „unbestimmt" einführen. Es gibt dann Fälle, in denen der Satz weder gültig, noch ungültig ist. Ist ein bestimmtes Ding dunkelrot, oder hellrot?

[74] Genauere Regeln finden sich etwa in Shoenfield 1967, Kap. 3.

Diese Frage wird einer Person normalerweise keine Seelenqual verursachen. Aber was macht sie, wenn sie in einer existentiellen Situation die Frage beantworten *muss*, ob sie gläubig oder ungläubig ist? Beide Situationen hängen prinzipiell auch von der Negationsregel ab. In der intuitionistischen Logik und in mehrwertigen Logiksystemen wurden die beiden Endpunkte „gültig" und „ungültig" durch andere Werte ergänzt, in anderen Varianten sind auch quasikonsistente Mengen von Sätzen erlaubt, die durch die obige Standardverneinung einfach inkonsistent würden. Eine Menge S von Sätzen ist *inkonsistent*, gdw es einen Satz **A** gibt, so dass sowohl **A** als auch ¬**A** in der Menge S liegen. Die Computertechnik benutzt noch andere Varianten zur Verneinung, wenn der Computer einen Satz maschinell beweisen oder widerlegen will.[75]

Die *Implikationsregel* für einen Wenn-Dann Satz (abgekürzt durch **A** → **B**) lautet wie folgt:

(*wenn* **A**, *dann* **B**) ist gültig gdw
(wenn **A** gültig ist, dann ist **B** gültig).

Hier gibt es bei der natürlich-sprachlichen Implikation das Problem, wie mit **B** verfahren wird, „wenn" **A** ungültig ist. Ist der Satz **A** → **B** gültig, ungültig, unbestimmt? Eine der Logik unkundige Person würde oft sagen „ich weiß es nicht". Dass **A** ungültig werden kann, mögen sich die LeserInnen an einem Beispiel klar machen. Die Standardinterpretation, die auch als „klassische Logik" bekannt ist, führt die linke Seite mit den beiden oben gerade beschriebenen Regeln zurück auf die Formulierung (**A** ist ungültig oder **B** ist gültig). Mit anderen Worten wird der komplexe Satz **A** → **B** in dieser Formulierung nur dann ungültig, wenn **A** gültig und **B** ungültig ist, oder noch anders, wenn **A** → **B** in allen anderen Fällen gültig ist. Eine andere Variante dieses Prinzips lässt den Gesamtsatz **A** → **B** unbestimmt, wenn **A** ungültig ist.

Zwei weitere Regeln betreffen die Zusammenfassung von Sätzen, die sich nur durch Namen in solchen Sätzen unterscheiden, d.h. in Sätzen der Form $\mathbf{A}(\mathbf{a}_i)$, $i = 1,2,3,...$. Die

[75] Strategisch ist die Computersprache PROLOG hier besonders interessant, auch wenn sie für Beweise länger als andere Programme braucht, siehe 3.12.

Allregel geht von einer Menge von Sätzen $\mathbf{A}(\mathbf{a}_1), ..., \mathbf{A}(\mathbf{a}_i), ...$ aus und bildet den *Allsatz* in der Form (*für alle* $\mathbf{x}$ gilt $\mathbf{A}(\mathbf{x})$) (abgekürzt durch $\forall\mathbf{x}\mathbf{A}(\mathbf{x})$). Die betreffende Regel lautet in erster Näherung wie folgt:

> $\forall\mathbf{x}\mathbf{A}(\mathbf{x})$ ist gültig gdw (für alle Namen $\mathbf{a}_1, ..., \mathbf{a}_i, ...$ gilt ($\mathbf{A}(\mathbf{a}_1)$ ist gültig) und ... und ($\mathbf{A}(\mathbf{a}_i)$ ist gültig) und ...).

Wie sollen wir aber mit diesen Pünktchen umgehen? Dies führt zur Frage, wie der Bereich der Variablen $\mathbf{x}$ abgegrenzt wird und wie wir die Namen $\mathbf{a}_1, ..., \mathbf{a}_i, ...$ für die richtigen Dinge in der „richtigen" Ordnung benennen sollen.[76] Eine andere Variante dieser Regel füllt die Pünktchen in induktiver Weise aus, also Schritt für Schritt. Ähnlich wird die *Existenzregel* angewandt. Ein *Existenzsatz* der Form (*es gibt* $\mathbf{x}$, so dass $\mathbf{A}(\mathbf{x})$ gilt) (abgekürzt durch $\exists\mathbf{x}\mathbf{A}(\mathbf{x})$) besagt, dass es mindestens ein Objekt im zuständigen Variablenbereich für $\mathbf{x}$ gibt, für dessen Name $\mathbf{a}_i$ der Satz $\mathbf{A}(\mathbf{a}_i)$ gültig ist. $\exists\mathbf{x}\mathbf{A}(\mathbf{x})$ ist gültig gdw es einen Namen $\mathbf{a}_i$ gibt, für den $\mathbf{A}(\mathbf{a}_i)$ gültig ist. Auch hier stoßen wir auf ein ähnliches Problem. Welcher Name ist der richtige und wie wird dieser Name dem richtigen Objekt zugeordnet? Dies führt zur Frage, wie wir mit einer unendlichen Menge von Adjunktionen umgehen sollen. Auch hier bietet es sich an, etwas konstruktiver zu verfahren.

Zwei, längere Zeit etwas stiefmütterlich behandelte Regeln heben die All- und Existenzregeln auf die zweite Stufe.[77] Es geht hier um All- und Existenzsätze, bei denen sich die Namen nicht auf „normale" Objekte, sondern auf *Mengen* solcher Objekte beziehen. Eine Variable, die sich auf solche „Objekte zweiter Stufe" – also auf Mengen von Objekten der ersten Stufe – bezieht, schreiben wir mit Großbuchstaben. Die entsprechenden Regeln lauten nun genauso: „$\forall\mathbf{X}\mathbf{A}(\mathbf{X})$ ist gültig gdw (für alle Namen $\mathbf{a}_1, ..., \mathbf{a}_i, ...$ gilt ($\mathbf{A}(\mathbf{a}_1)$ ist gültig) und ... und ($\mathbf{A}(\mathbf{a}_i)$ ist gültig) und ...)" und „$\exists\mathbf{X}\mathbf{A}(\mathbf{X})$ ist gültig gdw es einen Namen $\mathbf{a}_i$ gibt, für den $\mathbf{A}(\mathbf{a}_i)$ gültig ist". Hier potenziert sich die Frage, wie man die richtigen Namen in einem Bereich von Mengen von Objekten finden kann.

---

[76] Wir verweisen hier auf die Standardliteratur, z.B. Shoenfield, 1967.

[77] Siehe etwa Manna, 1974, Kap. 2.

Schließlich beschreiben wir zwei allgemeine Prinzipien über Namen, die für alle Systeme einer Theorie gelten. Erstens bezeichnet ein Name mindestens ein Objekt. Zweitens wird in empirischen Theorien normalerweise gefordert, dass es für einen Namen nur höchstens ein Objekt gibt, das diesen Namen trägt. Gegenbeispiele für das erste Prinzip finden wir im Bereich der normalen Sprache leicht. Zum Beispiel bezeichnet der Name „Pegasus" (normalerweise) nichts. In den Wissenschaften wird man ähnliche Beispiele nur in Grenzbereichen finden, etwa wenn ein bestimmtes Objekt hypothetisch eingeführt wird, aber keine Daten für das Objekt vorliegen. Ein Gegenbeispiel für die Eindeutigkeit wäre in deutscher Sprache der Name „Hans", welcher auf viele verschiedene Personen zutrifft. Sowohl in den Wissenschaften als auch in der normalen Sprache lässt sich ein mehrdeutiger „Name" eindeutig machen, indem er durch weitere Zusätze zu einer Phrase wird, die dann als Name fungiert. Der Name einer Person wird zum Beispiel durch den Zusatz Geburtstag und Geburtsort eindeutig gemacht. Ein Objekt ist nach diesen Feststellungen durch einen Namen *eindeutig bestimmt.*

2.4 Definitionen

Definitionen haben zwei verschiedene Funktionen. Sie werden erstens zum Zweck der reinen Abkürzung eingeführt. Komplexe Ausdrücke werden der Übersichtlichkeit halber durch einen neuen Term bezeichnet. So lassen sich neue, einfach gebaute Sätze auch über sehr komplexe Sachverhalte formulieren. Das Verfahren scheint in jedem einzelnen Schritt trivial, darf aber in seiner praktischen Auswirkung nicht unterschätzt werden. In stark formal arbeitenden Disziplinen werden komplexe Zusammenhänge oft überhaupt erst mit Hilfe von Definitionen einsehbar; viele komplizierte Beweise wären ohne sie wahrscheinlich nicht gefunden worden. Für die axiomatische Formulierung von Theorien sind Definitionen praktisch unverzichtbar, weil nur so die Anzahl der Begriffe einer Theorie (außer Namen und Phrasen) durch definitorische Rückführung auf einige wenige Grundbegriffe klein gehalten werden kann.

Über diese erste Funktion hinausgehend dienen Definitionen zweitens zur Klärung, Präzisierung und Bedeutungsfestlegung von Begriffen. Oft benutzen die Beteiligten in kontroversen Diskussionen dasselbe Wort in verschiedener Bedeutung, so dass eigentlich keine Diskussion stattfindet, sondern die Beteiligten aneinander vorbeireden. Dann ist es angebracht, dass jede Partei „ihre“ Definition des mehrdeutigen Wortes angibt. Wenn dies gelingt, so wird klar, dass die Diskussionspartner über verschiedene Dinge geredet haben. Falls ernstes Interesse an der Sache besteht, kann dann eine echte Diskussion beginnen, zum Beispiel damit, dass man das Thema mit jeder vorgeschlagenen Definition jeweils separat durchgeht, oder sich auf eine der Definitionen einigt.

Definitionen sind als Abkürzungen und auch als Bedeutungsfestlegungen nicht wahrheitsfähig. Es macht keinen – oder zumindest wenig – Sinn, zu fragen, ob eine Definition wahr oder falsch sei. Es gibt keine empirischen Argumente, keine Hinweise auf die Beschaffenheit der Welt, mit denen eine Definition als falsch erwiesen werden könnte. Definition ist Setzung; Setzung ist in gewissem Sinn willkürlich und kann nicht auf Wahrheit hinterfragt werden.

Hieraus folgt jedoch keineswegs, dass Definitionen nicht kritisierbar wären. Ich kann gegen eine Definition einwenden, dass sie äußerst umständlich ist und zu Formulierungen zwingt, die weit vom normalen Sprachgebrauch abweichen. Ich kann darauf hinweisen, dass mir der definierte Term t viel klarer erscheint, als die Terme, aus denen t definiert wurde. Ich kann behaupten, der definierte Term bezeichne nichts Reales. Eine Definition ist kritisierbar und kann als inadäquat, unnötig kompliziert oder schlichtweg unbrauchbar angegriffen werden. Ob sie dann tatsächlich verworfen wird, hängt – ähnlich wie bei Theorien – davon ab, ob eine bessere Alternative zur Verfügung steht.

Definitionen werden immer mit einer schon vorhandenen Sprache, hier speziell mit einer Sprache für eine Theorie, formuliert. Wir hatten die Sprache einer Theorie so normiert, dass ein Satz dieser Sprache nur aus den Grundbegriffen $\mathbf{D}_1, ...\mathbf{D}_k, \mathbf{A}_1, ..., \mathbf{A}_m, \mathbf{R}_1, ..., \mathbf{R}_n$ und aus weiteren logischen, mengentheoretischen und mathematischen Termen, insbesondere auch Variablen, besteht. Wir bezeichnen Variablen mit $\mathbf{x}, \mathbf{y}, \mathbf{x}_1, ..., \mathbf{x}_m, \mathbf{y}_1, ..., \mathbf{y}_n$. In einem Satz, in dem ein Name oder ein Term an einer bestimmten Stelle vorkommt – ein „Vorkommnis“ dieses Terms –, lässt sich der Term durch eine Variable ersetzen. Wenn man die einschlägigen logischen Regeln der Substitution beachtet, entsteht aus einem Satz eine *Formel*, ein satzartiges Gebilde, bei dem einige Terme in dem Satz durch „Leerstellen“ – eben durch Variablen – ersetzt werden, so dass man dort nicht auf bestimmte Dinge oder Objekte zugreifen kann. Ein Vorkommnis einer Variablen in einer Formel ist *frei*, wenn das Vorkommnis der Variablen in der Formel nicht unter den Bereich eines Quantors fällt. Eine beliebig komplexe Formel, in der genau alle Vorkommnisse der Variablen **x** frei sind, kürzen wir durch **A**(**x**) ab und eine Formel, in der genau alle Vorkommnisse der beiden Variablen **x** und **y** frei sind, durch **A**(**x**,**y**).[78]

Die Form einer Definition hängt von der Art des zu definierenden Begriffs ab. Wir unterscheiden die in 2.2 erklärten drei Arten: (im engeren Sinn) Relationsbegriffe, Funktionsbegriffe, Konstanten. Bis zum Ende dieses Abschnitts setzen wir eine Sprache und die Sätze, die in dieser formuliert werden können, als gegeben voraus.

Um einen Relationsbegriff **R** zu definieren, müssen wir zuerst dessen Syntax festlegen, d.h. wir müssen klären, welche Arten von Objekten und wieviele Objekte in Beziehung gesetzt werden. Betrachten wir den Fall einer zweistelligen Relation, die Objekte verschiedener Sorten in Beziehung setzt. Unter Verwendung der Variablen **x** für Objekte der ersten Sorte und **y** für Objekte der zweiten Sorte entsteht aus dem Relationsbegriff ein satzartiges Gebilde, eine Formel **R**(**x**,**y**). Bei Ersetzung der Variablen durch Namen, die wir etwa mit **a** und α bezeichnen, erhalten wir einen echten Satz: $\mathbf{R}(\mathbf{a}, \alpha)$.[79] Die korrekte Form einer Definition für **R** lautet in diesem Fall:

Für alle **x**,**y** gilt: **R**(**x**,**y**) gdw **A**(**x**,**y**).

[78] Siehe etwa Shoenfield, 1967, Kap. 2.

[79] Genauer müssten natürlich die Symbole **R**, **a**, α mit konkretem Inhalt gefüllt werden.

Dabei bezeichnet $\mathbf{A}(\mathbf{x},\mathbf{y})$ eine Formel in der vorgegebenen Sprache, in der genau alle Vorkommnisse der Variablen $\mathbf{x}$ und $\mathbf{y}$ frei sind und in der das Zeichen $\mathbf{R}$ nicht vorkommt.

Bei Funktionsbegriffen werden Argumente und Funktionswerte unterschiedlich behandelt. Eine Funktion $\mathbf{F}$, die Objekte einer Sorte in Objekte einer zweiten Sorte abbildet, wird wie folgt definiert. Wir wählen Variablen für Objekte der beiden Sorten, etwa wieder $\mathbf{x}$ und $\mathbf{y}$. Die Definition von $\mathbf{F}$ muss dann die Form

Für alle $\mathbf{x},\mathbf{y}$ gilt: $\mathbf{F}(\mathbf{x}) = \mathbf{y}$ gdw $\mathbf{A}(\mathbf{x},\mathbf{y})$

haben, wobei $\mathbf{A}(\mathbf{x},\mathbf{y})$ wieder eine Formel der gegebenen Sprache bezeichnet, in der genau alle Vorkommnisse der Variablen $\mathbf{x}$ und $\mathbf{y}$ frei sind, und wobei diese Formel das Zeichen $\mathbf{F}$ nicht enthält. Außerdem muss nun die Formel $\mathbf{A}$ die beiden für Funktionen charakteristischen Bedingungen erfüllen:

$F1)$ Zu jedem $\mathbf{x}$ gibt es ein $\mathbf{y}$, so dass gilt $\mathbf{A}(\mathbf{x},\mathbf{y})$.
$F2)$ Für alle $\mathbf{x},\mathbf{y},\mathbf{z}$ folgt aus $\mathbf{A}(\mathbf{x},\mathbf{y})$ und $\mathbf{A}(\mathbf{x},\mathbf{z})$, dass $\mathbf{y}=\mathbf{z}$ ist.

Wenn diese Bedingungen nicht gelten, definiert das angegebene Schema keine Funktion, sondern nur eine „echte", zweistellige Relation im Sinne des ersten Definitionsschemas.

Die Definition einer Konstanten $\mathbf{K}$ schließlich hat die Form

Für alle $\mathbf{x}$ gilt: $\mathbf{x}=\mathbf{K}$ gdw $\mathbf{A}(\mathbf{x})$.

Die Formel $\mathbf{A}(\mathbf{x})$ enthält einerseits genau die freie Variable $\mathbf{x}$, andererseits enthält sie die Konstante $\mathbf{K}$ nicht, und sie erfüllt folgende Bedingungen

$K1)$ Es gibt ein $\mathbf{x}$, für das $\mathbf{A}(\mathbf{x})$ gilt.
$K2)$ Für alle $\mathbf{x}$, $\mathbf{y}$ gilt: wenn $\mathbf{A}(\mathbf{x})$ und $\mathbf{A}(\mathbf{y})$, dann $\mathbf{x} = \mathbf{y}$.

Die angegebenen Schemata betreffen hinsichtlich der Typen der zu definierenden Begriffe spezielle Fälle, die sich aber mühelos verallgemeinern lassen. Im Fall von Relationsbegriffen verwenden wir anstelle der beiden Variablen $\mathbf{x}$, $\mathbf{y}$ eine endliche Liste, ein *n-Tupel*, $\langle \mathbf{x}_1, ..., \mathbf{x}_n \rangle$ von Variablen. Ein n-stelliger Relationsbegriff wird dann durch ein Schema der Form

Für alle $\mathbf{x}_1, ..., \mathbf{x}_n$ gilt: $\mathbf{R}(\mathbf{x}_1, ..., \mathbf{x}_n)$ gdw $\mathbf{A}(\mathbf{x}_1, ..., \mathbf{x}_n)$

definiert und ein Funktionsbegriff mit mehreren Argumenten, dessen Funktionswerte die Form von n-Tupeln haben, durch ein Schema der Form

Für alle $\mathbf{x}_1, ..., \mathbf{x}_m, \mathbf{y}_1, ..., \mathbf{y}_n$ gilt: $\mathbf{F}(\mathbf{x}_1, ..., \mathbf{x}_m) = \langle \mathbf{y}_1, ..., \mathbf{y}_n \rangle$ gdw $\mathbf{A}(\mathbf{x}_1, ..., \mathbf{x}_m, \mathbf{y}_1, ..., \mathbf{y}_n)$,

wobei wieder alle Vorkommnisse der Variablen in der Formel **A** frei sind, **R** bzw. **F** nicht in **A** vorkommen und im zweiten Fall die speziellen Funktionalbedingungen $F1$) und $F2$) mit $\langle \mathbf{x}_1, ..., \mathbf{x}_m \rangle$ und $\langle \mathbf{y}_1, ..., \mathbf{y}_n \rangle$ anstelle von **x** und **y** gelten müssen.

Eine „Definition", die äußerlich keine dieser drei Formen hat, ist mit Vorsicht zu genießen und muss als fehlerhaft, d.h. als nach den Regeln der Definitionslehre nicht korrekt gebildet, bezeichnet werden.[80] Nach einiger Übung ist man geneigt, verkürzte Versionen zu benutzen. Dies ist tolerabel, solange klar ist, wie durch Modifikation die angegebenen, korrekten Formen hergestellt werden können.

Der jeweils definierte, neue Begriff wird auch als *Definiendum*, der Satz **A** als *Definiens* bezeichnet. Für die Prädikatenlogik erster Stufe lassen sich wünschenswerte Eigenschaften von Definitionen, wie ihre Eliminierbarkeit („ein definierter Term lässt sich stets eliminieren") und Nicht-Kreativität („mittels Definition lässt sich kein neuer Satz im alten Vokabular ableiten") beweisen. Bei stärkeren Sprachen – insbesondere bei der Mengenlehre – fehlt diese metatheoretische Unterstützung. Die angegebenen Definitionsschemata sind aber auch in solchen Sprachen bei hinreichend vorsichtiger Formulierung des Satzes **A** ohne Probleme zu verwenden und jedenfalls zur Ausmerzung inkorrekter Definitionsversuche völlig ausreichend.

Bei der Formulierung axiomatischer Theorien spielen Definitionen eine hervorragende Rolle, indem sie in vielen Fällen eine einigermaßen verständliche Formulierung der Hypothesen überhaupt erst ermöglichen. Ohne Definitionen wären manche Hypothesen hoffnungslos komplex und undurchsichtig. Die Einführung von Definitionen in eine Wissenschaftssprache er-

[80]Dies gilt nicht für *induktive* und *rekursive* Definitionen.

weitert deren *praktischen* Anwendungsbereich immens. Viele Sätze, deren Sinn ohne Definitionen aus Komplexitätsgründen uneinsehbar bliebe, rücken so in den Bereich des Verwendbaren und viele Ableitungen, die zwar im Prinzip im Nachhinein auch ohne Definitionen möglich sind, werden praktisch unter Benutzung von Definitionen gefunden. Dies wird besonders deutlich, wenn wir die definitorische Erweiterung einer Theorie als Prozess ansehen. Anfangs ist eine Theorie mit ihrer Sprache und ihren Hypothesen gegeben. Ein neuer Begriff wird nach einem der obigen Schemata über einen Satz dieser Sprache definiert und zur Sprache hinzugefügt. Die Sprache wird so um einen neuen Begriff erweitert, in der erweiterten Sprache lassen sich neue Sätze formulieren. Das Verfahren kann nun in der neuen Sprache wiederholt, ein zweiter Begriff eingeführt und die Sprache wieder erweitert werden. Und so weiter. Ersetzt man nach mehreren solchen Erweiterungsschritten in den neuen Sätzen die neuen Begriffe durch die sie definierenden Sätze, so entsteht oft ein Satzungetüm, welches nicht nur unverständlich, sondern sogar unlesbar ist.

In der Physik wird der Begriff der kinetischen Energie eines Teilchens $\mathbf{p}$ zur Zeit $\mathbf{t}$ definiert als $\frac{1}{2}\mathbf{m}(\mathbf{p}) \cdot (\mathbf{v}(\mathbf{p}, t))^2$, wobei $\mathbf{m}(\mathbf{p})$ die Masse des Teilchens bezeichnet und $\mathbf{v}(\mathbf{p},\mathbf{t})$ seine Geschwindigkeit zur Zeit $\mathbf{t}$. Der Energiebegriff ist ein Funktionsbegriff: jedes Teilchen besitzt zu jedem Zeitpunkt genau einen Energiewert. Bezeichnen wir die Funktion mit $\mathbf{E}$ und ihre Funktionswerte mit $\mathbf{E}(\mathbf{p}, \mathbf{t})$ (zu lesen als: die Energie des Teilchens $\mathbf{p}$ zur Zeit $\mathbf{t}$), so lautet die korrekte Definition nach dem obigen, zweiten Schema (mit Variablen $\mathbf{p}$ für Teilchen, $\mathbf{t}$ für Zeitpunkte und α für reelle Zahlen):

Für alle $\mathbf{p}$, alle $\mathbf{t}$ und alle α gilt: $\mathbf{E}(\mathbf{p}, \mathbf{t}) = \alpha$ gdw
$\alpha = \frac{1}{2}\mathbf{m}(\mathbf{p}) \cdot (\mathbf{v}(\mathbf{p}, \mathbf{t}))^2$.

Schon etwas komplexer ist die Definition der Geschwindigkeit als Ableitung des Ortes nach der Zeit. Voraussetzung ist hier, dass der Ort eines Teilchens in Abhängigkeit von der Zeit durch eine differenzierbare Funktion, die *Ortsfunktion* oder *Bahn* des Teilchens, beschrieben wird. Der Einfachheit halber nehmen wir an, dass es sich um eine 1-dimensionale Bahn handelt, so dass die Orte durch Zahlen – und nicht, wie allgemein nötig:

durch Vektoren – darstellbar sind. Bezeichnen wir diese Funktion mit $\mathbf{s}$ und ihre Funktionswerte mit $\mathbf{s}(\mathbf{p}, \mathbf{t})$ (zu lesen als: der Ort von Teilchen $\mathbf{p}$ zur Zeit $\mathbf{t}$), so ist die Geschwindigkeit des Teilchens $\mathbf{p}$ durch die Ableitung von $\mathbf{s}$ nach „der Zeit", d.h. nach dem zweiten, hier mit $\mathbf{t}$ bezeichneten Argument, gegeben. Geschwindigkeit ist ein Funktionsbegriff. Wir bezeichnen die Funktion mit $\mathbf{v}$ und ihre Funktionswerte mit $\mathbf{v}(\mathbf{p}, \mathbf{t})$. Die Definition der Ableitung als Grenzwert der Differenzenquotienten setzen wir als bekannt voraus. Schreiben wir $\Delta(\mathbf{s}, \mathbf{p}, \mathbf{t}, \mathbf{t}_0)$ für den Differenzenquotienten von $\mathbf{s}$ für Teilchen $\mathbf{p}$ zum Zeitpunkt $\mathbf{t}$ und mit Differenz $\mathbf{t}_0$, so lässt sich Geschwindigkeit als Funktion von $\mathbf{p}$ und $\mathbf{t}$ wie folgt definieren:

Für alle $\mathbf{p}$, $\mathbf{t}$ und α gilt: $\mathbf{v}(\mathbf{p}, \mathbf{t}) = \alpha$ gdw
$\alpha = lim_{\mathbf{t}_0 \to 0} \Delta(\mathbf{s}, \mathbf{p}, \mathbf{t}, \mathbf{t}_0)$.

Noch komplexer ist die Definition der Beschleunigung als zweiter Ableitung des Ortes nach der Zeit. Beschleunigung wird in der klassischen Mechanik zur Formulierung des zentralen Axiomes: des zweiten *Newton*schen Gesetzes „Kraft gleich Masse mal Beschleunigung" gebraucht. Natürlich könnte man Beschleunigung auch einfach als Grundbegriff benutzen. Im Sinne der axiomatischen Methode ist dieser Begriff jedoch als Grundbegriff „überflüssig", da er sich definieren lässt. Zur genauen Definition beginnen wir wieder mit einer Ortsfunktion $\mathbf{s}$ (die wir nur aus Einfachkeitsgründen als „eindimensional" voraussetzen) und bilden deren erste Ableitung nach der Zeit: $\mathbf{v}$. Falls diese differenzierbar ist, wiederholen wir den Ableitungsprozess und erhalten genau wie vorher eine Definition der Beschleunigung $\mathbf{b}$

Für alle $\mathbf{p}$, $\mathbf{t}$ und α gilt: $\mathbf{b}(\mathbf{p}, \mathbf{t}) = \alpha$ gdw
$\alpha = lim_{t_0 \to 0} \Delta(\mathbf{v}, \mathbf{p}, \mathbf{t}, \mathbf{t}_0)$.

Schon an diesem einfachen Beispiel zeigt sich die Stärke der Methode. Würden wir Beschleunigung in einem Schritt definieren und das Definiens formal vollständig ausschreiben, so entstünde ein langer, nur schwer lesbarer Satz. Indem eine Definition – von Geschwindigkeit – dazwischengeschoben wird, bleibt die Sache übersichtlich und verständlich.

2.5 Strukturen

Wir verlassen nun die sprachliche Ebene. Eine *Struktur (für eine Theorie)* ist ein mengentheoretisches Gebilde, das ein intendiertes System der Theorie mit Hilfe der Sprache der Theorie darstellt. Die Wörter, Namen, Begriffe, Phrasen in der Sprache der Theorie bezeichnen Dinge, Objekte, Entitäten, und Mengen von solchen, die zu einem mengentheoretischen Ganzen zusammengefügt werden.[81] Genauer wird eine Bezeichnung durch ein Wort in einem bestimmten, intendierten System interpretiert. Wir verwenden im allgemeinen für all diese Dinge, Objekte, Entitäten und Mengen, das Wort „Denotat", d.h. „Benanntes, Bezeichnetes". Eine Struktur ist also eine Ganzheit, in der viele Denotate (Mengen und Elemente von Mengen) zu einer Einheit zusammengefasst sind, und zwar relativ zu der gegebenen Sprache und zu einem gegebenen System der Theorie. Dieses ziemlich abstrakte Grundthema werden wir nun weiter variieren.

Eine empirische Theorie enthält immer viele intendierte Systeme und für ein intendiertes System gibt es normalerweise viele verschiedene Strukturen, die diese Systeme darstellen. Durch die Sprache der Theorie lässt sich über die Menge der intendierten Systeme der Theorie reden. Durch die Sprache können wir diese Menge nun zu der Menge „aller möglichen" Systeme dieser Art verallgemeinern. In ähnlicher Weise können wir mit den Strukturen verfahren. „Am Anfang" existieren die Denotate aus einer Struktur nur, wenn die Struktur ein intendiertes System repräsentiert. Aber durch die Sprache lassen sich Strukturen durch die Sprecher auf „alle möglichen" Strukturen der gleichen Art verallgemeinern. In den möglichen Strukturen finden wir nun auch mögliche Denotate. Aus der Menge der möglichen Strukturen können wir eine Teilmenge von Strukturen herausschneiden, deren Strukturen intendierte Systeme repräsentieren. Diese speziellen Strukturen nennen wir *intendierte Strukturen*. Mit anderen Worten gibt es auch

[81] Unser Ansatz lehnt sich an die Werke der Bourbaki-Gruppe an. Für uns sind vor allem die Bände über Mengenlehre und Topologie wichtig: Bourbaki 1968 und Bourbaki 1961.

„nur mögliche“ Denotate und „nur mögliche“ Strukturen, die kein Objekt und kein intendiertes System darstellen. Zum Beispiel finden wir in dem intendierten System der Gravitationstheorie („unser Sonnensystem“) das Objekt (das „Teilchen“) mit dem Namen „unsere Erde“, das auch als Denotat in einer Struktur existiert, die unser Sonnensystem repräsentiert. Andererseits finden wir in der gleichen Struktur das Objekt mit dem Namen „die Gravitationskonstante“, welches in unserem Sonnensystem als reales Objekt – jedenfalls am Anfang – nicht zu entdecken ist.[82] Es gibt auch „rein mögliche“ Strukturen für diese Theorie, die nur durch eine Person beschrieben wurden.

Wir unterscheiden zwischen den gängigen, mengentheoretischen Strukturen und den *angereicherten* Strukturen. Eine „normale“ Struktur für eine Theorie enthält alle Denotate für die Grundbegriffe der Theorie. Eine angereicherte Struktur enthält dagegen zusätzlich auch Denotate, die in einer Theorie durch Namen benannt sind. Solche durch Namen bezeichneten Denotate, nennen wir *Ankerelemente*, *Grundelemente* oder einfach *Anker*; sie machen eine Struktur an der „Wirklichkeit“ fest. Ein Anker ist anders gesagt ein Element aus einer Grundmenge einer Struktur, die zu einem intendierten Systems der Theorie gehört.

In einer Struktur gibt es für *jeden* Grundbegriff der Theorie ein Denotat. In angereicherten Strukturen finden wir zusätzlich Ankerelemente. Diese sind Denotate für Wörter oder Phrasen. Solche Wörter werden aber nicht als Grundbegriffe der Theorie betrachtet. Denn ein Wort für einen Anker braucht nicht in *jeder* Struktur der Theorie ein Denotat zu haben. Oft existiert in *einer* intendierten Struktur ein Anker, aber in einer *anderen* intendierten Struktur der gleichen Theorie existiert dieser Anker *nicht*. In der Stöchiometrie[83] z.B. ist in einer Struktur eine Substanz vorhanden, die aus bestimmten Molekülen besteht, während diese Substanz in einer anderen Struktur nicht existiert.

---

[82] Dies führt zu dem wissenschaftstheoretischen Spezialthema „theoretische Terme“, welches hier nicht erörtert wird. Siehe etwa Balzer 1996.

[83] Balzer, Moulines, Sneed 1987, Kap. 3.

Bei mathematischen Ausdrücken verfolgen wir die gleiche Strategie wie in 2.2. Eine Struktur soll Denotate für jene Ausdrücke enthalten, die Mengen mathematischer Objekte bezeichnen, nicht dagegen Ausdrücke für mathematische Relations- und Funktionszeichen und Konstanten.

Oft wird der Strukturbegriff als Gattungsbegriff benutzt, wenn zum Beispiel von „der Struktur des Wasserstoffatoms" die Rede ist. „Struktur" bedeutet hier die Gattung der Wasserstoffatome und das, was ihnen gemeinsam ist. Zwischen dieser Verwendung und unserer, am einzelnen System orientierten, besteht ein enger Zusammenhang: die „Struktur" als Gattung besteht aus der Klasse aller einzelnen, systemabbildenden Strukturen in unserem Sinn. Wir verwenden für diesen Gattungsbegriff immer die Bezeichnung „abstrakte Struktur".

Ausgehend von einem realen System lässt sich bei gegebener Theorie die zugehörige Struktur durch einen Prozess gewinnen, der als Systemanalyse bezeichnet werden kann. Ausgehend von dem System werden Mengen von Objekten ermittelt und es werden Mengen von mathematischen Entitäten bestimmt, die zu dem System gehören. Jede solche Menge ist ein Denotat eines Grundbegriffs, ein Teil der analysierten Struktur. Weiter werden die Zusammenhänge untersucht, die zwischen den Objekten und Objektmengen des Systems bestehen. Diese Zusammenhänge werden in der Struktur geklärt und als Beziehungen zwischen Elementen aus den Objektmengen und den mathematischen Mengen der Struktur dargestellt. All diese Zusammenhänge und Beziehungen lassen sich in der Struktur als Relationen, Funktionen und Konstanten darstellen, die aus Elementen der Objektmengen und mathematischen Mengen aufgebaut werden. Die Analyse des System ergibt als Resultat also Objektmengen, mathematische Mengen und Relationen im weiteren Sinn, die Teile der repräsentierenden Struktur sind. Mit anderen Worten erhalten wir als Resultat eine Struktur der Form

$$\langle D_1, ..., D_k, A_1, ..., A_m, R_1, ..., R_n \rangle,$$

wobei $D_1, ..., D_k$ Mengen von Objekten, $A_1, ..., A_m$ Mengen von mathematischen Entitäten und $R_1, ..., R_n$ Relationen im weiteren Sinn aus der Struktur sind. Noch anders gesagt ist eine Struktur eine Liste, die die Denotate für die Grundbegriffe der Theorie in der richtigen Reihenfolge enthält.

In einer Struktur lässt sich jede Relation R_i als eine Menge von Tupeln analysieren. Um dies genauer zu sehen, sei R_i eine n-stellige Relation, die Objekte $a_1, ..., a_n$ bestimmter Sorten in Beziehung setzt. Indem wir diese Objekte der Reihe nach durchgehen, erhalten wir eine Menge von Listen der Form $\langle a_1, ..., a_n \rangle$. Wir können prüfen, ob die jeweils aufgelisteten Objekte $a_1, ..., a_n$ in der Relation R_i stehen oder nicht. Sammeln wir nun all die Listen, die positiv geprüft wurden, und geben sie in eine Menge R_i^*, so enthält R_i^* genau die gleiche Information wie die Relation R_i. Um zu sehen, ob gegebene Objekte in der Relation R_i stehen, prüfen wir, ob die Liste ihrer Namen in der Menge R_i^* vorkommt. Wenn dies der Fall ist, stehen die Objekte in der Relation R_i, andernfalls nicht.

Der gleiche Zusammenhang gilt auch im spezielleren Fall für Funktionen. Eine Funktion F mit Argumenten x und Werten y wird identifiziert mit einer Menge von Paaren[84] $\langle x, y \rangle$, für die y der Funktionswert des Argumentes x von F ist. Wie bei Relationen im allgemeinen enthält auch hier die Menge all dieser Paare genau alle Informationen über die Funktion F und kann daher mit F gleichgesetzt werden. Genauso verfahren wir mit den Konstanten, die als nullstellige Funktionen behandelt werden. Eine nullstellige Funktion hat kein Argument und genau einen Funktionswert, der mit dieser Konstanten übereinstimmt.

In angereicherten Strukturen fügen wir die Ankerelemente als Denotate hinzu. Wir beschreiben diese Anker als eine Liste $\langle e_1, ..., e_r \rangle$, oder als viele Listen, oder als eine Datenbank. In die „normalen" Strukturen haben wir sie aus zwei Gründen nicht aufgenommen. Erstens sind die Listen von Namen oft sehr (viele „Megabytes") lang,[85] und zweitens sind sie für unterschiedliche Systeme unterschiedlich lang und verschieden organisiert. Die Zahl der Denotate für die Grundbegriffe bleibt im Gegensatz dazu für *alle* intendierten Systeme und damit auch für alle Strukturen der Theorie gleich. Dieser Unterschied ist für

[84] „Paar" ist der geläufigere Ausdruck für „2-Tupel".

[85] Diese Listen haben normalerweise auch eine interne Systematik.

die empirische Seite von Theorien zentral und wird im nächsten Kapitel genauer erörtert.

Wir fassen den Analyseprozess in *Abbildung* 2.5 schematisch zusammen. Ein senkrechter Pfeil deutet die Beziehung zwischen einem Zeichen und dem Bezeichneten an. Die gepunkteten Pfeile deuten den Prozess der Systemanalyse an: das sprachliche Muster der Theorie wird in das System hineingelegt und mit seiner Hilfe werden Denotate für die verschiedenen Grundbegriffe ermittelt.

Abb. 2.5

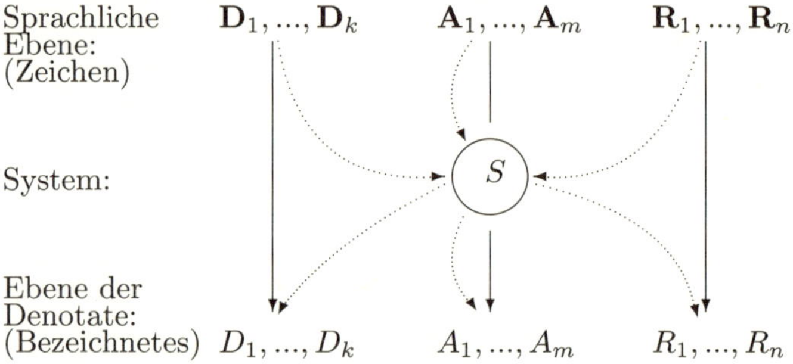

Damit eine Struktur ein in sich geschlossenes Ganzes bildet, dürfen die Relationen nur solche Objekte in Beziehung setzen, die in den Mengen $D_1, ..., D_k, A_1, ..., A_m$ vorkommen. Dies lässt sich zum Teil durch Typisierung der Relationen erreichen. Jede Relation im weiteren Sinn hat einen bestimmten Typ (oder sollte ihn jedenfalls haben), der regelt, welche Objektsorten in welcher Reihenfolge in Beziehung gesetzt werden. Genauer umfasst die Typenangabe für eine Relation im weiteren Sinn drei Bestimmungen:[86]

- eine Stellenzahl, die angibt, wieviele Objekte in Beziehung gesetzt werden
- Sortenangaben über die Art der Objekte, die in Beziehung gesetzt werden
- Stufen, die – vor allem in der Mathematik – angeben,

[86] Die hier verwandten Typen stecken in den *Leiterverfahren* („echelon construction schemes“) von Bourbaki, vergleiche Bourbaki 1968. Siehe auch Balzer 1985, Kap. II.

welche Mengen (oder noch komplexere Konstrukte aus Objekten) in Beziehung gesetzt werden.

Zwischen Typen für Funktionen und Relationen im engeren Sinn besteht kein wesentlicher Unterschied. Der Typ einer Konstanten gibt nur an, aus welcher Objektmenge $D_1, ..., A_m$ sie stammt. Diese Typenangaben lassen sich am besten durch Beispiele verstehen. Die geometrische Zwischenrelation ist 3-stellig. Alle Objekte, die sie in Beziehung setzt, sind von gleicher Sorte, nämlich der der geometrischen Punkte. Objekt*mengen* treten in ihr nicht auf: die Relation ist von erster Stufe. Die Ortsfunktion in der Mechanik ist – als Relation – 3-stellig: sie setzt Teilchen, Zeitpunkte und Orte miteinander in Beziehungen der Art „o ist der Ort von Teilchen p zur Zeit t". Alle drei Objekte sind von verschiedener Sorte. Die Funktion betrifft keine Objektmengen, sie ist erster Stufe. In vielen sozialen Theorien spielen Intentionen eine Rolle. Die Relation des Intendierens ist 2-stellig, von der Art: „Person j intendiert, Handlung a zu tun". Die beiden verknüpften Objekte sind von verschiedener Sorte, die Relation bleibt auf der ersten Stufe. Eine Relation zweiter Stufe finden wir in der Geometrie, wenn wir dort Geraden als Punktmengen einführen. Die Relation zwischen zwei Geraden g, g': „g schneidet g'" ist 2-stellig und setzt zwei Mengen von Objekten der gleichen Sorte in Beziehung. Auch die Wahrscheinlichkeitsfunktion in der Wahrscheinlichkeitstheorie ist zweiter Stufe. Sie bildet „Ereignisse" in reelle Zahlen ab. Ereignisse werden dabei als Mengen von möglichen Ergebnissen (eines Zufallsexperiments) aufgefasst. Als Relation setzt die Funktion also eine Menge möglicher Ergebnisse mit einer reellen Zahl in Beziehung. Sie ist 2-stellig von zweiter Stufe und betrifft Objekte von zwei Sorten.

Zusammenfassend enthält eine *Struktur* der Theorie (für die Sprache der Theorie) alle Denotate für die Grundbegriffe und bei angereicherten Strukturen auch Ankerelemente. In einer Struktur stehen $D_1, ..., D_k$ für Mengen von Grundobjekten der verschiedenen Sorten, $A_1, ..., A_m$ für Mengen mathematischer Objekte verschiedener Art und $R_1, ..., R_n$ für Relationen im weiteren Sinn, die in einem – intendierten oder nur möglichen – System der Theorie vorkommen. In Anlehnung an

Ludwig[87] nennen wir $D_1, ..., D_k$ *Hauptbasismengen* oder auch *Grundmengen*, $A_1, ..., A_m$ *Hilfsbasismengen* und $D_1, ..., D_k, A_1, ..., A_m$ *Basismengen*.

Betrachten wir zwei Beispiele von Strukturen, die intendierte Systeme repräsentieren. Unser Planetensystem liefert eine Struktur für die Theorie der klassischen Mechanik. Sie enthält fünf Arten von Objekten: materielle Teilchen (die Sonne und die Planeten), Zeitpunkte, Orte, reelle Zahlen und reelle 3-er Vektoren (d.h. 3-Tupel aus reellen Zahlen). Versammeln wir die Objekte in ihren jeweiligen Mengen, so erhalten wir

- P: die Menge der Teilchen
- T: die Menge der Zeitpunkte
- O: die Menge der Orte
- $\mathbb{R}$: die Menge der reellen Zahlen
- $\mathbb{R}^3$: die Menge der reellen 3-er Vektoren.

Dazu kommen die empirischen Relationen: erstens die Ortsfunktion s vom gerade eingeführten Typ, zweitens eine Koordinatisierung σ der Orte durch Vektoren, drittens eine Koordinatisierung τ der Zeitpunkte durch reelle Zahlen. Die Koordinatisierungen sind Funktionen, die jeden „möglichen" Ort bzw. jeden Zeitpunkt eindeutig in einen Vektor bzw. eine Zahl abbilden. Die vierte Relation ist die Massefunktion, die Teilchen in Zahlen abbildet, die fünfte die Kraftfunktion, die jedem Teilchen und jedem mit Koordinaten versehenem Ort einen Vektor zuordnet. Dieser stellt die Kraft dar, die zur gegebenen Zeit auf das Teilchen wirkt. Schließlich enthält die Struktur noch die Gravitationskonstante γ, die den Typ einer reellen Zahl hat. Insgesamt lässt sich diese Struktur als Liste in folgender Form schreiben

$$\langle P, T, O, \mathbb{R}, \mathbb{R}^3, \sigma, \tau, s, m, f, \gamma \rangle.$$

In dieser Formulierung tritt die Raum-Zeit-Struktur ansatzweise als eigenständige Entität auf. Im Prinzip könnten die Komponenten T, O, σ, τ formal weggelassen werden.[88]

---

[87] Siehe Ludwig 1991.

[88] Der formal puristische Ansatz findet sich in McKinsey, Sugar, Suppes 1953 und eine neue, physikalische Rekonstruktion in Kamlah 2002. Die hier verwendete Formulierung lehnt sich an Balzer, Moulines, Sneed

Als zweites Beispiel betrachten wir die Struktur, die sich aus einem Wochenmarkt in einem kleinen, isolierten Städtchen aus der Perspektive der ökonomischen Tauschtheorie ergibt. Hier finden wir drei Objektsorten: Akteure, Güterarten und reelle Zahlen. Zwei Zeitpunkte, die den Anfangszeitpunkt v („vorher") und den Endzeitpunkt n („nach") des Markttages festlegen, werden hier nur als Indizes für zwei Funktionen gebraucht. Die Mengen der Objekte, die im System eine Rolle spielen, bezeichnen wir mit A, G und $\mathbb{R}$. Darüberhinaus enthält das System vier empirische Relationen: zwei Güterverteilungen e_v und e_n. e_v beschreibt die mengenmäßige Verteilung der Güterarten auf die Personen am Anfang des Tages („Ausstattung, endowment"), e_n die Verteilung am Ende des Tages, wenn das System idealerweise im Gleichgewicht ist. Jede Verteilung ist eine Funktion, die Akteure und Güterarten in Zahlen abbildet. Mit einer solchen Funktion lassen sich Sätze der Art „Akteur j besitzt von Güterart g die Menge α" bilden. Drittens enthält das System Preise in Form einer Funktion p, die Güterarten in Zahlen abbildet und zu Sätzen der Form „Der Preis einer Einheit von Güterart g ist α" führt. Viertens schließlich enthält das System – jedenfalls aus der Sicht der ökonomischen Theorie – eine Nutzenfunktion U, die jedem Akteur j im System und jeder möglichen Güterausstattung des Akteurs eine Zahl als Ausdruck des Nutzens zuordnet, den er aus dem Besitz oder Konsum dieser Güterausstattung zieht oder ziehen würde. Die mögliche Güterausstattung wird dabei durch einen Vektor reeller Zahlen dargestellt, der genauso viele Komponenten enthält, wie es im System Güterarten gibt. Insgesamt nimmt eine solche ökonomische Struktur folgende Form an:

$$\langle A, G, \mathbb{R}, \mathbb{R}^m, e_v, U, e_n, p \rangle,$$

wobei die Zahl m gleich der Anzahl der Elemente von G ist. Diese Zahl ist durch die Menge G eindeutig festgelegt.[89]

Wir beschließen diesen Abschnitt mit drei grundsätzlicheren Bemerkungen, die wir allerdings nicht im Detail begründen. Erstens dürfte deutlich geworden sein, dass Strukturen einen

1987, Kap. 3 an.

[89]In dieser Theorie wird vorausgesetzt, dass es nur endlich viele, verschiedene Güterarten gibt.

„gemischten", ontologischen Status haben: sie beinhalten sowohl Elemente der menschenunabhängigen Welt, als auch Elemente menschlicher Aktivität. Insbesondere sind Strukturen sprachabhängig: die Sprache ist an ihrer Konstitution erheblich beteiligt. Strukturbildung geht von den realen, intendierten Systemen der Theorie aus. Strukturen werden aus diesen Systemen „abstrahiert". Sind diese jedoch gebildet, beginnen sie, ein „Eigenleben" zu führen. Die Menschen können dann auch Strukturen konstruieren, die *keinen* realen Systemen entsprechen. Der Begriff des realen Systems lässt sich so zu dem des *möglichen* Systems erweitern. Konstruierte Strukturen, die keinen realen Systemen entsprechen, lassen sich immerhin als „Bilder" *möglicher* Systeme ansehen. Mögliche Systeme sind Systeme, die in der Sprache der Theorie dargestellt werden können, obwohl ihnen kein wirkliches System entspricht.

Zweitens beinhaltet die Benutzung von Strukturen gegenüber den Varianten der rein sprachorientierten Metatheorie eine feinere ontologische Einteilung der Realität in Systeme. Diese „systemische" Perspektive ist charakteristisch für den strukturalistischen Ansatz der Wissenschaftstheorie.[90]

Drittens ist festzustellen, dass es keine scharfe Grenze zwischen realen und „bloß möglichen" Systemen gibt. Die sprachliche Konstitution von Strukturen ist untrennbar mit dem verwoben, was wir als reale Systeme bezeichnen. Diese Unschärfe wird deutlich, wenn wir über die Existenz von „theoretischen" Größen nachdenken, wie etwa der Nutzenfunktion oder der Kraftfunktion. Existieren diese Funktionen schon in den realen Systemen, *bevor* wir mit deren sprachlicher Beschreibung und Erfassung durch Strukturen beginnen?

2.6 Interpretation und Gültigkeit

Mit der Sprache einer Theorie werden die intendierten, realen Systeme dieser Theorie beschrieben. Die Sätze dieser Sprache

[90]Siehe etwa Balzer, Moulines, Sneed 1987; Balzer und Moulines 1996; Balzer, Sneed, Moulines 2000. Eine umfassende Bibliographie wurde in Diederich, Ibarra, Mormann 1989, 1994 zusammengestellt.

drücken Informationen aus, die von den intendierten Systemen der Theorie stammen. Wie funktioniert dies?

Der Prozess des Beschreibens lässt sich in mehrere Schritte zerlegen. Eine Theorie, ihre Sprache, und eine Struktur für diese Sprache, die ein reales System darstellt, seien gegeben. Im ersten Schritt werden die Grundbegriffe der Theorie und einige Namen auf bestimmte Denotate („Dinge") abgebildet. Diese Zuordnung erfolgt durch die WissenschaftlerInnen dieser Theorie. In der wirklichen Welt deuten sie auf diese Denotate, sie bezeichnen und beschreiben sie. Dieser Prozess wird zu einer *Interpretationsfunktion* zusammengefasst. Abhängig von der Struktur x der Form $\langle D_1, ..., D_k, A_1, ..., A_m, R_1, ..., R_n \rangle$ ordnet die Interpretationsfunktion I_x den Grundbegriffen $\mathbf{D}_1, ..., \mathbf{R}_n$ der Theorie die Komponenten $D_1, ..., R_n$, und den Namen $\mathbf{n}_1, ..., \mathbf{n}_s$ bestimmte Objekte zu, die in den Grundmengen $D_1, ..., D_k, A_1, ..., A_m$ existieren. Wir betonen, dass die Denotate nicht objektiv, sondern „subjektiv" durch die Brille dieser Theorie betrachtet werden. Statt von objektiven Dingen zu reden, wäre es zweckmäßiger, von *anderen* Denotaten zu sprechen, die aus der Sicht *anderer* Theorien anders interpretiert werden.

Im zweiten Schritt werden einerseits die Begriffe und Namen der Theorie zu einfachen Sätzen – zu atomaren Sätzen – zusammengebaut, andererseits werden die Denotate aus der Struktur x zu einfachen Sachverhalten zusammengefügt. Ein *Sachverhalt* besteht im einfachsten Fall aus zwei Denotaten, die sich in der „richtigen Weise" *verhalten*, d.h. in einer Weise, die durch eine Relation ausgedrückt wird. In einer Struktur x werden wir diese Sachverhalte in der Form $R(a, b)$, a=b, $a \in b$ oder in der Form $\langle a, b \rangle \in R$ beschreiben.[91] Sachverhalte sind interessanterweise strukturell genau gleich gebaut, wie Atomsätze. Atomare Sätze haben die Formen **R**(**a**,**b**) oder **a** = **b**, wobei **a** und **b** Namen sind, und **R** ein Grundbegriff der Theorie, und = der logische Gleichheitsbegriff ist.

[91]Die Relation $\in$ wird in Abschnitt 2.7 genauer erörtert. Mengentheoretisch gedacht, müssten die Sachverhalte $R(a, b)$ und $a = b$ eigentlich nur in diesen Formen: $\langle a, b \rangle \in R$, $\langle a, b \rangle \in =$ geschrieben werden.

Im dritten Schritt wird untersucht, ob ein solcher Satz zu dem entsprechenden Sachverhalt passt. Wir können nicht die interpretierten Begriffe und Namen einfach mit den Denotaten, die in der Struktur schon existieren, gleich setzen. Um dies genau zu verstehen, greifen wir den wichtigsten Fall heraus. Wir gehen von dem Satz **R(a,b)** der Theorie, dem Grundbegriff **R** und den Namen **a**, **b** aus. Durch die Interpretationsfunktion I_x werden den Namen **a** und **b** Dinge $I_x(\mathbf{a})$ und $I_x(\mathbf{b})$, und dem Grundbegriff **R** das Denotat – die Grundrelation – $I_x(\mathbf{R})$ zugeordnet.

Wir können diese Denotate aus zwei Blickwinkeln betrachten. Einerseits sehen wir die Denotate mit der Brille dieser Theorie. Andererseits können wir die Dinge a, b und die Relation R von einer neutraleren Warte aus notieren.[92]

Wir haben nun zwei Beziehungen. Die erste Beziehung wird in der Sprachebene formuliert. Die Symbole **a**, **b** und **R** werden zu einem Satz **R(a,b)** zusammengefügt, der den Sachverhalt $I_x(\mathbf{R})(I_x(\mathbf{a}), I_x(\mathbf{b}))$ ausdrücken soll. Dieser Satz behauptet, dass die Denotate $I_x(\mathbf{a})$ und $I_x(\mathbf{b})$ in der Beziehung $I_x(\mathbf{R})$ stehen. Dies heißt noch nicht, dass dieser so notierte Satz $\mathbf{R}(\mathbf{a}, \mathbf{b})$ auch schon richtig ist. Er kann auch falsch sein. Z.B. ist der Satz **R(a,b)** mit **a** und **b** für Personen und **R** für die Beziehung „des Machtausübens“ falsch, wenn die Person mit Namen **a** eben keine Macht auf die Person des Namens **b** ausübt. Es kann aber auch sein, dass der Satz **R(b,a)** richtig ist, d.h. **b** übt Macht auf **a** aus.

Die zweite Beziehung, die von der ersten *unabhängig* sein kann, besteht zwischen den „extern“ betrachteten Dingen a, b, die in der Relation R stehen. Wir drücken diese Beziehung in der gleichen Form aus: $R(a, b)$.[93] Wichtig ist auch hier, dass der Sachverhalt $R(a, b)$ richtig oder falsch sein kann.

[92] Letzten Endes sind auch a, b und R wieder nur Symbole für Dinge und Relationen. Wir nehmen hier kontrafaktisch an, um den roten Faden nicht zu verlieren, dass a, b und R objektive Dinge und Beziehungen „sind“.

[93] Noch puristischer gedacht, können wir diese Beziehung mengentheoretisch wie folgt schreiben: $\langle a, b \rangle \in R$, siehe Abschnitt 2.7. Das heißt, das Paar $\langle a, b \rangle$, bestehend aus den beiden „wirklichen“ Dingen a und b, ist ein Element der „wirklichen“ Relation R.

In *Abbildung* 2.6.1 haben wir einen der vier Möglichkeiten hervorgehoben, in der der Sachverhalt $R(a, b)$ nicht stimmt, während der „entsprechende“ Satz in der Struktur x gültig ist. Diese Figur enthält mehrere Aspekte, die in der Logik nicht gebraucht werden, weil dort die Sachverhalte den atomaren Sätzen eins-zu-eins entsprechen. In einer empirischen Anwendung, können aber die Denotate auf mehrere Dinge oder auf kein Ding zutreffen. Ebenso kann eine Relation -wie etwa hier *R- verschieden* von dem Denotat $I_x(\mathbf{R})$ sein. Im Wesentlichen wird aber die Passung zwischen $R(a, b)$ und **R**(**a**,**b**) auf die Interpretationsfunktion zurückgespielt.

Abb. 2.6.1

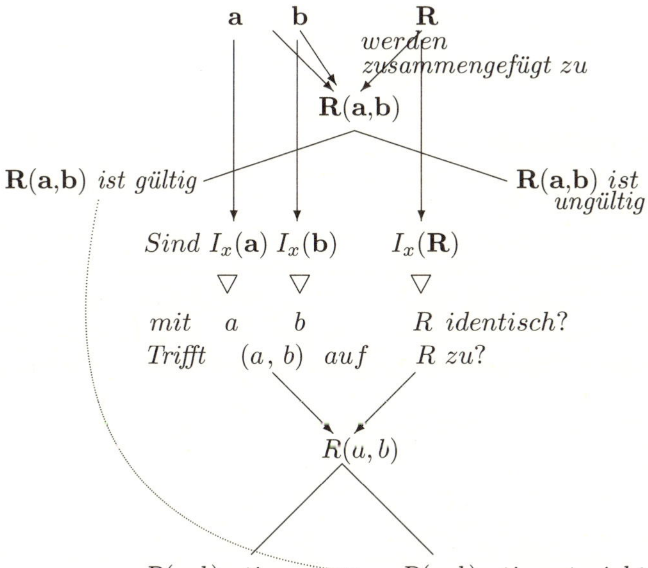

Informell und realitätsbezogen ist ein atomarer Satz *in x gültig* gdw die Denotate genau zusammenpassen. D.h. die Denotate sind identisch mit den entsprechenden Dingen und Relationen, die wirklich in der Struktur existieren und durch Wissenschaftler beobachtet wurden, und die Denotate beziehen sich in der „richtigen“ Weise aufeinander.

Im vierten Schritt wird schließlich die Gültigkeit eines komplexen Satzes in der gegebenen Struktur x auf atomare Sätze zurückverfolgt. Die atomaren Sätze werden in der Struktur x „direkt" als gültig oder ungültig erwiesen. Alle anderen Sätze werden durch die in 2.3 eingeführten Ableitungsregeln Schritt für Schritt auf die Gültigkeit oder Ungültigkeit von atomaren Sätzen zurückgespielt.

Eine Besonderheit der Logik liegt in Sätzen, die in allen Strukturen einer Theorie gültig sind. Ein sehr einfaches Beispiel ist der Satz $\mathbf{R}(\mathbf{a}) \vee \neg\mathbf{R}(\mathbf{a})$, der in jeder Struktur aus rein formalen Gründen gültig ist. Nach den Regeln für die Adjunktion und Negation in 2.3 ist in einer Struktur x dieser Satz gültig gdw $\mathbf{R}(\mathbf{a})$ (in x) gültig ist oder $\mathbf{R}(\mathbf{a})$ (in x) nicht gültig ist. Wie wir auch die Sache wenden, der Satz $\mathbf{R}(\mathbf{a}) \vee \neg\mathbf{R}(\mathbf{a})$ ist immer gültig. Solche Sätze gibt es in großer Zahl. Die Sätze, die in jeder (keiner) Struktur gültig sind, nennt man *allgemein gültig* (*ungültig*). Der Satz $\mathbf{R}(\mathbf{a}) \wedge \neg\mathbf{R}(\mathbf{a})$ z.B. ist in keiner Struktur einer Theorie gültig. Die Begriffe der *Allgemeingültigkeit* und *Ungültigkeit* decken so einen Grenzbereich von Sätzen ab, deren Sachverhalte wirklich irrelevant sind.

Wir sind bis jetzt davon ausgegangen, dass der Sachverhalt denselben Typ wie der entsprechende Satz hat. Dies muss aber nicht so sein. Es ist möglich, einen komplexen Term zu bilden, der ein einfaches, nicht weiter intern strukturiertes Objekt bezeichnet. Mit anderen Worten ist das Objekt (das Denotat) aus der Sicht der gegebenen Theorie einfach. Bei anderen Theorien kann dasselbe Objekt aber komplex sein. Umgekehrt kann ein atomarer Satz oder ein einfacher Begriff ein komplexes Denotat ausdrücken. Dies kann z.B. passieren, wenn ein definierter Begriff (2.4) in dem Satz auftritt.

Wir beschreiben Interpretation und die Gültigkeit für zwei ziemlich „einfache" Sätze, die in zwei Theorien als Hypothesen verwendet werden. Der erste Satz stammt aus der klassischen Geometrie.

H_1 *Für alle Punkte* $\mathbf{y}_1, \mathbf{y}_2$ *und alle Punkte* $\mathbf{x}_1, \mathbf{x}_2$ *gibt es einen Punkt* $\mathbf{x}_3$, *so dass gilt:*
zwischen$(\mathbf{x}_1, \mathbf{x}_2, \mathbf{x}_3)$ *und* **kongruent**$(\mathbf{x}_2, \mathbf{x}_3; \mathbf{y}_1, \mathbf{y}_2)$.

Die Geometrie benutzt drei Grundbegriffe **Punkt**, **zwischen** und **kongruent**, die in den Strukturen interpretiert werden. Eine dieser Strukturen x besteht aus einer Menge P der geometrischen Punkte, und aus den Relationen *zwischen* und *kongruent*. Mengentheoretisch betrachtet „ist" *zwischen* eine Menge von Tripeln von Punkten und *kongruent* eine Menge von 4-Tupeln von Punkten. Ein Sachverhalt $zwischen(a, b, c)$ drückt inhaltlich aus, dass der Punkt b zwischen a und c liegt, und der Sachverhalt $kongruent(a, b, a', b')$ beinhaltet, dass die Punkte a und b den gleichen Abstand haben, wie die Punkte a' und b'. Die Interpretationsfunktion I_x ordnet nun den drei Grundbegriffen ihre Interpretationen zu: [94] $I_x(\textbf{Punkte}) = P$, $I_x(\textbf{zwischen}) = zwischen$ und $I_x(\textbf{kongruent}) = kongruent$. In *Abbildung* 2.6.2 zeichnen wir in der oberen Ebene die drei Grundbegriffe und unten ihre teilweisen Interpretationen ein. Die Relation *zwischen* ist als Ganzes völlig unanschaulich, da sie für unendlich viele Tripel von Punkten gilt, und für unendlich viele andere Tripel nicht gilt. Dasselbe gilt für die Relation *kongruent*. Wir haben drei Sachverhalte der Art „zwischen" dargestellt. In einem solchen Sachverhalt werden drei Punkte durch eine gerade Linie verbunden. Genauso haben wir drei Kongruenzen eingezeichnet, die durch gepunktete Linien dargestellt sind.

Abb. 2.6.2

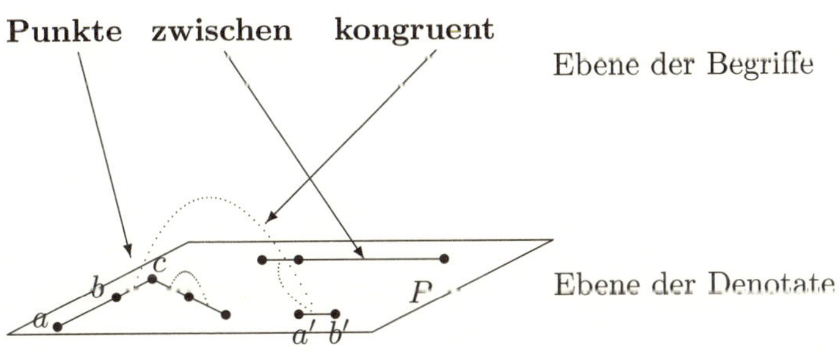

[94] In der Logik erster Stufe, die keine Sorten unterscheidet, werden die Gattungsbegriffe – in diesem Beispiel: **Punkte** – nicht direkt interpretiert. Sie bleiben dort implizit und werden durch die zugehörigen Variablen mitverarbeitet.

Für zwei Teile des Interpretationsprozesses stellen wir fünf Namen **a**, **b**, **c**, **a**′ und **b**′ bereit, die in *Abbildung* 2.6.3 durch die Funktion I_x auf Denotate a, b, c, a' und b' abbilden.

Abb. 2.6.3

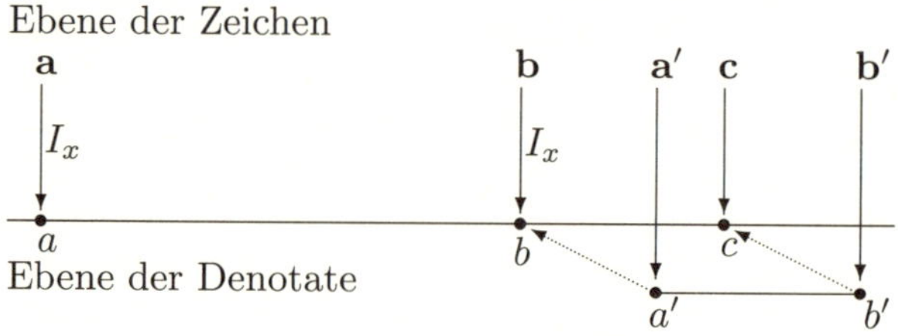

In *Abbildung* 2.6.2 liegt der Punkt b *zwischen* den Punkten a und c. Mit bloßem Auge sieht man, dass dieser Sachverhalt stimmt und daher der Satz **zwischen**(**a**, **b**, **c**) in der Struktur x gültig ist. Ähnlich lässt sich dort direkt erkennen, dass der Sachverhalt *kongruent*(a, b, a', b') *nicht* stimmt, und damit der Satz **kongruent**(**a**, **b**, **a**′, **b**′) in x *nicht* gültig ist. Einen Sachverhalt, nach dem die Punkte b, c zu den Punkten a', b' *kongruent* sind, haben wir *Abb.* 2.6.2 nicht eingezeichnet. Man weiß dort nicht genau, ob diese Punkte tatsächlich kongruent sind. Die Hypothese H_1 beginnt mit einem komplizierten Vorspann von Quantoren: „*für alle* Punkte a, b, a', b' *gibt es* einen Punkt c, so dass ...“. Mit Hilfe dieser Figuren sollte klar werden, dass diese Hypothese und der Gesamtprozess der Gültigkeit dieses Satzes nur exemplarisch darzustellen ist.

Als zweites Beispiel nehmen wir einen Satz aus der Theorie der sozialen Institutionen, in der unter anderem Personen und ihre Handlungen beschrieben werden und in der Personen andere Personen beeinflussen. In einer bestimmten Formulierung[95] werden die Grundbegriffe **Person**, **Handlung**, **real** und **einfl** benutzt. Ein mit **real**(**i**,**a**) abgekürzter Satz besagt, dass die Person **i** die Handlung **a** ausführt („realisiert, verwirklicht“) und ein Satz **einfl**(**i**, **a**,**j**,**b**) besagt, dass die Person **i** mit der Handlung **a** die Person **j** und die Handlung **b** von **j** beeinflusst. Zur Interpretation brauchen wir eine Struktur x

[95] Balzer 1993. Dort wird statt **einfl** das Symbol **macht** benutzt.

der Form $\langle J, A, real, einfl, \ldots \rangle$, in der es Grundmengen J von Personen und A von Handlungen gibt. Der Begriff **real** wird in x durch die Beziehung *real* und **einfl** durch die Beziehung *einfl* interpretiert. Mengentheoretisch werden in *real* und *einfl* Dinge verschiedener Art in Beziehung gesetzt. *real ist* mengentheoretisch gesehen eine Menge und in einem Paar $\langle i, a \rangle$ aus der Menge *real* wird i als eine Person und a als eine Handlung interpretiert, so dass diese beiden „Dinge" durch *real* miteinander in Beziehung gesetzt werden. Ganz ähnlich werden in der Relation *einfl* zwei Personen und zwei Handlungen in Beziehung gesetzt, nämlich so, dass die Person i mit ihrer Handlung a die Person j und ihre zugehörige Handlung b beeinflusst. Formal ist *real* eine Menge von Paaren der Form $\langle i, a \rangle$ und *einfl* eine Menge von 4-Tupeln der Form $\langle i, a, j, b \rangle$. Die Interpretationsfunktion I_x ordnet also den Begriffen ihre Grundmengen und Relationen zu: $I_x(\mathbf{Person}) = J$, $I_x(\mathbf{Handlung}) = A$, $I_x(\mathbf{real}) = real$ und $I_x(\mathbf{einfl}) = einfl$.

In *Abbildung* 2.6.4 stellen wir eine Struktur und einige Sachverhalte aus der Struktur schematisch dar. Jede Spalte beschreibt eine Person und ihre Handlungen. In einigen Spalten haben wir einige Handlungen als Kästchen eingezeichnet. Die fett eingezeichnete Linie teilt die Kästchen in zwei Arten ein: die Kästchen oberhalb der Linie bezeichnen wir als *machtausübende* (einflussnehmende) Handlungen und die unterhalb als *erleidende* (beeinflusste) Handlungen. In der Spalte für die Person j' haben wir alle Handlungen eingezeichnet; die schwarzen Kartensymbole stellen die machtausübenden Handlungen von j' und die weißen die erleidenden Handlungen von j' dar. Durch die fette Unterscheidungslinie lässt sich direkt sehen, dass die Personen von links nach rechts immer weniger mächtig werden. Die Person k zum Beispiel hat nur eine Handlung (♠) mit der sie jemanden beeinflusst. Bei den Personen j' und bei i finden wir Kästchen auf der „Machtgrenze", die nicht klar einzuordnen sind. Diese Grenze lässt sich nur approximativ ziehen, siehe 3.10. Die Kästchen oberhalb der oberen, gepunkteten Linie stellen die *realen* Machthandlungen der Personen dar, die in dem System wirklich stattfinden. Genauso bezeichnen die Kästchen unterhalb der unteren, gepunkteten

Linie die erleidenden Handlungen der Personen. Anders gesagt drücken die beiden beschriebenen Bereiche zusammen die Realisierungsrelation *real* aus. Eine einzige Machtausübung zwischen i und j – und die zugehörigen Handlungen a und b – ist eingezeichnet. a ist die machtausübende Handlung von i und b die erleidende Handlung j. Die Person i' stellt einen Fall dar, der zu einer Hypothese der Institutionentheorie im Widerspruch steht, siehe Hypothese 6 in 2.9. Diese Person beeinflusst niemanden; sie kann in keiner Handlung als Machtausübende wirken.

Der Satz, den wir nun betrachten, ist eine „einfache" Hypothese H_2, die wir wie folgt abkürzen:

$$H_2 \quad \forall \mathbf{x}_1^J \; \exists \mathbf{x}_2^J \exists \mathbf{y}_1^A \exists \mathbf{y}_2^A \; (\; \mathbf{real}(\mathbf{x}_1^J, \mathbf{y}_1^A) \; \textit{und} \; \mathbf{einfl}(\mathbf{x}_1^J, \mathbf{y}_1^A, \mathbf{x}_2^J, \mathbf{y}_2^A)).$$

In dieser Hypothese spielen bestimmte Personen und Handlungen keine Rolle. Personen werden nur durch die Variablen $\mathbf{x}_1^J$ und $\mathbf{x}_2^J$ und die Handlungen nur durch die Variablen $\mathbf{y}_1^A$ und $\mathbf{y}_2^A$ ausgedrückt. Die Variablen $\mathbf{x}_1^J$ und $\mathbf{x}_2^J$ laufen über die Grundmenge J und die Variablen $\mathbf{y}_1^A$ und $\mathbf{y}_2^A$ über die Grundmenge A. Die Personen sind in einer Grundmenge J versammelt und die Handlungen in einer anderen Menge A. Wir haben die verschiedenen Sorten von Variablen durch obere Indizes der Variablen kenntlich gemacht. Inhaltlich gesprochen kann keine Person mit irgendeiner Handlung gleich gesetzt werden.[96]

Die Gültigkeit dieses verschachtelten Satzes muss durch die Regeln in 2.3 in viele Atomsätze aufgelöst werden, und am Ende des Prozesses müssen wir für jeden Atomsatz herausfinden, ob er in der gegebenen Struktur gültig ist. Exemplarisch nehmen wir einen Satz der Form **einfl**(**i**,**a**, **j**, **b**), wobei **i**, **j** und **a**, **b** Namen für Personen, respektive für Handlungen sind. Diese Namen müssen durch die Interpretationsfunktion I_x auf Personen i, j und Handlungen a, b abgebildet werden, die in der Struktur zu finden sind. Der Grundbegriff **einfl** erhält durch I_x ein Denotat *einfl*. Die Frage ist, ob diese Entitäten zusam-

[96] In der deutschen Sprache würde man wohl gleich sagen, dieser Inhalt habe keinen Sinn.

men einen Sachverhalt bilden, der den Atomsatz gültig werden lässt. Dies funktioniert nach dem Schema in *Abbildung* 2.6.1.

Abb. 2.6.4

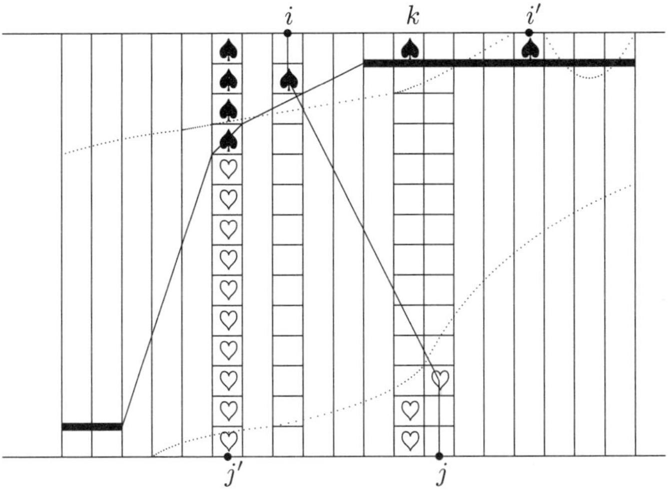

Ob diese Hypothese in einem intendierten System gültig oder ungültig ist, hängt von diesem System ab. Betrachten wir einen konkreten Sachverhalt aus einem realen System. Die Unternehmerin Uta wirft den Angestellten Udo aus ihrer Firma. Uta beeinflusst Udo, in dem sie die Handlung *kündigen* ausführt und Udo die Handlung *gekündigt sein* „ausführt". Wenn wir davon ausgehen, dass dieser Sachverhalt eine Beeinflussung ist, gilt der entsprechende Satz, der diesen Sachverhalt beschreibt. Dies sagt aber wenig über die Hypothese H_2. Diese behauptet ja, dass *jede* Person *irgend jemanden* beeinflusst. Die erörterte, reale Beeinflussung muss zusammen mit vielen anderen Handlungen gesehen werden, die in diesem System stattfinden. Nehmen wir an, dass Udo keine Handlung ausführen kann, mit der er seine Chefin beeinflussen kann. Um die Hypothese H_2 nicht gleich als falsch zu bezeichnen, müssen wir untersuchen, ob Udo eine andere Person in dem System beeinflusst. Es ist klar, dass eine solche Untersuchung interessant, aber sehr arbeitsaufwendig ist.

2.7 *Aspekte von mengentheoretischen Sprachen*

Bei Beschreibung der Sprache *einer* Theorie setzten wir oben Logik und Mathematik als einen gleichbleibenden Hintergrund voraus. Neben diesen beiden Hintergrundtheorien gibt es noch eine dritte, die in den letzten 50 Jahren allgemeiner Bestandteil „des" wissenschaftlichen Denkens geworden ist: die Mengenlehre.

Nachdem die Bourbaki-Gruppe[97] mit Erfolg die gesamte Mathematik auf eine mengentheoretische Grundlage gestellt hat, breitet sich diese Denkweise auch in den empirischen Disziplinen aus. Man kann sagen, dass das wissenschaftliche Denken der Form nach heute in weiten Bereichen durch mengentheoretische Konzepte mitgeprägt ist.

Was sind aber Mengen? Eine bestimmte Menge kann einerseits als „Objekt" angesehen werden, wie z.B. die Menge der Fixsterne, die zum Sternbild des großen Bären gehört, andererseits kann diese Menge auch im menschlichen Gehirn als Zeichen, als eingeprägtes, mentales Bild benutzt werden. Dieses Sternbild ist im Gedächtnis von vielen Menschen gespeichert. Was Mengen im allgemeinen sind, wurde erst im 19. Jahrhundert theoretisch diskutiert. Es entstanden verschiedene Theorien über Mengen im allgemeinen. In solchen Theorien werden Grundbegriffe benutzt, die Mengen zusammenbinden. Neben den *reinen* Mengentheorien, die in vielen Lehrbücher dargestellt werden, aber für uns weniger interessant sind, gibt es auch solche, die sich mit anderen Theorien verknüpfen lassen. In *Bourbaki* werden in der mengentheoretischen Sprache Strukturen (*structures*) formal dargestellt, die für mathematische Theorien vorgesehen sind. *Ludwig* hat diesen Ansatz auf physikalische Theorien erweitert, und *Sneed* und *Suppes* haben diese mengentheoretischen Strukturen als Werkzeuge benutzt, mit denen man empirische Theorien klären und beschreiben kann.

Wir skizzieren eine *mengentheoretisch angereicherte Sprache* (kurz: *ma-Sprache*), die für unsere Anwendungen besonders

[97]Für uns sind vor allem wichtig die Bände über Mengenlehre und Topologie: Bourbaki 1968 und Bourbaki 1961.

passend ist. Im Folgenden schreiben wir die Symbole für die Grundbegriffe einer Theorie nicht mehr fett sondern kursiv. Das Vokabular einer ma-Sprache besteht aus

- den mengentheoretischen Grundbegriffen $\in$, $=$, $\langle\ \rangle$ und $\{\ \}$,
- den Grundbegriffen $D_1, ..., D_k, A_1, .., A_l, R_1, ..., R_n$ einer empirischen Theorie (2.2),
- den üblichen mathematischen Symbolen,
- den Variablen $x, x_1, x_2, x_3, ..., x_i, y, y_i, ...$ und
- den logischen Begriffen $\neg, \wedge, \vee, \rightarrow, \leftrightarrow$, ... (2.3).

Wir sehen auch Namen für bestimmte Ankerelemente vor, die jeweils nur für eine bestimmte Anwendung gedacht sind. Solche Namen bezeichnen wir mit n, n_i, a, a_j, b, b_l etc.

Aus diesem Vokabular lassen sich Terme und Atomsätze bilden. $n \in n'$, $n = n'$ und die negierten Sätze $n \notin n'$ und $n \neq n'$ werden gelesen als: „n ist Element von n'“, „n ist gleich mit n'“, „n ist kein Element von n'“ und „n ist ungleich mit n'“. Der Term $\langle n_1, ..., n_m\rangle$ ist ein sogenanntes *m-Tupel* mit *Komponenten* $n_1, ..., n_m$. Ein Tupel fasst die Komponenten in der richtige Reihenfolge zu einer Einheit zusammen. Bei Änderung der Reihenfolge entsteht ein anderes m-Tupel, etwa $\langle n_2, n_1, n_3, ..., n_m\rangle$. Die Tupel ermöglichen eine „vektorielle“ Notation, in der mehrere gleichartige Zeichen zu einer Liste zusammengefasst werden. Ein Term $\{x/A(x)\}$ schließlich, der eine Menge ausdrückt, wird so gelesen: „die Menge aller x, die die Eigenschaft $A(x)$ hat“. Dabei ist $A(x)$ eine Formel, in der eine freie Variable x vorkommt.

Die „normalen“ Formen von Atomsätzen, die in 2.3 erörtert wurden, sehen in dieser Notation so aus: $R_i(n_1, ..., n_m)$, $F_j(n_1, n_2) = n$. Aus den bisherigen Sätzen entstehen nun interessante Sätze wie z.B. $F_i(n_1, ..., n_m) = \langle n'_1, ..., n'_{m'}\rangle$, $n \in \{x/A(x)\}$, $\{x/A(x)\} = n$ oder $R_i(\{x/A(x)\}, ..., n_m)$. Schließlich werden die üblichen Negationen, Konjunktionen, Adjunktionen und die Existenz- und Allsätze und andere gebildet: $\neg A$, $A \wedge B$, $\exists x A(x)$, $\forall x A(x)$.

In 2.5 benutzten wir die kursiven Symbole für Mengen (für Denotate). Dagegen verwenden wir im Folgenden die kursiven Symbole als Zeichen für Relationen. Dies führt zu einem Notationsproblem. Eigentlich sollte ein Symbol für einen Begriff nicht zugleich für ein Denotat des Begriffs benutzt werden, d.h. für eine Relation, die in einer gegebenen Struktur den Begriff interpretiert. Da wir hier aber einerseits oft über verschiedene Theorien, andererseits über reale, intendierte Systeme solcher Theorien reden, ist es ziemlich mühsam, diese genaue Unterscheidung ständig durchzuhalten. Im Prinzip werden die Erörterungen über reale Systeme in unserem Buch immer durch die Sprache vermittelt. Wenn wir in diesem Buch wirkliche Sachverhalte beschreiben, sollten wir eigentlich nicht sagen, dass z.B. „diese Handlung eine Beeinflussung ist", sondern wir sollten sagen, dass „wir eine Handlung des Beeinflussens in einem hier beschriebenen System darstellen". Man sieht, dass dies oft zu länglichen Sätzen führt. Oft können diese inhaltlich abgekürzt werden, indem wir einen realistischen Stil pflegen, und das beschreibende Element unterdrücken. Wenn die gerade beschriebene Situation soweit klar ist, lohnt es sich normalerweise bei der weiteren Beschreibung nicht, ständig über Sätze und Beschreibungen zu reden. Anders gesagt unterscheiden wir im Folgenden nicht systematisch zwischen einem Symbol für einen Begriff und einem Symbol für eine Menge. Wir werden im Weiteren meist den realistischen Stil verwenden. Dieses Buch enthält natürlich nur sprachlich beschriebene Sachverhalte, aber eigentlich möchten wir zu den inhaltlichen Fragen der Theorien vordringen. Natürlich müssen wir schließlich alle diese Fragen sprachlich beschreiben, aber oft kann ein Leser oder eine Leserin die hier realistisch formulierten Inhalte besser verstehen.

Wir möchten diesen Punkt noch in anderer Weise ausdrücken. Sei R_i ein Symbol aus einer ma-Sprache einer Theorie **T**. R_i bezeichnet einerseits einen bestimmten Grundbegriff der Theorie **T**. Andererseits bezeichnet R_i die i-te Grundrelation, die in einer gegebenen Struktur x für **T** vorkommt. Realistisch gesagt, *ist* diese i-te Relation eine *Menge*. R_i bezeichnet also sowohl einen Grundbegriff, als auch eine Menge für den „entsprechenden" Begriff. Der Unterschied zwischen einem Begriff und einer entsprechend strukturierten Menge ist in unserem Themenbereich nicht groß. Wir bringen dazu zwei konkrete

Beispiele. In der Geometrie kann man ohne weiteres sagen, dass die Symbolkette *kongruent* sowohl den Kongruenzbegriff als auch die Kongruenzrelation *kongruent* bezeichnet. In diesem Fall sollte im Prinzip klar sein, aus welcher Struktur diese Kongruenzrelation stammt. Diese Voraussetzung wird normalerweise stillschweigend angenommen. In diesem Beispiel ist diese Voraussetzung besonders unwichtig. Die Geometrie hat nämlich in mengentheoretischer Formulierung „eigentlich" nur ein einziges Modell. Alle Strukturen, die die geometrischen Axiome erfüllen, sind isomorph. Ein zweites Beispiel stammt aus der klassischen Stoßmechanik. Dort bezeichnet das Wort *Masse* sowohl den Massebegriff dieser Theorie als auch die Massefunktion, die in einer Struktur der Theorie auftritt.

Mit diesen ma-Sprachen lassen sich die drei zentralen Prinzipien der Mengenlehre schnell erklären. Im Zentrum der mengentheoretischen Denkweise steht das *Komprehensionsprinzip.* Es erlaubt – unter bestimmten technischen, für empirische Theorien praktisch[98] kaum störenden Bedingungen – den Übergang von Sätzen zu Mengen und wieder zurück. In der Aussage „Die Erde dreht sich um die Sonne" ersetzen wir zum Beispiel „die Erde" durch eine Variable x. Aus der so entstehenden Form (Formel) „x dreht sich um die Sonne" dürfen wir nach dem Komprehensionsprinzip „die Menge aller x, die sich um die Sonne drehen" bilden. Dieser Prozess hat offenbar einen riesigen Anwendungsbereich und erlaubt, aus allen möglichen Sätzen entsprechende Mengen zu bilden. Durch solche Mengenbildung wird eine Einheit der in der Menge versammelten Objekte hergestellt, die dem ursprünglichen Satz nicht anzusehen ist. Mengenbildung ist eine genuin menschliche Aktivität und Leistung, und geht immer mit Begriffsbildung zusammen. Ob es in der „Natur" Mengen gibt, hängt nicht nur von philosophischen Sichtweisen, sondern auch zum Beispiel von der Germanistik ab.

Sei $A(x)$ eine Formel, in der die Variable x frei vorkommt. Aus dieser Formel, diesem satzartigen Gebilde, entsteht durch Komprehension die Menge aller Entitäten, die Namen tragen

[98] Prinzipiell führt es allerdings ohne Vorsichtsmaßnahmen sehr schnell zu Widersprüchen, siehe unten.

und deren Namen wir in die Formel $A(x)$ einsetzen können. Diese Menge wird mit

$$\{x/A(x)\}$$

bezeichnet. Inhaltlich wird diese Menge oft umschrieben mit: „die Menge aller x, die die Eigenschaft A haben". Der Prozess der Komprehension, des „Umfassens", wird durch das *Komprehensionsaxiom* ausgedrückt

$$\text{Für alle } x \text{ gilt: } A(x) \text{ gdw } x \in \{y/A(y)\}.$$

„Ein x hat die durch A ausgedrückte Eigenschaft gdw x ein Element der Menge aller y ist, die die Eigenschaft A haben".

Diese Formel führt ohne Vorsichtsmaßnahmen direkt zu Widersprüchen. Der erste Widerspruch wurde durch *Russell* entdeckt. Er nahm als $A(x)$ einfach die Formel[99] $x \notin x$. Auch ein Widerspruch ist ein menschliches Produkt. Er lässt sich in der Sprache der Mengenlehre besonders effektiv erzeugen. In vielen Varianten der Mengenlehre wird deshalb das Komprehensionsaxiom vermieden und durch andere Axiome ersetzt; in anderen Varianten wird es eingeschränkt. Ein Widerspruch hat oft unangenehme Folgen, er kann manchmal aber auch zu interessanten Gedanken führen.

Das zweite Prinzip drückt die Gleichheit von Mengen aus. Es erlaubt nicht nur die Formulierung von Gleichheitsaussagen, sie stellt auch – im Gegensatz zur Logik erster Stufe – ein einfaches und sehr effektives Kriterium für Gleichheit bereit. Gleichheit von zwei Mengen wird durch das *Extensionalitätsaxiom* darauf zurückgeführt, dass beide Mengen genau die gleichen Elemente enthalten. Das Axiom lautet

$$\text{Für alle Mengen } x, y \text{ gilt } (\ x = y \text{ gdw } (\text{ für alle } z \text{ gilt } (\ z \in x \text{ gdw } z \in y\ ))).$$

Dieser auf den ersten Blick unschuldige Satz, kann ziemlich schnell „nach unten" führen. Wenn wir die Variable x durch einer Menge n ersetzen, mit einigen Hypothesen über n anfangen und ein Element $n_1 \in n$ betrachten, können wir oft den Hypothesen entnehmen, dass n_1 auch eine Menge ist. Wenn wir ein Element n_2 aus n_1 $(n_2 \in n_1)$ untersuchen, kann auch

[99] Er substituierte dann x an allen Stellen durch die Menge $\{z/z \notin z\}$.

dieses durch die Hypothesen weiterverarbeitet werden. Ein Ende dieses Prozesses ist nur in Sicht, wenn die analysierende Person ein Axiom, das *Fundierungsaxiom*, benutzt, mit dem der Prozess „gewaltsam" abgebrochen wird. Als Beispiel können wir mit einer Menge von Modellen der Quantenmechanik[100] beginnen, ein Modell untersuchen, und in weiteren Schritten „nach unten" zu einer Menge von *Hilbert*räumen kommen. Auch diese führt weiter in die Tiefe zu weiteren Grundmengen. Wir sehen nicht, wo wir diesen Prozess abbrechen *müssten*. Interessanterweise führt ein anderer Weg zu einer ziemlich zirkelhaft aussehenden Formel $R = \{x/x = \langle x_1, ..., x_n \rangle \in R\}$, die aber harmlos ist.

Das dritte Prinzip betrifft die Konstruktion von mengentheoretischen n-Tupeln. Eigentlich sind n-Tupel durch die beiden anderen genannten Prinzipien definierbar. In der Praxis, vor allem in der Informatik, werden n-Tupel aber gleichwertig als eigenständige Entitäten, nämlich als Listen, verarbeitet. Letzten Endes wird diese Verarbeitung – auch im endlichen Fall – induktiv durchgeführt. Ein induktiver Prozess besteht aus zwei Teilen, aus der „Induktionsbasis"[101] und aus dem „Induktionsschritt". Letzterer lautet für n-Tupel wie folgt:

$\langle x_1, ..., x_{n+1} \rangle$ ist ein $(n+1)$-Tupel gdw
$(\langle x_1, ..., x_n \rangle$ ist ein n-Tupel und
$\langle x_1, ..., x_{n+1} \rangle = \{\{\langle x_1, ..., x_n \rangle\}, \{\langle x_1, ..., x_n \rangle, x_{n+1}\}\})$.

Die ma-Sprachen haben allerdings grundsätzliche Probleme, die wir hier wenigstens erwähnen möchten. Für unser Thema sind diese Probleme praktisch unerheblich. Ein erstes Problem ist die Unterscheidung zwischen Variablen für Mengen und Variablen für andere Entitäten. In einer ma-Sprache kann eine Variable über die Elemente einer Grundmenge (einer Struktur für die Sprache) laufen. Die Variable wurde durch ein Element der Grundmenge ersetzt. Genauso kann die Variable aber auch durch eine Menge ersetzt werden. Dies lässt sich formal in Sprachen, die Sorten und Typen haben, einfach lösen, nicht aber in einer ma-Sprache. Ein ähnliches Problem betrifft die Grund-

[100] Siehe etwa Ludwig 1976.
[101] Die Basis führt zu den geordneten Paaren. Siehe etwa Levy 1979, p. 24.

mengen $D_1, ..., D_k$ in den Strukturen einer ma-Sprache. Wie sollen wir mit den Elementen solcher Grundmengen umgehen? Im mengentheoretischen Bereich der ma-Sprache müsste ein solches Element auch wieder eine Menge sein. Im empirischen Teil der Sprache, der für reale Anwendungen gedacht ist, macht dies aber wenig Sinn. Warum soll ich z.B. ein Partikel aus der Partikelmechanik, das in einer Grundmenge vorkommt, zusätzlich als eine Menge ansehen? Zum Beispiel kann eine Formel der Art $x \in D_i$ benutzt werden, die in komplexeren Sätzen auftritt, etwa in $\forall x(x \in D_i \rightarrow A(x))$. Inhaltlich besagt dieser Satz, dass alle Elemente *x aus der Grundmenge D_i* die Eigenschaft $A(x)$ haben. Wir kürzen in solchen Fällen die Sätze oft wie folgt ab. Statt

$\forall x(x \in D \rightarrow A(x))$ wird $\forall x \in D(A(x))$ und statt
$\exists x(x \in D \wedge A(x))$ wird $\exists x \in D(A(x))$

geschrieben.

Eine andere Lösung, die die Grundmengen betrifft, benutzt in verschiedenen Varianten der Mengenlehre einen zusätzlichen Grundbegriff, nämlich das *Urelement*.

Ein weiteres Problem entsteht, wenn wir *verschiedene* empirische Theorien in die gleiche Mengentheorie einbetten wollen. Dies führt zu den intertheoretischen Relationen, die wir in diesem Buch nicht erörtern. Schließlich gibt es auch ein Problem der Einbindung der Namen in eine mengentheoretische Sprachumgebung. Selbst wenn alle Namen in *einer* Theorie konsistent benutzt werden, kann es bei *verschiedenen* Theorien zu Inkonsistenzen führen.

Zusammenfassend hat das mengentheoretische Element einer ma-Sprache für die Wissenschaft eine vereinheitlichende Wirkung, mit der sich auf konstantem logisch-mathematischem und mengentheoretischem Hintergrund die verschiedensten Theorien durch Benutzung der jeweils für sie charakteristischen Grundbegriffe $D_1, ..., R_n$ formulieren lässt. Eine ma-Sprache ist sparsam; in ihr lassen sich alle bisher bekannten Theorien mit geringem Aufwand formulieren. Wir gehen noch weiter und behaupten, dass diese Sprache für metatheoretische Zwecke unter allen bisherigen Alternativen die einfachste und aus diesem Grund am besten geeignete ist.

Was in 2.4 über Definitionen gesagt wurde, gilt im Wesentlichen auch in einer ma-Sprache. Für unsere Zwecke ist eine spezielle Form der Definition besonders wichtig: die Definition eines *mengentheoretischen Prädikats*, d.h. eines Prädikats, das auf Strukturen der in 2.5 beschriebenen Form $\langle D_1, ..., D_k, A_1, ..., A_m, R_1, ..., R_n \rangle$ zutrifft. Schreiben wir $\mathcal{P}$ für das Prädikat und x für eine solche mengentheoretische Struktur, so hat ein mit dem Prädikat gebildete Formel die Gestalt $\mathcal{P}(x)$. In der Anwendung wird für $\mathcal{P}$ in der Regel ein umgangssprachlicher Ausdruck benutzt, zum Beispiel „ist ein Modell der klassischen Stoßmechanik". $\mathcal{P}(x)$ drückt dann aus, dass x ein Modell der klassischen Stoßmechanik ist. Mit Hilfe mengentheoretischer Prädikate lassen sich komplexe Systeme in empirischen Theorien in einfacher und durchsichtiger Weise beschreiben.

Dies hat zwei Gründe. Erstens werden syntaktische Angaben über Typen, Sorten etc. in realistischer Sprechweise als Bedingungen an die Objekte und Relationen der Theorie formuliert. Statt langwieriger, abstrakter Erläuterung dieses Punktes geben wir einige weitere Beispiele an. Dass $\leq$ eine 2-stellige Relation zwischen Objekten aus einer Menge D ist, schreiben wir mengentheoretisch:[102] $\leq \subseteq D \times D$. Ein Beispiel ist die gewöhnliche Kleinerrelation zwischen reellen Zahlen ($D = \mathbb{R}$). Bei verschiedensortigen Relationen müssen die Sorten berücksichtigt werden. Die geometrische Inzidenzrelation *liegt auf*, die ausdrückt, dass ein Punkt a auf einer Geraden g liegt, ist 2-stellig. Ihre Zweistelligkeit folgt aus dem mengentheoretischen Satz *liegt auf* $\subseteq P \times G$, in dem P und G Mengen von Punkten und Geraden bezeichnen. Die Zwei*stufig*keit einer Wahrscheinlichkeitsfunktion $\mathbf{p}$ folgt aus dem Satz $\mathbf{p} \subseteq \mathbf{Po}(D) \times \mathbb{R}$, in dem D die Menge möglicher Ergebnisse eines Zufallsexperiments und $\mathbf{Po}(D)$ die *Potenzmenge* der Menge D, d.h. die Menge aller Teilmengen von D, bezeichnet. Durch solch mengentheo-

[102] $D \times D$ bezeichnet das *kartesische Produkt* der Menge D mit sich selbst, d.h. die Menge aller Paare $\langle x, y \rangle$ mit $x \in D$ und $y \in D$. „$X \subseteq Y$" ist zu lesen als „X ist echte oder unechte *Teilmenge* von Y".

retische Notation lässt sich eine beträchtliche Vereinfachung erzielen, die am Beispiel deutlich wird. Der letzte Satz „$\mathbf{p} \subseteq \mathbf{Po}(D) \times \mathbb{R}$“ zum Beispiel lautet in normaler Sprache ausgeschrieben: „$\mathbf{p}$ ist eine Menge von Paaren der Gestalt $\langle e, \alpha \rangle$, in denen e eine Menge möglicher Ereignisse aus D und α eine reelle Zahl ist“.

Die zweite Wurzel der Einfachheit mengentheoretischer Prädikate liegt in der speziellen Art, wie mathematische Modelle in mengentheoretische Prädikate „eingebaut“ werden können. Betrachten wir dazu als einfaches Beispiel die Definition der Modelle für die klassische Stoßmechanik,[103] die durch Definition eines mengentheoretischen Prädikats „ist ein Modell der klassischen Stoßmechanik“ (oder einfacher „ist eine Stoßmechanik“) eingeführt werden.

x ist *eine klassische Stoßmechanik* gdw es
$P, T, \mathbb{R}, \mathbb{R}^3, v$ und m gibt, so dass gilt
$x = \langle P, T, \mathbb{R}, \mathbb{R}^3, v, m \rangle$ und
1) P ist eine nicht-leere, endliche Menge
2) T ist eine zwei-elementige Menge
3) $\mathbb{R}$ ist die Menge der reellen Zahlen und $\mathbb{R}^3$ die Menge aller Tripel[104] reeller Zahlen
4) $v : P \times T \to \mathbb{R}^3$ und[105] $m : P \to \mathbb{R}$
5) für alle $p \in P$ ist $m(p) > 0$
6) für alle $p \in P$ und alle $t_1, t_2 \in T$ gilt:
$\sum_{p \in P} m(p) \cdot v(p, t_1) = \sum_{p \in P} m(p) \cdot v(p, t_2)$.

Dabei haben die Zeichen folgende physikalische Interpretation. P steht für eine Menge von Teilchen, die in irgendeiner geometrischen Konfiguration alle zu einem Zeitpunkt zusammenstoßen (wie beim Billiard), T enthält zwei Zeitpunkte: einen kurz vor dem Zusammenprall, einen kurz danach. $\mathbb{R}^3$ ist der mathematisierte Raum, in dem Geschwindigkeiten dargestellt werden, nämlich durch reelle 3-er Vektoren, d.h. 3-Tupel reeller Zahlen. Dabei wird implizit vorausgesetzt, dass die Geschwindigkeiten in einem Inertialsystem bestimmt wurden. $\mathbb{R}$ enthält

[103] Für weitere Details vergleiche Balzer, Moulines, Sneed 1987, S.26 ff.

[104] „Tripel“ ist ein anderer Ausdruck für „3-Tupel“.

[105] $f : X \to Y$ ist die Abkürzung für „f ist eine Funktion mit Definitionsbereich X und Wertebereich Y“.

den Vorrat für mögliche Massenwerte. v ist die Geschwindigkeitsfunktion und m die Massefunktion.

Schauen wir zunächst auf Bedingung 3), die der Charakterisierungen von $\mathbb{R}$ und $\mathbb{R}^3$ als mathematische Mengen bestimmter Art dienen. Hier wird der Begriff der reellen Zahl als Standardbegriff, über den es kaum Kontroversen gibt und dessen Definition man in der mathematischen Literatur nachlesen kann, nicht weiter erklärt.[106] Weitere mathematische Standardbegriffe kommen in Bedingungen 5) und 6) vor: die Kleiner- bzw. Größerrelation für reelle Zahlen in 5), die Funktionen „Summe" (+) und „Multiplikation" (·) für reelle Zahlen in 6). Die Definitionen solcher Begriffe können als bekannt vorausgesetzt werden und brauchen nicht bei der Formulierung jeder empirischen Theorie wiederholt zu werden. Eine Version der Definition von „klassischer Stoßmechanik", die auch alle mathematischen Begriffe umfasst, wäre etwa sechsmal so lang wie die oben Angegebene. Die Prozedur, mathematische Standardbegriffe einfach nur dem Namen nach in der Definition zu erwähnen, ist charakteristisch für mengentheoretische Prädikate und für die strukturalistische Wissenschaftstheorie.

Am Beispiel lässt sich noch mehr über die allgemeine Form mengentheoretischer Prädikate ablesen. In einem ersten Teil enthält die Definition die Angabe der Komponenten von x und der genauen Form von x: „es gibt P, T, $\mathbb{R}$, $\mathbb{R}^3, v, m$, so dass gilt $x = \langle P, T, \mathbb{R}, \mathbb{R}^3, v, m\rangle$". Ein zweiter Teil der Definition ist mit den Typen der Komponenten von x befasst. Die betreffenden Sätze sind allerdings nicht sauber von den übrigen Teilen getrennt. Bedingungen 1) und 2) typisieren P und T als Mengen und damit, weil keine weitere mathematische Struktur erwähnt ist, als Hauptbasismengen. 3) legt die Typen von $\mathbb{R}$ und $\mathbb{R}^3$ fest. Zusätzlich enthält 3) noch weitere, mathematische Bedingungen, so dass es sich bei $\mathbb{R}$ und $\mathbb{R}^3$ um mathematische Hilfsbasismengen handelt. 4) legt die Typen von v und m fest. Danach ist v eine Funktion, die Paare der Form $\langle p, t\rangle$ mit $p \in P$ und $t \in T$ als Argumente abbildet auf reelle 3-er Vektoren,[107]

---

[106] Eine einfache Axiomatisierung der Theorie der reellen Zahlen findet sich z.B. in Tarski 1937, 153ff.

[107] n-Tupel reeller Zahlen sind immer auch Elemente des „normalen", n-

und m ist eine Funktion, die Elemente aus P in reelle Zahlen abbildet.

Ein dritter Teil der Sätze in 1) - 6) enthält mathematische Forderungen, die in 3) zusammengefasst sind und den Begriff der reellen Zahlen als bekannt voraussetzen. Ein vierter Teil schließlich umfasst d ie inhaltlichen Aussagen, die wir als „echte“ Hypothesen ansehen können. In 1) und 2) sind dies die Teile, die besagen, dass P nicht leer und endlich ist, bzw. dass T genau zwei Elemente enthält. Dies sind zwar recht triviale „Hypothesen“, aber sie stellen echte Einschränkungen der Extensionen der Begriffe dar. Weiter sind Bedingungen 5) und 6) inhaltlicher -und weniger trivialer- Natur. Bedingung 6) ist die zentrale Hypothese der Theorie: der Impulserhaltungssatz. Für jedes Teilchen p ist dessen *Impuls* zur Zeit t definiert als $m(p) \cdot v(p, t)$, und die Summe der Impulse aller Teilchen zur Zeit t wird als der *Gesamtimpuls* des Systems zu t bezeichnet. 6) besagt, dass der Gesamtimpuls des Systems vor und nach dem Stoß der Gleiche ist, also erhalten bleibt. Zwischen 6) und allen übrigen Sätzen besteht noch ein bemerkenswerter Unterschied. In 6) sind die beiden Relationsbegriffe v und m untrennbar verbunden, im Gegensatz etwa zu 4). Auch in 4) kommen die Begriffe v und m vor, die Bedingung 4) ist aber eine Konjunktion von zwei Sätzen, in denen jeweils nur noch ein Begriff vorkommt.

Als zweites Beispiel betrachten wir die Theorie von *Holland* und *Leinhardt*[108] über das Wahlverhalten von Personen in kleinen Gruppen. Diese Theorie beschreibt eine 2-stellige *Sympathie*relation zwischen den Personen in einer kleinen Gruppe J, die wir mit *mag* („x *mag* y“) symbolisieren. Diese Relation lässt sich durch verschiedene soziometrische Tests operationalisieren.[109] Da sich die Sympathierelation in der Zeit ändert, müssen wir ihr einen Zeitindex t anheften. Wir sagen

---

dimensionalen, reellen Vektorraums.

[108] Holland & Leinhardt 1971. Unsere Darstellung ist eine modifizierte Fassung der Rekonstruktion von Manhart 1995, auch Manhart 1994.

[109] In einem solchen Test wird die Testperson x zum Beispiel gefragt, welche anderen Personen aus der Gruppe x gern *mag* oder mit welchen x gern bestimmte Aktivitäten gemeinsam durchführen würde oder welche anderen Personen x für bestimmte Zwecke auswählen würde.

nicht einfach *mag*, sondern *mag zur Zeit t*, abgekürzt durch mag_t. 3-Tupel von (paarweise verschiedenen) Personen in der Gruppe J werden als *Triaden* bezeichnet. Eine Triade $\langle x, y, z \rangle$ heiße *zur Zeit t intransitiv*, wenn folgendes gilt: $x \; mag_t \; y$ und $y \; mag_t \; z$, aber $x \; mag_t \; z$ nicht. Wir kürzen durch $itt(J, mag, t)$ die Menge all dieser **int**ransitiven **T**riaden ab, die in der Gruppe J zur Zeit t und relativ zur Sympathierelation *mag* existieren:

$$itt(J, mag, t) = \{y / \exists a, b, c \in J \; (\; y = \langle a, b, c \rangle \wedge a \; mag_t \; b \wedge b \; mag_t \; c \wedge \neg(a \; mag_t \; c) \;) \; \}.$$

Intransitive Triaden verstoßen gegen das normalerweise in der Gruppe wirksame Transitivitätsprinzip, nach dem zum Beispiel gilt: die Freundin meiner Freundin ist auch meine Freundin.

Die Anzahl der Elemente einer endlichen Menge X bezeichnen wir mit $\| \; X \; \|$. Mit Hilfe dieser Anzahlfunktion $\|.\|$ können wir die Anzahl der intransitiven Triaden zur Zeit t kompakt in der Form $\| \; itt(J, mag, t) \; \|$ schreiben und für endliche Mengen den Vergleich von Anzahlen definieren. Wir sagen, dass die Anzahl $\|X\|$ *kleiner oder gleich* $\|Y\|$ ist gdw es eine injektive Funktion f von X nach Y gibt. Wir schreiben dies kurz so: $\|X\| \lhd \|Y\|$.

Unter Benutzung dieser Definitionen besagt die zentrale Hypothese der *Holland-Leinhardt* Theorie, dass für eine gegebene, kleine Gruppe die Anzahl der intransitiven Triaden im Laufe der Zeit kleiner wird.[110] Das mengentheoretische Prädikat „ist ein Modell der *Holland-Leinhardt* Theorie" nimmt dann die folgende, einfache Form an.

x ist *ein Modell der Holland-Leinhardt Theorie* gdw es $J, T, \prec$ und *mag* gibt, so dass gilt: $x = \langle J, T, \prec, mag \rangle$ und

1) J und T sind nicht-leere, endliche, disjunkte Mengen
2) $\prec \subseteq T \times T$
3) $mag : T \rightarrow \mathbf{Po}(J \times J)$
4) $\prec$ ist eine lineare Ordnung auf T
5) für alle $t, t' \in T$, wenn $t \prec t'$, dann[111] gilt

[110] Die Autoren benutzen den Term *Transitivitätsindex*.

[111] In der ersten Auflage gab es hier einen gravierenden Schreibfehler, durch

$$\parallel itt(J, mag, t') \parallel \lhd \parallel itt(J, mag, t) \parallel.$$

Die Elemente von J sind als Personen, die von T als Zeitpunkte zu interpretieren. $t \prec t'$ bedeutet: „Zeitpunkt t ist früher als Zeitpunkt t'“. Die Sympathierelation *mag* muss zur Formulierung der Haupthypothese zeitabhängig sein. Wir haben *mag* als Funktion angesetzt, die jedem Zeitpunkt t eine zweistellige Relation mag_t der „eigentlich interessierenden“ Art zuordnet. $a\ mag_t\ b$ heißt also, das zur Zeit t eine Person a eine Person b mag.

Auch hier sind wieder die vier Arten von Bedingungen aus dem letzten Beispiel deutlich zu erkennen. Im ersten Teil der Definition wird die Form der Struktur x als aus vier Komponenten $J, T, \prec$ und *mag* bestehend festgelegt. Bedingungen 1) - 3) legen (unter anderem) die Typen dieser Komponenten fest. J und T sind nicht-mathematische Hauptbasismengen. Sie sind überdies disjunkt, ihre Elemente also von verschiedener Sorte. $\prec$ ist eine zweistellige Relation zwischen Elementen aus T, und *mag* eine Funktion, die Zeitpunkte in zweistellige Relationen zwischen Personen abbildet.[112] Ein dritter Teil in den Bedingungen 1) - 5) beinhaltet eine mathematische Forderung an die Vorgängerrelation $\prec$, nämlich in 4) soll $\prec$ eine lineare Ordnung sein. Der vierte Teil der Bedingungen schließlich umfaßt die empirisch-inhaltlichen Forderungen, nämlich, dass J und T endlich und nicht-leer sind, und Bedingung 5) erfüllt ist. Auch hier verknüpft die zentrale Bedingung 5) die beiden empirischen Grundbegriffe in untrennbarer Weise, und sie ist die einzige Bedingung mit dieser Eigenschaft.

2.9 Modelle

Nach diesen Vorbereitungen wenden wir uns dem wichtigsten Bestandteil einer Theorie zu, der *Modellklasse* **M** *der Theorie*. Entsprechend wichtig ist der Modellbegriff. „Modell“ wird hier ähnlich wie „Struktur“ im Sinne von „Bild“ oder „Konstrukt eines Systems“ verstanden: Modelle sind „begriffliche Bilder“,

---

den „auf der rechten Seite“ t und t' vertauscht wurden.

[112] Die Potenzmenge von $J \times J$ ist gerade die Menge all solcher möglichen, zweistelligen Relationen der Form mag_t.

Konstrukte oder Repräsentanten realer Systeme. Diese Verwendung ähnelt der in der Technik, in der ein Modell (zum Beispiel ein Modell eines Flugzeugs) Darstellung oder Repräsentation eines anderen Systems (des Flugzeugs selbst) ist.[113]

Wir formulieren eine Modellklasse auf zwei Weisen. In einer Theorie T, die ohne mengentheoretische Hilfen dargestellt wird, ist eine Modellklasse von T eine Klasse von Strukturen, die durch einige Hypothesen[114] charakterisiert wird. Genauer erfüllt eine Modellklasse **M** drei Bedingungen. Erstens ist jedes Modell aus **M** eine Struktur der Theorie T. Das heißt, ein Modell besteht aus Objekten (Mengen und Relationen), die durch die Begriffe einer vorgegebenen Sprache bezeichnet werden, also deren Denotate sind. Genau wie Strukturen sind auch Modelle relativ zu einer Sprache, zu der Sprache einer Theorie, definiert. Zweitens gibt es eine Menge von Hypothesen der Theorie, so dass genau diese Hypothesen in der Klasse **M** gültig sind. Modelle sind also stets Modelle *für* bestimmte Hypothesen. Drittens haben Hypothesen nicht die Form von Atomsätzen, oder mengentheoretisch gedacht, drücken sie keine einzelnen Sachverhalte aus. Diese dritte Bedingung ist allerdings nur approximativ richtig. Als Gegenbeispiel finden wir z.B. in der mathematischen Theorie der reellen Zahlen den Satz „$0 < 1$“, der dort als Axiom formuliert wird. Trotzdem nehmen wir diese Bedingung als Abgrenzungskriterium von Modellen hinzu, da normalerweise die Hypothesen keine atomare Form haben. Die Form von atomaren Sätzen findet sich normalerweise nur bei Daten (3.1 unten).

Wie Strukturen enthalten Modelle nicht nur Denotate für sprachliche Ausdrücke. In Modellen müssen darüberhinaus diese Denotate in den „richtigen“ Verhältnissen zueinander stehen, nämlich so, wie es in den Hypothesen ausgedrückt ist. Die Grundidee der Gültigkeit einer Hypothese in einer Struktur haben wir in 2.6 erörtert. Wenn x als Struktur die Form

[113] Leider ist der Begriff „Modell“ in der Alltagssprache doppeldeutig. Auch in der Informatik wird ein Computermodell (siehe 2.13 unten) häufig als das „Original“ – als den „Maßstab“– für die verschiedenen Computerabläufe betrachtet.

[114] Statt „Hypothese“ werden in vielen Arbeiten auch die Ausdrücke „Axiom“ und „Gesetz“ verwendet.

$\langle D_1, ..., D_k, A_1, ..., A_m, R_1, ..., R_n \rangle$ hat, ist – kurz gesagt – eine Hypothese H der Theorie in x gültig, wenn die Relationen $R_1, ..., R_n$ in der Struktur x so miteinander in Beziehung stehen, wie es im Satz H mittels der Grundbegriffe $\mathbf{R}_1, ..., \mathbf{R}_n$ und der logischen, mengentheoretischen und mathematischen Begriffe ausgesagt ist.

Die zweite Formulierung von Modellklassen benutzt mengentheoretische Prädikate $\mathcal{P}(x)$. Wir abstrahieren aus den beiden letzten Beispielen in 2.8 die allgemeine Form. Im ersten Beispiel ersetzen wir den Namen des Prädikats, den Namen „klassische Stoßmechanik", durch die Metavariable *ein Modell der Theorie XYZ* und die Symbole für die speziellen Mengen und Relationen, $P, T, \mathbb{R}, \mathbb{R}^3, v, m$, durch Metavariablen $D_1, ..., D_k, A_1, ..., A_m, R_1, ..., R_n$, wobei wir gleich die Anzahlen 2 (für P, T), 2 (für $\mathbb{R}, \mathbb{R}^3$), und 2 (für v, m) durch variable Anzahlen k, m, n, und die Anzahl der Hypothesen (hier: 6) durch die variable Anzahl r ersetzen. Im zweiten Beispiel der Holland-Leinhardt Theorie erhalten wir ein ähnliches Resultat: zwei Grundmengen J, T ($k = 2$), keine Hilfsbasismengen ($m = 0$) und zwei Relationen $R, \prec$ ($n = 2$) werden benutzt. Aus einem mengentheoretischen Prädikat entsteht so ein Definitionsrahmen der folgenden Form

x ist *ein Modell der Theorie XYZ* gdw es Mengen
$D_1, ..., D_k, A_1, ..., A_m, R_1, ..., R_n$ gibt, so dass gilt:
$x = \langle D_1, ..., D_k, A_1, ..., A_m, R_1, ..., R_n \rangle$ und
1) $H_1(D_1, ..., D_k, A_1, ..., A_m, R_1, ..., R_n)$
2) $H_2(D_1, ..., D_k, A_1, ..., A_m, R_1, ..., R_n)$
....
r) $H_r(D_1, ..., D_k, A_1, ..., A_m, R_1, ..., R_n)$.

Dabei sind $H_i(D_1, ..., D_k, A_1, ..., A_m, R_1, ..., R_n)$ $(i = 1, ..., r)$ Abkürzungen für Formeln aus der ma-Sprache einer gegebenen Theorie, die aus den Variablen $D_1, ..., D_k, A_1, ...A_m, R_1, ..., R_n$ und weiteren formalen Zeichen bestehen. Natürlich müssen nicht alle Variablen $D_1, ..., D_k, A_1, ..., A_m, R_1, ..., R_n$ in einer solchen Formel auftreten. In „Hypothese" 1) des ersten Beispiels etwa („P ist eine nicht-leere, endliche Menge") tritt nur die Variable P auf; die logischen und mengentheoretischen Symbole bleiben dort implizit. In Hypothese 5) des zweiten

Beispiels treten dagegen alle Zeichen für die Grundbegriffe ($J, T, \prec, mag$) auf.

Eine Modellklasse besteht nun genau aus den „Mengen“ x, die das Prädikat $\mathcal{P}$ erfüllen, *wenn* dieses Prädikat die oben formulierten Eigenschaften hat. Die Elemente einer solchen Modellklasse, heißen -wie nicht anders zu erwarten- *Modelle.* Ein Modell ist also, kurz gesagt, eine Menge x, die das Prädikat erfüllt, d.h. 1) x hat die Form einer Struktur $\langle D_1, ..., D_k, A_1, ..., A_m, R_1, ..., R_n \rangle$, die innerhalb des Prädikats genauer festgelegt ist,[115] und 2) die innerhalb des Prädikats formulierten Hypothesen sind in dieser Struktur erfüllt.

Bei der Charakterisierung von Modellen durch Hypothesen ist es aus zwei Gründen nicht nötig, in den Modellen Denotate für definierbare Begriffe explizit aufzulisten. Erstens wird durch die Definition neuer Begriffe der Bereich der Objekte in den Modellen nicht verändert. Definitionen betreffen nur Relationsbegriffe (im weiteren Sinn), nicht aber die Gattungsbegriffe und mathematischen Begriffe, die die Basismengen der Modelle bezeichnen. Zweitens lassen sich aus den im Modell vorhandenen Entitäten geeignete Denotate für einen definierten Begriff explizit konstruieren. Wenn wir daher Modelle für solche Hypothesen betrachten, in denen definierte Begriffe vorkommen, so brauchen in den Modellen zunächst keine Denotate für diese Begriffe angegeben zu werden; sie können bei Bedarf aus den vorhandenen Denotaten definiert werden. Zum Beispiel kommt in den Modellen der klassischen Mechanik, in deren Hypothesen der Beschleunigungsbegriff benutzt wird, Beschleunigung als Funktion nicht explizit vor. Es genügt, die Ortsfunktion anzugeben, aus der sich Beschleunigung durch zweifache Ableitung nach der Zeit definieren lässt. Damit ist das Denotat von „Beschleunigung“ in einem Modell zwar nicht explizit, aber doch „implizit“, im Sinne von „definierbar“ vorhanden.

Modellklassen für *empirische* Theorien haben – im Gegensatz zu denen mathematischer Theorien – noch eine vierte

[115] Insbesondere müssen die Sorten und Typen der Mengen festgelegt werden.

allgemeine Eigenschaft: unter den sie charakterisierenden Hypothesen kommt mindestens ein Verknüpfungsgesetz („cluster law") vor. In jedem Modell einer empirischen Theorie ist also mindestens ein Verknüpfungsgesetz gültig. In einer ma-Sprache einer Theorie mit Vokabular $D_1, ..., R_n$ ist ein *Verknüpfungsgesetz* ein Satz, der mindestens zwei der Relationsbegriffe $R_1, ..., R_n$ wesentlich miteinander verknüpft. Das soll heißen: im Satz kommen mindestens *zwei* solche Begriffe vor und der Satz lässt sich nicht äquivalent in zwei Sätze zerlegen, die jeweils nur *einen* Relationsbegriff enthalten. Diese Eigenschaft hängt unter anderem auch von dem gegebenen Vokabular der Theorie, insbesondere von den Typen der Grundbegriffe, ab. Es ist natürlich leicht, ein Verknüpfungsgesetz durch einen äquivalenten Satz in einem anderen Vokabular zu formulieren, so dass der neue Satz – relativ zu dem anderen Vokabular – zerlegbar ist.[116]

Als Beispiel für eine etwas komplexere Modellklasse betrachten wir eine Version der Institutionentheorie aus der Soziologie.[117] Intendierte Systeme dieser Theorie sind soziale Institutionen und Organisationen verschiedener Größe und Komplexität, angefangen von Vereinen, über Stadträte, Post, Finanzamt, Polizei, zu politischen Systemen, wie Bundesregierung, Bundesrat, Bundespräsident, oder historisch: etwa dem kurfürstlichen Wahlsystem im deutschen Hochmittelalter. Die Theorie benutzt Grundbegriffe auf zwei Ebenen. Die erste, individuelle Ebene besteht aus Personen und ihren Handlungen. Auf der zweiten Ebene, der Makroebene, geht es um Gruppen und Handlungstypen. Handlungstypen sind Ähnlichkeitsklassen von konkreten[118] Handlungen, deren Ähnlichkeit wir uns

[116] In den formalen Disziplinen werden auch Theorien studiert, unter deren Axiomen keine Verknüpfungsgesetze vorkommen. Ein Beispiel wären die Ordnungstheorien. Das heißt natürlich nicht, dass formale Theorien nicht auch Verknüpfungsgesetze enthalten *können*; in der Regel enthalten sie solche. Theorien ohne Verknüpfungsgesetze sind meist recht einfach und schnell vollständig erforscht.

[117] Dabei beschränken wir uns auf einen – schon für sich interessanten – Teil dieser Theorie. Eine vollständige Darstellung ist in Balzer 1993 zu finden.

[118] „Konkret" impliziert nicht „real", sondern ist als Gegensatz zu „abstrakt" zu verstehen.

durch ein vages Schema sprachlicher Art, meist ein Verb, festgemacht denken: „grüßen“, „bedrohen“, „befehlen“ etc. Wir definieren die Modelle der Theorie durch ein mengentheoretisches Prädikat „ist eine soziale Institution“. Dabei verzichten wir auf eine formal explizite Formulierung zugunsten besserer, inhaltlicher Verständlichkeit und fügen zusätzlich noch kurze inhaltliche Erläuterungen, die *nicht* zur Definition gehören, in eckigen Klammern hinzu.

x ist eine *soziale Institution* gdw es $J, A, \Gamma, \Theta, \chi, \prec, real, int$ und *einfl* gibt, so dass gilt:
$x = \langle J, A, \Gamma, \Theta, \chi, \prec, real, int,$ *einfl* $\rangle$ und

1) J und A sind nicht-leere, disjunkte Mengen [von *Personen* und *Handlungen*] und J ist endlich
2) Γ ist eine Menge von Teilmengen von J [*Gruppen*] und Θ eine Menge von Teilmengen von A [*Handlungstypen*]
3) $\chi : \Gamma \to \mathbf{Po}(\Theta)$ [*charakteristische Funktion*]
4) $\prec$ ist eine zweistellige Relation auf Γ [*Statusrelation* zwischen Gruppen]
5) *real*, *int*, *einfl* sind Relationen folgenden Formats zwischen Elementen von J und A:
   - i *real*[isiert] a, (wobei $i \in J$, $a \in A$)
   - i *int*[endiert], dass j a tut, (wobei $i, j \in J$, $a \in A$)
   - i [be]*einfl*[usst] mit a j, b zu tun (wobei $i, j \in J$, $a, b \in A$)
6) Für alle $i, j \in J$: wenn $i \neq j$ ist, dann gibt es $a, b \in A$, so dass gilt:
   i [be]*einfl*[usst] mit a j, b zu tun, oder
   j [be]*einfl*[usst] mit a i, b zu tun [Das Netz der Beeinflussungen in der Gruppe ist zusammenhängend]
7) Für alle $i \in J$ und alle $a \in A$ gilt: wenn i *real*[isiert] a, dann gibt es $\gamma \in \Gamma$ und $\tau \in \chi(\gamma)$, so dass gilt:
   $i \in \gamma$ und $a \in \tau$ [Jede von Person i ausgeführte Handlung ist charakteristisch für eine der Gruppen, zu denen i gehört]
8) Für alle $\gamma, \gamma' \in \Gamma$: wenn $\gamma \prec \gamma'$, dann gilt:
   a) fast alle i in γ' [be]*einfl*[ussen] irgendwelche j's in γ und ein großer Teil der Mitglieder von γ wird von i's aus γ' [be]*einfl*[usst],
   b) nur ein kleiner Teil der j's in γ [be]*einfl*[usst] irgendwel-

che i's in γ' und nur ein kleiner Teil von i's in γ' wird von j's aus γ [be]*einfl*[usst]

9) $\prec$ ist transitiv und es gibt genau ein $\gamma^* \in \Gamma$, so dass für alle $\gamma \in \Gamma$ mit $\gamma \neq \gamma^*$ gilt: $\gamma \prec \gamma^*$. [Status ist transitiv und es gibt genau eine „Spitzengruppe" mit höchstem Status].

Konkrete Handlungen (die Elemente von A) sind *Ereignisse*, d.h. raum-zeitlich begrenzt und im Universum einmalig. Handlungstypen (die Elemente von Θ) sind nach 2) Mengen von konkreten Handlungen. Aber dadurch wird dieser Begriff nicht ausgeschöpft. Der Typ einer Handlung ist meist sprachlich – und schematisch – festgelegt. Ein Handlungstyp hat oft sehr viele Ausprägungen. Der Typ des „Grüßens" etwa wird jeden Tag milliardenfach ausgeführt. Die charakteristische Funktion χ „charakterisiert" jede Gruppe γ durch eine Menge von Handlungstypen $\chi(\gamma) = \{\tau_1, ..., \tau_n\}$, die in dieser Kombination typischerweise von Mitgliedern der Gruppe ausgeführt werden, von Mitgliedern anderer Gruppen dagegen nicht. Bedingung 6) eliminiert mögliche Redundanzen bei der *einfl*-Relation. Die Status-Relation $\prec$ drückt durch „$\gamma \prec \gamma'$" aus, dass Gruppe γ' höheren Status als Gruppe γ hat. Die eigentlich inhaltlichen Hypothesen sind 7) - 9). Nach 7) werden nur charakteristische Handlungen ausgeführt. Die charakteristische Funktion bestimmt daher einen Rahmen, in dem sich die „institutionellen" Handlungen bewegen. Dieser kann durch informelle Konventionen etabliert sein, aber auch durch Normen und schriftliche Gesetze. In 8) werden die informellen Wendungen „fast alle" und „ein kleiner Teil", bezogen auf die Anzahl der Gruppenmitglieder in den Gruppen γ und γ', benutzt, die in jeder Anwendung präzisiert werden müssen. Da sie sich auf endliche Mengen beziehen, kann man sie leicht numerisch, etwa durch Prozentsätze, festlegen. Zusammen mit der in 9) geforderten globalen Struktur der Statusrelation zwingt 8) die zunächst unüberschaubare Vielfalt von Beeinflussungen in ein übersichtliches Schema. Bedingungen 7) und 8) haben offensichtlich die Form von Verknüpfungsgesetzen, während zum Beispiel 9) *kein* Verknüpfungsgesetz ist. Dies zeigt, dass Hypothesen, die keine Verknüpfungsgesetze sind, durchaus eine inhaltlich substantielle Rolle spielen können.

Schließlich geben wir die Modelle der Tauschtheorie an, deren Strukturen in 2.5 beschrieben wurden.[119] A ist die Menge der Akteure, G die Menge der Güterarten. e_v und e_n sind die Anfangs- (v für *vorher*) und die Endverteilungen (n für *nachher*) von Waren, U die Nutzenfunktion und p die Preisfunktion. Wir schreiben $\mathbb{R}^+$ und $\mathbb{R}_0^+$ als Abkürzungen für die Mengen der positiven bzw. nicht-negativen, reellen Zahlen.

x ist ein *Modell der Tauschwirtschaft* gdw es $A, G, \mathbb{R}, \mathbb{R}^m, e_v, U, e_n, p$ gibt, so dass gilt:
$x = \langle A, G, \mathbb{R}, \mathbb{R}^m, e_v, U, e_n, p\rangle$ und
1) A ist eine endliche, nicht-leere Menge
2) G ist die Menge der natürlichen Zahlen $\{1, ..., m\}$
3) $\mathbb{R}$ und $\mathbb{R}^m$ sind die Mengen der reellen Zahlen und der m-Tupel von reellen Zahlen
4) $e_v : A \times G \to \mathbb{R}_0^+, e_n : A \times G \to \mathbb{R}_0^+, U : A \times \mathbb{R}^m \to \mathbb{R}, p : G \to \mathbb{R}^+$
5) Für alle $j \in A$ gilt: $\sum_{g \in G} p(g) \cdot e_v(j, g) = \sum_{g \in G} p(g) \cdot e_n(j, g)$
6) Für alle $j \in A$ und alle Funktionen $e : A \times G \to \mathbb{R}_0^+$ gilt: wenn für alle $i \in A$:
$$\sum_{g \in G} p(g) \cdot e(i, g) = \sum_{g \in G} p(g) \cdot e_v(i, g),$$
dann gilt:
$U(j, e(j, 1), ..., e(j, m)) \leq U(j, e_n(j, 1), ..., e_n(j, m))$.

In dieser Axiomatisierung sind die Güterarten durch natürliche Zahlen repräsentiert, d.h. die Menge G wird als eine mathematische Menge benutzt. Dies vereinfacht die Formulierung von Hypothese 6, wo die End Gütermengen $e_n(j, 1), ..., e_n(j, m)$ in einer bestimmten Reihenfolge als Argumente der Nutzenfunktion U auftreten. Der *Wert* einer unbestimmten Güterverteilung e einer Person i, wird durch $\sum_{g \in G} p(g) \cdot e(i, g)$ definiert. Hypothese 5 besagt so, dass für jeden Akteur i der Wert „seiner" Güterverteilung vor und nach der Tauschperiode gleich geblieben ist. Hypothese 6 ist die zentrale Bedingung der Nutzenmaximierung. Für jeden Akteur j ist der Nutzen, den j aus der Endverteilung zieht, größer oder gleich dem Nutzen, den j aus jeder beliebigen, anderen Güterverteilung e ziehen würde, die den gleichen Wert wie die Anfangsverteilung hat.

[119] Vergleiche Balzer, Moulines, Sneed 1987, Kap. 3.

Die intendierten Systeme für eine Theorie bilden in gewissem Sinn die Objekte, mit denen sich die Theorie befasst. Solche Objekte „größerer Art“ können auf zwei, sich gegenseitig ergänzende Weisen näher bestimmt werden. Der erste Zugang besteht darin, jeweils ein einzelnes Objekt genauer zu untersuchen. Man findet heraus, dass es eine bestimmte, „innere“ Struktur hat, mit deren Hilfe es von anderen Objekten unterschieden werden kann. So lassen sich etwa Planetensysteme von anderen Ansammlungen kosmischer Körper dadurch unterscheiden, dass sie einen Zentralkörper haben, um den die restlichen Körper kreisen, oder Institutionen von anderen sozialen Systemen dadurch, dass es in ihnen eine durch Machtausübung erzeugte Hierarchie von Gruppen gibt (2.9).

Die gleichen Objekte können aber auch auf andere Weise, von „außen“, durch ihre Ähnlichkeit zu anderen Objekten der gleichen Art, bestimmt werden. Solche Ähnlichkeit äußert sich durch die Möglichkeit einer – zumindest teilweisen – Abbildung von Dingen oder Merkmalen des einen Objekts auf solche eines anderen. Planetensysteme sind sich ähnlich, insofern die Sonne

Abb. 2.10.1

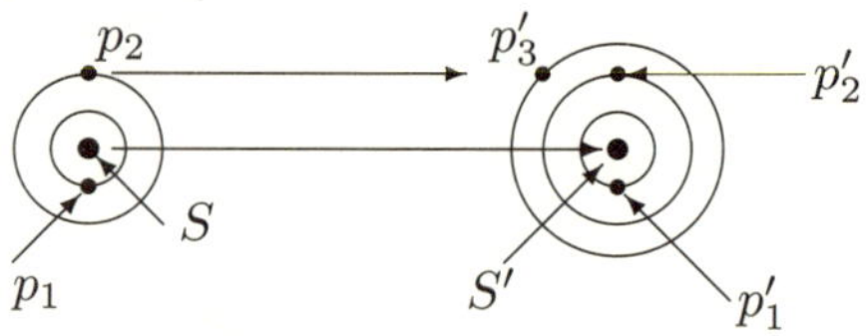

des einen Systems auf die eines anderen abgebildet werden kann und ebenso die Planeten des „kleineren“ Systems auf Planeten des anderen. Dies ist in *Abb.* 2.10.1 dargestellt.

Eine Zuordnung dieser Art stiftet auch Ähnlichkeiten zwischen sozialen Institutionen. Die Spitzengruppe der einen Institution wird in die einer anderen abgebildet, die restlichen Gruppen der „kleineren“ Institution in entsprechende Gruppen der anderen, und zwar so, dass die Statusrelation erhalten bleibt, d.h. wenn Gruppe γ in der einen Institution höheren

Status als Gruppe γ' hat, so besteht diese Beziehung auch zwischen ihren „Bildern“ in der anderen Institution.

Abb. 2.10.2

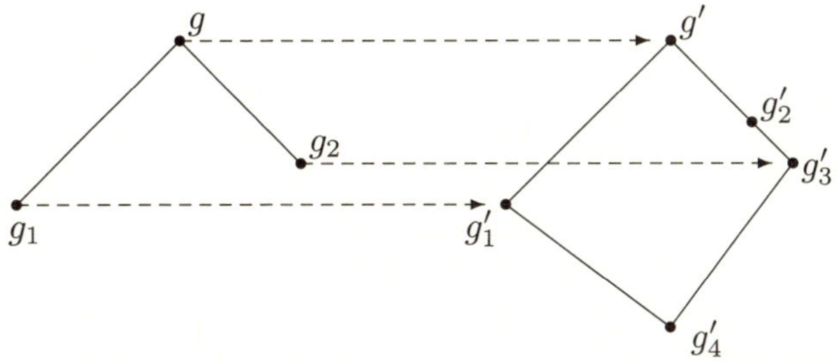

Dabei hat eine Gruppe höheren Status als eine zweite, wenn sie von der zweiten auf einem Ast „nach oben“ erreichbar ist. Zusätzlich sollte gefordert werden, dass jeder charakteristische Handlungstyp für eine Gruppe der „kleinen“ Institution auch charakteristisch ist für die „entsprechende“ Gruppe in der „großen“ Institution.

Ein Objekt ist „von außen“ bestimmt durch die Art der Abbildungen, die von ihm zu ähnlichen Objekten führen und die in der Mathematik als *Morphismen* bezeichnet werden. Es stellt sich heraus, dass man viele Objekte von außen charakterisieren kann, nämlich durch die Systeme von Morphismen, die zwischen ihnen existieren. Die „innere Struktur“ von Objekten, die in solchen Morphismensystemen vorkommen, ist nachweislich durch ihre „äußeren“ Beziehungen, eben die Morphismen, festgelegt. In der Mathematik hat sich eine Richtung entwickelt, die sich in dieser Art mit der äußerlichen Charakterisierung von Objekten befasst: die Kategorientheorien.[120]

In der Wissenschaftsentwicklung spielen die beiden beschriebenen Zugangsweisen zu Objekten folgendermaßen ineinander. Einerseits werden Klassen von Objekten durch deren äußerliche Ähnlichkeit untereinander festgelegt, andererseits wird

---

[120] Vergleiche z.B. MacLane 1971 und Pareigis 1969. Auch der hier dargestellte Theoriebegriff kann auf diese Weise in großem Maße „externalisiert“ werden, vergleiche Mormann 1996 für einen Schritt in diese Richtung.

durch genaueres Studium je eines einzelnen Objekts aus einer solchen Ähnlichkeitsklasse dessen innere Struktur ermittelt. In beiden Prozessen dient die jeweils andere Zugangsweise als Führer und Korrektiv. Bei der Festlegung von äußeren Ähnlichkeiten kann auf bestimmte, innere Eigenschaften der Objekte Bezug genommen werden, bei Bestimmung der inneren Struktur eines Objekts dient die vorliegende Ähnlichkeitsklasse als Kriterium: Objekte innerhalb der Klasse sollen die Struktur aufweisen, Objekte außerhalb nicht. Dieser sich ergänzende Prozess ist in der Entwicklungspsychologie von *Piaget* beschrieben worden[121] und stellt sich als zunehmend relevant auch für die Entwicklung der Wissenschaft heraus. In der Geometrie formulierte erstmals *Felix Klein* Ende des 19. Jahrhunderts ein Programm, in dem beide Aspekte als zwei Seiten der gleichen Sache angesehen wurden.[122] Seither wurden Morphismen für viele axiomatisch formulierte Theorien untersucht, vor allem im Bereich der Physik.

Der ideale Zustand ist erreicht, wenn für eine Theorie beide Darstellungsarten vorliegen und genau zueinander passen: die Theorie ist einerseits durch eine Modellklasse axiomatisch charakterisiert, andererseits liegt eine genau definierte Klasse von Morphismen zwischen den Strukturen der Theorie (den „möglichen Modellen“) vor, und *genau alle* Modelle werden durch die Morphismen wieder in Modelle abgebildet.

Unter den verschiedenen Arten von Morphismen sind zwei Arten besonders häufig. Bei der ersten Art bleiben die Grundobjekte unberührt, transformiert werden nur einige der empirischen Relationen und Funktionen. Typische Beispiele sind die Koordinatentransformationen in der Physik, bei denen sich nur die mathematische Beschreibung der Teilchenbahnen eines Systems ändert: die Bahnen werden von einem anderen Koordinatensystem aus „gesehen“. Erinnern wir uns, dass die Bahn eines Teilchens p durch eine mit Koordinaten versehene Funktion s modelliert wird, die Zeitpunkte t auf Ortsvektoren der Art $s(p,t)$ abbildet: $s(p,t)$ beschreibt den Ort, an dem sich

[121] Vergleiche z.B. Piaget & Inhelder 1941, Piaget & Szeminska 1941, Balzer 1980.

[122] Klein 1974.

p zur Zeit t befindet. Um auch das Koordinatensystem K kenntlich zu machen, von dem aus die Bahn beschrieben wird, hängen wir K an die Bahn s an: s_K. Den Begriff des Koordinatensystems und die Bestimmung der Raumkoordinaten eines Ortsvektors $s_K(p,t)$ setzen wir als bekannt voraus. In unserer Formulierung kann man sich ein Koordinatensystem K am einfachsten als ein Modell eines dreidimensionalen Vektorraums vorstellen, in dem drei Achsen ausgezeichnet sind, die sich im „Nullpunkt“ des Vektorraums treffen.

Bei gleichem Bestimmungsverfahren, aber Wahl eines anderen Koordinatensystems K', ändern sich die Raumkoordinaten des Teilchens. In *Abbildung* 2.10.3 haben wir die punktierte Bahn eines einzelnen Teilchens p dargestellt.

Abb. 2.10.3

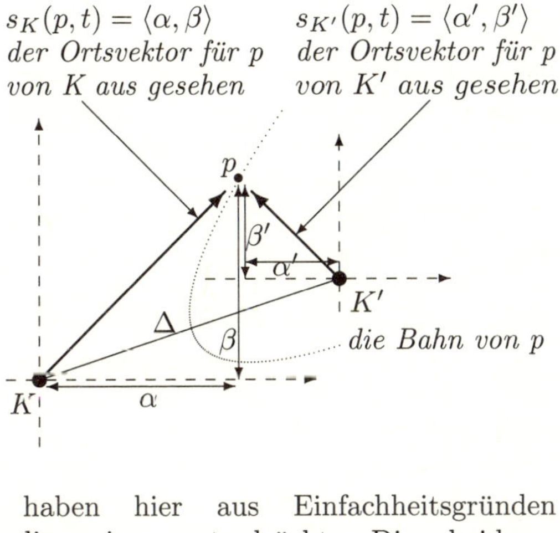

Wir haben hier aus Einfachheitsgründen die dritte Raumdimension unterdrückt. Die beiden Ortsvektoren $s_K(p,t), s_{K'}(p,t)$, die von den Nullpunkten ihrer Koordinatensysteme ausgehen, sind an einem einzigen Zeitpunkt t eingezeichnet. Im Koordinatensystem K sind die Koordinaten α, β für p und in K' die Koordinaten α', β' zu sehen. Diese Koordinaten werden zu den (Orts-)Vektoren $\langle \alpha, \beta \rangle$ und $\langle \alpha', \beta' \rangle$ zusammengefasst. Weiter ist die lineare Koordinatentransformation Δ abgebildet, die den Nullpunkt von K auf den von K' abbildet. Wenn die Koordinatensysteme starr sind, lässt sich diese Transformation Δ für alle Raumpunkte von K in die entsprechenden Raumpunkte in K' homogen abbilden.

Statt einer einfachen Verschiebung können alle möglichen mathematischen, stetigen Transformationen betrachtet werden. Manche davon sind theoretisch interessant, andere nicht. In der klassischen Mechanik zum Beispiel bleibt das zweite *Newtonsche* Axiom gültig, wenn man die Teilchenbahnen in einem Modell einer *Galilei*-Transformation (= Verschiebung plus Hinzufügung einer „konstanten Geschwindigkeit" relativ zu einem festen Koordinatensystem) unterwirft, komplexere Transformationen machen aus Modellen Nicht-Modelle. In der Elektrodynamik bleiben die zentralen Axiome, die *Maxwell*schen Gleichungen, bei *Lorentz*-Transformationen der Koordinaten erhalten.

In der ökonomischen Tauschtheorie (2.5, 2.9) kann man in einem Modell die Preisfunktion p mit einem konstanten positiven Faktor α – d.h. alle Preise mit dem gleichen Faktor – multiplizieren und das Resultat, $\alpha \cdot p$, an Stelle von p in das Modell einsetzen. Die durch diese Transformation entstehende Struktur ist nach einem bekannten Theorem wieder ein Modell.[123] Die genauere Analyse zeigt, dass diese Transformation genau einer Koordinatentransformation der physikalischen Art entspricht. Das „Koordinatensystem" besteht hier in den physischen Einheiten der Güterarten, für die die Preise bestimmt werden, und die Koordinatentransformation besteht in einer physischen Vergrößerung oder Verkleinerung der Einheiten – etwa der Vergrößerung der „Einheitsmilchkanne" von *pint* zu *Liter*.

Bei einer zweiten Art von Morphismen werden primär die Objekte aus den Basismengen einer Struktur in andere Objekte abgebildet, und sodann die Relationen mit Hilfe dieser Abbildungen in „Bildrelationen" über den „transformierten" Objekten übersetzt. Im Fall einer zweistelligen Relation R etwa, die aus Paaren der Form $\langle a, b\rangle$ mit a aus einer Objekt-

[123] Siehe etwa Henderson & Quandt 1971, Kap. 5.1.

menge D_1 und b aus einer Objektmenge D_2, besteht, werden die Objektmengen D_i durch Funktionen f_i bijektiv auf andere Mengen D'_i (i=1,2) abgebildet: $f_1 : D_1 \rightarrow D'_1, f_2 : D_2 \rightarrow D'_2$. Die Paare $\langle a, b \rangle$ von Objekten a, b, die in der R-Relation stehen, lassen sich dann überführen in Paare $\langle f_1(a), f_2(b) \rangle$. Die Menge R' aller so gewonnenen Paare ist wieder eine zweistellige Relation, nun auf den „Bildmengen" D'_1 und D'_2 und stellt die Transformation von R unter f_1, f_2 dar.

Das Beispiel lässt sich völlig analog auf den allgemeinen Fall übertragen. Für eine gegebene Struktur

$$\langle D_1, ..., D_k, A_1, ..., A_m, R_1, ..., R_n \rangle$$

betrachten wir k bijektive Abbildungen f_i $(i \leq k)$, $f_i : D_i \rightarrow D'_i$, sowie für die mathematischen Mengen die identischen Abbildungen id_i $(i \leq m)$: $id_i : A_i \rightarrow A_i$. Aus diesen Abbildungen lässt sich für jede Relation R_j $(j \leq n)$ ähnlich wie im Beispiel eine entsprechende Bildrelation R'_j über den „neuen" Basismengen $D'_1, ..., D'_k, A_1, ..., A_m$ bilden, wobei für höherstufige Relationen induktiv vorzugehen ist.[124] Für Modellklassen, die einigermaßen vorsichtig definiert wurden, lässt sich beweisen, dass Morphismen der skizzierten Art Modelle wieder in Modelle überführen. Dies gilt auf jeden Fall für alle in diesem Buch behandelten Beispiele.[125]

2.11 Praktische Disziplinen

Auch in den praktischen Disziplinen: Medizin, Rechtswissenschaft, Ingenieurwissenschaften, werden Modelle benutzt. Sie dienen dort jedoch weniger der Repräsentation realer Systeme, sondern mehr als Blaupausen, als Grundlage zur Konstruktion neuer, realer Systeme. Da in unserer Terminologie bisher keine Beispiele aus diesen Bereichen rekonstruiert wurden,[126] müssen wir uns mit kurzen Hinweisen begnügen.

Die intendierten Systeme sind in den praktischen Disziplinen meist mit praktischer Anwendung und mit konkreten Zie-

---

[124] Für Details siehe etwa Balzer 1985, S.13.

[125] Für eine strukturalistische Behandlung von Invarianzen unter dem Gesichtspunkt der Objektivität vergleiche Mühlhölzer 1996.

[126] Zwei Ausnahmen sind Eleftheriadis 1991 und Müller 1985.

len verbunden. In der Technik möchte man bestimmte Systeme ganz neu herstellen, in der Medizin geht es primär um Heilung von Krankheiten und in den juristischen Disziplinen um Subsumption realer Ereignisse unter gegebene Gesetze und um Urteilsfindung. Auch hier werden für bestimmte intendierte Systeme spezielle Grundbegriffe verwandt, so dass wir die Denotate dieser Grundbegriffe im jeweiligen System zu einer Struktur zusammenfügen können. Technische Apprate werden in einem eigenen, speziellen Vokabular ebenso beschrieben wie Krankheiten und Heilmethoden und juristisch relevante Sachverhalte.

Damit solche, mit intendierten Systemen verknüpfte Strukturen auch Modelle sind, müssen zusätzliche Annahmen in der Form von Verknüpfungsgesetzen vorhanden und in den Strukturen gültig sein. Ob es in den praktischen Wissenschaften Modelle gibt, hängt also davon ab, ob sich dort Annahmen und Hypothesen identifizieren lassen, die die Form von Verknüpfungsgesetzen haben. Wir meinen, dass dies der Fall ist.

In Medizin und in den Ingenieurwissenschaften treffen wir auf eine Vielzahl von empirischen Regularitäten, die einen kausalen oder probabilistischen Zusammenhang zwischen zwei Ereignisarten herstellen. Solche Regularitäten erfordern zu ihrer Beschreibung Verknüpfungsgesetze und führen daher zur Definition von Modellen.

In der Medizin wurde besipielsweise in den 60er Jahren die *Myokardprotektion* durch Kardioplegie nach *Bretschneider*[127] als Methode eingeführt, bei Herzoperationen Schäden am Myokard zu vermeiden, die ohne zusätzliche Vorkehrungen dann auftreten, wenn die Operationsdauer mehr als 15 Minuten beträgt. Mit dieser Methode wird das Herz durch eine Kombination von Hypothermie, Natriumentzug und Kaliumentzug ruhiggestellt und damit die Zeit, in der ohne Folgeschäden operiert werden kann, auf etwa 120 Minuten verlängert. Die so teilweise gefundene und teilweise hergestellte Regularität lautet wie folgt. Wenn bei einer Herzoperation Myokardprotektion vorgenommen wird, kann bis zu 120 Minuten operiert werden, ohne

[127] Siehe etwa Kleinsorge & Zöckler 1984, S.82.ff. Siehe auch Eleftheriadis 1991.

dass Folgeschäden am Myokard auftreten. Bei genauerer Formulierung müsste noch eine Angabe über die Wahrscheinlichkeit erfolgen, mit der die Methode zum Erfolg führt. Auch ohne genaue Rekonstruktion ist klar, dass wir hier eine ähnliche Situation wie in früheren Beispielen vor uns haben. Über eine Menge intendierter Systeme – Operationen am offenen Herzen – wird, bei Unterdrückung der probabilistischen Komponente, eine Allaussage gemacht: „Für alle solchen Systeme, bei denen Myokardprotektion vorgenommen wird, kann die Operationszeit ohne Folgeschäden auf etwa 120 Minuten verlängert werden." Offenbar hat diese Aussage die Form „Für alle x: wenn $P(x)$ dann $Q(x)$", wobei x für „Herzoperation", $P(x)$ für „es wird Myokardprotektion vorgenommen" und $Q(x)$ für „es kann etwa 120 Minuten ohne Folgeschäden operiert werden" stehen. Dies ist ein Verknüpfungsgesetz, in dem die beiden Prädikate P und Q nicht getrennt werden können.

Etwas anders ist die Situation in der Rechtswissenschaft. Hier finden wir im deutschen Recht systematisch verwobene Aussagensysteme, wie zum Beispiel das bürgerliche Gesetzbuch, das Strafgesetzbuch, oder das deutsche Aktiengesetz, die ohne Zweifel theoretischen Charakter haben. Zur Beschreibung eines Tatbestands werden verschiedene juristische Begriffe benutzt, die durch die einschlägigen Paragraphen des Gesetzes miteinander verknüpft werden. Betrachten wir Ereignisse, *juristische Fälle*, als intendierte Systeme, so haben die für sie einschlägigen Paragraphen und Gesetze eine ähnliche Funktion wie die Hypothesen für die Modelle. Die Paragraphen strukturieren einen Fall in präziser Weise und erleichtern einerseits deren praktische Bestimmung und Subsumption unter einen Sachverhalt oder einen Tatbestand, andererseits die Urteilsfindung. Durch Aufsammeln der für einen Sachverhalt relevanten Begriffe erhalten wir eine Struktur. Es bleibt die Frage, ob die Gesetzesparagraphen als Hypothesen angesehen werden können. Dies führt zur Unterscheidung der Beschreibungs- und der Entscheidungskomponente eines Falls. Viele Paragraphen strukturieren „nur" die Beschreibung von Fallklassen.

Im Aktiengesetz[128] finden wir etwa im Paragraphen §119: „die Hauptversammlung ... beschließt ... die Bestellung des Abschlussprüfers". Hier werden zwei Entitäten „die Hauptversammlung" und „der Abschlussprüfer" verknüpft. Dieser Satz funktioniert wie eine Hypothese; er kann in einem bestimmten Fall richtig oder falsch werden. Viele solche Sätze (Paragraphen, Hypothesen) ergeben zusammen eine Beschreibung der Fallklasse. Oft ist ein einzelner Begriff in einem Fall nicht gut zu bestimmen. Wie schafft es die Hauptversammlung, „eine Bestellung zu beschließen"? Diese Relation des Beschließens bekommt erst zusammen mit vielen anderen Paragraphen einen Sinn. Wenn der Sinn nicht klar genug ist, müssen Experten aus anderen Bereichen dazukommen. Z.B. muss ein Ökonom zu Rate gezogen werden, der die Tätigkeit des Buchprüfens genauer erklärt. In anderen Bereichen, etwa im Strafgesetzbuch, wird in einem Paragraphen erstens ein Tatbestand beschrieben, und zweitens der Bereich des zugehörigen Strafmaßes festgelegt. Ein solcher Paragraph enthält als Prämisse die Beschreibung des Tatbestandes, und als Konklusion eine Vorschrift, was in diesem Fall zu tun sei. So lautet etwa §242 StGB: *Einfacher Diebstahl* „Wer eine fremde bewegliche Sache einem anderen in der Absicht wegnimmt, dieselbe sich rechtswidrig anzueignen, wird wegen Diebstahls mit Gefängnis bestraft". Im „Wer"-Teil des Satzes wird der Tatbestand des Diebstahls beschrieben und im „wird mit"-Teil wird das Strafmaß bestimmt. Durch Umformulierung können wir ohne Sinnänderung eine Definition von „Diebstahl" gewinnen: „p begeht Diebstahl gdw ...". Solche Sätze, die die Form von Definitionen haben, sind Verknüpfungsgesetze, wenn man den definierten Begriff als Grundbegriff auffasst. Dies ist auf jeden Fall angebracht, denn nach juristischer Methodenlehre kann die Subsumption eines Falles unter einen Tatbestand eine mitunter höchst komplizierte Prozedur beinhalten, die sich keineswegs in der Überprüfung des „definierenden" Paragraphen erschöpft, sondern auch auf Kommentare und Urteile zurückgreift.[129]

[128] Aktiengesetz 1993.

[129] Vergleiche Engisch 1956.

Es scheint plausibel, daß sich aus den „geeigneten", beschreibenden Teilen eines Gesetzeskorpus Modelle konstruieren lassen. Die Anwendung solcher Modelle entspricht dann dem ersten Teil des juristischen Subsumptionsprozesses, auf den wir hier jedoch nicht näher eingehen (siehe auch 4.7). Der normative Charakter der restlichen Teile eines Gesetzeskorpus ändert nichts an diesem Befund. Die Normen sind zusätzlich zum deskriptiven Teil vorhanden, entsprechend der gesellschaftlichen Funktion, die das Rechtswesen hat und entprechend dem durchaus sozialen Charakter der Anwendungsfälle.

2.12 Statistische Theorien

Statistik untersucht die Häufigkeitsverteilungen und ihre Anwendungen in den Wissenschaften. In einem konkreten System handelt es sich um die Verteilung eines Merkmals oder mehrerer Merkmale in einer „Population" Ω. Wir beschränken uns im Folgenden aus Einfachheitsgründen immer nur auf *ein* solches Merkmal. Eine Population ist eine – oft große – Menge von Objekten, wobei jedes Objekt das Merkmal in einer verschiedenen Ausprägung trägt. Die Ausprägungen stellen wir uns abstrakt vor als Elemente einer Menge $\mathcal{M}$, eine Menge von „Graden", oder Zahlen. Zum Beispiel bilden in der Ökonomie die Güterarten eine Population, und ihr Merkmal „Preis" hat als mögliche Ausprägungen positive, reelle Zahlen. Ein qualitatives Beispiel aus der Genetik ist die Population der Menschen (in einem kurzen Zeitraum) und das Merkmal „Augenfarbe" mit den bekannten Ausprägungen: braun, blau, grün, schwarz, rot. Jedes Element der Population hat genau eine Ausprägung des Merkmals, d.h. es gibt eine Funktion $h : \Omega \rightarrow \mathcal{M}$, die jedem Objekt genau eine Ausprägung zuordnet. Oft werden in mathematischen Anwendungen die Ausprägungen durch reelle Zahlen kodiert, etwa bei der Augenfarbe: blau=1, braun=2, etc.

Eine bestimmte Ausprägung des Merkmals hat relativ zu einem gegebenen System, d.h. relativ zu der Population Ω, eine Häufigkeit. Die *Häufigkeit* einer Ausprägung ist einfach die Anzahl der Objekte, die diese Ausprägung haben. Die Verbindung zwischen Häufigkeiten und Objekten wird also durch Zahlen „vermittelt". Bestimmte Objekte werden gezählt, das Resultat – die Zahl – ist die Häufigkeit. Diese Verbindung lässt sich mit dem Komprehensionsprinzip der Mengenlehre (2.7) einfach herstellen. Nach diesem Prinzip identifizieren wir die Merkmalsausprägung (in Ω) mit der Menge aller Objekte (in Ω), die genau diese Ausprägung aufweisen. Mengentheoretisch gedacht *ist* somit die Ausprägung eine Menge von Objekten. Eine solche Menge wird durch eine Formel $A(x)$ „definiert", die genau diese bestimmte Ausprägung beschreibt. Häufigkeit wird so zu einer Eigenschaft von *Mengen* von Objekten. Die normale Sprache macht diesen Übergang leider nicht mit; sie zwingt uns, statt von Mengen von irgendeinem Element derselben zu reden. In dem Augenfarben-Beispiel nehmen wir eine Schulklasse mit 20 Kindern als Population. Wir nehmen an, dass 7 Kinder braune Augen, 6 Kinder blaue, 4 Kinder grüne und 3 Kinder schwarze Augen haben. Man sagt nun nicht, die Menge der braunäugigen Kinder habe die Häufigkeit 7, sondern man sagt, die Häufigkeit, dass *irgendein* Kind aus dieser Menge braune Augen habe, sei 7.[130] Dieser Übergang von irgendeinem Objekt der entsprechenden Ausprägung zu einer abstrakten Merkmalsausprägung ist für das heutige Verständnis der Wahrscheinlichkeit zentral; er markiert den Aufstieg der „probabilistischen Weltsicht".[131]

In vielen Anwendungen ist eine genaue Bestimmung von Häufigkeiten nicht möglich, weil die Menge der Ergebnisse entweder zu groß ist, so dass Zeit und Geld fehlt, sie vollständig zu untersuchen, oder eine „offene", potentielle, unendliche Menge bildet. So werden in der VWL und in der empirischen Sozialforschung die Häufigkeiten, die z.B. bei der Einkommensverteilung oder der Stimmenverteilung auf politische Parteien in Deutschland auftreten, nicht durch Untersuchung aller Deutschen ermittelt – was im Prinzip möglich wäre. Häufigkeiten, die bei Wiederholung eines beliebig reproduzierbaren Experi-

[130] Die erste Formalisierung der Wahrscheinlichkeit von Lukasiewicz 1913 verfolgt auch diesen Weg.

[131] Vergleiche z.B. Krüger, Daston, Heidelberger 1987 und Suppes 1970, 1984.

ments auftreten, wie etwa in der Quantenmechanik, sind nie „fertig“. Stets können weitere Experimente gemacht werden, die eine Häufigkeit verändern.

Eine *Häufigkeitsverteilung* ist nun eine Funktion, die zu jeder Ausprägung a die „richtige“ Anzahl *der* Objekte zuordnet, die diese Ausprägung haben. Formal gesprochen gibt es eine Funktion $f : \mathcal{M} \rightarrow \mathbb{N}$, so dass $f(a) = \|\{o \in \Omega / h(o) = a\}\|$. Anders gesagt, werden die verschiedenen Anzahlen auf die Ausprägungen verteilt. Normalerweise soll es aber nicht auf die absoluten Anzahlen ankommen, sondern auf die Zahlenverhältnisse, in denen die verschiedenen Ausprägungen zueinander stehen. In der obigen Schulklasse mit 20 Kindern ist die absolute Häufigkeitsverteilung der Augenfarben gegeben durch die Zahlen 7 : 6 : 4 : 3. Wir können diese Werte relativieren, indem wir sie durch die Anzahl der Population (in diesem Beispiel durch 20) dividieren. Die relativen Häufigkeiten sind hier 7/20; 6/20; 4/20; 3/20. Wenn f eine „absolute“ Häufigkeitsverteilung und n die Anzahl der Objekte aus der Population ist, nennt man die durch n dividierte („normierte“) Verteilung die *relative Häufigkeitsverteilung* rf (im gegebenen System). Formal: für alle $a \in \mathcal{M}$ ist $rf(a) = f(a)/n$.

In der Wahrscheinlichkeitstheorie redet man statt von Ausprägungen von Ereignissen, und statt von Elementen (oder Individuen) einer Population von Ergebnissen. Diese Wortwahl stellt den Prozess des Herausgreifens von Objekten aus der Population und – in naturwissenschaftlichen Anwendungen – den Ausgang von Experimenten in den Vordergrund. Auch die Ereignisse werden als Mengen konzipiert. Ein *Ereignis* besteht genau aus den Objekten, die die untersuchte Ausprägung aufweisen, und die Objekte aus der Population werden als mögliche Ergebnisse oder einfach als *Ergebnisse* bezeichnet. Bei Experimenten ist der Begriff des Ergebnisses unmittelbar einleuchtend, beim Augenfarben-Beispiel können wir uns ein „Experiment“ vorstellen, das im zufälligen Herausgreifen eines Objekts (eines Individuums) und dessen Untersuchung auf das fragliche Merkmal (Augenfarbe) besteht. Ein Ergebnis dieses Experiments besagt, dass ein geprüftes Individuum die Ausprägung a des Merkmals hat.

Wie schon erwähnt, gibt es bei „offenen“ Populationen Probleme mit den relativen und absoluten Häufigkeiten und ihren Verteilungen. Der direkte Weg, diese Begriffe operational zu definieren, war zu schwierig. Ein anderer Weg, der auch in anderen Fällen von Fortschritt, metatheoretisch geboten und historisch verwirklicht wurde, besteht darin, ein theoretisches Konstrukt einzuführen, dessen Bedeutung teilweise durch präzise Annahmen festgelegt wird und in Spezialfällen mit der von relativen Häufigkeiten übereinstimmt: den Begriff der Wahrscheinlichkeit. Grob gesagt, werden relative Häufigkeiten durch reelle Zahlen zwischen 0 und 1 und Rechenregeln zum Umgang mit diesen ersetzt. Die Regeln sind so gewählt, dass sie in der eingeschränkten Anwendung auf relative Häufigkeiten direkt operational interpretierbar sind. Diese Regeln werden durch die Axiome der Wahrscheinlichkeitstheorie beschrieben. Dieser theoretische Weg zum Umgang mit Häufigkeiten und Verteilungen vermeidet insbesondere das Problem, dass bei unendlichen Populationen der Nenner in einer relativen Häufigkeit nicht definiert ist. In solchen Fällen drückt die Wahrscheinlichkeit ein nicht durch ganzzahlige Brüche zu fassendes Größen- oder Maßverhältnis zweier Mengen (oder zweier Ereignisse) aus.

Eine Wahrscheinlichkeitsfunktion $\mathbf{p}$ ist so definiert, dass sie gewissen Ereignissen Zahlen zwischen 0 und 1 zuordnet, die als abstrakte Gegenstücke von relativen Häufigkeiten dienen. Zunächst wird eine *σ-Algebra* über Ω definiert. $\mathcal{A}$ ist eine *σ-Algebra* über Ω gdw gilt:[132]

1) $\mathcal{A} \subseteq \mathbf{Po}(\Omega)$ und $\Omega \in \mathcal{A}$
2) für alle $A \in \mathcal{A}$ ist auch[133] $\bar{A} \in \mathcal{A}$
3) für jede Folge $(A_i)_{i=1,2,3\ldots}$ mit $A_i \in \mathcal{A}$ ist auch $\cup_i A_i \in \mathcal{A}$.

Die Elemente von Ω werden als *Ergebnisse*, die von $\mathcal{A}$ als *Ereignisse* bezeichnet.

[132] Die restlichen im diesem Abschnitt nur kurz gestreiften Definitionen, sind sehr klar formuliert etwa in Bauer 1974, vor allem in den Abschnitten 6, 9 und 28.

[133] $\bar{A}$ bezeichnet das *Komplement* von A in Ω, d.h. die Menge $\Omega \setminus A$, lies: „Ω minus A“.

Ein *Wahrscheinlichkeitsraum* ist eine Struktur der Form

$\langle \Omega, \mathcal{A}, \mathbf{p} \rangle$, für die gilt:

1) Ω ist eine nicht-leere Menge
2) $\mathcal{A}$ ist eine σ-Algebra über Ω
3) $\mathbf{p}: \mathcal{A} \to [0,1]$

3.1) $\mathbf{p}(\Omega) = 1$

3.2) für jede Folge $A_1, A_2, A_3, ...$ in $\mathcal{A}$ mit paarweise disjunkten Gliedern gilt: $\mathbf{p}(\cup_i A_i) = \Sigma_i \mathbf{p}(A_i)$.

An die Stelle der abstrakten Menge $\mathcal{M}$ tritt in dem Wahrscheinlichkeitsraum die – ebenfalls abstrakte – Menge $\mathbb{R}$ der reellen Zahlen. Und an die Stelle der oben eingeführten Funktion h tritt eine Funktion $\xi : \Omega \to \mathbb{R}$. ξ heißt *Zufallsvariable*, wenn ξ die (rein technische) Bedingung der Messbarkeit erfüllt.

Mit dieser begrifflichen Maschinerie wird das Gegenstück zur relativen Häufigkeit einer Ausprägung ausgedrückt durch die Wahrscheinlichkeit des entsprechenden Ereignisses „α wird beobachtet“, d.h. derjenigen Menge von Objekten aus Ω, die die Ausprägung α aufweisen:

$$\mathbf{p}(\{x \in \Omega / \xi(x) = \alpha\}).$$

Die reelle Funktion $\phi : \mathbb{R} \to \mathbb{R}$, die durch die Formel

$$\phi(\alpha) = \mathbf{p}(\{x \in \Omega / \xi(x) = \alpha\})$$

bestimmt ist und die jeder „Ausprägung“ α die Wahrscheinlichkeit („relative Häufigkeit“) ihres Vorkommens zuordnet, wird aus technischen Gründen nicht nur für einzelne reelle Zahlen α, sondern für ganze Zahlenintervalle und allgemeiner: für sogenannte *Borel*mengen reeller Zahlen, definiert. Für praktische Zwecke ist eine Menge reeller Zahlen immer eine Borelmenge. Man erhält so – mit $\mathcal{B}$ als Abkürzung für die Menge aller Borel-Mengen – eine Funktion $\psi : \mathcal{B} \to \mathbb{R}$,

$$\psi(X) = \mathbf{p}(\{x \in \Omega / \xi(x) \in X\}),$$

die eine Borelmenge X in eine reelle Zahl abbildet. ψ heißt die *Verteilung* der Zufallsvariablen ξ.

Verteilungen sind als mathematische Entitäten in der mathematischen Statistik intensiv untersucht worden. Es gibt viele verschiedene, mathematische Formen von Verteilungen, die meist über eine Dichte definiert werden. Eine *Dichte* für die Verteilung ψ ist eine Funktion $g : \mathbb{R} \rightarrow \mathbb{R}$ mit der Eigenschaft, dass sich die ψ-Werte $\psi(X)$ als Integral der Dichte über den Bereich X und bezüglich des Lebesgue-Maßes λ ausdrücken lassen:

(2.12.1) $$\psi(X) = \int_X g d\lambda.$$

Die bekannteste Verteilung ist die *Normalverteilung*, die durch eine Dichte in der bekannten Glockenform definiert ist. In *Abbildung* 2.12 ist eine Dichte g der Form

$$g(x) = \frac{1}{\sqrt{2\pi\sigma^2}} exp^{-\frac{(x-\mu)^2}{2\sigma^2}}$$

abgebildet. Das Intervall X auf der x-Achse ist ein passendes Argument für eine Verteilung ψ und der Wert von ψ für X ist gegeben durch die schraffierte Fläche unter der Kurve, die anschaulich den Wert des Integrals $\int_X g d\lambda$ darstellt. Andere Formen von Verteilungen sind: die Binomial-, die χ^2-, die F-, die *Poisson*- und die t-Verteilung.[134]

Wir können nicht genauer auf die mathematischen Details eingehen, dies ist auch für unsere Zwecke nicht nötig. Es genügt zu sehen, wie der Begriff der Verteilung einer Zufallsvariablen durch die Zufallsvariable und einen Wahrscheinlichkeitsraum $\langle \Omega, \mathcal{A}, \mathbf{p} \rangle$ definiert ist. Ein Paar $\langle W, \xi \rangle$, bestehend aus einem Wahrscheinlichkeitsraum W und einer Zufallsvariablen ξ nennen wir ein *statistisches Element*.

Eine *Verteilungshypothese* für ein statistisches Element $\langle \Omega, \mathcal{A}, \mathbf{p}, \xi \rangle$ ist nun ein Satz, der die *genaue* Form der Verteilung der Zufallsvariablen ξ über der Grundmenge Ω festlegt. Diese Form ist meist durch eine Gleichung gegeben, in der einige Parameter auftreten. Wenn die Parameter durch Zahlen ersetzt werden, erhält man meist eine handhabbare, mathematische Funktion. Variation der Parameter ergibt eine entsprechende Variation der Funktion, jedoch unter Wahrung der allgemeinen, durch die Gleichung festgelegten Form. Mit Festlegung der „genauen“ Form meinen wir, dass auch die Parameter numerisch bestimmt werden. In der obigen Normalverteilung z.B. sind Mittelwert μ und Varianz σ^2 solche Parameter. „Nor-

[134]Siehe z.B. Bauer 1974, Anschnitt 28 und Rüger 1988, 2.3.

malverteilung" bezeichnet die Klasse aller Verteilungen, die man bei Einsetzung bestimmter Zahlen für μ und σ erhält.

Abb. 2.12

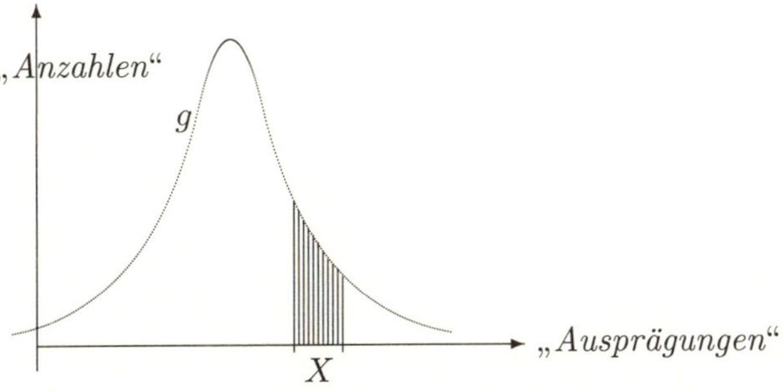

Als eine *reine statistische Theorie* bezeichnen wir eine Theorie, deren Modelle aus einem statistischen Element und deren Hypothesen aus einer Verteilungshypothese für dieses Element bestehen. Bei kleinen Änderungen in der Notation liefert eine reine statistische Theorie eine Modellklasse in unserem Standardformat.

M ist *eine Klasse von Modellen einer reinen statistischen Theorie* gdw es einen Satz $\mathcal{C}$ gibt, so dass für alle x gilt: $x \in \mathbf{M}$ gdw es $\Omega, \mathcal{A}$, $\mathbf{p}$, $\mathbb{R}$, ξ gibt, so dass gilt

1) $x = \langle \Omega, \mathbb{R}, \mathcal{A}, \mathbf{p}, \xi \rangle$
2) $\langle \Omega, \mathcal{A}, \mathbf{p} \rangle$ ist ein Wahrscheinlichkeitsraum
3) $\mathbb{R}$ ist die Menge der reellen Zahlen
4) $\zeta : \Omega \to \mathbb{R}$ ist messbar[135]
5) $\mathcal{C}$ ist ein Satz, der außer Variablen, logischen und mathematischen Zeichen nur die Zeichen $\Omega, \mathbf{p}, \mathcal{A}$ und ξ enthält
6) $\mathcal{C}$ ist eine Verteilungshypothese für das statistische Element $\langle \Omega, \mathcal{A}, \mathbf{p}, \xi \rangle$.

Der wichtigste und häufigste Spezialfall reiner statistischer Theorien liegt vor, wenn die Verteilungshypothese die Verteilung der Zufallsvariablen über eine Dichte festlegt. In diesem Fall besagt Bedingung 6), dass die Verteilung ψ von ξ durch eine Dichte g über das Integral in der obigen Form (2.12.1) defi-

[135] D.h. für alle $X \in \mathcal{B}$ ist das Urbild von X unter f ein Element von $\mathcal{A}$.

niert ist. Die genaue Form, die Hypothese 6) dann annimmt, ist von allgemeinem Interesse und sei für späteren Bezug hier angegeben. Sie lautet unter Berücksichtigung der früheren Definitionen und unter Bezugnahme auf eine gegebene Wahrscheinlichkeitsdichte $g : \mathbb{R} \to \mathbb{R}$ wie folgt.

(2.12.2) Für alle Borelmengen $X \in \mathcal{B}$ gilt:

$$\mathbf{p}(\{x \in \Omega/\xi(x) \in X\}) = \int_X g d\lambda.$$

Betrachten wir als Beispiel die reine statistische Theorie, die die Altersverteilung in der deutschen Bevölkerung numerisch angibt. Die Population besteht aus allen zur Zeit t lebenden deutschen Staatsbürgern; untersucht wird das Merkmal „Alter“, dessen Ausprägungen in Tagen angegeben werden. Wir nehmen an, die genaue Form der Dichte g sei gegeben. Nach (2.12.2) besagt dann die Verteilungshypothese, dass für *jede* Borelmenge X die Wahrscheinlichkeit dafür, dass Personen x (zu t) das Alter α ($\alpha = \xi(x)$ mit $\alpha \in X$) haben, gleich dem durch rein mathematische Berechnung aus dem Integral auf der rechten Seite von (2.12.2) erhaltenen Wert ist.

In einem Modell $\langle \Omega, \mathbb{R}, \mathcal{A}, \mathbf{p}, \xi \rangle$ dieser Theorie scheint zunächst die Zufallsvariable der einzige empirische Grundbegriff zu sein; alle anderen Komponenten (außer den Grundmengen) sind scheinbar mathematischer Natur. Eine genauere Analyse führt jedoch zu einem anderen Ergebnis. Der Begriff des Wahrscheinlichkeitsraums ist zwar ein mathematischer Standardbegriff, er kann aber in der Anwendung statistischer Theorien nicht als „rein mathematischer“ Teil der Theorie angesehen werden. Dies hat zwei Gründe. Erstens legt die mathematische Definition die Komponenten eines Wahrscheinlichkeitsraums nicht bis auf Isomorphie eindeutig fest. Die Axiome für einen Wahrscheinlichkeitsraum stellen nur ziemlich schwache, notwendige Bedingungen an die Komponenten und können in sehr vielen, völlig verschiedenen Wahrscheinlichkeitsräumen erfüllt werden. Diese mögliche Vielfalt muss durch *empirische* Interpretation weiter eingeschränkt werden. Sie wird besonders deutlich im Kontrast zum Beispiel der reellen Zahlen. Die Menge $\mathbb{R}$ ist durch die üblichen Axiome (zweiter Stufe) eindeutig bis auf Isomorphie festgelegt, d.h. es gibt – bis auf strukturell gleiche Varianten – nur eine einzige Menge von Entitäten, die die Axiome erfüllt. Ein zweiter Grund für die empirische Natur des Wahrscheinlichkeitsraums in reinen statistischen Theorien wird sichtbar, wenn wir direkt auf die Anwendung einer solchen Theorie schauen. Die Elemente der σ-Algebra $\mathcal{A}$ werden in der Anwendung interpretiert als Mengen von Objekten aus der Grundmenge Ω, die die gleiche Merkmalsausprägung haben. Im Beispiel sind dies Mengen von Bürgern einer bestimmten Altersklasse. Die Bestimmung einer solchen Menge ist offenbar Erfahrungssache und kann nicht mathematisch gefolgert werden. Die Mathematik sagt uns nicht, welche, oder auch nur, wieviele Personen in Deutschland zur Zeit t zum Beispiel 3000 Tagen alt sind. Dies widerspricht nicht der *theoretischen* Praxis, Verteilungen rechnerisch nur über Zufallsvariable zu behandeln und das Wahrscheinlichkeitsmaß samt σ-Algebra im Hintergrund zu belassen. In der *praktischen* Anwendung jedoch, bei Untersuchung einer Stichprobe, werden allemal Häufigkeiten – sogar absolute – von Merkmalsausprägungen bestimmt. Im Beispiel wird die Wahrscheinlichkeit $\mathbf{p}$ in (2.12.2) näherungsweise durch die relative Häufigkeit der Personen mit Alter $\alpha \in X$ in einer Stichprobe ermittelt. Die σ-Algebra stellt vom Typ her eine einstellige Relation zweiter Stufe dar, sie trifft auf Teilmengen von Ω zu. Entsprechend ist die Wahrscheinlichkeitsfunktion $\mathbf{p}$ als Funktion zweiter Stufe anzusehen: sie setzt Teilmengen von Ω mit Zahlen in Beziehung. Bei inhaltlicher Deutung der Wahrscheinlichkeit als relativer Häufigkeit kommt der relationale Charakter noch besser zum Ausdruck. $\mathbf{p}$ setzt, so gedeutet, Teilmengen von Ω miteinander in Beziehung. Der Funktionswert, die Wahrscheinlichkeit einer Menge Y, drückt bei realistischer Deutung eine Beziehung zwischen Y und Ω aus, nämlich den „Anteil“ von Ω, den Y ausmacht. Die Begriffe $\mathcal{A}$ und $\mathbf{p}$ sind also keine rein mathematischen Hilfsbegriffe. Die Festlegung einer Verteilung durch eine Hypothese der Form (2.12.2) muss im Sinne von 2.9 als Verknüpfungsgesetz angesehen werden. Reine statistische Theorien sind also *empirische* Theorien, auch wenn sie „nur“ die Verteilung einer Zufallsvariablen festlegen. Dass (2.12.2) ein Verknüpfungsgesetz ist, vermuten wir. Der Satz enthält zwei relationale Grundbegriffe $\mathbf{p}$ und ξ und der Satz lässt sich vermutlich nicht konjunktiv in die „separierte" Form $B(\mathbf{p}) \wedge C(\xi)$ bringen.

Neben den reinen statistischen Theorien gibt es viele Theorien, deren Modelle außer einem statistischen Element noch andere Komponenten enthalten, Theorien, durch deren Hypothesen die Verteilung der Zufallsvariablen nicht *genau* festgelegt, sondern unter Bezug auf andere Modellkomponenten nur mehr oder weniger eingeschränkt wird. Solche Theorien bezeichnen wir als *statistische Theorien.* Insbesondere ist also jede reine statistische Theorie eine statistische Theorie.

Meist wird in der Formulierung reiner statistischer Theorien der Wahrscheinlichkeitsraum überhaupt nicht erwähnt, sondern nur die Verteilung der Zufallsvariablen durch die mathematische Form einer Dichte explizit gemacht. Diese Praxis ist insofern gerechtfertigt, als alle *Rechnungen* im Rahmen der Theorie stets über die Dichte erfolgen.

Der Unterschied zwischen statistischen und nicht-statistischen Theorien ist auf inhaltliche Weise nur umständlich zu charakterisieren, weil der Wahrscheinlichkeitsbegriff auf zwei verschiedene Arten von Phänomenen Anwendung findet.[136] Er wird zum einen auf Phänomene der großen Zahl angewandt, wo es, wie bei Umfragen etwa über die Forschungsaktivität von Professoren oder bei Wahlprognosen, zu teuer ist, alle einzelnen Objekte zu untersuchen und man sich mit Mittelwerten und anderen Verteilungscharakteristika begnügt. Andererseits findet er auch Anwendung auf Phänomene nichtdeterministischer Art, wo die jeweils gleiche Ausgangssituation bei „Wiederholung" zu verschiedenen, genau bekannten Arten von Nachfolgesituationen führt, ohne dass man in jedem einzelnen Fall sagen könnte, genau welche Nachfolgesituation eintreten wird.[137] Beispiele für nicht-deterministische Phänomene sind Würfelwurf oder Spinexperimente in der Quantenphysik. Die intendierten Systeme von statistischen Theorien weisen stets einen dieser beiden Züge auf: sie enthalten entwe-

[136] Vergleiche auch Krüger 1988.

[137] Auch die Präzisierung des Determinismusbegriffs ist heikel, wie sich an unserem vagen Definitionsversuch erkennen lässt.

der sehr viele Objekte, die für sich genommen nicht besonders interessant sind, oder sie enthalten nicht-deterministische Vorgänge. Nicht-statistische Theorien müssten demzufolge sowohl deterministisch sein, als auch eine übersichtliche Zahl von Objekten betreffen.

2.13 Computerprogramme

In den letzten 30 Jahren haben sich die Computer und die Programme rasant weiterentwickelt. Heute hat jeder Wissenschaftler seinen Labtop. Vor 30 Jahren gab es weder solche Geräte, noch die dazugehörige Bezeichnung. „Damals" entstanden die ersten Programme, die in gewissem Sinn „selbst" neue, publizierbare Forschungsergebnisse erzielten. Heute gibt es tausende von Programmen, die für wissenschaftliche Zwecke benutzt werden, sie reichen von biologischen bis zu gesellschaftlichen Anwendungen.[138] Inzwischen gibt es auch in der Wissenschaft erstaunliche Computerergebnisse.

Am Anfang identifizierten einige Autoren ihre Computerprogramme mit Theorien und sagten: Das Programm *ist* die Theorie.[139] Bei Benutzung des in 2.1 eingeführten Theoriebegriffs ist eine solche Identifikation nicht möglich. Da wir für unseren Theoriebegriff einen umfassenden Anwendungsanspruch erheben, sollten sich auch Computerprogramme oder -modelle mit ihm in Verbindung bringen lassen.

Ein Computerprogramm ist im Prinzip ein System von Regeln, die die Maschine veranlassen, ihren jeweiligen *Vorgängerzustand* V^* zu verändern und in einen *Nachfolgezustand* N^* überzugehen. Der Nachfolgezustand wird im nächsten Schritt zum neuen Vorgängerzustand und wird wieder gemäß den Regeln verändert, und so weiter. Eine Computerregel Rl ist ein Paar von Formeln V und N, die die beiden genannten Zustände V^* und N^* in einem Übergang beschreiben, $Rl = (V, N)$. Eine Folge solcher Zustände, die durch die Regeln erzeugt wurde, nennt man einen *Programmablauf*, oder auch einfach einen

[138] Siehe z.B. DENDRAL, Buchanan & Feigenbaum 1978. Neuere Programme sind z.B. Pitz 2000, Hofmann 2009.

[139] Etwa Winston 1984, S.12.

Ablauf. Ein Ablauf beginnt mit einem *ersten* Zustand und endet mit einem *letzten* Zustand, der durch Regelanwendung nicht weiter verändert werden kann. Es gibt auch Programme, bei denen es zu jeder Zeit eine Regel gibt, die anwendbar ist, d.h. es gibt Abläufe, die keinen wohldefinierten letzten Zustand haben. Der erste Zustand eines Ablaufs wird normalerweise durch ein Startsymbol beschrieben.

Zu diesem einfachen Bild muss eine Programmiersprache hinzugefügt werden, um diese Zustände und ihre Übergänge durch Sätze und Formeln beschreiben zu können. Da bis jetzt noch jede Programmiersprache ziemlich schnell durch die nächste abgelöst wurde, werden wir uns auf keine der Sprachen festlegen.

Ein Zustand eines Ablaufs wird durch eine gegebene Programmiersprache beschrieben. Ein solcher Zustand besteht inhaltlich gesehen erstens aus dem gerade in diesem Zeitpunkt existierenden, physikalischen Zustand der Maschine, und zweitens aus einem „Text", der von dieser Maschine „gelesen" wird. In einer Programmregel wird nun der Zustand durch einen Befehl in einen neuen Zustand überführt. Der neue Zustand enthält einen veränderten, physikalischen Maschinenzustand und den neuen Text, der einerseits teilweise durch diesen Befehl und den Vorgängerzustand erzeugt wurde und andererseits teilweise von „außen" dazukommt. Der Text, der zu einem Vorgängerzustand gehört, hat oft „externe" Teile, die vom Prozessor der Maschine aus gesehen, von außen kommen. Solche Textteile können in einem der Speicher des Computers liegen, sie können aber auch aus der Schreib-Lese-Peripherie gerade eingegeben worden sein. Wenn in einer Regelanwendung ein neuer Text erzeugt wird, der völlig zum „inneren" Teil des Ablaufs gehört, gibt es doch die Möglichkeit, für die nächste Regel einen externen Teiltext zu finden und zu verwenden.

Oft wird ein gestartetes Programm während der Laufzeit zusätzlich eine Datei (oder viele Dateien) benutzen, auf die das Programm zugreifen kann, um bei den Regelanwendungen auch externe Textteile zu verwenden. Alles, was der Benutzer während der Laufzeit eines Programmablaufs an der Peripherie des Computers eingibt, nennt man den *Input* (*eines Pro-*

grammablaufs). Andererseits produziert das Programm oft am Endes des Ablaufs einen „Text". Komplementär zu den externen Textteilen, die der Computer vorfindet und am Ende produziert, werden heute auch gleich in einer Regelanwendung kleine Texte erzeugt und extern gespeichert. Diese Textteile haben oft nur den Sinn, Aufschluss zu geben, was in einer Regelanwendung gerade genauer passiert. Diese Textteile zusammengenommen werden als *Output* (*eines Programmablaufs*) bezeichnet.

Der „prozedurale" Aspekt, der in den Computerprogrammen direkt ins Auge springt, ist bei den Hypothesen, die eine Modellklasse definieren, nicht so deutlich zu sehen. Die Funktion von Hypothesen in der Definition einer Modellklasse besteht nach 2.9 darin, Strukturen für die Sprache der Theorie zu charakterisieren: die Strukturen, ihre Objektmengen und Relationen „erfüllen" die Hypothesen, das ist alles. Manche Autoren, vor allem auf der Computerseite,[140] leiten daraus eine Unterscheidung zwischen „deklarativem" und „prozeduralem" Wissen ab: theoretisches Wissen ist beschreibend und „statisch", programmiertes Wissen dagegen prozedural und „dynamisch". Diese Unterscheidung bleibt allerdings an der Oberfläche, sie reicht auch für praktische Anwendungen nicht weit.

Wissenschaftstheoretisch lassen sich die Programmregeln den Hypothesen einer Theorie zuordnen. Weiter entspricht ein Programmablauf ziemlich genau einem Modell einer Theorie. Dies müsste in zwei Schritten genauer untersucht werden. Wie können wir die Hypothesen in ein Programm umwandeln, und umgekehrt, wie können wir aus einem Programm die Hypothesen einer Theorie gewinnen?

In der ersten Richtung gehen wir von den Hypothesen einer Theorie aus, aus denen die Modellklasse definiert wird. Wenn es in einem solchen Modell möglich ist, Zeit, Zustände und Veränderungen von Zuständen zu erkennen, zu identifizieren und zu definieren, lässt sich das Modell wie ein Progammablauf betrachten. Wenn die Übergänge von Zuständen durch Programmregeln dargestellt werden können, müssen von dem gegebenen Modell her gesehen auch In- und Output des Pro-

[140]Etwa Rechenberg 1991, S.227.

grammablaufs zu erkennen sein. Das Modell hat die in 2.5 angegebene Form einer Struktur: $\langle D_1, ..., R_n \rangle$. Für eine computergerechte Beschreibung einer solchen Struktur werden Mengen durch Listen[141] ersetzt: für jede Objektmenge D_j enthält die Beschreibung eine Liste D_j^* von Objektnamen und für jede Relation R_j eine Liste atomarer Sätze der Form $R_j(a_1, ..., a_s)$ bzw. $R_j(a_1, ..., a_s) = a_{s+1}$. Viel weiter können wir hier im Allgemeinen nicht kommen. Die Programmregeln hängen entscheidend von der logischen Bauart der Hypothesen der Theorie ab. Es gibt keine *allgemeine* Methode, wie wir solche Hypothesen zu Programmregeln umformulieren können. Aber für jede Theorie lässt sich dies „irgendwie" machen. Eine solche Umformulierung ist bei komplizierten Hypothesen oft schwierig und erzwingt unter Umständen[142] Abstriche am theoretischen Gehalt der Hypothesen. Es gibt jedenfalls keinen Algorithmus, der *jede* Hypothese in ein „entsprechendes", *logisch gleichwertiges* Programm transformiert. Wenn die Hypothesen allerdings „irgendwie" in Regeln überführt sind, lässt sich ein Programmablauf mit einem entsprechenden Modell der Theorie vergleichen.

In der umgekehrten Richtung lässt sich jedes Computerprogramm durch eine Menge von Hypothesen ersetzen. Dazu müssen geeignete „dynamische" Hypothesen formuliert werden, die die Funktion von Überführungsregeln ausüben können. Im Begriff des Modells von 2.9 liegt nichts, was derartige Hypothesen ausschließen würde. Bei einigen Theorien haben die Hypothesen von Anfang an solche Form; etwa die Differenzengleichungen in der Ökonomie. Die Strukturen, in denen solche Hypothesen gültig sind, stellen wir uns der Übersichtlichkeit halber in dieser Situation in drei „Teile" gegliedert vor, einen Inputteil, einen Outputteil und einen Teil, der die

[141] „Liste" ist die in der Informatik gebräuchliche, schönere Bezeichnung für „n-Tupel". Eine Liste ist eine Entität der Form $\langle x_1, ..., x_n \rangle$, die neben den Zeichen $x_1, ..., x_n$ auch deren Reihenfolge festlegt.

[142] Wenn es nur um Erfüllbarkeit geht, können Formeln der Prädikatenlogik erster Stufe nach einem Standardverfahren in Hornklausen umgewandelt werden, siehe etwa Clocksin & Mellish 1984, Kap.10. Bei höherstufigen Hypothesen, aber auch, wenn es um mehr als nur Erfüllbarkeit geht, führt dieses Verfahren allerdings zu Fehlern.

vom Programm ausgeführten Zwischenschritte erfasst. Die Hypothesen müssen so formuliert werden, dass ihre Gültigkeit in einer solchen Struktur das „richtige" Verhältnis von Input- und Outputteil festlegt, nämlich dass der Inputteil bei Gültigkeit der Hypothesen den Outputteil so weit festlegt, wie es das entsprechende Computerprogramm tun würde.

Theoretische Probleme entstehen bei der Überführung von Hypothesen in Programme, weil Computer endliche Maschinen sind, Strukturen jedoch unendlich sein dürfen. Hypothesen können anzahlmäßig beliebig „große" Strukturen charakterisieren; im entsprechenden Computerprogramm muss – nach obiger Überlegung – die Struktur aber datenmäßig präsent sein, d.h. in Form von Listen atomarer Sätze. Da es prinzipiell unmöglich ist, eine unendliche Struktur in dieser Form in einen Computer einzulesen, sind der Reproduktion beliebiger Systeme von Hypothesen auf dem Rechner relativ enge theoretische Schranken gesetzt. In der anderen Richtung: von Programmen zu gegebenen Modellen besteht dagegen keine Beschränkung. Jedes Computerprogramm lässt sich in der skizzierten Weise in ein gleichwertiges System von Hypothesen transformieren. Der strukturalistische Ansatz ist also theoretisch umfassender.

Wir betont aber, dass diese *theoretische* Beschränkung der Computer für die Praxis bedeutungslos ist. Wir stellen keine kühne These auf, wenn wir behaupten, dass jede *praktische* Anwendung von Modellen auch durch ein Computerprogramm erledigt werden kann. Die Behauptung hat in der Tat wenig Gehalt, sie erweist sich bei vernünftiger Präzisierung des Begriffs der praktischen Anwendung als ziemlich analytisch. Da wir die Programmiersprachen nicht thematisierten, bleiben all diese Behauptungen allerdings im Vagen.[143]

Betrachten wir das Verhältnis von Hypothesen und Programmen an einem einfachen Beispiel der Gravitationstheorie, in der die Ortsfunktion s, Massefunktion m und die Gravitationskonstante γ in einer Differentialgleichung zusammengebunden sind. Ein Modell der Theorie (siehe auch 2.5) besteht

[143] Von den Grundlagen her siehe z.B. Manna 1974 oder Maurer 1974. Als Beispiel für unsere Behauptungen bietet sich die Programmiersprache PROLOG an, auch wenn sie (wie üblich) aus der Mode gekommen ist.

aus einer Menge P von Teilchen, deren koordinatisierte Orte zu Zeiten t eines Zeitintervalls T in der Form $s(p, t)$ und deren Massen in der Form $m(p)$ notiert werden. Das Gravitationsgesetz lautet:

(2.13.1) Für alle $p_0 \in P, t \in T$:

$$\ddot{s}(p_0, t) = \sum_{p \in P, p \neq p_0} \gamma \cdot m(p) \frac{s(p,t) - s(p_0,t)}{|s(p,t) - s(p_0,t)|^3}.$$

Dies ist eine Differentialgleichung mit der unbekannten Funktion s. Aus bestimmten Daten über den Zustand des Systems zu einem („Anfangs"-) Zeitpunkt t_0 lassen sich Daten für zukünftige Zustände berechnen. Die dazu benötigten Daten sind: der Wert der Gravitationskonstanten γ, alle Massenwerte $m(p)$, $p \in P$, sowie die Orte und Geschwindigkeiten aller Teilchen zur Zeit t_0: $s(p, t_0)$, $\dot{s}(p, t_0)$, $p \in P$. Wenn wir diese Datenliste als Input bezeichnen, so lassen sich durch approximative Berechnung der Lösung der Differentialgleichung für einen – nicht zu fernen – zukünftigen Zeitpunkt t ($t \geq t_0$) die Orte und Geschwindigkeiten, und damit, weil die Massen sich in der Zeit nicht ändern, alle Daten der angegebenen Liste für den späteren Zeitpunkt t vorausbestimmen. Wenn wir In- und Output als Listen solcher Daten ansetzen, so leistet ein Programm, das die Inputdaten zur Zeit t_0 in Outputdaten zur Zeit t überführt, für praktische Zwecke das Gleiche wie die Gravitationsgleichungen. Der Einwand, dass die Computerlösung nur approximativ gefunden wird, ist nicht stichhaltig, weil für mehr als zwei Teilchen auch die Differentialgleichungen nicht analytisch gelöst werden können und daher auch ohne Computer Approximationsverfahren angewandt werden müssen. Die axiomatische Definition der Gravitationsmodelle lässt sich also in ein für praktische Zwecke äquivalentes Computerprogramm transformieren.

Umgekehrt sei eine Programmregel von der Gestalt $T(t) \to H(t+1)$ gegeben, wobei T und H Beschreibungen des Zustands der Maschine zur Zeit t und $t + 1$ sind. Das Programm führt also jeden durch T beschriebenen Zustand in einen durch H beschriebenen Nachfolgezustand über. $H(t + 1)$ sei durch $T(t)$ eindeutig bestimmt, es handle sich m.a.W. um ein deterministisches Programm. Die Funktion dieses „Programms" lässt sich auch durch folgende, einfache Modelle erfüllen. Wir betrachten eine Struktur $\langle Z, \theta, \nu, H, T, f \rangle$, bestehend aus einer Menge Z von „Zuständen" (deren genauere innere Struktur hier nicht interessiert), einer Menge θ von Zeitpunkten, einer Funktion ν, die jedem Zeitpunkt t dessen „Nachfolger" $\nu(t)$ (den wir auch mit $t + 1$ bezeichnen) zuordnet, sowie Prädikaten $H \subseteq Z$, $T \subseteq Z$ und einer Funktion f, die jedem Zeitpunkt t einen Zustand $f(t)$ zuordnet. Die Gültigkeit der Hypothese „Für alle $t \in \theta$ gilt: wenn $f(t) \in T$, dann ist $f(t + 1) \in H$" in dieser Struktur hat den gleichen Effekt, wie die gegebene Programmregel. Sie erzwingt, dass ein Vorgängerzustand der Art T in den Nachfolgezustand der Art H überführt wird. Ein Modell für diese Hypothese stellt den Prozess, den der Computer ausführt, genau so dar, wie die ursprüngliche Programmregel.

Unsere Überlegungen zeigen folgendes Verhältnis zwischen Computerprogramm und theoretischen Modellen. Die Regeln, aus denen das Programm besteht, entsprechen nach Status und Funktion genau den Hypothesen, die eine Modellklasse festlegen. Sowohl Programmregeln als auch Hypothesen sind sprachlich-syntaktische Entitäten, und beide haben die Funktion, andere Entitäten zu charakterisieren und genauer festzulegen. Die Programmregeln legen die Programmabläufe fest, die Hypothesen die genaue Form der Relationen. Zwischen Programmablauf und Modell besteht ebenfalls eine genaue Entsprechung. Ein Programmablauf ist ein konkreter Prozess, ein Modell eine konkrete Struktur; der Programmablauf modifiziert einen bestimmten, konkreten Input, das Modell charakterisiert bestimmte, konkrete Objekte und Relationen.

Die anderen Komponenten auf der Computerseite: Input, Output, und Transformation von In- in Output, haben keine expliziten Gegenstücke auf der Modellseite und zwar deshalb, weil der Modellansatz wesentlich allgemeiner gehalten ist. Indem wir den Modellbegriff *spezialisieren*, lassen sich bei speziellen Arten von Modellen Input, Output und Überführungsfunktion als Modell-„Teile" identifizieren. Wir halten fest: Computerprogramme sind keine Theorien, sie entsprechen vielmehr den Hypothesen für eine Theorie. Modelle entsprechen den Programmabläufen, der Modellklasse einer Theorie entspricht auf der Computerseite die Klasse aller Programmabläufe.

Es bleibt noch der Begriff des Computermodells einzuordnen. Wie schon in 2.9 erwähnt, hat der Term „Computermodell“ in der Informatik eine speziellere Bedeutung, er grenzt die Daten für ein Programm stärker von den Programmregeln ab. Mengentheoretisch kann aber ein Sachverhalt, der ein Teil eines Modells sein kann, nicht von einem Datum unterschieden werden. Wir verwenden deshalb keinen systematischen Begriff des Computermodells.

2.14 Umfassende Theorien

Unser Theoriebegriff ist, wie in 2.1 betont, für relativ „kleine“ Theorien gedacht, was ihm einen großen Anwendungsbereich sichert. In der Geschichte der Wissenschaft sind aber auch komplexere, umfassendere Strukturen identifizierbar, die sich als Netze oder Folgen von Netzen von Theorien im bisherigen Sinn darstellen lassen. Bei der Beschreibung dynamischer Prozesse spielen darüberhinaus Beziehungen zwischen allen Arten von Theorien, die intertheoretischen Relationen, eine wesentliche Rolle. Wir gehen in diesem Buch nicht genauer auf umfassende Strukturen ein und werden uns auch nicht mit intertheoretischen Relationen beschäftigen.[144] Vier umfassendere Theoriebegriffe seien nur in ihren gröbsten Zügen angedeutet: Theorien mit Querverbindungen, Spezialisierungsnetze, Theorie-Holone, sowie Theorie-Evolutionen.

Querverbindungen treffen wir in der Wissenschaft sowohl auf der theoretischen Ebene der Strukturen und Modelle, als auch auf der Datenebene. Im ersten Fall reden wir von *theoretischen* Querverbindungen, im zweiten von *Datenverbindungen.* Unabhängig davon unterscheiden wir *interne* Querverbindungen, die zwischen Begriffen, Modellen und Daten *einer* Theorie bestehen und *externe* Querverbindungen zwischen Begriffen, Modellen und Daten *verschiedener* Theorien.

[144]Siehe zum Beispiel Ludwig 1991, Schmidt 1984, Balzer, Moulines, Sneed 1987, Stephan 1990, Rott 1991, Manhart 1998, Scheibe 1997, 1999.

Eine *interne theoretische* Querverbindung verknüpft Komponenten aus verschiedenen Strukturen einer Theorie. Den häufigsten und wichtigsten Fall bilden *Identitäts*-Querverbindungen. Auf der Sprachebene würde eine solche Identität besagen, dass ein Begriff in zwei verschiedenen Strukturen oder Modellen das gleiche Denotat hat. Strukturalistisch dagegen können wir einfach sagen, dass zwei Relationen – die in zwei Strukturen der Theorie an derselben Stelle stehen – identisch sind, oder etwas schwächer, dass die eine Relation die andere umfasst. Wenn die Identität eine Funktion betrifft, gilt die Eindeutigkeitsbedingung für Funktionen (2.4, $F2$) innerhalb *einer* Struktur immer. Die Gleichheit zweier Werte zweier Funktionen aus *verschiedenen* Strukturen führt dagegen sprachlich gesehen in eine höhere Sprachstufe, die in der ma-Sprache aber keinen Aufwand erfordert. Zum Beispiel wird in der klassischen Partikelmechanik – und auch in allen Theorien dieser Familie – angenommen, dass ein Teilchen in *verschiedenen* Systemen die *gleiche* Masse hat. Seine Masse ändert sich nicht, wenn es z.B. aktiv von einem System in ein anderes transportiert wird. In ökonomischen Gleichgewichtstheorien wird manchmal angenommen, dass der Nutzen einer Person aus dem *gleichen* Güterbündel in *verschiedenen* Systemen in etwa gleich bleibt. Bei diesen Beispielen werden Funktionswerte identifiziert.

*Interne Daten*verbindungen betreffen nur einzelnen Daten, die mit demselben Relationsbegriff formuliert sind, und in zwei verschiedenen Datenstrukturen liegen. Solche Verbindungen haben zwei Aufgaben. Zum Einen identifizieren sie Objekte, die in verschiedenen Datenstrukturen durch Namen vertreten sind. Es kommt oft vor, dass in zwei verschiedenen Datensätzen Daten über das gleiche Objekt vorliegen, und nicht immer wird dabei der gleiche Name zur Bezeichnung dieses Objekts benutzt. Wenn das Objekt relativ unbedeutend ist, bekommt es bei jeder Datenerhebung *ad hoc* einen Namen. Eine Datenverbindung behauptet in solchen Fällen die Identität des durch verschiedene Namen bezeichneten Objekts. Zum Beispiel kann in einer soziometrischen Langzeitstudie die gleiche Person bei zwei Erhebungen mit verschiedenen Namen auftreten, weil sie in der Zwischenzeit (in Deutschland) geheiratet hat. Oder in zwei chemischen Reaktionen kann die gleiche Menge der gleichen Substanz benutzt werden. Eine zweite Aufgabe interner Datenverbindungen besteht darin, eine bestimmte Beziehung, die durch zwei Daten in verschiedenen Datenstrukturen beschrieben wird, stabil zu halten. Seien zwei Daten $R_i(a_1, ..., a_n)$ und $R'_i(a'_1, ..., a'_n)$ gegebenen, wobei die Relationen R_i und R'_i zum selben Grundbegriff und zu den Strukturen x und x' der Theorie gehören, und $a_1, ..., a_n$ Namen für Objekte aus x und $a'_1, ..., a'_n$ Namen für Objekte aus x' sind. Wenn diese Objekte $a_1, ..., a_n$ mit $a'_1, ..., a'_n$ identisch sind, und beide Daten zutreffen, lassen sich die Daten verbinden. Beide Daten sind gleichwertig: kurz $R(a_1, ..., a_n) \leftrightarrow R'(a'_1, ..., a'_n)$. Inhaltlich könnte man eines der Daten durch das andere ersetzen, so dass der Sachverhalt in beiden Datenstrukturen durch $R(a_1, ..., a_n)$ notiert werden kann. In der Institutionentheorie etwa[145] wird eine solche Querverbindung gebraucht, um die Gleichwertigkeit zweier Sachverhalte: i *realisiert* a und i' *realisiert'* a' festzustellen. Dabei sind i und i' Namen für dieselbe Person, und a und a' Namen für dieselbe Handlung, aber das Datum i *realisiert* a liegt in einer Datenmenge X und das Datum i' *realisiert'* a' in einer anderen Menge Y.

Externe Querverbindungen dienen in gleicher Weise der Formulierung von Verbindungen oder Identitäten zwischen Relationen, Objekten, Funktionswerten, oder Sachverhalten, die in Datenstrukturen *verschiedener* Theorien vorkommen. Als Beispiel einer externen, theoretischen Querverbindung sei im Bereich der Mechanik die Querverbindung genannt, mit der Orte, die mittels Annahmen der klassischen Kinematik gemessen wurden, von der klassischen Kinematik in die Mechanik überführt werden. Ein anderes Beispiel ist die Anbindung der Konstanten k aus dem idealen Gasgesetz „$T = k \cdot V \cdot P$“ an den Begriff der Molzahl aus der Stöchiometrie.[146] Ein sozialwissenschaftliches Beispiel ist die externe, theoretische Querverbindung zwischen Präferenztheorie und sozialer Austausch-

[145] Vergleiche 2.9.
[146] Vergleiche Lauth 1989 für Details.

theorie von *Blau*.[147] Sie füllt die Begriffe der Präferenz und des Nutzens in soziologischen Theorien mit den Inhalten, die von der tieferliegenden, „operationalen“ Präferenztheorie stammen. Eine externe Datenverbindung in Verbindung mit dem stöchiometrischen Beispiel macht die Identitäten der chemischen Substanzen („gleiche Menge der gleichen Substanz“) in Datenstrukturen für das ideale Gasgesetz und für die Stöchiometrie explizit. Die gerade angegebene, theoretische Querverbindung zwischen einer Gaskonstanten k und einer stöchiometrischen Molzahl wird nur behauptet, wenn das Gas in den beiden verknüpften Strukturen und Systemen das gleiche ist.

In unserem allgemeinen Format wird eine interne theoretische Querverbindung als Relation zwischen Strukturen definiert. Die Querverbindung spezifiziert also Paare von Strukturen, zwischen denen die Querverbindung besteht. Im Massen-Beispiel sind dies je zwei Strukturen für die klassische Partikelmechanik: $\langle P, ..., s, m, f \rangle, \langle P', ..., s', m', f' \rangle$, für die folgendes gilt: Für alle Partikel p, die sowohl im Definitionsbereich von m als auch in dem von m' vorkommen, gilt $m(p) = m'(p)$. Eine interne Datenverbindung wird analog dargestellt als Relation zwischen Datenstrukturen[148] der gleichen Theorie. Externe theoretische Querverbindungen lassen sich genauso durch Auszeichnung von Paaren verknüpfter Strukturen, nunmehr aus zwei *verschiedenen* Theorien darstellen und externe Datenverbindungen durch Paare von Datenstrukturen.

Unter den intertheoretischen Relationen hat sich die *Spezialisierung* als besonders wichtig herausgestellt. Eine Theorie wird spezialisiert, indem zu ihren Hypothesen, d.h. den Hypothesen, die ihre Modelle charakterisieren, neue Hypothesen hinzugenommen werden, die aber nicht für alle ursprünglich intendierten Systeme Geltung haben sollen, sondern nur für einen speziellen Bereich. Die Hinzunahme von Hypothesen führt zu einer *Einschränkung* der Modellklasse. Entsprechend heißt eine Theorie $\mathbf{T}^* = \langle \mathbf{M}^*, \mathbf{I}^*, \mathbf{D}^*, \mathbf{U}^* \rangle$ eine *Spezialisierung von* $\mathbf{T} = \langle \mathbf{M}, \mathbf{I}, \mathbf{D}, \mathbf{U} \rangle$, wenn gilt $\mathbf{M}^* \subseteq \mathbf{M}$ und $\mathbf{I}^* \subseteq \mathbf{I}$. Das

147 Siehe Blau 1994.

148 Vergleich 3.7 unten zum Begriff der Datenstruktur.

genaue Verhältnis der Approximationsapparate bei dieser Relation ist erst teilweise untersucht.

Mit Hilfe der Spezialisierungsrelation lässt sich der Prozess der Ausdifferenzierung einer Theorie beschreiben. Eine zunächst vorhandene Theorie gilt für einen ziemlich großen Bereich intendierter Systeme. Diese weisen bei genauerer Untersuchung jedoch Verschiedenheiten auf, die sich auch theoretisch fassen lassen. Für eine Teilmenge der intendierten Systeme wird so eine neue Hypothese gefunden, die zusätzlich zur allgemeinen, schon bekannten Hypothese gilt. Wenn dies öfter passiert, entsteht ein ganzes Netz von Spezialisierungen, welches die paradigmatische Funktion der ursprünglichen Theorie deutlich macht. Formal ist ein *Spezialisierungsnetz* eine Menge von Theorien, die alle Spezialisierungen einer ausgezeichneten *Basis-Theorie* sind. Alle Theorien in einem Spezialisierungsnetz sind sich insofern ähnlich, als sie mit Strukturen des gleichen Typs arbeiten. Alle Modelle haben also, trotz der Unterschiede in den Hypothesen den gleichen Typ $\langle D_1, ..., D_k, A_1, ..., A_m, R_1, ..., R_n \rangle$.

Als Beispiele seien genannt die Spezialisierungsnetze der klassischen Partikelmechanik, der Thermodynamik, der ökonomischen Gleichgewichtstheorie und der politischen Wahltheorie. Die Basis-Theorie ist im ersten Fall die von *Newton*, im zweiten Fall die von *Gibbs*, im dritten Fall die von *Debreu* und im vierten Fall die von *Downs*.[149] Diese Basis-Theorien wurden im Laufe der Zeit in vielfacher Weise spezialisiert. In der Thermodynamik etwa zur Virialgleichung, in der Gleichgewichtstheorie zu Wirtschaftssystemen mit öffentlichem Sektor.[150] Ein Spezialisierungsnetz für die Mechanik ist in *Abbildung* 2.14 dargestellt.[151] Dabei bezeichnet KPM die Basis-Theorie mit Modellen der Form $\langle P, T, \mathbb{R}, \mathbb{R}^3, s, m, f_1, ..., f_n \rangle$, bestehend aus Partikelmenge P,

[149] Siehe Balzer, Moulines, Sneed 1987, Kap. 4, für die Theorie von Newton. Kritisch dazu siehe Kamlah 2002. Die Theorie von Gibbs findet sich in Balzer, Moulines, Sneed 1987, Kap. 4, Debreu's Theorie in Debreu 1959 und die Theorie von Downs in Downs 1957. Siehe auch Balzer & Dreier 1999.

[150] Etwa Böhm 1991.

[151] Vergleiche Balzer & Moulines 1981 für Details.

Zeitintervall T, der koordinatisierten Ortsfunktion $s: P \times T \rightarrow \mathbb{R}^3$, der Massefunktion $m: P \rightarrow \mathbb{R}$ und den Kraftfunktionen $f_i: P \times T \rightarrow \mathbb{R}^3, i = 1, ..., n$, die das zweite *Newton*sche Axiom („$\Sigma_i f_i = m \cdot \ddot{s}$“: Kraft gleich Masse mal Beschleunigung) erfüllen. In abgeschlossenen Systemen gilt darüberhinaus das Actio-Reactio Gesetz, nach dem jede auf ein Teilchen wirkende Kraft durch entsprechende, auf andere Teilchen wirkende Kräfte „ausgeglichen“ wird. In teilweise abgeschlossenen Systemen gibt es einen solchen Ausgleich nur in einem Teilsystem.

Abb. 2.14

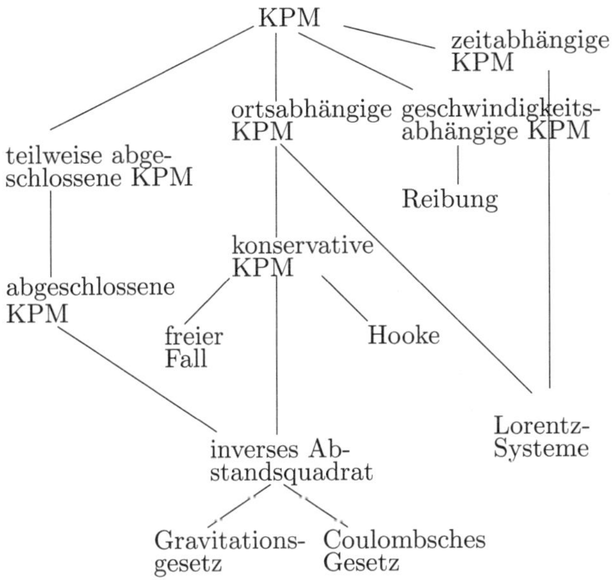

In orts-, geschwindigkeits-, bzw. zeitabhängigen Systemen hängt mindestens eine Kraftfunktion f_i explizit vom Ort, der Geschwindigkeit der Teilchen, bzw. von der Zeit ab. In Systemen mit Reibung hängt eine Kraftfunktion von der Geschwindigkeit von Teilchen ab, in konservativen Systemen lässt sich die wirkende Kraft von einem Potential ableiten. Bei den „inversen Abstandsquadrat“-Spezialisierungen ist eine Kraftart proportional zum inversen Abstand des Teilchens, auf das sie wirkt, von den anderen Teilchen. Im *Coulomb*schen Gesetz ist der Proportionalitätsfaktor gegeben durch Ladungen und Dielektrizitätskonstante.

Die mit „Hooke“ bezeichnete Spezialisierung betrifft das *Hooke*sche Gesetz, das „den ungedämpften harmonischen Oszillator“ beschreibt. In der einfachsten Darstellung sind die Modelle dieser speziellen Theorie Modelle obiger Form, die zusätzlich für eine Kraftfunktion f_i noch das *Hooke*sche Gesetz erfüllt:

(2.14.1) Es gibt $k \in \mathbb{R}$, so dass für alle $p \in P, t \in T$:
$f_i(p,t) = -k \cdot s(p,t)$.

Die *Hooke*sche Spezialisierung ist also durch die Konjunktion der Hypothesen der Basis-Theorie KPM und des *Hooke*schen Gesetzes charakterisiert. Unter den intendierten Systemen der *Hooke*schen Spezialisierung kommen unter anderen Systeme vor, in denen ein Gewicht, an einer elastischen Feder aufgehängt, auf und ab schwingt. Der ungedämpfte harmonische Oszillator stellt einen idealen Grenzfall dar, der nur annähernd realisiert werden kann. Realistischere Modelle von wirklichen Schwingungen erhält man durch Hinzufügung eines „Dämpfungsglieds“ in (2.14.1).

Analog erhält man die speziellen Modelle der mit „Gravitationsgesetz“ bezeichneten Spezialisierung durch konjunktive Hinzufügung des Gravitationsgesetzes für eine Kraftart f_i zu den Axiomen von KPM, vergleiche (2.13.1):

Es gibt γ, so dass für alle $p_0 \in P, t \in T$ gilt:
$f_i(p_0,t) = \sum_{p \in P, p \neq p_0} \gamma \cdot m(p_0) \cdot m(p) \cdot \frac{s(p,t)-s(p_0,t)}{|s(p,t)-s(p_0,t)|^3}$.

Wenn wir den Spezialisierungsprozess in dynamischer Weise modellieren, erhalten wir zur Darstellung der Entwicklung einer ausgereiften Theorie eine Folge von Spezialisierungsnetzen, in der jedes Folgenglied, jedes Netz, den Zustand der Theorie in einem bestimmten Zeitraum wiedergibt. Darüberhinaus müssen noch zwei weitere Bedingungen erfüllt sein. Erstens muss mindestens zwischen je zwei unmittelbar aufeinanderfolgenden Spezialisierungsnetzen eine gewisse Ähnlichkeit bestehen. Diese liegt zum Beispiel vor, wenn die Strukturen und damit die Modelle in beiden Netzen den gleichen Typ haben und wenn jede Theorie des „Nachfolger"-Netzes Spezialisierung einer Theorie des „Vorgänger"-Netzes ist. Zweitens muss es eine wissenschaftliche Gemeinschaft geben, die mit den Theorien in den verschiedenen Perioden arbeitet. Bei längeren Zeiträumen, die die Lebensdauer von Individuen überschreiten, ist die Identität dieser Gemeinschaft nach soziologischen Kriterien zu beurteilen. Solche Folgen von Spezialisierungsnetzen werden als *Theorie-Evolutionen* bezeichnet.[152] Aufgrund der Ähnlichkeitsbedingung sind auch die in einer Theorie-Evolution studierten Phänomene einander ähnlich. Alle intendierten Systeme müssen ja durch Strukturen des gleichen Typs beschreibbar sein und damit den gleichen Satz von Grundbegriffen realisieren.

Die Dynamisierung der vier obigen Beispiele von Spezialisierungsnetzen liefert vier Beispiele von Theorie-Evolutionen. Das Netz der *Newton*schen Mechanik wurde über drei Jahrhunderte hinweg ständig ausgebaut, indem neue Spezialisierungen gefunden, aber auch „alte" intendierte Systeme, die sich der erfolgreichen Behandlung hartnäckig widersetzten, eliminiert wurden. Für beide Fälle von Änderung sind die oben formulierten Ähnlichkeitsbedingungen erfüllt: beim Wegfall in trivialer Weise, beim Neu-Hinzukommen wegen der Eigenschaften der Spezialisierungsrelation. In ähnlicher Weise entwickelte sich die Thermodynamik,[153] die ökonomische Gleichgewichtstheorie und die politische Wahltheorie.[154]

Schließlich können die Begriffe des Spezialisierungsnetzes und der Theorie-Evolution, die sich beide wesentlich auf die Spezialisierungsrelation stützen, so verallgemeinert werden, dass an die Stelle der Spezialisierung beliebige, innerhalb eines Netzes auch variable, intertheoretische Relationen treten. Der so zuerst entstehende statische Begriff, bei dem die zeitliche Entwicklung nicht berücksichtigt ist, wird in *Balzer, Moulines, Sneed* 1987 *Theorie-Holon* genannt. Ein Theorie-Holon

---

152 Vergleiche Moulines 1979, ein Beispiel in Manhart 1995a.

153 Diese beiden Beispiele finden sich etwa in Balzer, Moulines, Sneed 1987, Kap.5.

154 Die ökonomische Evolution ist informell in Weintraub 1985 und Ingrao & Israel 1990 beschrieben. Die politische Wahltheorie wird knapp in Balzer & Dreier 1999 dargestellt.

besteht aus einer Menge von Theorien im bisherigen Sinn, zwischen denen intertheoretische Relationen und Querverbindungen verschiedener Art bestehen können und müssen. Damit ein zusammenhängendes Gebilde entsteht, muss jede im Holon vorkommende Theorie mit wenigstens einer anderen in einer intertheoretischen Relation stehen, oder mit einer anderen durch eine externe Querverbindung verknüpft sein. Diese schwache Bedingung lässt in einem Holon Theorien mit Strukturen verschiedenen Typs zu. Ein Holon kann damit zur Darstellung umfassenderer Gebilde dienen, die Theorien verschiedener Begrifflichkeit aus verschiedenen Paradigmen oder Forschungsprogrammen enthalten. Beispiele für umfassende Holone wurden bis jetzt nicht explizit rekonstruiert.[155] Sie sind aber in der Physik dort klar sichtbar, wo „verwandte" Disziplinen unter einer größeren Einheit zusammengefasst werden können. In der Mechanik etwa finden wir das Theorie-Holon, bestehend aus der klassischen Partikelmechanik, der Mechanik starrer Körper, der Kontinuumsmechanik und der relativistischen Mechanik. Alle Theorien dieses Holons befassen sich mit „mechanischen" Systemen in der Weise, dass deren Bewegungen mit Hilfe von Kräften systematisiert werden. Die Grundbegriffe sind dabei von Fall zu Fall von verschiedenem Typ, zwischen allen Varianten bestehen aber starke Ähnlichkeiten, die durch intertheoretische Relationen ausgedrückt werden können. Als zweites Beispiel sei das Theorie-Holon genannt, das durch Zusammenfassung aller quantenmechanischen Theorien zu einer Einheit entsteht. Hier sind neben der Wellenmechanik von *Schrödinger* und der Matrizenmechanik von *Heisenberg*, die „klassischen" Theorien von *von Neumann* und *Dirac*, sowie neuere, grundlagentheoretische Ansätze wie die von *Ludwig*, *Piron* und der „Quantenlogik" zu nennen.[156]

Durch Einbeziehung der zeitlichen Entwicklung entsteht aus einem Theorie-Holon eine *Theorien-Kinematik*. Die genannten Beispiele exemplifizieren auch diesen Begriff, der bisher nur

[155] Siehe aber z.B. Balzer 1982b, Bartelborth 1988, Lauth & Zoubek 1992 und Bartelborth 1993.

[156] Vergleiche Jammer 1966 für einen Überblick, sowie Ludwig 1976, Jauch 1968 und Mittelstaedt & Stachow 1985.

begrifflich präzisiert, nicht aber auf Beispiele im Detail angewandt wurde.[157]

Im Rahmen umfassenderer Theoriebegriffe lassen sich noch zwei weitere Problemkreise mit Gewinn analysieren, auf die wir hier nicht näher eingehen. Erstens bringt die Unterscheidung zwischen *theoretischen* und *nicht-theoretischen* Termen eine gewisse Ordnung in größere Theorie-Holone,[158] zweitens erhellt die Diskussion holistischer Züge das Zusammenspiel „lokaler" Theorien mit ihrer „Umgebung" und auch mit größeren, durch die natürliche Sprache gegebenen Bedeutungszusammenhängen.[159]

Ergänzende Lektüre zu Kapitel 2

Zur wissenschaftstheoretischen Einordnung vor allem von 2.1 und 2.14 sind Stegmüller 1973 und Stegmüller 1986 unübertroffen. Eine systematische und umfassende Beschreibung der strukturalistischen Metatheorie ist in Balzer, Moulines, Sneed 1987 zu finden. Kuipers 2001 enthält einen ähnlichen Ansatz. Zur Abrundung: Lauth und Sareiter 2002, Essler, Labude, Ucsnay 2000, Diederich 1981, Sneed 1971, Balzer 1982a und Losee 2003. In Einschränkung auf die Prädikatenlogik erster Stufe findet man in Shoenfield 1967 und in Monk 1976 eine mengentheoretische Semantik, die als Schlüssel zum Verständnis und als Basis für mehrsortige und höherstufige Systeme geeignet ist. Letztere sind z.B. in Tarski 1937 und Essler & Brendel 1993 kurz beschrieben. Die Einbeziehung mathematischer Teile haben wir von Bourbaki 1968 übernommen, das Werk ist jedoch für Nicht-Logiker schwer zu lesen. Eine Einführung in die Mengenlehre mit Bezug zu mengentheoretischen Prädikaten bietet Suppes 1960, auch das klassische Buch von Fraenkel 1961 ist noch lesenswert. Elementar: Halmos 1976. Der neue Bereich der sozialen Simulation ist in Gilbert & Troitzsch 2005 und in Gilbert 2008 einführend gut dargestellt.

---

[157] Vergleiche Balzer, Lauth, Zoubek 1993.

[158] Vergleiche Sneed 1971, Kamlah 1976, Balzer 1985, 1996, Gähde 1990.

[159] Siehe Duhem 1954, Moulines 1986, Gähde 1995.

Speziellere Werke: Essler 1970 zur Definitionstheorie (2.4); Ginsburg & Opper 1975 als psychologischer Hintergrund zu 2.10; Herrlich & Strecker 1979 zur Einführung in die Kategorientheorie (2.10); Bauer 1974 zur Maß- und Wahrscheinlichkeitstheorie (2.12); Rüger 1988 als Einführung in die Statistik (2.12); Hermes 1972 über Berechenbarkeit (2.13).

Einige einschlägige, wissenschaftstheoretische Entwicklungen: Balzer & Moulines 1996 mit Weiterentwicklungen des strukturalistischen Ansatzes, Balzer, Sneed, Moulines 2000 mit einer Sammlung von Beispielen aus unterschiedlichsten Disziplinen; Lauth & Zoubek 1992 mit dem Beispiel einer „nicht-normalen" Theorie-Evolution; Balzer, Lauth, Zoubek 1993 mit einem verbesserten, strukturalistischen Globalmodell; Moulines 2008 mit der Entwicklung der modernen Wissenschaftstheorie. Einige andere, neuere Ansätze sind lesenswert: Cartwright 1999, Giere 1992, van Fraassen 1989.

Kapitel 3 Daten

3.1 Daten

Daten sind die „singulären“ Gegenstücke zu den „universellen“ Hypothesen, die die Modelle einer Theorie charakterisieren. Während Hypothesen gesetzesartige Form haben und etwas Allgemeines über viele verschiedene Dinge aussagen, werden Daten durch atomare, variablenfreie Sätze oder deren Negationen ausgedrückt, die etwas Konkretes über einzelne Dinge beinhalten, dass heißt über einzelne, einfache Sachverhalte. Atomare Sätze haben die beiden Formen

$$R(a_1, ..., a_n) \text{ bzw. } F(a_1, ..., a_n) = b.$$

Dabei stehen R und F für einzelne Wörter, die eine Relation bzw. eine Funktion bezeichnen, und $a_1, ..., a_n, b$ für Namen von konkreten Entitäten, d.h. Objekten oder Ereignissen. Wenn $n = 1$ und F die identische Funktion ist, die jedes Argument in sich selbst überführt, erhalten wir als Spezialfall „reine“ Gleichungen der Form $a = b$. Neben den atomaren Sätzen lassen wir auch Negationen von atomaren Sätzen als Daten zu.

In der Philosophie wurde lange über den Begriff des „absoluten“ Datums diskutiert mit dem Ziel, Daten als ausgezeichnete Grundlage der Theoriebildung in einer Weise zu charakterisieren, die keine Theorien voraussetzt. Das Ergebnis der Diskussion war im wesentlichen negativ. Es wurde klar, dass der Umgang mit Daten Sprache und sprachliche Konventionen voraussetzt.

Daten drücken Sachverhalte aus. Sachverhalte nehmen aber nicht in allen natürlichen Sprachen die gleiche Form an. Die Übersetzung eines atomaren Satzes wie „Peter räkelt sich“ in eine für uns exotischere Sprache führt unter Umständen zu einer nicht-atomaren Form, weil in der Zielsprache kein entsprechendes Verb existiert. Aber „absolute“ Daten sollten in allen Sprachen atomare Form haben. Ferner können Sachverhalte sprachlich auf verschiedenen Abstraktionsebenen wiedergegeben werden. „Hans bedroht Peter“ drückt den gleichen Sachverhalt aus, wie „Hans sagt zu Peter:„Wenn du nicht still bist, geb' ich dir eins auf die Klappe““, nur in abstrakterer Weise. Sachverhalte sind also nicht besonders objektiv oder gar sprachinvariant. „Absolute“ Daten als Ausdruck „absoluter“ Sachverhalte sollten aber frei von solcher Relativität sein. Weiter zeigt die Analyse von Beispielen aus der Wissenschaft, dass Daten vielfach erst durch Theorien geschaffen, oder mindestens in ihrer Bedeutung von Theorien mitgeprägt werden: die „Beobachtungssprache“ ist theoriebeladen. Begriffe wie „Spin“, „Kernladungszahl“, aber auch „Neurose“ oder „legitimationsorientiertes Rollenverhalten“ hatten vor Einführung „ihrer“ jeweiligen Theorie wenig Sinn. Die Bedeutung atomarer Sätze, die mit Hilfe dieser Terme formuliert werden, hängt offenbar stark von den jeweiligen Theorien ab. Gleiches gilt aber auch für weniger „theoretische“ Terme wie Geschwindigkeit, Masse, Güterverteilung, Machtausübung und sogar für Gattungsbegriffe wie „Handlung“. „Die“ Masse eines Teilchens in einer Diskussion aus dem 18. Jahrhundert ist in heutigen Theorien zur „Ruhemasse“ desselben geworden, seine Geschwindigkeit zur „Geschwindigkeit auf der Erdoberfläche“. Der Begriff der Güterverteilung hat Bedeutungsprobleme bekommen bei Gütern wie „frische Luft“ und „emotionale Zuwendung“, die Bedeutung von „Machtausübung“ wird theoriebeladen bei institutionell „vermittelten“ Formen, wie Befehl und Gehorsam beim Militär oder dem Urteilsspruch eines Richters. Selbst eine Handlung kann ihre Bedeutung je nach theoretischer Perspektive ändern. Wenn der Bürgermeister die Behandlung eines Randgruppenproblems nicht auf die Tagesordnung des Stadtrats setzt, hat er unter Umständen durch sein Nichtstun eine wichtige politische Handlung ausgeführt.[160] Es wundert nicht, dass auch die Unterscheidung von Beobachtungs- und theoretischer Sprache selbst als systematisch unscharf und nicht haltbar angegriffen wurde.[161] Dazu passt die Feststellung, dass Wissenschaftler den Begriff des Beobachtbaren beliebig weit

[160]Vergleiche Lukes 1974 für solche „non-issue policies“.
[161]Siehe etwa Quine 1971.

dehnen und zum Beispiel die Temperatur im Sonneninneren als beobachtbar bezeichnen.[162] Schließlich wird sogar behauptet, dass nicht nur die soziale Realität, sondern überhaupt die ganze Realität „sozial konstruiert" ist, und damit auch alle Sachverhalte und Daten.[163] Ohne auf diese präzisierungsbedürftige These näher einzugehen, spricht doch vieles für den sozial konstruierten Charakter zumindest *mancher* Daten, vor allem aus den praktischen und historischen Disziplinen.

Neben diesen negativen Gründen gegen die Verwendung eines absoluten Datenbegriffs gibt es auch positive *für* die Verwendung eines theorierelativen Begriffs. Theorien sind die kleinsten sinnstiftenden Einheiten, die Daten mit Bedeutung füllen. Daten spielen ihre Hauptrolle im Zusammenhang mit Aufstellung und Test von Theorien. Im Rahmen einer Theorie und ihres Vokabulars ist völlig klar, welche Ausdrücke atomar sind, nämlich die der oben angegebenen Form, die mit Grundbegriffen und mit definierten Begriffen der Theorie gebildet werden können.

Wir brauchen in der Wissenschaftstheorie nicht den ganzen sozialen Hintergrund einer Sprache zu berücksichtigen. Es genügt für unsere Zwecke, Daten auf eine gegebene *Theorie* zu relativieren. Wir tun dies, indem wir die Daten mit den intendierten Systemen der Theorie verknüpfen. Ein Datum muss, wie in 2.1 schon gesagt, von einem intendierten System *stammen*.

Wir bringen einige Beispiele für die Formen. In Newtons Gravitationstheorie werden Daten aus Sätzen der Form „Der Ort von p zur Zeit t ist durch den Vektor $\langle \alpha_1, \alpha_2, \alpha_3 \rangle$ gegeben", „Die Masse von p ist α", „Die auf p zu t wirkende Kraft ist durch den Vektor $\langle \alpha_1, \alpha_2, \alpha_3 \rangle$ gegeben" oder „Die Masse von p ist nicht gleich α_1", „Der Ort von p zu t ist nicht gleich $\langle \beta_1, \beta_2, \beta_3 \rangle$", aber auch „Die Geschwindigkeit von p zur Zeit t ist gegeben durch den Vektor $\langle \alpha_1, \alpha_2, \alpha_3 \rangle$" gewonnen, wobei wir annehmen, dass die Symbole p, t, α_i, β_i Namen sind. In der Quantenmechanik haben Daten zum Beispiel die Form „Die Aufenthaltswahrscheinlichkeit des Teilchens p im Raumgebiet

[162] Siehe Shapere 1982, der auch das genannte Beispiel anführt.

[163] Siehe etwa Giere 1988, 55ff oder Bloor 1996.

B ist α", „Die Masse von p ist α", „Die Masse von p ist nicht gleich α_1" oder „Der Spin von p ist 1/2". In der Tauschtheorie (2.5, 2.9) finden wir Daten der Form „Person j besitzt α Einheiten von Güterart g", „Der Preis einer Einheit von Güterart g ist α", oder „Der Nutzen, den Person j aus dem Besitz von $\langle\alpha_1, ..., \alpha_n\rangle$ zieht, ist α", bzw. „... ist von α verschieden", aber auch Daten mit definierten Termen wie „Die Überschußnachfrage nach Güterart g ist α" oder „Der Wert der Anfangsausstattung von Person j ist α". In der Institutionentheorie (2.9) haben Daten etwa die Form „Gruppe γ hat höheren Status als Gruppe γ'", bzw. „γ hat nicht höheren Status als γ'", oder „Person j beeinflusst mit Handlung a die Person k, so dass k die Handlung b ausführt".

Diese Beispiele zeigen noch mehr. Erstens kann die Bestimmung und Ermittlung von Daten über einen weiten Bereich von direkter Wahrnehmung einerseits bis hin zu komplexen Experimenten und Rechnungen andererseits variieren. Zum Beispiel sind Statusunterschiede in günstig gelagerten Fällen direkt wahrnehmbar,[164] etwa zwischen Kabinettsmitgliedern und Bauern in Deutschland, während die Angabe eines Orts- oder gar Kraftvektors eine umfangreiche Prozedur von Messungen und Transformationen der abgelesenen Ergebnisse in Koordinaten beinhaltet. Auch negierte Atomsätze lassen sich in günstigen Fällen direkt bestimmen.

In vielen Fällen werden zur Bestimmung des Datums einer Theorie **T** auch andere Theorien benutzt. Das Datum wird mit Hilfe der theoretischen Annahmen aus anderen, als bekannt vorausgesetzten Daten und auch -wenn nötig- mit Hilfe anderer Theorien abgeleitet. Trotzdem stammt das Datum aus einem intendierten System der Theorie **T** (siehe 3.5 unten). Ein harmloses Beispiel ist die Bestimmung eines Ortsvektors aus Abstands- oder Winkelangaben, bei der Gesetze der Geometrie benutzt werden. Ein heikleres Beispiel ist die Bestimmung eines Massenwertes, etwa in der Stoßmechanik, unter Voraussetzung derselben Theorie, für die der Massenwert als Datum ermittelt wird.

[164] Auf Probleme des Wahrnehmungsbegriffs in verschiedenen Disziplinen möchten wir hier nicht eingehen.

Zweitens variiert die Komplexität der Ermittlung eines Datums nicht nur mit den verschiedenen Begriffen und Modellen, sondern sie variiert bereits bei verschiedenen Daten, die mit dem gleichen Begriff formuliert sind. Statusunterschiede zwischen Gruppen mögen in einigen Fällen direkt wahrnehmbar sein, für andere Gruppen müssen sie durch soziometrische Tests ermittelt werden. Die Ortsmessung in meinem Zimmer ist mit einem Metermaß zu bewältigen, die Bestimmung des Ortes von Planet Jupiter erfordert umfangreiche astronomische Voraussetzungen, in die ihrerseits wieder „zahllose" Messungen eingehen.[165] Die empiristische Unterscheidung von „beobachtbaren" und „theoretischen" Termen scheint nicht geeignet, solche Komplexitätsunterschiede zu erfassen.

Drittens können in einem System für *eine* Funktion oder Relation unter Umständen sehr viele Daten vorhanden sein und erhoben werden. Daten über die Orte der Planeten unseres Sonnensystems wurden über Jahrtausende hinweg gesammelt. Die Güterverteilung selbst für einen kleinen Markt enthält viele Angaben, je nach Zahl der getauschten Güterarten.

Viertens gibt es auch in der Wissenschaft *qualitative* Daten, das heißt Daten, in deren Beschreibung keine Zahlen verwandt werden. Selbst der große Bruder Physik, an dem sich viele andere Disziplinen lange orientiert haben, benutzt qualitative Daten; so in der Geometrie („zwischen"), aber auch in der Quantenmechanik bei Ja-Nein-Experimenten. Oft wird die Benutzung numerischer Daten als Hinweis auf die besondere Präzision der zugehörigen Theorien und Methoden aufgefasst. Dies lässt sich jedoch methodisch kaum begründen, da qualitative, d.h. „zahlenlose", Theorien sich im Präzisionsgrad nicht von quantitativen unterscheiden. Die in 2.8 dargestellte Balancetheorie ist qualitativ, sie enthält nur rudimentären Bezug auf Zahlen. Ein quantitativer Bezug würde die Theorie weder verbessern noch vereinfachen, sondern nur redundante Elemente in die Beschreibung einbringen. Trotzdem ist die Theorie nach den Standards der Logik *völlig präzise* dargestellt. Über die

[165] Vergleiche etwa die in Balzer 1985, Kap.4 rekonstruierten Messketten aus dem Bereich „einfacher", astronomischer Messungen.

Wahl qualitativer oder quantitativer Darstellungsmittel für eine Theorie entscheidet nicht der Erfolg anderer Disziplinen, sondern der Gegenstandsbereich, die Menge der intendierten Systeme *dieser* Theorie.

Schließlich fällt bei Beispielen wie Nutzen und Macht die Einigung über Daten oft aus methodischen Gründen schwer, weil viele Sozialwissenschaftler eine sich auf Daten stützende Methode für die Sozialwissenschaften als Positivismus ansehen und deshalb ablehnen.[166]

Weitere spezielle Bedingungen, die oft im Zusammenhang mit Daten diskutiert werden, treten vor allem im Bereich der Physik auf. Sie würden aber den *allgemeinen* Datenbegriff zu stark einengen und können daher nicht allgemein gelten. Eine erste spezielle Bedingung verknüpft den Datenbegriff mit unmittelbarer Beobachtbarkeit: Daten müssen unmittelbar beobachtbar sein. Die hier implizierte allgemeine Unterscheidung zwischen (direkter, unmittelbarer) Beobachtbarkeit und „theorievermitteltem" Zugang würde eine systematische Abgrenzung von „absoluten" Daten erlauben und ist daher, wie die obige Diskussion gezeigt hat, kaum haltbar. Die Forderung nach direkter Beobachtbarkeit scheitert an begrifflichen Schwierigkeiten. Auf die laxe Verwendungsweise des Beobachtbarkeitsbegriffs durch die Wissenschaftler haben wir schon hingewiesen.

Eine zweite, spezielle Bedingung fordert von Daten, dass sie, wenn nicht durch direkte Beobachtung, so doch jedenfalls durch Experimente gewonnen werden müssen. Experiment ist ein kontrollierter Eingriff in ein System, der oft mit der Konstruktion des ganzen Systems oder eines Teilsystems zusammengeht. Experimente sind typisch für die Naturwissenschaft, in den Sozialwissenschaften gibt es weite Bereiche in Politik, sozialen Institutionen, aber auch bei manchen Experimenten mit Individuen in der Psychologie, in denen sie aus ethischen Gründen nicht durchführbar sind. In den Geisteswissenschaften hat der Experimentbegriff wenig Sinn. Da wir auch in letzteren Disziplinen vollwertige wissenschaftliche Theorien vorfinden, wäre ein experimentell orientierter Datenbegriff zu eng: er

[166] Vergleiche z.B. Albert 1972 und Adorno 1969 zum Positivismusstreit.

würde derartige Theorien aus dem Bereich der zu eng definierten „Theorien" ausschließen.

Drittens spielt in der allgemeinen Diskussion[167] die Forderung nach Konstruktion der Daten eine Rolle: Daten sollen aus Systemen stammen, die nach bestimmten Regeln in wiederholbarer Weise konstruiert werden können, etwa Daten über die Zwischenrelation aus Systemen, in denen Geraden (auf denen die in Beziehung gesetzten Punkte liegen) nach bestimmten, handwerklichen Regeln hergestellt werden. Diese Forderung scheint im Licht der wissenschaftlichen Praxis zu eng. Sie wird von den Konstruktivisten allerdings auch nicht als Beschreibung der tatsächlichen Datenfindung, sondern als Norm aufgefasst, nach der Daten methodisch korrekt produziert werden sollten.

Nach diesen Erörterungen definieren wir im allgemeinen den Begriff des Datums für eine Theorie wie folgt. *d* ist ein *Datum für eine Theorie* gdw gilt 1) *d* ist ein atomarer oder negierter, atomarer Satz im Vokabular der Theorie, wobei auch definierter Terme zum Vokabular dazu gehören, 2) *d* stammt von einem intendierten System, 3) die Bestimmung des Satzes *d* ist wiederholbar, 4) die Benutzer der Theorie sind sich weitgehend über den Inhalt und die Herkunft von *d* einig. Mit *Bestimmung* ist hier der reale Prozess der Generierung eines Datums gemeint. Wiederholung soll hier heißen, dass verschiedene Bestimmungsprozesse (approximativ) denselben Wert ergeben. „Einigkeit der Herkunft des Satzes" besagt, dass alle (oder die meisten) Benutzer der Theorie den Satz auf dasselbe intendierte System beziehen. Alle Benutzer sind sich einig, dass der Satz aus einem einzigen intendierten System stammt. Für atomare oder negierte, atomare Sätze im Vokabular einer Theorie verwenden wir als Oberbegriff den des *Basissatzes*. Daten für eine Theorie sind also Basissätze mit den drei angegebenen Eigenschaften: Abstammung, Wiederholbarkeit der Bestimmung und Einigkeit unter den Benutzern.

Über den Inhalt atomarer Sätze sind Personen sich einig, wenn sie ihnen konform zustimmen oder sie konform ablehnen. Da wir die Realität einer Theorie als in verschiedene Sy-

---

[167] Etwa bei den *Konstruktivisten* um *Lorenzen*. Siehe Lorenzen 1987.

steme aufgeteilt ansetzen, ergibt sich bei den Daten die Notwendigkeit, den Daten die „richtigen" Systemen zuzuordnen. Für jedes Datum muss festgelegt sein, zu welchem System es gehört, oder aus welchem System es stammt. Oft wird dies durch die Namen der Objekte hinreichend klar, etwa bei dem Datum „Der Abstand von Sonne zu Jupiter zur Zeit t beträgt α Kilometer", das sich offenbar auf unser Sonnensystem bezieht. „Der Abstand der Elektroden in meinem Experiment war 3 mm" erfordert dagegen die weitere Festlegung des betrachteten Systems. Im Allgemeinen ist eine Einigung über die Zugehörigkeit von Daten zu Systemen erforderlich. Diese beiden Aktivitäten: die konforme Zustimmung und Zuordnung zu Systemen, verankern den Datenbegriff, genau wie den der Theorie selbst, im sozialen Gefüge einer wissenschaftlichen Gemeinschaft. Einem Atomsatz allein kann man nicht ansehen, ob er ein Datum für eine Theorie ist oder nicht.

Die Bedingung, dass Daten *für* eine Theorie im Vokabular *dieser* Theorie formuliert sein müssen, scheint im Hinblick auf verschiedene Methoden der Datenerhebung zu eng zu sein. Es kommt häufig vor, dass Daten für eine Theorie mit Hilfe anderer Theorien und in deren Vokabular ermittelt werden. Beispiele sind Daten über Molzahlen für die Thermodynamik, die aus der Stöchiometrie stammen, oder Daten in der empirischen Sozialwissenschaft, die durch die Auswertung von Fragebögen gewonnen und umgangssprachlich formuliert sind. In solchen Fällen müssen zwei Arten von „Daten" unterschieden werden: die *Rohdaten*, die in einem beliebigen Vokabular ohne Verbindung zur betrachteten Theorie formuliert sein können und die *echten* Daten *für* diese Theorie. In allen Fällen, wo Rohdaten mit Hilfe anderer Begriffe formuliert werden, erfolgt eine Transformation der Rohdaten in echte Daten, die im Vokabular der Theorie formuliert sind. Dies ist aus rein logischen Gründen nötig, weil sonst *überhaupt* kein Zusammenhang zwischen Rohdaten und Hypothesen bestehen könnte. Allerdings kann der Prozess der Transformation von Rohdaten in echte Daten die verschiedensten Formen annehmen und er ist in vielen Fällen höchst problematisch. Wir beschäftigen uns hier nur mit echten Daten *für* eine Theorie; die Transformation von

Rohdaten wird unten in Abschnitt 3.6 behandelt. Bei echten Daten ist die Forderung, dass sie im Vokabular der Theorie formuliert sein müssen, sinnvoll und keineswegs zu eng.

Die Bedingung der Wiederholbarkeit der Bestimmung eines Datums ist sehr weit zu fassen und kann in den verschiedensten Formen erfüllt sein, von denen einige weiter unten genauer betrachtet werden. Sie impliziert grob gesprochen, dass bei der Datenermittlung bestimmte Regeln beachtet werden, die die Beteiligten beherrschen, ohne dass sie jedoch im Stande zu sein brauchen, sie sprachlich zu beschreiben. Solche Regeln werden schon *vor* der Datenermittlung beherrscht, die Regelbeherrschung weist auf eine gewisse Einigkeit in der wissenschaftlichen Gemeinschaft hin.[168] Regelanwendung bei der Datenbestimmung impliziert *nicht*, dass die Bestimmung Erfolg hat, d.h. dass ein Datum produziert wird; sie impliziert noch weniger den Inhalt eines im Erfolgsfall zustandegekommenen Datums. Gerade in den experimentellen Disziplinen lässt es sich oft schwer begründen, warum ein konkretes Experiment nicht „richtig" abgelaufen ist. Im allgemeinen legt eine Regel weder die Resultate ihrer Anwendung genau fest, noch gibt es eine Garantie dafür, dass sie immer *korrekt* angewandt wird.

Wir unterscheiden zwischen der *Bestimmung* eines Datums, die nach einer gewissen, wenn auch noch so rudimentären Methode erfolgt und dem *Inhalt* des Datums, also dem Sachverhalt, der durch den atomaren Satz oder seine Negation ausgedrückt wird. Der Begriff der Wiederholung einer Bestimmung setzt *keine* Identität im Resultat voraus. Bei wiederholter Bestimmung nach der gleichen Methode können verschiedene Sachverhalte auftreten, etwa verschiedene Ausprägungen einer Farbe oder verschiedene Zahlen für eine numerische Funktion. Wenn von wiederholter Bestimmung „eines Datums" geredet wird, so kann damit nur gemeint sein, dass eine Methode wiederholt angewandt wird und zu Daten „gleicher Art" führt, die *nicht* streng identisch zu sein brauchen.

Statische Daten, bei denen der durch das Datum ausgedrückte Sachverhalt ständig vorliegt („der Landtagsabgeordnete *A*

[168] Dies entspricht der Bedingung, die Popper an Beobachtungssätze stellt. Vergleiche etwa Popper 1966.

hat höheren Status als der Straßenkehrer B“), lassen sich in trivialer Weise wiederholt feststellen. Daten, die aus einem veränderlichen System kommen („Der maximale Abstand zwischen Erde und Sonne beträgt α km“), lassen sich wiederholen, wenn das System sich *periodisch* ändert, so dass „derselbe“ Zustand, in dem das Datum ermittelt wurde, wiederkehrt, oder so, dass es viele Exemplare „des gleichen“ Systems zu verschiedenen Zeiten gibt („Ein Wasserstoffatom hat einen Durchmesser von etwa β mm“). Die erste, *periodische* Variante ist ein Spezialfall der zweiten und *Periodizität* braucht nicht im mathematischen Sinn verstanden zu werden, nach dem sich ganze Teilstücke einer Funktion in allen Einzelheiten wiederholen. Es genügt, dass eine einzige Konstellation, die durch das Datum erfasst wird, einige Male wiederkehrt, und es macht wenig Sinn, im allgemeinen eine genaue Anzahl von Wiederholungen festzulegen. Dieser schwache Wiederholungsbegriff impliziert nicht, dass die Daten experimentell bestimmt werden, oder dass das System, aus dem sie stammen, konstruiert und reproduziert werden kann. Auch in den Sozialwissenschaften kehren in einem unüberschaubar komplexen System bestimmte Konfigurationen wieder. In einem Markt wird „die gleiche“ Tauschhandlung („drei Äpfel gegen 2 Euro“) vielfach ausgeführt, in einer Institution gibt es zahlreiche Beeinflussungen der gleichen Art („Der Oberst befiehlt“). Im Allgemeinen scheint selbst dieser schwache Wiederholungsbegriff etwas einschränkend zu sein, er scheint für Daten in den historischen Wissenschaften, wie „Napoleon verliert die Schlacht bei Waterloo“ nicht zuzutreffen. Diesem scheinbaren Einwand liegt allerdings eine falsche Vorstellung des Datenbegriffs in den historischen Wissenschaften zugrunde. „Historische Daten“ der obigen Form sind aus metatheoretischer Perspektive keine Daten, sondern theoretische Konstrukte. Die echten Daten, die zur Stützung dieser theoretischen Aussagen dienen, beziehen sich auf statische Systeme wie schriftliche Dokumente oder archäologische Funde und können daher völlig problemlos wiederholt ermittelt werden.

Schließlich ist darauf hinzuweisen, dass Wiederholbarkeit eine Disposition ist. Für die Wiederhol*barkeit* eines Vorgangs können gute Gründe vorliegen, auch wenn tatsächlich noch keine Wiederholung stattgefunden hat.

3.2 Harte und weiche Daten

Es trägt zu einer Klärung des Verhältnisses der verschiedenen Disziplinen bei, die Unterschiede in der Natur von Daten genauer zu beachten. Wiederholbarkeit der Bestimmung oder Ermittlung von Daten ist in verschiedenen Phänomenbereichen in verschiedenem Maß vorhanden. Diese Maße können graduell entlang einer zunächst sehr groben Skala angeordnet werden, die von *harten* Daten am einen Ende zu *weichen* Daten am anderen Ende reicht, und sich bei genauerer Analyse weiter verfeinern lässt. Die Skala stimmt in etwa mit einer entsprechenden „Ordnung" der Disziplinen überein, die von den Formalwissenschaften auf der einen Seite, über technische Disziplinen, Naturwissenschaften (wie Physik, Chemie, Biologie), Medizin, Sprachwissenschaften (wie Linguistik, Romanistik), historischen- und Geisteswissenschaften, Sozialwissenschaften (wie Psychologie, Soziologie, Ökonomie, Politologie), bis zu den praktischen Disziplinen (Jura, Didaktik) auf der anderen Seite reicht.

Am härtesten sind Daten, die aus konstruierten Systemen gewonnen werden. Solche Systeme gibt es in der Technik und den experimentellen Wissenschaften: materielle Gegenstände bestimmter Form, Maschinen, experimentelle Anordnungen. Im Begriff der Konstruierbarkeit ist enthalten, dass die Konstruktion einem Plan folgt, nach dem sich beliebig viele Exemplare eines Systems herstellen lassen. Die Erfahrung lehrt, dass „gleiche" Daten aus konstruierten Systemen, d.h. Daten, die am gleichen Teil oder im gleichen Zustand von identisch konstruierten Systemen bestimmt wurden, gleich oder doch sehr ähnlich sind. Beispiele für solche Daten haben etwa in der Geometrie die Form „a liegt zwischen b und c", „Der Abstand von a und b ist α", oder in der Experimentalphysik die Form „Auf der linken Photoplatte haben n Teilchen eingeschlagen", oder die Form von Negationen solcher Sätze. Daten aus konstruierten Systemen erfüllen die Wiederholbarkeitsbedingung in idealer Weise. Man kann ja bei Bedarf ein Exemplar des Systems neu herstellen und in diesem die Bestimmung nach der jeweiligen Methode neu durchführen.

Die zweithärtesten Daten sind statischer Natur, sie ändern sich im Laufe der Zeit nicht oder kaum. Solche Daten finden wir in den Naturwissenschaften: „Die Masse des Teilchens p ist α“ und in den historischen Wissenschaften: „Die Inschrift der großen Rhetra[169] lautet: ...“, aber auch in anderen Disziplinen, z.B. in der Literaturwissenschaft in Form von literarischen Texten.[170] In der Astronomie gibt es viele Daten, die man sowohl statisch als auch periodisch (siehe unten) nennen kann.

Als nächste kommen „vergängliche“ Daten, die nur während eines meist kurzen Zeitraums existieren. Hier können wir weiter differenzieren nach der Natur der zugrundeliegenden Systeme, aus denen die Daten stammen. Die härtesten vergänglichen Daten stammen aus streng periodischen Systemen in den Naturwissenschaften. Beispiele sind Pendelschwingungen, Schwingungen im subatomaren Bereich, ein weniger hartes Beispiel ist die Reproduktion von Lebewesen in der Genetik. In solchen Systemen wiederholt sich ein Teilvorgang ständig in – fast – gleicher Weise. Ein Datum, das in einem Teilvorgang gewonnen wurde, wird in allen folgenden Wiederholungen – fast – identisch realisiert und kann so wiederholt bestimmt werden.

Eine weitere Sorte von Daten stammt aus Systemen, die in *vielen* Exemplaren vorkommen. Hierzu gehören neben den konstruierten auch natürliche Systeme, wie zum Beispiel der β-Zerfall. Im sozialen Bereich sind Beispiele der Kauf einer bestimmten Ware beim gleichen Verkäufer, oder in der Institutionentheorie ein Datum der Form „Der König befiehlt den Schatzmeister zu sich“, bezogen auf Monarchien. Auch in den historischen- und Geisteswissenschaften liegt diese Situation im Rahmen vergleichender Studien vor. „Das gleiche“ Datum kann hier in vielen „gleichen“ Exemplaren eines Systems, d.h. in vielen sehr ähnlichen Systemen, und zu verschiedenen Zeiten erhoben werden, wodurch eine breite Basis für Übereinkunft

[169]Ein Stein mit eingemeißelten Gesetzen aus Sparta. Vergleiche etwa Forrest 1968.

[170]Zum Beispiel Finke & Schmidt 1984.

gegeben ist. Wenn sich die Anzahl „gleicher" Systeme verringert, vermindert sich auch die Härte der entsprechenden Daten. Während in den Naturwissenschaften oft Tausende von Exemplaren vorliegen, sind es in den Sozialwissenschaften Dutzende und in den Geisteswissenschaften eine Handvoll.

Menschen können relativ mühelos Ähnlichkeiten feststellen, nach denen verschiedene Phänomene als Vorkommnisse „des gleichen Systems" identifiziert werden. Wie und nach welchen Kriterien dies funktioniert, ist jedoch weniger klar. Wie auch immer die Standards für Gleichheit aussehen mögen, sie werden entlang unserer Skala zunehmend ungenauer. Zwei Exemplare des gleichen, konstruierten Systems – etwa zwei Automobile der gleichen Marke – unterscheiden sich weniger als zwei Sonnensysteme mit 10 Planeten, und diese unterscheiden sich weniger als die Preise, die verschiedene Käufer manchmal für die gleiche Ware beim gleichen Händler zahlen.

Am anderen Ende der Skala stehen Daten, die nur in einem sehr schwachen Sinn wiederholt bestimmbar sind. Sie stammen aus Systemen, in denen „derselbe" Zustand zwar mehrmals durchlaufen wird, jedoch ohne dass das System irgendeine Art von Periodizität aufweist. Die Änderung des Systems zwischen zwei Zuständen kann also ganz anders erfolgen, als zwischen zwei anderen Zuständen. Wichtig ist nur, dass bei Bestimmung im jeweils „gleichen" Zustand auch „das" Datum die (in etwa) gleiche Form annimmt. Ein makroökonomisches Beispiel wären etwa die Börsenkrisen, oder in der Geologie die Eiszeiten. Hier kann weiter nach der Art der Gründe unterschieden werden, die für die Wiederholung eines bestimmten Zustandes im System sprechen. Diese können von quantitativen Gesetzen, etwa in der Form von Differentialgleichungen mit nicht-periodischen Lösungen, über Beobachtung des tatsächlichen Auftretens des Zustands, bis zu rein qualitativen, hypothetischen Erwartungen variieren; wobei die Härte der entsprechenden Daten abnimmt. Die weichsten Daten stammen aus Systemen, die nicht periodisch sind, nur in einzelnen, oder sehr wenigen, Exemplaren vorkommen, und für die auf theoretischer Seite nur qualitative und vage Vorhersagen möglich sind. Beispiele hierfür finden wir in den Sozialwissenschaften, wie etwa das Rätesystem kurz nach der Oktoberrevolution (Soziologie), das Leben *Andy Warhols* (Psychologie), oder die altägyptische Form der Staatswirtschaft (Ökonomie).

Diese „Härteskala" von Daten deckt sich nicht reibungslos mit der variablen Anzahl von Exemplaren, in denen die intendierten Systeme vorliegen. In den historischen Wissenschaften sind die intendierten Systeme oft im Universum einmalig, die Daten über diese Systeme jedoch von dauerhafter Art; sie liegen in Form von Texten oder Funden vor und ihre Bestimmung ist leicht wiederholbar. Dies führt zu der – vielleicht überraschend scheinenden – Einordnung der historischen Wissenschaften im relativ harten Datenbereich.[171]

Entlang der Skala von harten zu weichen Daten nimmt der Grad der Objektivität der Daten, worunter wir den Grad an Übereinstimmung über die Daten in den verschiedenen, wissenschaftlichen Gemeinschaften verstehen, ab. Bei reproduzierbaren oder statischen Daten kann Einigung durch Wiederholung der Bestimmung erfolgen, bei „weichen" Daten dagegen ist der Einigungsprozess weniger klar strukturierbar. Den höchsten Objektivitätsgrad haben Daten aus konstruierten Systemen. Der Grund ist leicht einzusehen. Jeder, dem die Pläne zur Konstruktion des betreffenden Systems mitgeteilt werden, kann es bauen und die Daten selbst erzeugen. Auch bei periodischen Systemen ist Übereinstimmung recht gut herzustellen. Die Wissenschaftler warten gemeinsam auf das nächste Eintreten des fraglichen Zustands und bestimmen das Datum dann gemeinsam. Gleiches gilt für vielfach vorkommende Systeme. Wenn es möglich ist, verschiedene Exemplare „des gleichen" Systems nach Kriterien zu identifizieren, können verschiedene Personen anhand dieser Kriterien die Daten überprüfen. Am wenigsten objektiv sind Daten aus einmaligen Systemen mit geringer Vorhersagekapazität.

Diese Objektivitätsunterschiede sind gradueller Natur. Auch bei einmaligen Ereignissen kann im Prinzip praktisch völlige

[171] Die Versuchung, sie am „weichen" Ende eines Spektrums der Disziplinen anzusiedeln, kommt daher, dass über ihre intendierten Systeme, relativ zu dem, was im Prinzip möglich wäre, meist nur *sehr wenige* Daten bekannt sind. Anzahl und „Härtegrad" von Daten sind jedoch auseinanderzuhalten.

Übereinstimmung hergestellt werden. Man denke an ein dramatisches, astronomisches Ereignis in Erdnähe, zu dessen Beobachtung sich alle relevanten Astronomen der Zeit versammeln. Das Datum wird dokumentiert und von allen explizit bestätigt. Unter solchen Umständen werden auch nachfolgende Generationen wenig Grund haben, das Datum in Zweifel zu ziehen. Da es nicht reproduziert werden kann, besteht jedoch immer mehr Grund zum Zweifel als bei anderen Typen. Beispielsweise könnten die Astronomen das Datum in einem Zustand von Massenhysterie falsch wahrgenommen haben.

Den Unterschieden in den Daten entsprechen Unterscheidungen im ontologischen Bereich. Harte Daten stammen aus konstruierten, das heißt von Menschen geschaffenen Systemen. Nicht-konstruierte Systeme, bei denen wiederholte Messung möglich ist, bestehen aus materiellen Teilchen und deren Beziehungen. Unter diesen Systemen besteht wiederum in Bezug auf ihre Komplexität eine ungefähre Rangordnung: je einfacher die Systeme, desto zuverlässiger die Daten. Die Komplexität wächst beim Übergang von den einfachsten Systemen der Mechanik über Mikro- und Makrosysteme, komplexe chemische Systeme bis zu den intendierten Systemen für Biologie, Genetik und Medizin. Am anderen Ende der Härteskala bestehen diejenigen Systeme, die die unzuverlässigsten Daten liefern, aus einer einzigen Handlung, die am Ende des Spektrums auch noch sehr komplex ist, zum Beispiel „eine Schlacht gewinnen" oder „eine neue Versicherungsordnung einführen". Unter den Handlungen werden die Daten von komplexeren zu einfacheren Handlungen härter: „j schlägt k" ist einfacher zu bestimmen, als „i führt ein neues Versicherungssystem ein". Sie werden auch härter beim Übergang zu Systemen, in denen nicht einzelne Handlungen, sondern Handlungstypen als Grundobjekte dienen, wie etwa in der Institutionentheorie. Die Bestimmung von Daten über Handlungstypen erfordert statistische Methoden und jedenfalls eine Vielzahl von Beobachtungen. „Irgendwo" treffen sich die beiden so verfolgten Stränge: in gemischten Systemen, in denen neben Handlungen oder Handlungstypen auch materielle Dinge vorkommen (wie in der Soziobiologie).

Das Vorkommen oder Nicht-Vorkommen von Handlungen in den intendierten Systemen, aus denen die Daten stammen, markiert einen wichtigen Einschnitt auf der beschriebenen Skala. Bei Vergröberung der geschilderten Unterschiede auf zwei Grade: *hart* und *weich*, sehen wir, dass weiche Daten dort zu finden sind, wo Handlungen theoretisch wichtig werden. Handlungen haben einen völlig anderen und wesentlich komplexeren Status als materielle Dinge. Nicht nur in ihre Beschreibung, sondern auch in ihre Konstitution geht die Sprache ein, das heißt Handlungen umfassen als Entitäten streng genommen ein Teil einer Sprache. Die Videoaufnahme (mit Ton) einer „Handlung" genügt im allgemeinen *nicht*, um diese zu identifizieren. Aus ihr ist im Beispiel der Unterzeichnung eines Papiers nicht ersichtlich, ob es um eine Heirat, eine Kriegserklärung, oder einen Kaufvertrag geht. In die Konstitution der jeweiligen Handlung geht der sprachliche Inhalt des Textes ein. Das Vorkommen von Handlungen in intendierten Systemen ändert die Ontologie in dramatischer Weise. Die Systeme werden ungeheuer komplex, die ganze Familie der propositionalen Einstellungen: Intentionen, Glauben, Wollen, Meinen etc. geht mehr oder weniger explizit in die Systeme ein.[172]

Wir sagen, eine Theorie habe eine *Handlungsontologie*, wenn in ihren intendierten Systemen Handlungen vorkommen, andernfalls reden wir von *materieller Ontologie*. Der Unterschied von harten und weichen Daten lässt sich nun dadurch ausdrücken, dass harte Daten zu Theorien mit materieller Ontologie, weiche Daten zu Theorien mit Handlungsontologie gehören. Wir haben gezeigt, dass viele Übergänge fließend sind, aber die Änderung beim ersten Auftreten von Handlungen ist dramatisch.

Weiche Daten kommen typischerweise in der Sozialwissenschaft und, weniger häufig, in den historischen- und Geisteswissenschaften vor. Wir betonen, dass weiche Daten immer noch *Daten* sind. Erst wenn überhaupt keine Gründe mehr für die Annahme der Wiederholbarkeit bestehen, verliert der Datenbegriff seinen Sinn. Wiederholbarkeit ist die praktische

[172] Vergleiche zur Handlungstheorie Tuomela 1984, Beckermann 1985, Lenk 1977, Meggle 1977.

Seite von Regelmäßigkeit. Den stärker und schwächer ausgeprägten Regelmäßigkeiten entsprechen Grade der Wiederholbarkeit. Am „weichen Ende“ der Skala wissenschaftlicher Vorgehensweisen verliert sich Regelmäßigkeit und genauso Wiederholbarkeit. Der Datenbegriff gehört mit seinem Wiederholbarkeitsaspekt zum festen Bestand des Wissenschaftlichen.

3.3 Datengewinnung

Sowohl Daten als auch Modelle sind durch Sätze gegeben; bei Modellen sind dies die Hypothesen, die für die Charakterisierung der Modelle dienen. Die Annahme sowohl von Daten als auch von Hypothesen in einer Forschergruppe beinhaltet soziale Übereinkunft. Die Prozesse und Mechanismen, die über die Annahme und Ablehnung von Sätzen beider Art entscheiden, sind jedoch bei beiden Arten gänzlich verschieden. Die Unterschiede werden am besten sichtbar, wenn wir zuerst die Anerkennung von allgemeinen Hypothesen betrachten. Deren Anerkennung ist in der Wissenschaft Gegenstand weitläufiger Aktivitäten: Überprüfung und Test von Hypothesen. Im Kern laufen diese auf einen Vergleich mit Daten hinaus: die Anerkennung einer Hypothese hängt davon ab, ob sie zu schon vorhandenen Daten passt und wird in diesem Sinn auf die Anerkennung der Daten zurückgespielt. Sehr vergröbert kann man sagen, dass die Anerkennung einer Hypothese durch Testverfahren auf die von Daten zurückgeführt wird und dass dabei die syntaktisch unterschiedliche Form beider Satzarten wesentlich ist. Die Zurückführung funktioniert, weil es Methoden gibt, die Gültigkeit komplexer Sätze auf die von einfachen Sätzen zurückführen (2.6). Bei den Daten andererseits ist eine solche Rückführung rein syntaktisch nicht möglich, einfach weil Daten als Basissätze syntaktisch „einfach“ sind. Die Einigung über Daten und ihre Anerkennung kann also grundsätzlich nicht durch Rückführung in der Art erfolgen, wie sie bei Hypothesen möglich und üblich ist. Das heißt nicht, dass die Einigung über Daten nicht nach Regeln und wissenschaftlichen Methoden erfolgen würde oder könnte. Nur sind dies *andere* Methoden als bei den Hypothesen.

Die Alternative, ob die Einigung über Daten oder über Hypothesen nach wissenschaftlichen Methoden „sicherer“ ist, führt zu nichts. Einzelne Daten können, ebenso wie Hypothesen, in ihrem Sicherheitsgrad beträchtlich variieren. Es gibt Daten, die sicherer sind, als viele Hypothesen und umgekehrt Hypothesen, die sicherer sind als viele Daten. Dagegen kann behauptet werden, dass in der Wissenschaft Daten für die Absicherung der gesamten Theorie, die ja aus Hypothesen *und* Daten besteht, primär sind. Ohne Daten gibt es keine wissenschaftliche Absicherung.[173] Beim Rekurs auf Daten wird dafür die Frage nach Absicherung umso dringender. Daten müssen nach wissenschaftlichen Standards gewonnen werden.

Unter Datengewinnung verstehen wir die Aktivitäten, durch welche Daten produziert werden. Da der Datenbegriff die Einigung einer Gruppe beinhaltet, handelt es sich letzten Endes um soziale Prozesse von großer Komplexität, an deren begriffliche Präzisierung vorerst nicht zu denken ist.

Die wichtigste Form der Datengewinnung ist zweifellos Messung: diese werden wir weiter unten genauer analysieren. Für die anstehenden Überlegungen genügt es, die zwei Hauptmerkmale von Messung kurz anzugeben. Das erste Merkmal ist Gesetzesartigkeit. Der Messung liegt eine Hypothese (ein Gesetz) zugrunde, der Messprozess ist eine Realisierung dieser Hypothese. Das zweite Merkmal ist die Eindeutigkeit des Messwerts, oder des erwarteten Ergebnisses. Der Messwert ist durch das System und die für dieses geltende Gesetzmäßigkeit eindeutig bestimmt.

Es ist nicht nötig, die verschiedenen Varianten: bekannte Messmethode für neues System, neue Messmethode für bekanntes System, neue Messmethode für neues System, genau durchzugehen. In allen Fällen ist neben der Produktion eines atomaren Sachverhalts oder der Äusserung eines atomaren Satzes eine Einigung nötig, ob dieser Satz als Datum anerkannt wird. Die Einigung stützt sich auf das gesetzesartige, regelhafte Element, das im Messprozess, realisiert ist. Falls Zweifel bestehen, kann versucht werden, die Situation, in der der Basissatz

[173] Damit wird *nicht* behauptet, dass Daten stets theorieunabhängig sein müssen. Vergleiche auch die Ausführungen am Ende von 3.5.

produziert wurde, erneut zu realisieren, d.h. die Messung zu wiederholen.

Weitere Formen der Datengewinnung sind: Experiment, reine Beobachtung, theoretische Bestimmung, Umfragen, Lesen.

Der Kern eines Experiments liegt in der aktiven Veränderung eines Systems durch den Experimentator.[174] Man verändert und schaut, was dabei herauskommt. Unter diesen Begriff fallen auch archäologische Ausgrabungen, bei denen das vorhandene System, etwa ein Erdhügel, aktiv verändert wird. Manche Experimentatoren äußern sich ausgesprochen theoriefeindlich,[175] was sich aber prinzipiell kaum durchhalten lässt. Mindestens über die Funktion der benutzten Apparate oder den kausalen Zusammenhang von Eingriff und unmittelbarer Wirkung liegen in der Regel systematische Vorstellungen vor. Zwar kann ein Experiment, das von anderen im Zusammenhang einer bestimmten Theorie und ihres Tests gesehen wird, vom Experimentator in Bezug auf diese Theorie neutral aufgefasst werden, was aber nicht heißt, dass er überhaupt keine Theorie hat oder benutzt. Ein völlig „theoriefreies" Experiment ist kaum vorstellbar; es entspräche einem völlig konfusen und ziellosen Herumprobieren. Im allgemeinen enthält das Experiment stets eine systematische, theoretische Komponente. Das Experiment von *Michelson-Morley* zur Untersuchung, ob Licht für verschiedene Bewegungsformen der Lichtquelle verschiedene Geschwindigkeit hat, setzte beispielsweise weder die *Lorentz*sche, noch die relativistische Raum-Zeit-Theorie voraus. Aber natürlich ist dieses Experiment nicht theoriefrei, es werden komplizierte Aufbauten benutzt, deren Funktion nur im Lichte verschiedener Theorien sinnvoll erscheint.

Der Ausgang eines Experiments braucht weder im Vorhinein festgelegt, noch durch andere Parameter eindeutig bestimmt zu sein. In letzterem Punkt ist das Experiment liberaler als Messung, die nur einen einzigen Messwert erlaubt. Die theoretische Vorstellung, die dem untersuchten System im Experiment zugrunde liegt, lässt verschiedene mögliche Ergebnisse zu, wobei kein Überblick über alle Möglichkeiten bestehen muss. Dies

---

[174] Siehe auch Tetens 1996.

[175] Etwa Michelson, siehe Hacking 1983, 257.

ist nicht als Schwäche der theoretischen Vorstellung zu deuten, sondern kann auch mit Absicht so eingerichtet sein. Die Möglichkeit des Auftretens verschiedener Ergebnisse markiert keine scharfe Grenze für den Begriff des Experiments in Richtung zur Messung. Wenn bei häufiger Wiederholung eines Experiments die verschiedenen Ergebnisse in konstanten relativen Häufigkeiten auftreten – wie zum Beispiel in quantenmechanischen Spin-Experimenten – sind wir geneigt, die Redeweise zu ändern und statt von einem „bloßen" Experiment von einer Messung der relativen Häufigkeiten zu reden.

Reine Beobachtung ist, im Gegensatz zum Experiment, passiv, insofern sie das untersuchte System nicht zu verändern sucht. Wir fügen den Zusatz „rein" hinzu, um Beobachtung als vollständige Form der Datengewinnung von anderen Fällen abzugrenzen, wo Beobachtungen als „Teile" anderer Formen, wie Messung und Experiment, auftreten. Im Unterschied zur Messung wird bei Beobachtung keine Gesetzmäßigkeit vorausgesetzt oder in schwächerer Form ins Spiel gebracht, was nicht heißt, dass Beobachtung in systematischen Kontexten keine Rolle spielen kann. Wenn kein Gesetz und keine Regelmäßigkeit im Hintergrund steht, hat es ein Basissatz, der durch Beobachtung festgestellt wird, schwer, den Status eines Datums zu erlangen. Aus welchem Grund sollen andere Personen den Satz akzeptieren? Wenn sie selbst diese Beobachtung machen können, ist bereits Wiederholbarkeit und Regelmäßigkeit gegeben.

Beobachtungen ohne systematischen Hintergrund markieren die Grenze zwischen wissenschaftlicher und „rein sozialer" Funktion atomarer Sätze. In Gesellschaften, deren Weltbild von magischen Phänomenen geprägt ist, spielen nichtwiederholbare – und in diesem Sinn unsystematische – Beobachtungen eine wichtige soziale Rolle.[176] Im Rahmen wissenschaftlicher Aktivität wird jedoch auch die reine Beobachtung stets einen systematischen Hintergrund haben.

Aus philosophischen Diskussionen sind wir geneigt, Beobachtung mit den menschlichen Sinnesorganen oder mit unterstützenden Rezeptoren, wie photographischen Platten, Mi-

[176] Gute Beispiele findet man in Evans-Pritchard 1937.

krophonen, Videokameras, Lichtschranken etc. zu assoziieren, während bei dem Begriff der Wahrnehmung auch gewisse Interpretationsleistungen „hinter“ den menschlichen Rezeptoroberflächen zugelassen sind. Wir wollen Datengewinnung durch Beobachtung in einem weiten Sinn verstehen, der auch Wahrnehmungen sozialer Sachverhalte mit einschließt. Insbesondere fallen unter unseren Begriff auch Daten, die in den hermeneutisch-dialektischen Richtungen der Sozialwissenschaft durch „teilnehmende Beobachtung“, „Deutung“, „Verstehen“ gewonnen werden. Die teilnehmende Beobachtung von sozialem Verhalten in einem fremden Kulturkreis unterscheidet sich nur wenig von „normaler“ Beobachtung nicht-sozialer Sachverhalte.[177] Das Training, das für einen Feldforscher nötig ist, um einen Satz über magische Wirkungen im Bereich der Azande[178] korrekt zu äussern, ist sehr ähnlich dem für den Satz „Da läuft ein Hase“ für einen Bundesbürger. Nur das Training beider Personen, Äusserungen korrekt einzuordnen, beginnt in verschiedenen Phasen ihres Lebens. Das Training der Bundesbürgerin findet in seiner Kindheit statt, während das Lernen des Feldforschers in reifem Alter stattfindet. Im Rahmen sozialer Theorien können Daten auch propositionale Einstellungen und Intentionen ausdrücken, wie etwa „Willi will Milch holen gehen“. Natürlich ist es schwieriger, über solche Sätze Einigung zu erzielen, aber es ist jedenfalls möglich.

Das direkte Gegenteil von Beobachtung ist die „rein theoretische“ Bestimmung, die sich in der Praxis auch nachweisen lässt. Sowohl Funktionen als auch Konstante werden manchmal rein theoretisch bestimmt, d.h. aus theoretischen Annahmen abgeleitet. Diese Art der Bestimmung lässt sich unter den allgemeinen Begriff von Messung subsumieren, da sowohl Gesetzmäßigkeit in Form einer Theorie, als auch eindeutige Bestimmtheit in Form der theoretischen Ableitung vorliegen.

Die Datengewinnung durch Umfragen spielt in der empirischen Sozialforschung und Ökonometrie eine zentrale Rolle.[179]

---

[177] So dass man sich nur wundern kann, wie hier ein so breiter ideologischer Graben entstehen konnte, über den hinweg sich ganze Richtungen erbittert bekämpfen. Siehe etwa Adorno 1969.

[178] Vergleiche Evans-Pritchard 1937.

[179] Vergleiche z.B. Friedrichs 1985.

Personen werden nach Kunstregeln ausgewählt und befragt, wobei die möglichen Antworten meist in normierter Form vorgegeben sind. Die Antworten bilden die Basis für den Test einer Hypothese und sollten daher Datencharakter haben. Wir brauchen hier nicht zu überlegen, wie die Hypothese aussieht, für die die Daten erhoben werden. Wichtig sind hier drei andere Aspekte. Erstens sind die Antworten auf den Fragebögen häufig nicht im Vokabular der Theorie formuliert. Sie stellen deshalb nur Rohdaten dar, die noch weiter bearbeitet werden müssen, um zu richtigen Daten *für* diese auf dem Prüfstand stehende Theorie zu werden. Neben der Aussonderung von „suspekten" Fragebögen geht es dabei hauptsächlich um eine Transformation der Antworten in atomare Sätze der Theorie oder deren Negationen. Zum Beispiel wird in der Rollenkonflikttheorie von *Gross*, *Mason* und *McEachern*[180] der Legitimationsgrad einer Person, d.h. ihre Tendenz, nur legitime Handlungen auszuführen, als Datum durch die Anzahl von „Ja"-Antworten bestimmt, die die Person auf einem Fragebogen gibt. In den Fragen geht es dabei natürlich inhaltlich darum, ob die Person viel Wert auf Legitimation legt oder nicht. Sie enthalten aber nicht das Wort „Legitimationsgrad".

Zweitens ist die Bestimmung von Daten mittels Fragebogen wiederholbar. Es besteht kein Hindernis, einer Person den Fragebogen wiederholt vorzulegen. Wenn dabei nicht die gleichen Antworten gegeben werden, so spricht dies nicht gegen den Begriff der Wiederholbarkeit. Wie in Abschnitt 3.1 betont, impliziert Wiederholbarkeit der Bestimmung eines Datums *nicht*, dass bei der Wiederholung das Datum die gleiche Ausprägung annimmt. Die Frage ist allerdings, ob bei statistischen Daten, um die es bei Fragebögen geht, die einzelne Antwort die geeignete Kandidatin für die Wiederholbarkeitsbedingung ist. Der Zusammenhang zwischen statistischen Daten ist ja nicht deduktiver Natur, sondern wird durch eine statistische Verteilungshypothese ausgedrückt. Während bei deduktiven Theorien ein Datum im Idealfall die Hypothese widerlegt, hat ein einzelnes Datum auf das Ergebnis der statistischen Hypothesenprüfung nur geringen Einfluss. Die Bedingung der Wiederhol-

[180] Gross, Mason, McEachern 1958.

barkeit der Datenbestimmung sollte daher, um ein wiederholtes Prüfen der Hypothese zu gestatten, bei statistischen Theorien weniger auf einzelne Daten, als auf ganze Datensätze bezogen werden. Auch für ganze Erhebungen ist Wiederholbarkeit gegeben. Eine Umfrage kann in der gleichen Population mit anderer oder gleicher Stichprobe wiederholt werden.

Drittens ist wichtig die Frage, auf welche Weise in der wissenschaftlichen Gemeinschaft Einigung über Umfragedaten erzielt wird. Entsprechend der statistischen Natur der Hypothesen ist eine Diskussion über einzelne Daten bei Umfragen selten; Ausnahmen betreffen „Ausreißer", d.h. Daten, die – zum Beispiel vom numerischen Wert her – völlig aus dem erwarteten Bereich herausfallen. Der Einigungsprozess über Daten betrifft in der Regel eine ganze Umfrage. Hier ist Kritik möglich und wird auch häufig geübt. Neben der Kritik an methodischen Mängeln bei Stichprobenauswahl, Durchführung der Umfrage, und Auswertung der Fragebögen ist es auch möglich, die von einer anderen Forschungsgruppe gemachte Umfrage selbst zu wiederholen und durch das möglicherweise abweichende Ergebnis zu kritisieren.

Die vermutlich am häufigsten benutzte Art der Datengewinnung ist das Lesen von Texten und Erkennen von graphischen Darstellungen. Diese Aktivitäten beruhen auf Büchern oder auf Texten und Bildsequenzen, die aus dem Internet stammen. Wir verwenden für diese Aktivitäten als Sammelbegriff weiterhin das Wort *Lesen*. Beim Lesen sind zwei Fälle auseinanderzuhalten. Einerseits wird meistens ein Datum, das schon bekannt ist, einfach durch den Leser übernommen. In diesem Fall kommt durch Lesen kein *neues* Datum aus dem Wissensbestand hinzu. Andererseits gibt es wirklich *neue* Daten, die durch Lesen im weiteren Sinn entstehen. Dies kann in zwei Weisen erfolgen.

Erstens kann ein Datum, das schon als Datum benutzt wird, in eine neue Theorie integriert werden. Die Leserin sieht, dass sich das Datum für eine neue Hypothese verwenden lässt. Wenn die Einigung mit anderen Wissenschaftlern positiv ausgeht, wird das Datum als Datum *für* die neue Theorie deklariert. Das Datum ist, mit anderen Wort auf der einen Seite alt, weil es zu anderen, „alten“ Theorien gehört, und auf der anderen Seite neu, weil es ein Teil einer neuen Theorie geworden ist.

Zweitens gibt es aber auch die Möglicheit durch Lesen neue Daten zu erzeugen, die vorher nicht als Daten für andere Theorien benutzt wurden. Mit anderen Worten war ein Satz oder ein Bild zwar dokumentiert, wurde aber als Datum für eine Theorie bis jetzt nicht verwendet. Solche Daten nennen wir *echt-neue* Daten. Bevor das Internet entstand, konnte man sagen, dass die „Bücherwissenschaften“ echt-neue Daten erzeugen konnten. Heute würde man dieses Wort anachronistisch finden. Wir verwenden daher den Term „digitalisierte Bestände“. Auf Neudeutsch könnte man etwa sagen, dass es Items aus den digitalisierten Beständen gibt, die durch Data-Mining gefiltert wurden und durch Wissenschaftler als Daten zu Theorien hinzugenommen wurden. Inhaltlich hat sich dabei die wissenschaftstheoretische Situation nicht verändert. Mit Hilfe der digitalisierten Bestände können durch Lesen – im allgemeineren Sinn – echt-neue Daten erzeugt werden, die vorher nicht als Daten gesehen oder erkannt wurden. Für die richtige Einschätzung des Datencharakters solcher Sätze und Darstellungen muss betont werden, dass diese Bestimmungsmethode weitgehend neutral in Bezug auf die dargestellten Inhalte ist. Beim Einigungsprozess, ob ein Satz oder eine Darstellung als Datum zulässig ist, spielt der Inhalt im Idealfall keine Rolle. Die Ermittlung des Datums besteht in der Angabe der Quelle und im wörtlichen oder bildlichen Zitat. Natürlich spielt der Inhalt dann in der theoretischen Diskussion eine Rolle, aber solche Diskussionen haben einen anderen Status als der Einigungsprozess über Daten. Der Datencharakter von Sätzen aus historischen Dokumenten oder künstlerischen Werken ist bei Ausklammerung des Inhalts oft unproblematisch. Dagegen muss sehr sorgfältig geprüft werden, ob ein Text oder eine Bildsequenz aus dem Internet wissenschaftlich seriös ist.

Zusammenfassend ist also Lesen eine legitime Methode zur Erhebung echt-neuer Daten in Bereichen, wo es nicht primär auf den Inhalt der Darstellungen für deren Einordnung als Daten ankommt. Bei der Einigung auf bestimmte Daten spielt nur die Frage der Relevanz des Textes und die Authentizität eine Rolle. Die Bestimmung von Daten durch Lesen ist wiederholbar.

Schließlich sei noch Offenbarung als möglicher Kandidat für Datengewinnung betrachtet. Hier sind zwei Gesichtspunkte zu beachten. Erstens betrifft Offenbarung ein ganzes System von Sätzen, in dem meist die theoretischen und nicht-deskriptiven Sätze Vorrang haben. Deskriptive Sätze, die fast atomar sind, („Gott macht Eva aus einer Rippe Adams") werden oft metaphorisch verstanden. Auch offenbarte Sätze können einen beachtlichen Grad an Übereinstimmung in sozialen Gruppen erzielen. Der springende Punkt ist aber, zweitens, dass ihre inhaltliche Bestimmung nicht wiederholbar ist. Offenbarung ist ein einmaliger Vorgang, der nur eine einzige Person als „Medium" zulässt. Der Inhalt offenbarter Sätze kann nicht nur wegen praktischer Schwierigkeiten, sondern *im Prinzip* nicht wiederholt bestimmt werden.

Neben der jeweiligen Technik, mit der ein atomarer Sachverhalt erzeugt oder festgestellt wird, sind für alle Formen der Datengewinnung zwei allgemeine Faktoren wichtig. Der erste ist der Grad an Übereinstimmung des neuen „potentiellen" Datums mit schon vorhandenen Daten und Hypothesen über das System, aus dem es gewonnen wurde. Im häufig diskutierten Idealfall wird Übereinstimmung als Konsistenz definiert. Bei Widerspruch zwischen neuem Datum und Hypothese muss nicht unbedingt die Hypothese in Frage gestellt werden. Es kommt auch vor, dass das potentielle Datum problematisiert wird: Hat der Messapparat nicht richtig funktioniert? Waren störende Einflüsse wirksam? Hat der Beobachter die soziale Situation nicht richtig verstanden? Ist der „Produzent" ein Betrüger? Nur wenn das potentielle Datum reproduzierbar ist und wiederholt auftritt, muss eine Anpassung zwischen Hypothese(n) und der um das neue Datum erweiterten Datenmenge erfolgen. Oft wird dazu das System, aus dem das widerborstige Datum stammt, aus der Menge intendierter Systeme für die schon vorhandenen Theorien ausgeschieden. Dies ist keineswegs methodisch bedenklich, denn die vorhandenen Hypothesen wurden ja nicht blanko akzeptiert. Sie haben eine wertvolle Systematisierungsleistung vollbracht und werden deshalb erst dann nicht mehr genutzt, wenn neue, bessere Varianten als Ersatz zur Verfügung stehen. Diese Diskussion betrifft den Idealfall des strengen Widerspruchs, der in der wirklichen Welt jedoch selten anzutreffen ist. Hypothesen sind immer nur approximativ richtig und Daten passen nur approximativ mit Hypothesen zusammen, so dass der „Widerspruch" in gradueller Abstufung auftritt und damit an Schärfe verliert. Es dreht sich nicht darum, ob ein neuer atomarer Satz dem vorhandenen Wissen widerspricht, sondern darum, in welchem Grad er mit ihm zusammenpasst.

Ein zweiter, allgemeiner Faktor bei der Anerkennung von Daten ist die soziale Stellung des Produzenten. Einem etablierten Mitglied der Gemeinschaft wird leichter geglaubt als einem Neuling und auch der soziale, außerwissenschaftliche Status kann Unterschiede machen. Im Extremfall des Religionsstifters, dessen Sätze sämtlich in voller Übereinstimmung angenommen werden, ergibt sich das in 1.5 diskutierte Abgrenzungsproblem.

3.4 Fundamentale Messung

Wir beschreiben zunächst den historisch und für das Verständnis wichtigen Spezialfall der *fundamentalen Messung*, die sich aus der technischen Praxis heraus entwickelte und in Geometrie, Astronomie und klassischer Physik angewandt wurde.

Die Grundidee ist im Beispiel der Abstandsmessung mittels Metermaß in allen Details realisiert. Es geht darum, die „Größe" -im Beispiel die Länge- eines gegebenen Objekts zu messen. Dazu legt man soviele Einheiten gerade aneinander, wie mindestens nötig sind, um ein künstliches Objekt der gleichen Länge (im allgemeinen: der gleichen „Größe") wie das zu Messende herzustellen. Dies Objekt ist im Beispiel das benutzte Metermaß, welches in kleine Einheiten, etwa Millimeter, unterteilt ist und nicht genau so lang wie ein zu messender Abstand zu sein braucht. Die Gleichheit des zu messenden Abstands mit der passenden Zahl von Einheiten wird durch Anlegen des Maßstabs festgestellt, so dass die Nullmarke mit dem einen Ende des Objekts und eine bestimmte Marke mit dessen anderem Ende zusammenfallen. Es werden nun die Einheiten gezählt, die zwischen beiden Marken liegen: ihre Anzahl ist das *Maß* für die gesuchte Größe. Ein anderes Beispiel ist die Volumenmessung, bei der das Volumen eines Gefäßes durch die Anzahl von Messbechern bestimmt wird, die nötig ist, um das Gefäß mit einer bestimmten Flüssigkeit zu füllen. Hier besteht das „Aneinanderlegen" der Einheiten im „nacheinander Eingießen". Gleichheit des zu messenden Volumens mit einer Anzahl von Einheiten liegt vor, wenn das Gefäß beim Eingießen des „letzten" Messbechers gerade voll wird. Weitere Beispiele nach demselben Muster sind Zeitmessung und Gewichtsmessung. Die „Objekte" bei der Zeitmessung sind Ereignisse, deren Dauer durch „Anfang" und „Ende" markiert sein muss (Beispiel: eine Senatssitzung), die Einheiten sind die Ticks einer Uhr. Bei Gewichtsmessung mittels Balkenwaage sind die Gewichte die Einheiten, sie werden auf der einen Waagschale solange zusammengelegt, bis die Waage mit dem zu messenden Objekt auf der anderen Schale ins Gleichgewicht kommt.

Im allgemeinen nennt man das Aneinanderlegen der Einheiten, das die verschiedensten Formen annehmen kann, deren *Konkatenation*. Bei fundamentaler Messung wird die Größe eines zu messenden Objekts durch die minimale Anzahl von Einheiten bestimmt, deren Konkatenation ein Objekt der gleichen Größe wie das zu messende Objekt ergibt.

Die Systeme, die aus genau einem derartigen Messvorgang bestehen, lassen sich in den für die Messung relevanten Aspekten gut beschreiben. So wird eine Klasse von Modellen definiert, die wir *Messmodelle* nennen. Die intendierten Systeme sind Messvorgänge der in den Beispielen angegebenen Arten. Eine Vielzahl von Varianten solcher Modelle wurde in der Literatur studiert,[181] wir konzentrieren uns hier auf ein sehr einfaches mögliches Modell, in dem Einheiten explizit ausgezeichnet sind. In der folgenden Definition verwenden wir Ausdrücke der Form „$x <^* y$" als Abkürzung für „$x \leq^* y$ und $x \neq y$" und „$x \equiv y$" als Abkürzung für „$x \leq^* y$ und $y \leq^* x$".

[181]Pfanzagl 1968, Krantz, Luce, Suppes, Tverski 1971, Narens 1985.

x ist ein *fundamentales Messmodell mit Einheiten* U gdw es $D, \mathbb{R}, \leq^*, \circ, \phi$ gibt, so dass x eine Struktur der Form $\langle D, \mathbb{R}, \leq^*, \circ, \phi \rangle$ ist und folgende Bedingungen erfüllt sind:

1) D und U sind Mengen und U ist eine nicht-leere Teilmenge von D
2) $\mathbb{R}$ ist die Menge der reellen Zahlen
3) $\leq^*$ ist eine Relation zwischen Elementen von D
4) $\circ$ ist eine partielle Funktion von $D \times D$ nach D
5) ϕ ist eine Funktion von D nach $\mathbb{R}$
6) $\leq^*$ ist transitiv, reflexiv und konnex[182]
7) $\circ$ ist assoziativ
8) Für alle $a, b, c \in D$, für die $a \circ c$, $b \circ c$, $c \circ a$ und $c \circ b$ definiert sind, gilt:
8.1) $a <^* a \circ c$
8.2) $a \leq^* b$ gdw $a \circ c \leq^* b \circ c$ gdw $c \circ a \leq^* c \circ b$
9) Für alle $b, b' \in U$ gilt: $b \equiv b'$
10) Für alle $a \in D$ gibt es eine natürliche Zahl n und $b_1, ..., b_n \in U$, so dass $(b_1 \circ (b_2 ... \circ b_n)...)$ definiert ist und so, dass gilt $a \equiv (b_1 \circ (b_2 ... \circ b_n)...)$
11) Für alle $a \in D$ ist $\phi(a)$ die kleinste natürliche Zahl n, für die gilt:
es gibt $b_1, ..., b_n \in U$, so dass $a \equiv (b_1 \circ (b_2 ... \circ b_n)...)$.

Die Menge D enthält die Objekte, deren Größe gemessen werden soll, die Menge U die Einheiten. $\leq^*$ ist eine *Vergleichsrelation*, die durch eine konkrete Operation überprüft wird. „$a \leq^* b$" soll ausdrücken, dass das Objekt a im Vergleich „kleiner oder gleich groß" ist wie Objekt b. Aus der Vergleichsrelation lässt sich die in den Beispielen benutzte Gleichheit von Objekten explizit definieren. Zwei Objekte a, b sind *gleich* hinsichtlich der untersuchten Größe, wenn sowohl $a \leq^* b$ als auch $b \leq^* a$ gilt. In den obigen Beispielen hat die Vergleichsrelation jeweils eine natürliche Interpretation. Bei der Längenmessung ist es der Längenvergleich von Strecken, beim Volumen das

[182] Das heißt, es gilt für alle Objekte $a, b, c \in D$: wenn $a \leq^* b$ und $b \leq^* c$, dann auch $a \leq^* c$ (Transitivität); für alle Objekte a gilt: $a \leq^* a$ (Reflexivität) und für alle Objekte a, b gilt: $a \leq^* b$ oder $b \leq^* a$ (Konnexität).

Überlaufen bei Umfüllung, bei der Zeitdauer das spätere Eintreten des Endes *eines* Ereignisses im Vergleich zum Ende des *anderen* Ereignisses, wenn beide Ereignisse gleichzeitig anfangen. Bei der Gewichtsmessung sinkt die Waagschale mit dem „größeren" Objekt nach unten. Bedingung 6) ist für die Vergleichsrelation in den Beispielen offenbar erfüllt. Transitivität stellt inhaltlich gesehen eine elementare empirische Hypothese dar, während Konnexität die Art der in D vorkommenden Objekte einschränkt. Reflexivität ist streng genommen keine empirisch realisierbare Aussage. Der Vergleich von a *mit sich selber* kann entweder als begrifflicher Extremfall und Reflexivität entsprechend als analytische Aussage angesehen werden, oder aber durch Interpretation der Objekte als Äquivalenzklassen streng empirisch gedeutet werden. $\circ$ stellt die Konkatenation von Objekten dar. Diese ergibt aus jeweils zwei Objekten a, b ein neues Objekt c, das formal als Funktionswert geschrieben wird: c ist das Ergebnis der Konkatenation von a und b, d.h. $c = a \circ b$. Entsprechend wird $\circ$ in 4) als zweistellige Funktion eingeführt. Dass die Funktion *partiell* ist, d.h. nicht für alle Argumentpaare definiert zu sein braucht, ermöglicht endliche Modelle. Nach Bedingung 7) kommt es bei der Bildung iterierter Funktionswerte nicht auf die Reihenfolge an: für alle a, b, c gilt: $(a \circ b) \circ c = a \circ (b \circ c)$. Wir könnten daher die vielen Klammern in 10) und 11) auch weglassen. Die Vergleichsrelation $\leq^*$ und die Konkatenation $\circ$ werden auch als *empirische Relationen* bezeichnet. Die Funktion ϕ schließlich gibt an, dass für jedes Objekt „seine" Größe in Form einer Zahl angegeben wird.

Die zentralen, inhaltlichen Annahmen sind in 8) bis 11) ausgedrückt. 8) ist eine empirische Hypothese über das Verhalten der Vergleichsrelation im Zusammenhang mit verschiedenen Formen von Konkatenation. Die Konkatenation zweier Objekte ist stets größer als die Objekte selber (8.1) und Konkatenation mit, bzw. „Kürzung" von gleich großen Objekten ändert nichts am Vergleich (8.2). In der operationalen Deutung stellt man sich für c am besten zwei „gleiche" Exemplare eines Objekts vor, die mit a bzw. b konkateniert werden. 9) besagt, dass alle Einheiten gleich groß sind. Nach 10) gibt es zu jedem Objekt ein gleich Großes, das durch Konkatenation von Einheiten entsteht ($b_1 \circ ... \circ b_n$).

Diese Modelle sind einerseits realistisch, insofern sie keine unendlichen Objektbereiche voraussetzen. Andererseits sind sie etwas grob beim Vergleich eines Objekts mit konkatenierten Einheiten. Nach 10) muss jedes Objekt *genau* die Größe einer endlichen Zahl von konkatenierten Einheiten haben. Wenn die Einheiten ziemlich „groß" oder grob gewählt sind, etwa Zentimeter bei der Längenmessung, kann diese Bedingung nur approximativ erfüllt werden. Allerdings sind die Modelle nicht auf eine bestimmte Menge von Einheiten angewiesen. Wenn sich eine Menge von Einheiten als zu grob herausstellt, kann sie durch eine feinere Menge ersetzt werden. Dies geschieht in der Tat in der Physik, wenn neue Definitionen für Längen- und Zeitmessung festgelegt werden. In der obigen Definition entspricht dem der Wechsel zu einer anderen Einheitenmenge U. Bis heute gibt es keine guten Gründe für die Annahme, dass die Objekte der materiellen Welt unbegrenzt teilbar sind und dass daher mit einer immer feineren Wahl der Einheiten gerechnet werden müsste.

Bedingung 11) hat die Form einer Definition von ϕ durch die restlichen Begriffe, einschließlich Einheiten U: „Für alle a und alle n gilt: $\phi(a) = n$ gdw n die minimale Anzahl von Elementen von U ist, deren Konkatenation a ergibt". Wir formulieren dies für spätere Zwecke als

Theorem 1 In jedem fundamentalen Messmodell mit Einheiten U ist ϕ durch die Hypothesen und die Menge U der Einheiten eindeutig bestimmt.

ϕ hat noch weitere schöne Eigenschaften. Ein Objekt a ist genau dann kleiner als b, wenn die entsprechenden ϕ-Werte als Zahlen in der Kleiner-Gleich-Relation für Zahlen stehen; und der ϕ-Wert der Konkatenation von a und b ist gerade die Summe der ϕ-Werte der einzelnen Objekte:

(R1) $a \leq^* b$ gdw $\phi(a) \leq^* \phi(b)$

(R2) $\phi(a \circ b) = \phi(a) + \phi(b)$.

Die Funktion ϕ ist mit anderen Worten ein *Homomorphismus*, der die empirische Struktur der Objekte samt Vergleichsrelation und Konkatenation in die numerische Struktur der Zahlen samt Kleiner-Gleich-Relation und Addition abbildet. Nach Theorem 1 ist dieser Homomorphismus durch die Hypothesen und die Menge der Einheiten eindeutig bestimmt.

Die Wahl einer Menge von Einheiten ist weitgehend willkürlich, und es ist wichtig zu verstehen, wie sich ein Wechsel der Einheitenmenge U in den Werten der Größe ϕ auswirkt. Anschaulich ist dies an den obigen Beispiel völlig klar. Der Wechsel von „längeren" zu „kürzeren" Einheiten bei der Längenmessung führt dazu, dass das gleiche Objekt bei Messung mit den kürzeren Einheiten eine größere Maßzahl zugeordnet bekommt. Das Objekt selbst wird dabei natürlich nicht länger. Der Tisch, der in Zentimetern gemessen 100 Einheiten lang ist, wird bei Messung in Millimetern nicht länger, nur seine Maßzahl vergrößert sich auf 1000. Der entsprechende Sachverhalt lässt sich abstrakt in Form eines Theorems ausdrücken.

Theorem 2 Ist $x = \langle D, \mathbb{R}, \leq^*, \circ, \phi \rangle$ ein fundamentales Messmodell mit Einheiten U und y eine Struktur der Form $\langle D, \mathbb{R}, \leq^*, \circ, \phi' \rangle$, so gilt für alle U': y ist genau dann ein fundamentales Messmodell mit Einheiten U', wenn es eine positive, reelle Zahl α gibt, so dass für alle $a \in D$ gilt: $\phi'(a) = \alpha \cdot \phi(a)$.[183]

Wenn die Objektmenge D und die empirischen Relationen $\leq^*$ und $\circ$ die Hypothesen eines Messmodells erfüllen, so wird damit die Funktion ϕ relativ zu einer Menge U von Einheiten festgelegt. Die Wahl einer anderen Einheitenmenge verändert ϕ, jedoch nur um einen positiven Faktor.

Der „Repräsentationsaspekt", der in den fundamentalen Messmodellen mit Einheiten U erfasst ist, und darin besteht, dass die „empirischen" Relationen $\leq^*$ und $\circ$ durch die mathematischen Relationen $\leq$ und $+$ repräsentiert werden, lässt sich auch ohne Bezug auf Einheiten explizit machen. Die Grundidee ist, die Einheiten beliebig „klein" (im Sinne von $\leq^*$) werden zu lassen, so dass es zu jedem noch so kleinen Objekt eine noch kleinere Einheit gibt. Im Limes, bei „unendlich kleinen" Einheiten, verliert zwar das obige Axiom 10) seinen Sinn, aber

[183] Für einen Beweis vergleiche Balzer 1992.

die Eindeutigkeit der Repräsentation von $\leq^*$ und $\circ$ durch $\leq$ und $+$, wie sie in den obigen Theoremen 1 und 2 zum Ausdruck kommt, bleibt beim Übergang zu unendlich kleinen Einheiten erhalten. Mit diesem Übergang ändert sich auch die Interpretation der Axiome. Sie beschreiben nicht mehr einen einzelnen Messvorgang, sondern einen umfassenden Bereich von Objekten, der sich durch die numerischen Relationen $\leq$ und $+$ mittels der beiden obigen Bedingungen R1 und R2 repräsentieren lässt, im Beispiel den Bereich *aller* Objekte, die eine Länge haben, oder zwischen denen ein Abstand besteht.

Damit ist der Anschluss an die oben schon genannte, umfangreiche Literatur über fundamentale Messung hergestellt, in der diese Limesperspektive vorherrscht. Als repräsentatives Beispiel für die in der Literatur vorfindbaren Begriffsbildungen betrachten wir die Definition eines „extensiven" Systems.

x ist ein *extensives System*[184] gdw es $D, \leq, \circ, \phi$ gibt, so dass
$x = \langle D, \mathbb{R}, \leq, \circ, \phi \rangle$ und
1) D ist eine nicht-leere Menge
2) $\mathbb{R}$ ist die Menge der reellen Zahlen
3) $\leq \subseteq D \times D$, $\circ : D \times D \to D$ und $\phi : D \to \mathbb{R}$
4) $\leq$ ist transitiv, reflexiv und konnex
5) Für alle $a, b, c \in D$ gilt
5.1) $a \circ (b \circ c) = (a \circ b) \circ c$
5.2) $a \leq b$ gdw $a \circ c \leq b \circ c$ gdw $c \circ a \leq c \circ b$
5.3) wenn $a < b$ ist, dann gibt es für alle $d, e \in D$ ein $n \in \mathbb{N}$, so dass $na \circ d \leq nb \circ e$
5.4) $a < a \circ b$
6) Für alle $a, b \in D$ gilt:
R1) $a \leq b$ gdw $\phi(a) \leq \phi(b)$
R2) $\phi(a \circ b) = \phi(a) + \phi(b)$.

Implizit wird hier die Abkürzung $\sim$ für ($x \leq y$ *und* $y \leq x$) benutzt. na bezeichnet die n-fache Konkatenation von a mit sich selbst, d.h. von Objekten, die die gleiche Größe wie a haben. Axiom 5.3) ist das *archimedische* Axiom „Für alle $a, b \in D$ gibt es ein n, so dass $na > b$" (gleichgültig, um wieviel b größer

[184] Vergleiche Krantz, Luce, Suppes, Tversky 1971, p. 73, wo solche Systeme als „positive, closed, extensive structures" bezeichnet werden.

ist als a) in etwas verklausulierter Form. Wenn wir mit $\circ$ wie mit $+$ rechnen, so besagt die Ungleichung $na \circ d \leq nb \circ e$, in 5.3): $d - e \leq nb - na = n(b - a)$, also: die n-fache Differenz von b „minus" a (b ist nach Voraussetzung größer als a) wird für hinreichend großes n größer als jedes vorgegebene Objekt (hier in Form der Differenz von d und e). Axiom 5.4) besagt, dass die Objekte alle eine „positive" Größe haben: für jedes b ist $a \circ b$ größer als a.

In diesen Systemen kommt kein Bezug auf Einheiten vor. Es gilt aber das zu Th. 2 analoge *Repräsentationstheorem*

Theorem 3 Zu gegebenen $D, \leq, \circ$, die die Axiome 1),3),4) und 5) erfüllen, gibt es bis auf einen positiven Faktor α genau ein ϕ, welches Axiom 6) erfüllt.[185]

Es lässt sich zeigen, dass durch Zusammenfügung („Vereinigung") genügend vieler fundamentaler Messmodelle mit Einheiten U ein extensives System entsteht, wenn nur die Messmodelle in dem Sinn miteinander konsistent sind, dass „gleiche" Objekte in verschiedenen Messmodellen gleiche Länge haben.[186]

Fundamentale Messung führt unter drei Voraussetzungen zum Erfolg. Erstens muss der Bereich der zu messenden Objekte so beschaffen sein, dass es möglich ist, bestimmte Objekte dieser Art, die Einheiten, in hinreichend großer Zahl herzustellen. Insbesondere müssen die Einheiten in Bezug auf die jeweilige Größe – Abstand, Volumen, etc. – gleich sein. Zweitens muss es möglich sein, Einheiten in sinnvoller Weise zu konkatentieren. Bei der Abstandsmessung zum Beispiel müssen die Einheiten entlang einer Geraden konkateniert werden. Drittens muss es möglich sein, zwei Objekte der betrachteten Art hinsichtlich ihrer Größe miteinander zu vergleichen. Dies ist zum Beispiel bei Abständen nicht immer direkt möglich, etwa dann nicht, wenn der zu messende Abstand auf einem runden, festen Körper markiert ist, so dass ein gerader Maßstab nicht an beide Marken zugleich angelegt werden kann. Solche praktischen Schwierigkeiten lassen sich allerdings auch praktisch beheben.

---

[185] Den Beweis findet man in Krantz, Luce, Suppes, Tversky 1971, p. 74.
[186] Für einen Beweis siehe Balzer 1992.

Diese drei Voraussetzungen sind in vielen Objektbereichen der Naturwissenschaft erfüllt, vor allem in der Physik, wo sie die Grundlage für Maßsysteme und die so genannte „Dimensionstheorie" bilden. Sie setzen ein ziemlich großes Maß an Stabilität und Reproduzierbarkeit der Objekte voraus. In den Sozialwissenschaften dagegen sind die Objekte meist zu weich und veränderlich, um fundamentale Messung zu ermöglichen. Sie lassen sich nicht oder nur annähernd in normierter Weise herstellen und fast nie konkatenieren. Auch die Gleichheit von „sozialen Objekten", wie Personen oder Handlungen, ist oft problematisch bis hin zur Frage der Identität einer Person. Versuche, in Nachahmung der Naturwissenschaften fundamentale Messmethoden für soziale Theorien zu entwickeln, waren bisher – trotz ziemlicher Anstrengungen im Bereich der Psychologie[187] – nicht sehr erfolgreich. Unsere Überlegungen zeigen, warum.

Aber auch in den Naturwissenschaften rückt die fundamentale Messung zunehmend in den Hintergrund. Hier wird sie von neueren Verfahren verdrängt, die auf Optik und Elektrodynamik beruhen. Bei solchen Verfahren ist es oft schwer, die für ein Repräsentationstheorem der Form von Theorem 3 benötigten empirischen Relationen explizit zu machen. Diese Relationen „verschwinden" in den bei der Messung benutzten und vorausgesetzten Theorien. An die Stelle empirischer Relationen treten Axiome und Hypothesen von Theorien, weshalb wir diese Art von Messung als *theoriegeleitet* bezeichnen.

3.5 Theoriegeleitete Messung

Ein Messvorgang besteht in der Entwicklung eines Systems zwischen zwei Zeitpunkten, die den Anfang der Messung und deren Ende markieren. Das System besteht aus dem Messapparat – der im zugelassenen Extremfall auch abwesend sein kann – und dem zu messenden Objekt, zusammen mit Teilen des Systems, in dem dieses vorkommt. Der Anfangszustand wird oft durch direkte Aktivität hergestellt, indem zum Beispiel

[187] Vergleiche z.B. Krantz, Luce, Suppes, Tversky 1971.

kontrollierbare Parameter auf gewisse Werte festgelegt werden. Im Endzustand ist die Wechselwirkung des Messapparats mit dem Objekt und seinem System, soweit für die Messung relevant, abgeschlossen und die Funktion, die gemessen werden soll, hat ihren Wert angenommen. Die Ablesung kann dann am Messapparat vorgenommen werden. Wir werden sie aber in der systematischen Analyse nicht berücksichtigen. Ein solcher Messvorgang wird durch ein Messmodell dargestellt.

In Verallgemeinerung von fundamentaler Messung treten bei *theoriegeleiteter* Messung an die Stelle der einfachen empirischen Hypothesen über Vergleich und Konkatenation (in 3.4) allgemeinere empirische Hypothesen, die aus existierenden Theorien stammen. Ein Messmodell im allgemeinen ist daher in erster Linie Modell einer empirischen Theorie, die seine Struktur und sein Verhalten beschreibt. Erst in zweiter Linie tritt zu dieser allgemeinen Modelleigenschaft noch eine spezielle Bedingung hinzu, die aus dem Modell ein *Messmodell* macht: die zu messende Funktion muss im Messmodell durch die Hypothesen, die das Messmodell charakterisieren, eindeutig bestimmt sein.

Wir beschränken unsere Diskussion auf die Messung echter Funktionen; Relationen und Konstanten können als Spezialfälle mit geringfügigen Änderungen behandelt werden. Was bedeutet es, dass Funktion R_i im Modell $x = \langle D_1, ..., A_m, R_1, ..., R_i, ..., R_n \rangle$ durch die Hypothesen, die das Modell charakterisieren, eindeutig bestimmt ist? Die einzig logisch korrekte Formulierung dieser Bedingung lautet wie folgt. Jeder Versuch, R_i durch eine *andere*, von R_i verschiedene Funktion R_i^* zu ersetzen, bewirkt, dass die entstehende Struktur *kein* Modell der Hypothesen mehr ist. Oder, äquivalent: Wenn wir R_i in x durch eine andere Funktion R_i^* ersetzen und die resultierende Struktur ebenfalls die Hypothesen erfüllt, dann müssen R_i und R_i^* identisch sein. Wegen ihrer Wichtigkeit sei diese Bedingung noch weiter formalisiert. Sei **B** die durch eine gegebene Menge von Hypothesen charakterisierte Klasse von Modellen in unserem Standardformat $\langle D_1, ...A_m, R_1, ..., R_n \rangle$. Für ein Modell x aus **B** und $i \leq n$ bezeichne $x_{-i}[R_i^*]$ das Resultat einer typengerechten Ersetzung von R_i in x durch die Funktion R_i^*. Dass x die $\mathbf{B}$ charakterisierenden Hypothesen erfüllt, bedeutet: x ist ein Modell, ein Element von $\mathbf{B}$, also: $x \in \mathbf{B}$. In dieser Notation heißt eindeutige Bestimmtheit von R_i in x durch (die Hypothesen für) $\mathbf{B}$

(3.5.1) Für alle R_i^* gilt:
wenn $x \in \mathbf{B}$ und $x_{-i}[R_i^*] \in \mathbf{B}$, dann ist $R_i = R_i^*$.

Der Quantor „für alle" läuft dabei über solche Funktionen, für die das Resultat der Ersetzung immer noch eine Struktur des Typs von x ist. Diese Bedingung legt die Funktion R_i nicht nur durch die Hypothesen, die die Modellklasse $\mathbf{B}$ charakterisieren, sondern auch durch den „Rest" des Messmodells fest, d.h. im wesentlichen durch die Relationen $R_1, ..., R_{i-1}, R_{i+1}, ..., R_n$. Bei Abänderung *dieser* Relationen kann die Eindeutigkeitseigenschaft im Sinne von (3.5.1) verloren gehen.[188]

Ein *Messmodell für die i-te Funktion* ist nun ein Modell der Form $\langle D_1, ..., A_m, R_1, ..., R_n \rangle$ mit $i \leq n$, das zu einer Modellklasse $\mathbf{B}$ gehört und in dem die i-te Funktion R_i im Sinne von (3.5.1) eindeutig durch $\mathbf{B}$ bestimmt ist. Die Funktion R_i heißt *die gemessene* Funktion und jeder Funktionswert $R_i(a)$ dieser Funktion *Messwert für a* oder *(bei a) gemessener Wert.* Die Klasse aller Messmodelle, die durch eine Modellklasse $\mathbf{B}$ mit Eindeutigkeitsbedingung gegeben ist, bezeichnen wir als eine *Messmethode für die i-te Funktion.* Diese Bezeichnung ist etwas ungewöhnlich; sie lässt sich aber rechtfertigen. Eine Methode ist eine regelgeleitete Vorgehensweise zur Erreichung eines bestimmten Ziels. Das Ziel bei der Messung ist die Erzeugung von Messwerten. Eine Messmethode beinhaltet Regeln zur Herstellung oder Manipulation eines Systems, das einen Messvorgang

[188] In der Prädikatenlogik erster Stufe lässt sich zeigen, dass aus dieser Art von Eindeutigkeit die Definierbarkeit der i-ten Funktion folgt. Wenn es gelänge, die Modellklasse einer Theorie in der ersten Stufe zu axiomatisieren und in disjunkte Messmethoden für die i-te Funktion zu zerlegen, so hätte man die i-te Funktion *stückweise definiert*, vergleiche Tuomela 1973 für eine zusammenfassende Darstellung. Dieses schöne theoretische Bild passt leider nicht auf die existierenden Theorien und Messmethoden, weil die meisten Theorien nicht ohne Tricks, die die erwähnte Ableitung zerstören, in der ersten Stufe axiomatisiert werden können und weil die Messmethoden in der Regel nicht disjunkt sind.

realisiert. Ein solches System ist aber gerade ein Messmodell. Die Befolgung der Methode führt also zur Realisierung eines Messmodells. Die Hypothesen für **B**, die das Verhalten des Messmodells beschreiben, entsprechen daher den Regeln, die zur Realisierung eines Messvorgangs führen, in folgendem Sinn: genau alle Systeme, die die Hypothesen erfüllen, können durch erfolgreiche Regelanwendung erzeugt werden.

Durch Bezug auf eine Modellklasse geht in den Begriff der Messung auch der des Gesetzes und damit der der Regelhaftigkeit ein. Ein Messmodell muss bestimmten Hypothesen unterliegen. Dies impliziert zwar nicht logisch, aber doch praktisch, dass Messungen wiederholt werden können. Gemessene Werte, über die Einigkeit besteht, haben deshalb den Status von Daten: Messung erzeugt Daten.

Betrachten wir als Beispiel die Methode der Massenmessung mit Hilfe von elastischen Stößen. Einige Teilchen werden zum Zusammenstoß gebracht, ihre Geschwindigkeiten vor und nach dem Stoß werden ermittelt und aus diesen werden mit Hilfe des Impulserhaltungssatzes die Massenverhältnisse der Teilchen errechnet. Die Theorie, die die Messmodelle festlegt, ist hier die klassische Stoßmechanik mit ihrer zentralen Hypothese des Impulserhaltungssatzes (2.8). Wir können allerdings nicht mit der vollen Modellklasse arbeiten, da im allgemeinen der Impulserhaltungssatz die Massenverhältnisse der stoßenden Teilchen *nicht* eindeutig festlegt. Die einfachste Teilklasse von Modellen, die die Eindeutigkeitsbedingung erfüllt, erfasst Stöße von genau zwei Teilchen, die sich auf einer Geraden bewegen. In diesem Fall lässt sich die vektorielle Schreibweise der Geschwindigkeiten in eine „skalare“ Schreibweise transformieren, bei der Geschwindigkeiten durch reellen Zahlen darstellbar sind. Mit zwei Teilchen p, p' und m, v^v, v^n für die Masse und die Geschwindigkeiten von p „vorher“ und „nachher“, sowie m', v'^v, v'^n für die entsprechenden Werte für p' lautet der Impulserhaltungssatz in diesem Spezialfall

$$m \cdot v^v + m' \cdot v'^v = m \cdot v^n + m' \cdot v'^n.$$

Hieraus errechnet sich, wenn $v^v - v^n \neq 0$ ist, das Massenverhältnis zu $m/m' = (v'^n - v'^v)/(v^v - v^n)$. Wenn zusätzlich noch die Masse des einen Teilchens, etwa die von p, als bekannt und als Einheit vorausgesetzt wird, so liefert die ganze Prozedur eine Messung der Masse des anderen Teilchens.

Die genaue Definition eines Messmodells, welches diesen Messvorgang beschreibt, lautet wie folgt.

> x ist ein *Messmodell zur Massenmessung mittels Stoß und Einheit* p gdw es P, v, m und p' gibt, so dass gilt: $x = \langle P, \mathbb{R}, \mathbb{R}^3, v, m \rangle$ und
> 1) x ist ein Modell der klassischen Stoßmechanik (2.8)
> 2) $P = \{p, p'\}$ und es gibt *vor* und *nach*, so dass $T = \{vor, nach\}$
> 3) $v(p, vor) - v(p, nach) \neq 0$
> 4) alle Werte von v liegen auf einer Geraden
> 5) $m(p) = 1$.

Die speziellen Bedingungen 2) bis 5) schränken die Modelle so ein, dass sich in ihnen, wie gerade gezeigt, der Massenwert $m(p')$ eindeutig aus dem „Rest“, d.h. den Geschwindigkeiten vorher und nachher und der Masse des anderen Teilchens, der Einheit p, bestimmen lässt.[189] In der oben eingeführten, metatheoretischen Notation bedeutet dies

Theorem 4 In den Messmodellen zur Massenmessung mittels Stoß und Einheit p ist die Massenfunktion m eindeutig bestimmt.

Ähnlich wie bei den fundamentalen Messmodellen ist auch hier die Wahl einer Einheit, die in der Annahme $m(p) = 1$ enthalten ist, willkürlich. Die Änderung des Massenwerts der Einheit um $\alpha > 0$ führt zu einem um $1/\alpha$ veränderten Wert für das andere Teilchen p'. Wenn wir die Bedingung „$m(p) = 1$“ in der Definition weglassen, ist daher zwar nicht mehr die Masse von p', aber immer noch das Massen*verhältnis* beider Teilchen eindeutig bestimmt. In Analogie zu Theorem 2 erhalten wir, wie sich leicht nachrechnen lässt

Theorem 5 Ist $x = \langle \{p, p'\}, \mathbb{R}, \mathbb{R}^3, v, m \rangle$ ein Messmodell zur Massenmessung mittels Stoß und Einheit p und y eine Struktur der Form $\langle \{p, p'\}, \mathbb{R}, \mathbb{R}^3, v, m' \rangle$,

---

189 Eine *vollständige* Übersicht und Klassifikation aller möglichen Sätze solcher spezieller Bedingungen wurde in Balzer & Mühlhölzer 1982 gegeben.

so erfüllt y genau dann Bedingungen 1) bis 4) der obigen Definition, wenn es eine Zahl $\alpha > 0$ gibt, so dass für alle $p^* \in \{p, p'\}$ gilt: $m'(p^*) = \alpha \cdot m(p^*)$.

Im allgemeinen kann die Festlegung von Einheiten etwas komplizierter werden als in den beiden analysierten Beispielen. Bei der Temperaturmessung etwa ist nicht nur die Temperatureinheit (Grad Celsius, Kelvin oder Fahrenheit) festzulegen, sondern auch ein Nullpunkt. Entsprechend ist die gemessene Funktion dann nicht eindeutig bis auf einen Faktor $\alpha > 0$ bestimmt, sondern bis auf eine *lineare* Transformation, d.h. eine Abbildung f der Form $f(x) = \alpha \cdot x + \beta$ mit reellen Zahlen $\alpha, \beta, \alpha > 0$. Die allgemeine Definition von Messmodellen lässt sich an solche Fälle durch Änderung der Eindeutigkeitsbedingung leicht angleichen. An die Stelle der Gleichheit der Funktionen R_i und R_i^* in (3.5.1) tritt die schwächere Aussage, dass R_i und R_i^* durch eine vorgegebene Transformation ineinander überführt werden können. Schreiben wir $T(R_i) = R_i^*$, um auszudrücken, dass die Transformation T die Funktion R_i in R_i^* überführt, so nimmt die Eindeutigkeitsbedingung für R_i in Messmodell x durch **B** die allgemeinere Form an:

(3.5.2) Für alle R_i^* gilt:
wenn $x \in \mathbf{B}$ und $x_{-i}[R_i^*] \in \mathbf{B}$, dann gilt $T(R_i) = R_i^*$.

Eine Transformation T wird auch als *Skalentransformation* bezeichnet und die abgeschwächte Eindeutigkeit als Eindeutigkeit bis auf Skaleninvarianz (der Art von T). Es ist hierbei wesentlich, die Transformation T so zu wählen, dass sie einer Änderung der Einheiten entspricht. Je komliziertere mathematische Transformationen wir zulassen, desto schwächer wird die Eindeutigkeitsforderung. Für die meisten Beispiele kommt man mit linearen Transformationen aus, deren Interpretation als Wechsel der Einheiten unproblematisch ist.[190]

Das Stoßmechanik-Beispiel weist noch auf eine weitere Möglichkeit der Abschwächung der Messmodelle hin. In ihm wird volle Eindeutigkeit der Massenfunktion nur erzielt, wenn gewisse Massenwerte schon als bekannt vorausgesetzt werden.

[190] Vergleiche Balzer 1996 für eine detaillierte Diskussion der „Zulässigkeit" solcher Transformationen.

Ein anderes, einfaches Beispiel dieser Art ist die Abstandsmessung mittels Triangulation, bei der ein Abstandswert unter Bezug auf zwei andere Abstandswerte mittels des Satzes von *Pythagoras* bestimmt wird.[191] Die obige Bedingung, dass die *ganze* Funktion R_i im Messmodell eindeutig bestimmt ist, muss hier so abgeschwächt werden, dass nur *Teile* dieser Funktion eindeutig bestimmt sind, wobei der „Rest" der Funktion als bekannt in die Bestimmung eingeht. Im Grenzfall ist nur noch ein einziger Funktionswert eindeutig bestimmt.[192]

Eine letzte, spezielle Bedingung für Messmodelle lautet, dass die gemessene Funktion R_i stetig mit den anderen Teilen des Messmodells variiert. Diese Bedingung setzt die Existenz geeigneter Topologien voraus, die sich in der Regel für eine gegebene Modellklasse in natürlicher Weise definieren lassen und bei der entsprechenden Theorie einen Teil des Approximationsapparats **U** bilden.

Es ist leicht einzusehen, dass fundamentale Messung ein Spezialfall theoriegeleiteter Messung ist. Zum Beispiel ist die Klasse der fundamentalen Messmodelle eine Modellklasse im Sinne der Definition aus 2.9, weil unter den sie charakterisierenden Axiomen Verknüpfungsgesetze vorkommen (Bedingungen 8) und 10) in 3.4). Nach Theorem 1 in 3.4 ist die zu messende Funktion in fundamentalen Messmodellen eindeutig bestimmt, so dass die beiden allgemeinen Bedingungen für theoriegeleitete Messung erfüllt sind. Der Begriff der theoriegeleiteten Messung ist allgemein, er deckt alle Fälle von Messung ab, sowohl die, die in der wissenschaftstheoretischen Literatur diskutiert werden, als auch die, die in der Praxis auftreten.

Die Rolle der Eindeutigkeitsbedingung wird unter dieser einheitlichen Perspektive deutlich sichtbar. Bei fundamentaler Messung ist die gemessene Funktion ϕ eindeutig bestimmt (bis auf vorher festgelegte Transformationen). Sie repräsentiert die empirischen Relationen in homomorpher und eindeutiger Weise. Bei den allgemeinen Messmodellen entfällt die Homomorphie, weil es kein Gegenstück zur Unterscheidung zwischen

[191] Vergleiche Balzer 1985, S. 91, 92 für Details.

[192] Im Grenzfall geht die Bedingung der eindeutigen Bestimmtheit über in die Eindeutigkeitsbedingung für Funktionen, vergleiche $F2$) in 2.4.

empirischen Relationen und deren mathematischen Repräsentanten gibt, die Eindeutigkeitsbedingung bleibt jedoch erhalten. Sie drückt aus, dass die gemessene Funktion durch die „restlichen" Funktionen des Modells in einem schwachen Sinn definiert werden kann. In den meisten Fällen kann man die gemessene Funktion sogar aus den restlichen Funktionen effektiv berechnen. Die Eindeutigkeitsbedingung drückt also einerseits den regelhaften Charakter des Messvorgangs aus und beinhaltet andererseits oft in konkreterer Form sogar ein Berechnungsverfahren für den Messwert.

Der Ablauf einer Messung lässt sich in unserer Terminologie wie folgt beschreiben. Um einen Wert der Funktion R_i für gegebenes Objekt (Argument) a zu messen, suchen wir nach einer geeigneten Messmethode, also nach einer Klasse von Messmodellen, in denen die i-te Funktion eindeutig bestimmt ist. Wir versuchen, ein solches Messmodell zu realisieren oder in der Realität zu finden, und zwar so, dass auch das Objekt a im Modell vorkommt. Wir bestimmen oder erzeugen sodann die „restlichen", d.h. die von R_i verschiedenen, Funktionen des Messmodells. Wenn dies gelingt, ist die Messung im wesentlichen durchgeführt. Der gesuchte Wert $R_i(a)$, der Messwert, ist entweder am System ablesbar (fundamentale Messung) oder lässt sich aus den realisierten Werten der „restlichen" Funktionen berechnen (theoriegeleitete Messung). Die eigentliche Aktivität besteht in jedem Fall in der Realisierung des Messmodells, d.h. genauer: der von R_i verschiedenen Teile unter Berücksichtigung der für die Messmodelle charakteristischen Annahmen. Wenn diese Realisierung gelingt, ergibt sich der Messwert „automatisch", entweder durch Ablesung oder durch Berechnung aus Werten, die bei der vorhergehenden Aktivität bestimmt wurden. Diese Analyse rechtfertigt die Bezeichnung „theoriegeleitet": es sind die vorhandenen Theorien, die die Suche nach geeigneten Messmodellen und Messmethoden leiten.

Die Bestimmung eines Messwerts mit Hilfe eines Messmodells führt zur Frage, wie wir beurteilen sollen, ob und wann die Messung „korrekt" war. Die Antwort erfordert einen Standard für Korrektheit und dieser ist im Begriff des Messmodells angelegt. Jedes Messmodell gehört zu einer ganzen Klasse von Messmodellen, die durch Verknüpfungsgesetze definiert ist und die wir als Messmethode bezeichneten. Jedes Messmodell erfüllt also bestimmte Hypothesen oder Regularitäten. Es liegt nahe, eben diese Hypothesen als Standard für Korrektheit zu wählen. Ein gemessener Wert ist *korrekt*, wenn er in Einklang mit den Hypothesen steht, die das Messmodell beherrschen. Diese Forderung ist in der Theorie automatisch erfüllt, wenn das untersuchte System tatsächlich ein Messmodell ist. Praktisch führt die Frage, ob ein System ein Modell „ist", allerdings auf die allgemeinen Schwierigkeiten der Anwendung einer Theorie und der Passung von Theorie und Daten, die wir weiter unten, in 3.9 und 3.10 genauer erörtern. Grob gesprochen ist ein gemessener Wert korrekt, wenn das benutzte Messmodell den Messvorgang korrekt beschreibt, das heißt, dass die Daten über das System des Messvorgangs approximativ bis auf eine vorgegebene Ungenauigkeit mit den das Messmodell definierenden Hypothesen zusammenpassen. In gewisser Weise wird so die Korrektheit eines gemessenen Werts „zurückgespielt" auf die Korrektheit der Beschreibung eines Systems durch eine Theorie, nämlich die Theorie, die den Messmodellen zugrundeliegt. Der Einwand, dass dadurch „die Theorie vor die Messung gespannt wird", ist nur vordergründig stichhaltig. Theorien und Daten stehen nicht in einem eingleisigen Verhältnis zueinander, sondern bedingen sich gegenseitig. Die Theorien systematisieren einerseits die Daten und werden durch diese getestet, andererseits aber wirken sie auch mit, Daten im Kontext von Messung als korrekt und damit als sinnvolle Daten auszuzeichnen.

In der Anwendung von Theorien führt dies zu einer dialektischen Spannung. Einerseits werden Hypothesen, die eine Messmethode charakterisieren, an Hand von gemessenen Daten bestätigt, andererseits werden diese Hypothesen aber auch bei der Messung von Daten als Regularitäten vorausgesetzt. Damit wird ein Zirkel in der Bestätigung der Theorie möglich, nämlich, wenn die Daten, die die Theorie bestätigen, schon mit Hilfe und unter Voraussetzung *derselben* Theorie gemessen wurden. Ein solcher Zirkel droht, die Bestätigung zu entwerten, weil nicht zu sehen ist, wie bei Voraussetzung der Theorie in der Messung überhaupt Daten produziert werden könnten, die der Theorie nicht entsprechen.[193] Abgesehen davon, dass die endgültige Beurteilung dieser Möglichkeit von einem bestimmten, bis jetzt noch nicht sichtbaren, allgemein anerkannten Bestätigungsbegriff abhängen wird, kann man feststellen, dass die bloße Möglichkeit von Zirkeln keine großen praktischen Probleme aufwirft. In der Regel lassen sich Zirkel der angegebenen Art bei der Bestätigung einer Theorie vermeiden, da es bei etwas Vorsicht möglich ist, Daten, die mit Hilfe von Hypothese H gemessen wurden, so im Blick zu behalten, dass sie beim Test von H in der letzten Phase nicht eingesetzt werden.

In der zeitlichen Entwicklung von Theorien finden wir zwei Hauptmuster, nach denen Messmodelle eingesetzt werden. Erstens werden Messmodelle im Rahmen einer schon etablierten Theorie und unter Voraussetzung derselben eingesetzt, um *genauere* Werte für schon vorhandene Daten zu erhalten. In diesem Fall geht es nicht primär um die Bestätigung der Theorie: sie *ist* schon bestätigt und anerkannt. Es geht um ihre Verbesserung. Wenn Daten dabei in der Messung vorausgesetzt und benutzt werden, mag zwar ein gewisser Zirkel, der noch zu präzisieren wäre, vorliegen, es ist aber kein Bestätigungszirkel der oben betrachteten Art. Nach dem zweiten Muster kommen Messmodelle zum Einsatz, die die *eine* Theorie voraussetzen, um Daten für den Test einer *anderen* Theorie zu ermitteln. Die gemessenen Daten werden mittels Querverbindungen aus den Messmodellen zu den Daten für die andere Theorie hinzugefügt. Dieser Einsatz von Messmodellen ist methodisch unbedenklich, wenn dabei keine „großen“ Zirkel zwischen den Theorien auftreten, so dass Theorie $\mathbf{T}_1$ Daten für $\mathbf{T}_2$ liefert, $\mathbf{T}_2$ Daten für $\mathbf{T}_3$ und $\mathbf{T}_3$ wieder solche für $\mathbf{T}_1$. Solche Zirkel sind zwar möglich, wurden bisher aber nicht nachgewiesen.

[193] Dieses Problem wurde im Anschluss an Sneeds „Problem der theoretischen Terme“ viel diskutiert, siehe etwa Stegmüller 1973.

Wenn wir Messung über den eigentlichen Messvorgang hinaus analysieren, muss oft noch ein anderes System mit einbezogen werden, das System, in dem sich das zu messende Objekt ursprünglich befindet. Am Beispiel der Gewichtsmessung, also der Messung einer bestimmten Kraft, ist dies schön zu sehen. In einem realen System soll für ein bestimmtes Objekt dessen Funktionswert, sein „Gewicht“, bestimmt werden. Normalerweise ist das betrachtete System selbst kein Messmodell für die fragliche Funktion. Man muss dann zu einem *anderen* System übergehen, das erstens ein Messmodell für die betrachtete Funktion ist, und in dem zweitens das untersuchte Objekt vorkommt. In diesem System wird, wie oben beschrieben, ein Messwert bestimmt, der anschließend in das ursprüngliche System zurücktransferiert werden muss. Bei Gewichtsmessung wird der Messwert durch die Gravitationskraft bestimmt, die zwischen Objekt und Erdmittelpunkt wirkt. Das Objekt wird auf eine Federwaage gelegt und hat bei der Ablesung in Ruhestellung meist einen geringfügig anderen Abstand zum Erdmittelpunkt als in seinem ursprünglichen System, so dass das gemessene Gewicht geringfügig von dem im ursprünglichen System vorliegenden, aber unbekannten Gewicht verschieden ist.[194] Der Transfer vom gemessenen zum „zu messenden“ Wert ist im allgemeinen nicht genau definiert. Oft ist es aus theoretischen Gründen klar, dass beim Übergang von einem System zum anderen ein systematischer Fehler entsteht, der beim Transfer zu korrigieren ist. Oft ist aber einfach der Zusammenhang zwischen beiden Systemen derart vage, dass ein Begründungsproblem entsteht. Es ist zu begründen, warum der im Messmodell gemessene Wert bzw. sein rücktransferiertes Gegenstück mit dem im ursprünglichen System *zu messenden* Wert identisch ist, oder warum ersterer als Wert für letzteren akzeptiert werden kann. Dieses Problem bezeichnen wir als Messproblem.

[194] Vergleiche Balzer 1985, S. 95 ff für weitere Details. Dort wurden in D87-5 die Quantoren in falscher Reihenfolge angeschrieben.

In formalerer Notation bezeichne x das zunächst betrachtete System, d.h. genauer ein Modell dieses Systems, R^x eine in x vorkommende Funktion und a ein in x vorkommendes Objekt aus dem Definitionsbereich der Funktion R^x. Der Wert $R^x(a)$ soll gemessen werden. Dazu betrachten wir ein geeignetes, anderes System, in welchem a ebenfalls vorkommt, das durch ein Messmodell y für die untersuchte Funktion korrekt beschrieben wird und dessen „R“ -Funktion wir mit R^y bezeichnen. Der in y gemessene Wert ist $R^y(a)$ und das Messproblem besteht darin, einen Zusammenhang zwischen beiden Werten: $R^x(a)$ und $R^y(a)$, herzustellen. Falls die Identität beider Werte behauptet wird, ist diese zu begründen.

Eine befriedigende Begründung hat zwei Teile. Erstens muss der Transfer vom gemessenen Wert $R^y(a)$ zum zu messenden Wert in eine definitive Form gebracht werden. Die einfachste Form ist die der Identität, in komplizierteren Formen wird der Zusammenhang über eine Formel geregelt, die ihrerseits theoretisch zu begründen ist. Zweitens muss geklärt werden, was *der zu messende Wert* überhaupt ist.

In Bezug auf den ersten Teil beschränken wir uns hier auf den Fall, wo zwischen beiden Werten eine Identität besteht oder behauptet wird. Komplexere Fälle können z.B. über Querverbindungen modelliert werden.

Wichtiger ist uns hier der zweite Teil der Begründung: die Klärung und begriffliche Fixierung des zu messenden Wertes. Im Idealfall ist die zu messende Funktion – und damit auch der zu messende Wert – durch eine bestimmte Theorie charakterisiert. Die zu messende Funktion ist dann „per Definition“ eine Funktion, die in einem relevanten Modell dieser Theorie vorkommt. „Relevant“ bedeutet dabei, dass das Modell ein intendiertes System der Theorie einigermaßen korrekt beschreibt. In weniger idealen Fällen ist ein ganzes Netz von Theorien für die Auszeichnung der zu messenden Funktion zuständig.

Die Massenmessung durch Stoß gibt auch hier ein gutes Beispiel. „Die Masse des Teilchens p“ ist in der Stoßmechanik der Wert, den die Massefunktion m dem Teilchen p in einem relevanten Modell der Stoßmechanik zuordnet. Allerdings bestehen Unklarheiten bezüglich des bestimmten Artikels in „der Wert“.

Es gibt viele verschiedene Modelle der Stoßmechanik und auch solche, die sich in den Massewerten eines Teilchens unterscheiden. Der Zusatz „relevant" soll hier Abhilfe schaffen und ausdrücken, dass das Modell ein reales System, in dem p vorkommt, korrekt beschreibt. Aber auch dies sichert keine Eindeutigkeit; es gibt viele relevante Modelle, die sich in den Massewerten für p unterscheiden können. Unter diesen kommen, wie wir im letzten Abschnitt sahen, jedoch auch Messmodelle durch Stoß vor und in solchen Messmodellen ist die Masse bis auf Skaleninvarianz eindeutig bestimmt. Es ist also möglich, wenn auch etwas kompliziert, den bestimmten Artikel beizubehalten, indem die Suche nach „dem geeigneten" Modell intensiviert wird. Wir wollen diese Prozedur nicht weiter im Detail verfolgen,[195] sondern annehmen, dass sie erfolgreich ist und „die Masse von p" durch Bezug auf die Stoßmechanik eindeutig festgelegt ist. Dann wird der oben genannte, erste Teil des Messproblems deutlich sichtbar, nämlich der Übergang vom gemessenen zum zu messenden Wert. Wieso sind beide gleich? Oder, wenn keine Gleichheit vorliegt, wieso ist der gemessene Wert akzeptabel? Im Beispiel folgt die Gleichheit beider Werte aus der Identitäts-Querverbindung für die Masse, die eine wesentliche und empirisch gut bestätigte Hypothese der Stoßmechanik darstellt: die Masse eines Teilchens ist nach dieser Hypothese in allen Systemen die gleiche und kann deshalb vom Messmodell in das ursprüngliche System, in dem das zu messende Teilchen vorkam, identisch transferiert werden.

Im allgemeinen ist der zu messende Wert durch eine oder mehrere Theorien *nicht* eindeutig festgelegt. Die Theorie zeichnet für Funktion R nur einen Bereich, eine Menge X_R von zulässigen Werten aus. Der gemessene Wert ist ein Wert $R^y(a)$, den R in einem Messmodell y für Argument a annimmt. Die Frage ist, ob $R^y(a)$ zur Menge X_R gehört. Wenn nicht, kann der gemessene Wert nicht akzeptiert werden. Die Zugehörigkeit von $R^y(a)$ zu X_R muss also begründet werden. *Eine* häufig anzutreffene Form der Begründung lautet wie im Beispiel, dass die Theorie eine Identitäts-Querverbindung für die untersuchte Funktion enthält. Das heißt, die Hypothese, nach der Funkti-

[195] Vergleiche Balzer 1985, Kap. V und VI.

onswerte für R bei gleichem Argument in verschiedenen Modellen gleich sind, ist empirisch bestätigt. Wenn das Messmodell ein Modell der Theorie ist, dann folgt aus der Querverbindung, dass der gemessene Wert in X_R liegt. Im allgemeinen besteht aber kein solch einfacher Zusammenhang und das Messproblem ist systematisch nicht vollständig lösbar. In die Begründung gehen vielmehr pragmatische Überlegungen mit ein.

Eine alternative, allerdings normative Lösung des Messproblems bietet der konstruktivistische Ansatz von *Lorenzen*.[196] Danach wird der zu messende Wert per Definition als derjenige Wert erklärt, der im Messmodell gemessen wurde. Im Vergleich zur obigen, allgemeinen Lösung ist dieser Ansatz bestechend einfach. Die zu messende Größe wird, ohne dass man sich in komplizierte Begründungen verstrickt, durch eine Messmethode operational definiert. Aufgrund dieser Definition entsteht gar kein Identitätsproblem zwischen gemessenem und zu messendem Wert. Der letztere ist per Definition mit ersterem identisch. Der konstruktivistische Ansatz gibt also auf beide obige Teilfragen eine einfache Antwort. Dieser Ansatz hat jedoch weitreichende Konsequenzen für den globalen Aufbau der Wissenschaft, insofern für jede Größe oder Funktion jeweils genau eine Messmethode auszuzeichnen ist, die die Größe *operational definiert*. Die anfängliche Einfachheit führt dadurch später zu größerer Komplexität. Es ist nämlich nicht möglich, verschiedene Messmethoden zur Messung der gleichen Funktion zu benutzen. Zum Beispiel könnte man sich darauf einigen, dass die „klassische Masse" durch Messmodelle mittels Stoß, wie in 3.5 beschrieben, operational definiert wird. „Die Masse von Teilchen p" bedeutet dann: „Das Ergebnis einer korrekten Messung an p mittels Stoß". Wird die „Masse" von p mit einer anderen Methode gemessen, etwa durch Ermittlung der Beschleunigung in einem bekannten Kraftfeld, so müssen wir nach konstruktivistischer Vorschrift eine andere Bezeichnung verwenden, etwa „$Masse_1$". Die Gleichheit der Werte $Masse(p)$ und $Masse_1(p)$ wird zu einer empirischen Hypothese über verschiedene Funktionen. Der konstruktivistische Ansatz beschreibt in dieser

196 Siehe etwa Lorenzen 1987.

Hinsicht die wissenschaftliche Praxis nicht gut; Norm und Praxis klaffen auseinander.

Demgegenüber beschreibt die vorher skizzierte Lösung die tatsächlichen Verhältnisse, wo *eine* Funktion, etwa die klassische Masse, durch *eine* Theorie implizit definiert, aber durch *viele* verschiedene Messmethoden gemessen wird, weit besser. Bei ihr wird die Identität von Werten, die nach verschiedenen Methoden gemessen wurden, zu einer empirischen Hypothese über verschiedene Messmethoden.

Im wissenschaftlichen Alltag ist eine Tendenz zum „lokalen“ Konstruktivismus oder Operationalismus vorhanden, wenn der Forschungskontext experimentell geprägt ist. Wenn größere theoretische Zusammenhänge nicht wichtig oder gar nicht vorhanden sind, wird oft so getan, als ob eine Funktion operational definiert sei. Man akzeptiert im lokalen Kontext operationale Definitionen in dem Sinn, dass die mit gegebenen Messmethoden ermittelten Werte fraglos als Werte für die Größen angesehen werden, die man messen möchte. In mehr theoretischem Kontext will man aber von einer solch strengen Festlegung dann nichts mehr wissen. In der theoretischen Literatur wird sehr wohl die Problematik des einen oder anderen Begriffs, seiner Bedeutung, und seiner Messmethoden, erörtert.[197] Es war nicht zu erwarten, dass Fachwissenschaftler sich in solchen Diskussionen unserer metatheoretischen Terminologie bedienen würden, diese ist einfach zu „jung“. Die zwei Teile der Lösung des Messproblems lassen sich aber bei konkreten Diskussionen deutlich ausmachen. Es wird versucht, zu klären, was unter der zu messenden Funktion, der Bedeutung des „Begriffs“, zu verstehen ist und man versucht zu begründen, wieso die gemessenen Werte dieser Bedeutung gerecht werden.

Wir erläutern die abstrakten Probleme durch ein sozialwissenschaftliches Beispiel. Als Theorie nehmen wir die schon oben erwähnte Rollenkonflikttheorie von *Gross, Mason* und *McEachern*[198] und beschreiben, wie Daten für diese Theorie

[197] Ein „klassisches“ Beispiel ist die Jahrhunderte währende Diskussion um den Kraftbegriff in der Mechanik. Vergleiche Balzer & Moulines 1981 und die dortigen Literaturangaben.

[198] Vergleiche Gross, Mason, McEachern 1958. Wir stützen uns auf eine

aus Umfragen gewonnen werden. In dieser Theorie haben die Autoren zwei zentrale Begriffe *Legitimationsgrad* und *Sanktionsgrad* eingeführt, die in der normalen Sprache ziemlich unklar sind. Die Autoren haben mehrere Fragebögen entwickelt, um diese Begriffe genauer zu bestimmen.

In diesen Fragebögen wird die Neigung oder der Grad einer Person untersucht, sich bei der Wahl ihrer sozialen Rollen nach der Meinung anderer Personen zu richten. In dieser Theorie geht es speziell um die zwei oben genannten Grade. In einem ersten Fragebogen soll der Legitimationsgrad gemessen werden. Ein Proband hat zwei oder mehr soziale Rollen, die er einnehmen kann, die aber in dem Probanden intern einen Konflikt auslösen können. Es wird für eine gegebene Rolle gefragt, ob diese nach Meinung verschiedener Gruppen legitim (oder richtig) sei oder nicht. D.h. es werden dem Probanden Meinungen verschiedener Gruppen durch verschiedene Fragen vorgelegt. Wenn der Proband in den meisten der ihm vorgelegten Fällen diese Meinungen legitim findet, scheint der Proband großen Wert auf Legitimation zu legen. Er hat einen großen *Legitimationsgrad* oder anders, er hat die Disposition, bestimmte Rollen rechtmäßig zu finden. In einem anderen Fragebogen wird ähnlich gefragt, ob eine Rolle nach Meinung verschiedener Gruppen bestraft (sanktioniert) werden sollte. Wenn der Proband in den meisten ihm vorgelegten Fällen meint, die Rolle sollte sanktioniert werden, hat er eine große Neigung zu *Sanktionen* (Strafen).

Um den Legitimationsgrad zu bestimmen, werden an eine Person 18 Fragen gerichtet, die mit *ja* oder *nein* zu beantworten sind. Der Inhalt der Fragen betrifft verschiedene Meinungen über eine realistische Situation, in der sich die Person tatsächlich manchmal befindet. In diesem Beispiel wurden Untersuchungen an Direktoren amerikanischer High Schools gemacht. Der Rollenkonflikt betrifft das Verhalten eines Direktors bei Festsetzung der Lehrergehälter. In der Rolle als Leiter eines wirtschaftlichen Unternehmens versucht ein Direktor, die

---

Rekonstruktion von Kuokkanen 1989. Weitere rekonstruierte Beispiele psychologischer Theorien, bei denen zum Teil ähnliche Probleme auftreten, findet man in Westmeyer 1989 und Westmeyer 1992.

Gehälter möglichst niedrig festzusetzen. In der Rolle des für die Ausbildung Verantwortlichen tendiert er dazu, die Gehälter hoch anzusetzen. Welche Rolle er tatsächlich wählt und spielt, wird durch die zentrale Hypothese der Theorie entschieden.

Zur Ermittlung des Legitimationsgrades werden Fragen der Art formuliert: „Ist der Veteranenklub im Recht, wenn er niedrige Lehrergehälter verlangt?“, wobei für „Veteranenklub“ noch 17 verschiedene, andere soziale Gruppen im Umfeld eines Direktors eingesetzt werden. Der Legitimationsgrad eines Direktors wird hier durch die Anzahl der *ja*-Antworten bestimmt. In dieser Untersuchung wurde diese Bestimmung des Grades durch die Anzahl der *ja*-Antworten so grob gewählt, dass der Legitimationsgrad nur zwei mögliche Ausprägungen, „Grade“, haben kann. Die Autoren haben festgelegt, dass der Legitimationsgrad 1 ist gdw der Proband *mehr* als die Hälfte der Fragen mit *ja* beantwortet. Im Prinzip hätten die Autoren auch mehrere Grade unterscheiden können. Zum Beispiel könnte man, relativ zu 18 Fragen, 6 Grade unterscheiden, indem die Anzahl n der *ja*-Anworten zwischen $(i-1)\cdot 3 < n \leq i \cdot 3$ liegt. Wenn etwa der Proband bei 11 Fragen *ja*-Antworten gegeben hat, wäre sein Grad 4: $(4-1)\cdot 3 = 9 < 11 \leq 12 = 4 \cdot 3$. In dem tatsächlich verwendeten Fragebogen hat ein Direktor den Legitimationsgrad 1 gdw er mehr als die Hälfte der Fragen mit *ja* beantwortet. Andersfalls hat er den Legitimationsgrad 0. Mehr inhaltlich gedacht, antwortet ein Direktor mehr Fragen mit *ja*, wenn er sich an der Meinung anderer über Recht und Unrecht orientiert: er ist legitimationsorientiert. Bei dem Fragebogen über den Sanktionsgrad wird genauso verfahren. Die Fragen haben ähnliche Form: „Erwarten Sie, dass der Veteranenklub bei Festsetzung hoher Gehälter protestieren wird?“, wieder mit variabler Einsetzung anstelle des „Veteranenklubs“.

Das Ausfüllen eines Fragebogens durch eine bestimmte Person und die Festlegung des Legitimationsgrads beschreiben wir durch ein zugehöriges Messmodell.

x ist ein *Messmodell für den Legitimationsgrad* gdw es $E, FR, ja, nein, \mathbb{R}$, *af* und l gibt, so dass x die Form $\langle E, FR, \{ja, nein\}, \mathbb{R}, af, l\rangle$ hat und folgende Bedingungen erfüllt:

1) E ist eine endliche Menge [„Rollen"]
2) FR ist eine Menge mit 18 Elementen [„Fragen"]
3) $\{ja, nein\}$ ist eine zwei-elementige Menge
4) $\mathbb{R}$ ist die Menge der reellen Zahlen
5) *af* ist eine Funktion von $E \times FR$ in die Menge $\{ja, nein\}$ [„Auswertungsfunktion"]
6) l ist eine Funktion von E nach $\mathbb{R}$ [„Legitimation"]
7) Für alle $e \in E$ gilt: $l(e) = 1$, wenn die Anzahl der $fr \in FR$, für die $af(e,fr) = ja$ gilt, größer als 9 ist, und $l(e) = 0$ sonst.

Die Elemente von E werden als Rollen interpretiert, die eine Person in einer bestimmten, implizit belassenen Situation einnehmen kann. FR ist die Menge der Fragen auf dem Fragebogen, $\{ja, nein\}$ die Menge der zulässigen Antworten. *af*, die *Auswertungsfunktion*, ordnet jeder Rolle e und jeder Frage *fr* die Antwort zu, die die Person tatsächlich gibt. $af(e,fr) = ja$ bedeutet zum Beispiel, dass die Person auf die Frage *fr*, die die Rolle e betrifft, mit „ja" antwortet. $l(e)$ ist der Legitimationsgrad einer Rolle e, der in Bedingung 7) durch die Anzahl der ja-Antworten definiert wird. Da in 7) diese Definition für alle Rollen e im gegebenen System gilt, können wir sagen, dass die ganze Funktion l gemessen wird:

Theorem 6 In Messmodellen für den Legitimationsgrad ist dieser für jede Rolle eindeutig bestimmt.

Da Bedingung 7) ein Verknüpfungsgesetz ist, liegt eine echte Messmethode vor. Ganz analog lässt sich eine Messmethode für den Sanktionsgrad definieren.

Das Messproblem besteht nun in der Frage, warum die in der beschriebenen Weise durch Fragebögen gemessenen Werte (0 oder 1), Werte der Funktionen „Legitimationsgrad" und „Sanktionsgrad" sind. Zur Beantwortung ist zuerst zu klären, was diese mit Gänsefüßchen versehenen Begriffe bedeuten. Es handelt sich um theoretische Begriffe, die systematisch in dieser Theorie erstmals auftreten. Die Modelle der Theorie werden in einer von *Kuokkanen* vorgeschlagenen Verallgemeinerung der ursprünglichen Theorie[199] durch folgende zentrale

[199] Siehe Kuokkanen 1989.

Hypothese festgelegt. Die Person führt in einer gegebenen Situation, in der sie zwischen mehreren Rollen wählen kann, diejenige Handlung aus, die der Rolle mit maximalem Gesamtrechtfertigungsgrad entspricht. *Gesamtrechtfertigungsgrad* ist dabei definiert als eine gewichtete Summe von Legitimations- und Sanktionsgrad. Das Vorliegen einer Rollenkonfliktsituation wird in der Theorie nicht weiter thematisiert, sondern als Teil der Bestimmung der intendierten Systeme, auf die sie Anwendung findet, vorausgesetzt. Die Hypothese betrifft also im wesentlichen die Zuordnung von Handlungen zu Rollen, die durch Bezug auf den Gesamtrechtfertigungsgrad theoretisch festgelegt wird. Zur präzisen Formulierung der Hypothese definieren wir für gegebene Gewichte g_1, g_2 und Rollenmenge E, sowie für die Funktionen l der Legitimations- und s der Sanktionsgrade, die Funktion GR, den *Gesamtrechtfertigungsgrad*, durch

$$GR(e) = g_1 \cdot l(e) + g_2 \cdot s(e).$$

Weiter kürzen wir die Menge der Rollen, die einen von Null verschiedenen, maximalen Gesamtrechtfertigungsgrad haben, wie folgt ab:

$$max(E) = \{e \in E / GR(e) \neq 0 \textit{ und es gibt kein } e' \in E, \textit{ so dass } GR(e) < GR(e')\}.$$

x ist ein *Modell der Rollenkonflikttheorie* gdw es $E, A, \mathbb{R}, \phi, l, s, g_1, g_2$ und rh, aus, kom gibt, so dass x eine Struktur der Form $\langle E, A, \mathbb{R}, \phi, l, s, g_1, g_2, rh, aus, kom\rangle$ ist und folgende Bedingungen erfüllt:

1) E und A sind endliche, disjunkte, nicht-leere Mengen
2) ϕ ist eine Funktion, die jeder Teilmenge von E ein Element von A zuordnet, und ϕ ist injektiv
3) l und s sind Funktionen von E nach $\mathbb{R}$, die nur die Werte 0 und 1 annehmen
4) g_1, g_2 sind reelle Zahlen mit $0 \leq g_1, g_2 \leq 1$ und $g_1 + g_2 = 1$
5) rh, aus, kom sind Elemente aus A
6) für alle $e \in E$ ist $kom \neq \phi(\{e\}) \neq aus$
7) für rh gilt eine der folgenden drei Gleichungen:
7.1) $rh = \phi(\{e\})$, falls $\exists e \in E(max(E) = \{e\})$

7.2) $rh = aus$, falls $max(E)$ mehr als ein Element enthält

7.3) $rh = kom$, falls $max(E)$ leer ist.

E ist die Menge der in einer Situation möglichen Rollen und A enthält diejenigen Handlungen („Aktionen"), die die Person in der Situation ausführen kann. ϕ ordnet jeder Rolle die zugehörige Handlung zu, d.h. die Handlung, die gemäß dieser Rolle auszuführen ist. Um Injektivität von ϕ zu erreichen, müssen ganze *Mengen* von Rollen als Argumente zugelassen werden. Alle Rollen einer solchen Menge führen zur gleichen Handlung. Drei spezielle Handlungen sind besonders hervorgehoben, rh: die tatsächlich ausgeführte („realisierte Handlung"), aus: eine Ausweichhandlung und kom: eine Kompromisshandlung. g_1, g_2 sind Gewichte, die in der Definition des Gesamtrechtfertigungsgrades zusätzlichen Freiraum schaffen. Bedingung 6) schränkt den Gebrauch von aus und kom ein. 7) ist die Präzisierung der oben formulierten, informellen Hypothese, wobei 7.2) und 7.3) die speziellen Fälle regeln, in denen es mehrere Rollen (7.2) oder keine Rolle (7.3) gibt, die maximalen Gesamtrechtfertigungsgrad haben.

Legitimations- und Sanktionsgrade haben nach diesen Annahmen eine theoretische, handlungsleitende Funktion, die aber für die Bedeutung beider Begriffe einen erheblichen Spielraum lässt. Legitimations- und Sanktionsgrad sind Zahlen, die in einem relevanten Modell der Rollenkonflikttheorie vorkommen. In Abwesenheit anderer Maßstäbe müssen wir mit dieser etwas vagen Bedeutung vorliebnehmen. Als zulässig für den Legitimationsgrad kommen alle Werte in Betracht, die in relevanten Modellen der Theorie auftreten können. Die zu messende Funktion ist damit, soweit dies eben möglich ist, festgelegt oder „implizit definiert".

Die zweite Frage ist, inwiefern die gemessenen Werte als Werte der Funktion l (und analog für s) akzeptiert werden können. Die Theorie enthält keine Identitäts-Querverbindungen für l und s, so dass diese Akzeptanzmöglichkeit ausscheidet. Wieso soll die Anzahl von positiven Antworten im Fragebogen den durch eine theoretische Funktion implizit definierten Legitimationsgrad angeben? Eine logische Beziehung zwischen beiden Seiten besteht nicht, so dass als einzige

Art der Begründung die Bezugnahme auf den alltagssprachlichen Inhalt der Fragen übrigbleibt. Die Formulierung der Fragen enthält Wendungen „ist im Recht", „wird protestieren", die wir in der Umgangssprache mit Legitimität bzw. Sanktion assoziieren. Zusammen mit der impliziten Hypothese, dass die Antwort der Person auf verbale Fragen mit ihrem tatsächlichen Verhalten in den beschriebenen Situationen korreliert, ergibt sich eine vage Begründung für den Zusammenhang von Antworten und zu messendem Funktionswert.

In Fällen dieser Art ist der konstruktivistische Ansatz besonders anziehend. Die zu messende Funktion wird einfach per operationaler Definition als das Ergebnis im Messmodell festgelegt. Damit wird sowohl die Identitätsfrage als auch die Frage nach der Bedeutung der Begriffe per operationaler Definition gelöst. Allerdings wird die anfängliche Einfachheit, wie schon gesagt, mit späterer Komplikation erkauft. Wenn wir einen anderen Fragebogen mit ähnlichen Fragen benutzen, müssen wir nämlich sagen, dass damit zum Beispiel ein anderer Begriff des Legitimationsgrades definiert wird und wir erzeugen eine Vielfalt von „verschiedenen" Begriffen des Legitimationsgrades, die das wissenschaftliche Leben schwer macht.

3.7 Datenstrukturen

Zwischen Daten und Modellen empirischer Theorien besteht ein für die Wissenschaftstheorie zentrales Verhältnis, das wir als *Passung* bezeichnen. Das Verhältnis ist wechselseitig, ein Modell kann zu gegebenen Daten passen, aber auch umgekehrt ein Datum zu gegebener Modellklasse. Bei der Modellierung des Passungsverhältnisses besteht zunächst eine Schwierigkeit darin, dass Daten als Sätze eingeführt wurden, im Gegensatz zu Modellklassen. Wir müssen also erst eine Verbindung zwischen diesen beiden verschiedenartigen Entitäten herstellen. Bei Benutzung einer ma-Sprache als allgemeiner Wissenschaftssprache wird jeder Satz, jedes Datum, in einen *entsprechenden* mengentheoretischen Satz verwandelt, falls er noch kein solcher ist. Die mengentheoretischen Sätze lassen sich dann leicht so umgruppieren und zusammenfassen, dass

Strukturen entstehen. Dieses Vorgehen ist im Einklang mit unserer systemischen Sichtweise. Wir fassen Gruppen von Daten, die aus einem System stammen, zu einer Struktur zusammen, die wir als Datenstruktur bezeichnen. Da Modelle ebenfalls Strukturen sind, können wir dann die Passung von zwei gleichartige Entitäten, einem Modell und einer Datenstruktur, untersuchen. Eine Komplikation entsteht durch Daten, die negierte Form haben. Wir werden diese auch als *negative* Daten bezeichnen, im Gegensatz zu *positiven*, die durch unnegierte Atomsätze gegeben sind. Negative Daten erfordern eine gesonderte Behandlung. Aus mehreren Möglichkeiten wählen wir den Weg, positive und negative Daten jeweils zu einer eigenen Datenstruktur zusammenzufassen, so dass aus den Daten nicht eine, sondern zwei Datenstrukturen entstehen.

Die Grundidee bei der Bildung von Datenstrukturen besteht im Übergang von einem atomaren Satz zu einem „entsprechenden" n-Tupel. Dazu erinnern wir uns an die Notation von Sätzen (2.3) und an den in 2.7 „eingeebneten" Unterschied von fett und kursiv gedruckten Sätzen. Genau genommen hat ein mit dem n-stelligen Relationssymbol $\mathbf{R}$ formulierter, atomarer Satz die Form $\mathbf{R}(\mathbf{a}_1, ..., \mathbf{a}_n)$, wobei $\mathbf{a}_1, ..., \mathbf{a}_n$ Namen für bestimmte Objekte $a_1, ..., a_n$ sind. Der Satz drückt aus, dass diese Objekte $a_1, ..., a_n$ in der durch $\mathbf{R}$ bezeichneten Relation R stehen. Nun „ist" aber eine n-stellige Relation, mengentheoretisch gesehen, eine Menge von n-Tupeln $\langle a_1, ..., a_n \rangle$, nämlich derjenigen Tupel von Objekten $a_1, ..., a_n$, die in der R-Relation zueinander stehen; überspitzt – und gewöhnungsbedürftig (2.7) – könnte man dies in einer ma-Sprache so abkürzen: $R = \{x / \exists x_1 ... x_n (x = \langle x_1, ..., x_n \rangle \wedge x \in R)\}$. Zum Beispiel besteht die Relation, die wir durch das Symbol „ist kleiner als" bezeichnen, aus allen Paaren von Objekten $\langle a, b \rangle$, für die a kleiner als b ist.

Wir transformieren jeden atomaren Satz der Form $\mathbf{R}(\mathbf{a}_1, ..., \mathbf{a}_n)$ in einen entsprechenden mengentheoretischen Satz $\langle a_1, ..., a_n \rangle \in R$ und jeden „funktionalen" Satz $\mathbf{F}(\mathbf{a}_1, ..., \mathbf{a}_n) = \mathbf{b}$ in $\langle a_1, ..., a_n, b \rangle \in F$, wobei wir auf beiden Seiten unterschiedliche Symbole nur verwenden, um den Unterschied zwischen „normaler" und mengentheoretisch angereicherter Syntax hervorzuheben (2.7). In einer ma-Sprache bezeichnen die kursiv geschriebenen Symbole dasselbe wie die fettgedruckten.

Nach der gleichen Methode werden auch negierte, atomare Sätze in entsprechende, mengentheoretische Sätze transformiert: wir verändern zuerst den unnegierten Satz in der gerade angegebenen Weise und fügen dann das Negationszeichen an. Aus $\neg\mathbf{R}(\mathbf{a}_1, ..., \mathbf{a}_n)$ wird so $\langle a_1, ..., a_n \rangle \notin R$. Der Satz „Gruppe γ hat höheren Status als Gruppe γ'" (kurz: $\prec (\gamma, \gamma')$) wird so zu „Die Gruppen γ und γ' stehen in der Statusrelation" ($\langle \gamma, \gamma' \rangle \in \prec$). „Punkt b liegt zwischen a und c" ($\mathbf{zwischen}(\mathbf{a}, \mathbf{b}, \mathbf{c})$) wird überführt in „$a, b, c$ stehen in der Zwischenrelation" ($\langle a, b, c \rangle \in \mathit{zwischen}$).

$\neg\mathbf{zwischen}(\mathbf{a}, \mathbf{b}, \mathbf{c})$ wird zu $\langle a, b, c \rangle \notin \mathit{zwischen}$. Entsprechend für Funktionsausdrücke: „Der Ort von p zur Zeit t ist $\langle \alpha_1, \alpha_2, \alpha_3 \rangle$" ($\mathbf{s}(\mathbf{p}, \mathbf{t}) = \langle \alpha_1, \alpha_2, \alpha_3 \rangle$) wird zu „Das Quintupel $\langle p, t, \alpha_1, \alpha_2, \alpha_3 \rangle$ gehört zur Ortsfunktion s" ($\langle p, t, \alpha_1, \alpha_2, \alpha_3 \rangle \in s$) oder „Der Preis von Güterart g ist α" ($\mathbf{p}(\mathbf{g}) = \alpha$) wird zu „$g$ und α stehen in der Preisrelation (-funktion)" ($\langle g, \alpha \rangle \in p$).

Ausgehend von einer Theorie und einem ihrer intendierten Systeme können wir alle über das System vorliegenden Daten betrachten und diese in entsprechende mengentheoretische Ausdrücke transformieren. Durch geeignete Zusammenfassung dieser mengentheoretischen Ausdrücke erhalten wir zwei Strukturen, die wir als *Datenstrukturen* bezeichnen. Datenstrukturen erfassen also stets die in einem intendierten System vorkommenden Daten, wobei nicht vorausgesetzt wird, dass sie *alle* über das System vorliegenden Daten enthalten. Wir benutzen *zwei* Datenstrukturen, je eine zur Zusammenfassung der positiven und der negativen Daten. Entsprechend bezeichnen wir diese als *positive* und als *negative* Datenstruktur.

Die Datenstrukturen werden in drei Schritten konstruiert, die wir für den positiven Fall genauer beschreiben. Die Konstruktion der negativen Datenstruktur verläuft in den ersten beiden Schritten genauso. Im ersten Schritt fassen wir die in mengentheoretische Form überführten, positiven Daten, die jeweils eine einzige Relation oder Funktion betreffen, zusammen und erhalten so für jede empirische Relation R_i eine Gruppe von Daten. In der Gravitationstheorie mit den Begriffen „(koordinatisierter) Ort“ (s) und „Masse“ (m) erhalten wir zum Beispiel zwei Gruppen der Form

$$\begin{array}{ll}
s(p_1,t_1)=\langle\alpha_1^1,\alpha_2^1,\alpha_3^1\rangle, & m(p_1)=\alpha_1\\
s(p_1,t_2)=\langle\alpha_1^2,\alpha_2^2,\alpha_3^2\rangle, & m(p_2)=\alpha_2\\
s(p_1,t_3)=\langle\alpha_1^3,\alpha_2^3,\alpha_3^3\rangle & \\
s(p_2,t_1)=\langle\alpha_1^4,\alpha_2^4,\alpha_3^4\rangle & \\
s(p_2,t_2)=\langle\alpha_1^5,\alpha_2^5,\alpha_3^5\rangle & \\
s(p_2,t_3)=\langle\alpha_1^6,\alpha_2^6,\alpha_3^6\rangle &
\end{array}$$

in mengentheoretischer Transformation:

$$\begin{array}{ll}
\langle p_1,t_1,\alpha_1^1,\alpha_2^1,\alpha_3^1\rangle\in s, & \langle p_1,\alpha_1\rangle\in m\\
\langle p_1,t_2,\alpha_1^2,\alpha_2^2,\alpha_3^2\rangle\in s, & \langle p_2,\alpha_2\rangle\in m\\
\langle p_1,t_3,\alpha_1^3,\alpha_2^3,\alpha_3^3\rangle\in s & \\
\langle p_2,t_1,\alpha_1^4,\alpha_2^4,\alpha_3^4\rangle\in s & \\
\langle p_2,t_2,\alpha_1^5,\alpha_2^5,\alpha_3^5\rangle\in s & \\
\langle p_2,t_3,\alpha_1^6,\alpha_2^6,\alpha_3^6\rangle\in s. &
\end{array}$$

In der allgemeinen Notation erhalten wir Gruppen von Daten der Form

$$\begin{array}{lll}
\langle a_1^1,...,a_{m_1}^1\rangle\in R_1 & ... & \langle a_1^{r+1},...,a_{m_n}^{r+1}\rangle\in R_n\\
\langle a_1^2,...,a_{m_1}^2\rangle\in R_1 & ... & \langle a_1^{r+2},...,a_{m_n}^{r+2}\rangle\in R_n\\
 & & \\
\langle a_1^r,...,a_{m_1}^r\rangle\in R_1 & ... & \langle a_1^{r+s},...,a_{m_n}^{r+s}\rangle\in R_n
\end{array}$$

beziehungsweise, für negative Daten:

$$\begin{array}{lll}
\langle a_1^1,...,a_{m_1}^1\rangle\notin R_1 & ... & \langle a_1^{r+1},...,a_{m_n}^{r+1}\rangle\notin R_n\\
\langle a_1^2,...,a_{m_1}^2\rangle\notin R_1 & ... & \langle a_1^{r+2},...,a_{m_n}^{r+2}\rangle\notin R_n\\
 & & \\
\langle a_1^r,...,a_{m_1}^r\rangle\notin R_1 & ... & \langle a_1^{r+s},...,a_{m_n}^{r+s}\rangle\notin R_n.
\end{array}$$

Im zweiten Schritt definieren wir Relationen und Funktionen durch genau jene n-Tupel, die in den Listen vorkommen. Das heißt, wir definieren für jede empirische Relation R_i einer Struktur eine entsprechende positive „Datenrelation“ R_i^+, die genau die in der positiven Liste für R_i vorkommenden Tupel enthält. Entsprechend werden die Tupel, die in den Listen aus negativen Daten vorkommen, zu negativen Datenrelationen R_i^- zusammengefügt. Bei den negierten Sätzen verschwinden dabei die Negationszeichen, der Unterschied zwischen negierten und unnegierten Sätzen kommt nur noch im oberen Index + bzw. – der Datenrelationen zum Ausdruck. Im obigen Beispiel wäre etwa

$$s^+ = \{\langle p_1, t_1, \alpha_1^1, \alpha_2^1, \alpha_3^1\rangle, \langle p_1, t_2, \alpha_1^2, \alpha_2^2, \alpha_3^2\rangle, \langle p_1, t_3, \alpha_1^3, \alpha_2^3, \alpha_3^3\rangle,$$
$$\langle p_2, t_1, \alpha_1^4, \alpha_2^4, \alpha_3^4\rangle, \langle p_2, t_2, \alpha_1^5, \alpha_2^5, \alpha_3^5\rangle, \langle p_2, t_3, \alpha_1^6, \alpha_2^6, \alpha_3^6\rangle\},$$

d.h. diejenige Funktion s^+, die genau für die Argumentpaare

$$\langle p_1, t_1\rangle, \langle p_1, t_2\rangle, \langle p_1, t_3\rangle, \langle p_2, t_1\rangle, \langle p_2, t_2\rangle, \langle p_2, t_3\rangle$$

definiert ist und diesen die angegebenen Werte zuordnet.

In allgemeiner Notation ist die „positive Datenrelation“ R_i^+ die Menge aller Tupel $\langle a_1^1, ..., a_{n_i}^1\rangle, ..., \langle a_1^r, ..., a_{n_i}^r\rangle$, die in der Liste der unnegierten Sätze für Relation R_i vorkommen und die „negative Datenrelation“ R_i^- die Menge aller solcher Tupel, die in der Liste der negierten Sätze, R_i betreffend, auftreten.

Schließlich sammeln wir noch alle Objekte, die in den Tupeln der Datenrelationen vorkommen, d.h. alle a_r^s, sortengerecht in zugehörige Objektmengen D_i^+, D_i^- und in mathematische Mengen A_j^+, A_j^- und schreiben diese zusammen mit den Datenrelationen in zwei Listen

$$\langle D_1^+, ..., D_k^+, A_1^+, ..., A_m^+, R_1^+, ..., R_n^+\rangle \text{ und}$$
$$\langle D_1^-, ..., D_k^-, A_1^-, ..., A_m^-, R_1^-, ..., R_n^-\rangle.$$

Dies sind die gesuchten *Datenstrukturen*. Je nach „Vorzeichen“ (+ oder −) reden wir von einer *positiven* bzw. *negativen* Datenstruktur. Für spätere Zwecke fassen wir positive und negative Datenstruktur zu einer begrifflichen Einheit zusammen, die wir als *eine* Datenstruktur, z, bezeichnen. Eine Datenstruktur z, die streng genommen *keine* Struktur ist, besteht also aus zwei Teilen: z^+ und z^-, einer positiven und einer negativen Datenstruktur, die wir auch als den *positiven* bzw. *negativen Teil* der Datenstruktur z bezeichnen.

In der Regel werden für Funktionen keine negativen Daten gesammelt. Man interessiert sich weniger dafür, welche Werte die Funktion *nicht* annimmt, weil die Menge dieser Werte für ein gegebenes Argument meist ziemlich groß und wenig informativ ist. Die Komponenten von negativen Datenstrukturen, die Funktionsbegriffe betreffen, sind meist leer.

Datenstrukturen sind *endliche* Entitäten. Über ein System liegen immer nur endlich viele Daten vor und die Datenstruktur wird aus diesen konstruiert, ohne dass neue Elemente ins Spiel kommen. Auf dem Computer lässt sich eine Datenstruktur als Liste speichern. Die Endlichkeit markiert einen deutlichen Gegensatz zu Modellen, die oft unendlich sind und in denen Schemata (Hypothesen) im Vordergrund stehen.

Zu einer Theorie gehören deren intendierte Systeme. Für ein intendiertes System x kann es eine oder keine Datenstruktur, oder auch mehrere Datenstrukturen geben, die von dem System x stammt oder stammen. Solche Datenstrukturen können sowohl positive als auch negative Teile enthalten. Die Menge *aller* solcher Datenstrukturen bezeichnen wir mit **D**. Die so ausgezeichnete Menge **D** bildet die dritte, in 2.1 angegebene Komponente einer empirischen Theorie.

In einer Datenstruktur lassen sich statistische Merkmale, wie Mittelwert und Standardabweichung definieren, die für eine Abschätzung der Güte der Passung, des Passungsgrades, zwischen Daten und Modellen (siehe 3.10 unten) gebraucht werden. In der Grundsituation liegt eine *Messreihe* für eine Funktion F der Theorie vor, d.h. eine Liste von Funktionswerten (reellen Zahlen) $\langle F(a,1),...,F(a,n)\rangle$, die die Ergebnisse von n wiederholten Messungen des Funktionswertes von F für das Argument a enthält. Dabei markieren die Indizes 1,...,n die verschiedenen Wiederholungen. Für die meisten Messreihen gilt nun als Erfahrungssatz, dass die Werte in der Liste in etwa normalverteilt sind. Sie häufen sich um den Mittelwert μ, der durch $\mu = \frac{1}{n}\sum_{i\leq n} F(a,i)$ definiert ist. Die Abweichung eines gemessenen Wertes $F(a,i)$ von μ ist ein grobes Maß für die Häufigkeit seines Vorkommens in der Messreihe, das sich quantitativ über ein Integral durch die Dichte für eine Normalverteilung bestimmen lässt (2.12). Die Wendepunkte dieser Dichte markieren in *Abbildung* 3.7 einen Bereich $]\mu-\sigma, \mu+\sigma[$, innerhalb dessen die „meisten" Werte der Messreihe liegen. Der Abstand σ seiner Grenzen zum Mittelwert μ wird als *Standardabweichung* (in der Messreihe) bezeichnet:

$$\sigma = \sqrt{\frac{1}{n}\sum_{i\leq n}(F(a,i)-\mu)^2}.$$

Abb. 3.7

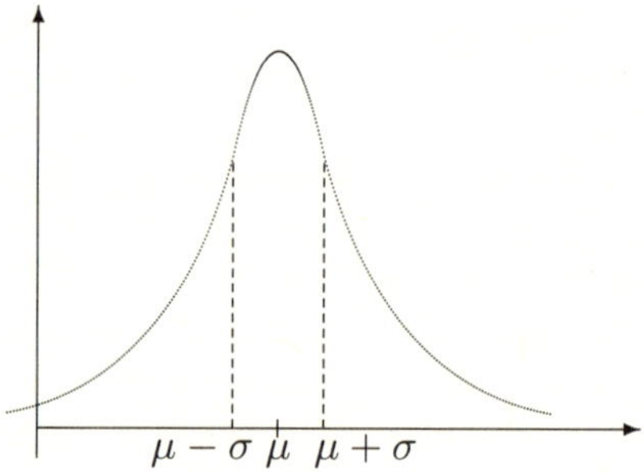

Eine Datenstruktur enthält für explizit zeitabhängige Funktionen F der Theorie Messreihen für alle Argumente a, denen F in der Struktur einen Wert zuordnet. Die obigen Indizes $1,...,n$ sind dann durch n verschiedene Zeitpunkte gegeben, zu denen eine Messung vorgenommen wurde. Der Fall $n=1$ kann natürlich auftreten. Bei zeitunabhängigen Funktionen ist es aus Typisierungsgründen zweckmäßig, die Messreihen außerhalb der Datenstruktur anzusiedeln und die in der Datenstruktur vorkommenden Daten schon als Mittelwerte von Rohdaten aus Messreihen oder als sonstwie gewonnen aufzufassen.

3.8 Teilstrukturen

In 2.5 wurden Strukturen als Listen der Form

$$\langle D_1, ..., D_k, A_1, ..., A_m, R_1, ..., R_n \rangle$$

eingeführt, in denen $D_1, ..., D_k$ für Mengen von empirischen Objekten, $A_1, ..., A_m$ für Mengen von mathematischen Objekten und $R_1, ..., R_n$ für die empirischen Relationen stehen, wie sie auch in den intendierten Systemen einer Theorie vorkommen. Bei den Objektmengen einer solchen Struktur können wir Teilmengen und Obermengen bilden und wenn die Relationen wie in 2.7 als Mengen aufgefasst werden, können wir auch bei den Relationen Teil- und Obermengen bilden. Indem wir bei den Komponenten einer gegebenen Struktur der obigen Form beliebig zu Teilmengen übergehen, erhalten wir bei Beachtung technischer Vorsichtsmaßnahmen[200] wieder ei-

[200] Die Objektmengen dürfen höchstens so weit eingeschränkt werden, dass

ne Struktur, die als *Teilstruktur* der ursprünglichen Struktur bezeichnet wird. Bei realistischer Vorstellung einer Struktur, die ein reales System repräsentiert, besteht der Vorgang der Teilstrukturbildung darin, gewisse „Teile" des Systems „wegzulassen". Auch beim Übergang zu Obermengen erhalten wir – wieder unter Beachtung technischer Details – eine Struktur, die als *Erweiterung* oder als *Ergänzung* bezeichnet wird. In realistischer Sprechweise entsteht eine Ergänzung durch „Hinzufügung" von „Teilen" zum ursprünglichen System. Im allgemeinen hat eine Struktur sehr viele Teilstrukturen, je nachdem, welche ihrer Teile weggelassen werden, und sie hat beliebig viele Ergänzungen, je nachdem, welche Teile wir hinzufügen. Mindestens begrifflich gibt es beim Hinzufügen keine erkennbare obere Schranke.

Wenn wir Relationen und Funktionen in mengentheoretischer Sichtweise als Mengen von n-Tupeln auffassen, wird der Begriff der Teilstruktur durch Inklusionen von Mengen präzise ausgedrückt. Eine Struktur $x' = \langle D'_1, ..., R'_n \rangle$ ist eine *Teilstruktur* von Struktur $x = \langle D_1, ..., R_n \rangle$, wenn gilt: $D'_1 \subseteq D_1, ..., R'_n \subseteq R_n$, und wenn x' auch wieder eine Struktur des Typs von x ist, kurz: $x' \sqsubseteq x$. Es ist hier zugelassen, dass einige Komponenten der Teilstruktur leer sein dürfen. Zum Beispiel könnte R'_n leer sein. Weiter gilt für jede Struktur x: $x \sqsubseteq x$.

Modelle wurden in 2.9 als Strukturen definiert, in denen vorgegebene Hypothesen gültig sind. Auch von einem Modell können wir zu Teilstrukturen und Ergänzungen übergehen. Allerdings verlieren dabei in der Regel die Hypothesen ihre Gültigkeit. Dies ist auf allgemeiner Ebene leicht einzusehen. Eine Hypothese kann zum Beispiel ausdrücken, dass eine bestimmte Grundmenge genau zwei Elemente hat.[201] Diese Hypothese verliert offenbar seine Gültigkeit, wenn die Grundmenge verkleinert oder vergrößert wird. Teilstrukturbildung und Ergänzung führen im allgemeinen von Modellen zu Nicht-Modellen.

---

alle in den Relationen vorkommenden Objekte noch in den eingeschränkten Objektmengen liegen.

[201] In 2.8 haben wir in der Stoßmechanik einen solchen Fall kennengelernt.

Eine wissenschaftstheoretische Anwendung dieser Begriffe haben wir im letzten Abschnitt kennengelernt, wo wir die Daten eines Systems zu einer Struktur, einer Datenstruktur, zusammenfassten. Nach Konstruktion ist jede (positive oder negative) Datenstruktur eine Teilstruktur einer Struktur für die betreffende Theorie. Einerseits wurden im letzten Konstruktionsschritt der Datenstruktur alle Objekte, die in den Relationen vorkommen, in die Basismengen aufgenommen, so dass die Relationen sich typengerecht aus den Basismengen konstruieren lassen. Andererseits sind Datenstrukturen *echte* Teilstrukturen, wenn die ursprünglichen Strukturen unendliche, mathematische Basismengen, wie die Menge $\mathbb{R}$ enthalten. Eine weitere Anwendung von Teilstrukturen wird unten bei der Explikation von „Passung" erfolgen. Wegen seiner Wichtigkeit wollen wir den Begriff inhaltlich an mehreren Beispielen erläutern.

In der Struktur, die sich nach der Gravitationstheorie (vergleiche 2.13 und 2.14) aus unserem Sonnensystem ergibt, kommt u.a. eine Menge von Teilchen vor, die als Elemente die Sonne und alle Planeten enthält. Diese Menge hat sich in der Geschichte der Gravitationstheorie verändert: neue Planeten wurden entdeckt, die Menge und damit die ganze Struktur wurde ergänzt. Umgekehrt kann es für bestimmte Fragen vorteilhaft sein, nur einige wenige Planeten zu betrachten. So war es in den Anfängen der Mechanik wichtig, die *Kepler*schen Gesetze aus dem Gravitationsgesetz „abzuleiten". Nach dem ersten *Kepler*schen Gesetz beschreibt jeder Planet eine Ellipse um die Sonne. Bei der „Ableitung" dieser Aussage aus dem Gravitationsgesetz wurden am Anfang jeweils die übrigen Planeten ignoriert. Sie bezieht sich nur auf eine Teilstruktur, deren Partikelmenge aus der Sonne und *einem* Planeten besteht.

Praktisch noch wichtiger ist Teilmengenbildung bei der Menge der Zeitpunkte. Die Menge der Zeitpunkte muss theoretisch, um Differentiation der Ortsfunktion zu ermöglichen, strukturgleich mit einem offenen, reellen Zahlenintervall sein, insbesondere ist sie dann überabzählbar. Offensichtlich können aber die Orte der Teilchen nur zu endlich vielen Zeitpunkten bestimmt (gemessen) werden. Es gibt nur endlich viele Daten über Orte.

Die Zeiten, für die Daten vorliegen, induzieren also eine „sehr kleine“ Teilstruktur.

Die gleiche Situation liegt auch bei der Menge der Raumpunkte vor. Auch der Raum wird theoretisch durch eine Menge repräsentiert, die strukturgleich mit dem vollen euklidischen Raum ist. Die endlich vielen Daten über Orte machen stets nur einen winzigen Bruchteil der Menge aller Raumpunkte aus. Für eine sinnvolle Repräsentation sollte der „theoretische Raum“, die Menge aller theoretisch möglichen Raumpunkte, so gewählt sein, dass er die empirischen Orte als Teilmenge enthält. Liegt keine solche Inklusion vor, so gibt es gemessene Orte, für die im theoretischen Modell überhaupt kein Platz vorgesehen ist. Das Modell lässt dann keinerlei Aussagen über diese Orte zu, auch keine Aussagen über „Nicht-Passung“, wie zum Beispiel, dass die gemessenen Orte nicht zu einer theoretischen Ortsfunktion passen.

Der Übergang von „vollen“, theoretischen Grundmengen zu endlichen, durch Messung bestimmten Mengen führt aus der Modellklasse heraus. In den Modellen ist für die Basismengen der Raum- und Zeitpunkte durch Hypothesen die Überabzählbarkeit *gefordert*. Beim Übergang zu endlichen Teilmengen – im Zuge des Übergangs zu endlichen Teilstrukturen – kommen wir daher von Modellen zu Nicht-Modellen.

Die Ortsfunktion s dient in einer Gravitationsstruktur zur Beschreibung der Teilchenbahnen, und zwar durch viele Sätze der Art „$s(p,t) = \langle\alpha_1, \alpha_2, \alpha_3\rangle$“ („$\langle\alpha_1, \alpha_2, \alpha_3\rangle$ stellt den Ort von Teilchen p zur Zeit t dar“). Als Funktion, die theoretisch für alle Teilchen und *alle* Zeitpunkte definiert ist, umfasst sie die Sätze der obigen Form für *alle*, also überabzählbar viele, Zeitpunkte in der Struktur. Empirisch sind aber Orte immer nur zu endlich vielen Zeiten bestimmt, so dass eine „empirische“ Ortsfunktion nur endlich viele Sätze der obigen Form beinhalten kann. Der Übergang zu einer Teilstruktur ist bei Anbindung an Daten zwingend geboten.

Die gleiche Diskussion können wir für Massen- und Kraftfunktion wiederholen, nur dass in diesen Fällen die gemessenen Werte (Massen und Kräfte) einen „theoretischeren“ Status als Orte haben. In ihre Bestimmung gehen mehr theoretische Annahmen ein. Es gibt aber im Lichte unseres weitgefassten Datenbegriffs keinen Grund, Daten über diese Funktionen auszuschließen. Wenn solche Daten vorkommen, entsteht wieder die Notwendigkeit, zu Teilstrukturen überzugehen.

Aus dem Sonnensystem erhalten wir so einerseits die schon beschriebene volle, „theoretische“ Elemente einschließende Struktur für die Gravitationstheorie. Andererseits erhalten wir, indem wir nur die tatsächlich untersuchten Teilchen und Zeitpunkte berücksichtigen, eine endliche Struktur, die im Idealfall eine Teilstruktur der ersteren ist: die untersuchten Teilchen und Zeitpunkte sind in den Objektmengen der vollen Struktur enthalten, und die in der Teilstruktur repräsentierten, gemessenen Orte, Massen und Kräfte sind in der Wertemenge der vollen Orts-, Massen- und Kraftfunktion enthalten.

Für ein zweites Beispiel gehen wir aus von den in 2.9 definierten Modellen für soziale Institutionen. Dort kommen als eine Sorte von Objekten konkrete Handlungen und die entsprechende Hauptbasismenge A vor. Zugleich spielen auch Handlungstypen, d.h. Mengen von einander ähnlichen Handlungen, eine Rolle. Aus dem Schemacharakter der Handlungstypen ergibt sich ein Problem für die Interpretation der konkreten Handlungen. Soll die Menge A in einem Modell nur genau die endlich vielen, realen Handlungen enthalten, die im unterliegenden System vorkommen, oder sollen auch mögliche Handlungen als Elemente von A zugelassen sein? Im ersten Fall entsteht ein Widerspruch, wenn die Handlungstypen, die Teilmengen von A sind, als Ähnlichkeitsklassen mit Schemacharakter unendlich viele Elemente enthalten. Die Menge A muss also so interpretiert werden, dass sie auch mögliche Handlungen, und damit mehr Handlungen, als im System vorkommen, enthält.

Die Situation ist hier ganz analog zu der von Raum und Zeit in der Gravitationstheorie. Im intendierten System werden nur endlich viele reale Handlungen bestimmt, sodass die Grundmenge A der das System repräsentierenden Struktur einen „theoretischen Überschuss“ enthält. Die endliche Menge der realen Handlungen, A_{real}, bildet nur eine kleine Teilmenge von A. Die Einschränkung eines Modells auf die Menge A_{real} führt bei Teilmengenbildung in all den Komponenten, die sich auf A beziehen, zu einer Teilstruktur. Zum Beispiel können wir die *real*-Relation, die Personen j mit Handlungen a aus A in Beziehung setzt, so einschränken, dass nur noch Handlungen aus A_{real} berücksichtigt werden. Die Hypothesen der Theorie bleiben bei solcher Einschränkung im allgemeinen nicht gültig.

Die Klasse aller endlichen Teilstrukturen definiert einen Möglichkeitsraum für Daten. Genau solche Daten sind im Rahmen einer Theorie *möglich*, die in einer endlichen Teilstruktur der Theorie auftreten können. In dieser Begrifflichkeit lassen sich zeitliche Veränderungen der Daten mit Hilfe der Teilstruktur-Beziehung beschreiben. Durch Erhebung neuer Daten an einem intendierten System wird die Datenstruktur, in der die Daten des Systems zusammengefasst sind, erweitert: die anfangs vorhandene Datenstruktur wird zu einer Teilstruktur der durch Messung neu Entstehenden. Das sukzessive Anwachsen der Daten führt so zu einer „aufsteigenden" Folge von Datenstrukturen, in der „aufsteigend" über den Begriff der Teilstruktur festgelegt ist: jedes vorhergehende Folgenglied ist Teilstruktur des Nächstfolgenden.

Bei einer Theorie, die abzählbare Modelle hat, kann ein solch abzählbares Modell im strengen Sinn der Limes einer aufsteigenden Folge von Datenstrukturen sein. Der Limes wird einfach durch (komponentenweise) Vereinigung der Teilstrukturen in der Folge definiert. In diesem Fall kann man sagen, die Folge der positiven Datenstrukturen *schöpfe* das gegebene Modell *aus*, denn jeder Atomsatz, der im Modell gültig ist, ist dann auch in einer Datenstruktur der Folge als Datum präsent. In dieser Darstellung „entspricht" ein abzählbares Modell einer unendlichen Menge „möglicher" Daten, obwohl es selbst aus Anzahlgründen keine Datenstruktur sein kann. Oft sind die Modelle empirischer Theorien allerdings überabzählbar; dies kommt von den überabzählbaren Hilfsbasismengen, unter denen meist reelle Zahlenintervalle vorkommen.

3.9 Passung von Modellen und Daten

Dies ist eines der strukturellen Hauptmerkmale der Wissenschaft. Passung ist eine wechselseitige, wenn nicht gar symmetrische Relation. Wir können einerseits Modelle daraufhin überprüfen, ob sie mit gegebenen Daten zusammenpassen. In dieser „Richtung" bilden die Daten eine Basis für Test und Auswahl von Modellen und Hypothesen. Wir können aber auch in umgekehrter Richtung Daten danach beurteilen, wie sie mit gegebenen Modellen zusammenpassen. In dieser Richtung bilden die Modelle eine Basis für den Sinn und die Anerkennung von Daten.

In Abschnitt 2.1 wurde eine Theorie durch vier Komponenten charakterisiert: eine Modellklasse **M**, eine Menge intendierter Systeme **I**, eine Menge von Datenstrukturen **D** und einen Approximationsapparat. Eine Theorie besteht demnach unter anderem aus „ihren" Datenstrukturen, so dass es etwas verwirrend ist, zu sagen, die „Theorie passe mit ihren Daten zusammen". Dieser Wendung liegt die alte Vorstellung zugrunde, nach der eine Theorie mit gegebenen Hypothesen identifiziert wird. Unter Verwendung unseres genaueren Theoriebegriffs müssen wir Passung nicht zwischen Theorie und Daten, sondern zwischen Modellen und Datenstrukturen ansetzen. Die Wendung „Passung von Theorie und Daten" ist als Abkürzung von „Passung zwischen den Modellen und Datenstrukturen einer Theorie" zu verstehen. In 2.1 wurde der Passungsbegriff sogar schon in den Theoriebegriff mit einbezogen. Wir reden nur dann von einer empirischen Theorie, wenn eine Passungsbedingung erfüllt ist.

Passung ist eng verwandt mit Einigung. Wenn X zu Y passt und Einigung über X besteht, dann sollte man sich auch über Y einig werden können. Dies gilt auch für die Wissenschaft. Wenn sich die wissenschaftliche Gemeinschaft über eine Datenstruktur einigt, und ein dazu passendes Modell gefunden ist, dann folgt auch Einigung über das Modell. Von dieser Regel wird höchstens abgewichen, wenn zwei verschiedene Modelle gleich gut zu den Daten passen. Umgekehrt führt die Passung eines neuen Basissatzes zu einer bereits vorhandenen Theorie in der Regel dazu, dass der Satz unter die Daten für diese Theorie aufgenommen wird. Ausnahme bildet wieder der Fall, dass zwei Basissätze neu gefunden werden, von denen jeweils nur einer zur Theorie passt, aber jeder für sich gleich gut.

Während beim Passungsbegriff selbst Symmetrie zwischen Modellen und Daten besteht, herrscht in der Anwendung desselben weitgehende Asymmetrie vor. Die Anerkennung von Passung läuft nämlich in der Forschergemeinschaft auf eine Einigung hinaus und Einigungsprozesse über Theorien rekurrieren meist auf gegebene Daten. Sie setzen damit voraus, dass es funktionierende Einigungsprozesse über Daten gibt. Umgekehrt gibt es bei den Prozessen, mit denen Einigkeit über Basissätze erzielt wird, einige, die *keine* vorherige Einigung über Theorien voraussetzen. Dies gilt auf jeden Fall für Basissätze, die in der Alltagssprache formuliert sind, wie zum Beispiel „Dieses Blatt ist grün", und bei denen zur Bestimmung ihrer Objekte und Prädikate („Blatt", „grün") keine wissenschaftliche Theorie benutzt werden muss. Diese Asymmetrie deutet darauf hin, dass bei Passung im Rahmen einer Theorie die Passung von Modellen zu *gegebenen* Daten primär ist. Wir werden im folgenden die Passungsbedingung in dieser Richtung lesen. Die Daten sind gegeben und Passungsprobleme fallen, sofern sie auftreten, zu Lasten der Hypothesen. Die Passungsbedingung ist erfüllt, wenn die Hypothesen der Theorie zu den gegebenen Daten passen.

Nach diesen pragmatischen Vorklärungen wenden wir uns nun dem formalen Verhältnis zwischen einer Modellklasse **M** und einer Menge **D** von Datenstrukturen zu und fragen, unter welchen Bedingungen **M** und **D** zusammenpassen. Natürlich wird die Frage erst interessant, wenn **M** und **D** zur gleichen Theorie gehören, d.h. Komponenten *einer* Theorie sind.

Modelle sind, genau wie Datenstrukturen, Strukturen, so dass nach der Passung zweier Mengen von Strukturen gefragt wird. Hier bilden die unterschiedlichen Anzahlen beider Mengen ein Problem. Die Menge aller Datenstrukturen einer Theorie ist endlich, weil die Menge aller intendierten Systeme der Theorie endlich ist und man aus jedem intendierten System wegen der begrenzten menschlichen Möglichkeiten nur endlich viele Datenstrukturen gewinnen kann. Die Klasse aller Modelle einer Theorie ist dagegen immer unendlich.[202] Die Passung

[202] Zur Begründung dieser Behauptung müssten wir über einen mengentheoretisch fundierten Begriff der Möglichkeit nachdenken. Stattdes-

beider Strukturmengen kann also nicht durch eine bijektive Funktion auf die Passung je eines Modells mit einer „entsprechenden" Datenstruktur zurückgeführt werden. Vielmehr muss auf der Seite der Modelle eine Auswahl getroffen werden, nämlich durch Auszeichnung *eines* „zugehörigen" Modells, oder einer Klasse gleichwertiger, „zugehöriger" Modelle für jede Datenstruktur. Diese Auszeichung ist ein bisher kaum untersuchter Teil des Wissenschaftsprozesses (4.5). Im vorliegenden Abschnitt wollen wir uns auf die Passung zwischen je *einem* gegebenen Modell und je *einer* gegebenen Datenstruktur konzentrieren. Nach welchen Kriterien das Modell ausgewählt wurde, bleibt offen. Erst nachdem dieser Passungsbegriff zwischen je einem Modell und einer Datenstruktur geklärt ist, lassen sich sowohl die Probleme, die sich aus der Passung ganzer Klassen von Strukturen ergeben, als auch die Rolle der Passung in der wissenschaftlichen Entwicklung erörtern.

Wir betrachten also eine Datenstruktur z einer Theorie mit positiven und negativen Teilen z^+, z^-, sowie ein Modell x derselben Theorie und fragen, ob x und z *zusammenpassen*?

Zum besseren Verständnis, aber ohne Einfluss auf die systematische Definition, nehmen wir an, dass die Daten aus einem intendierten System der Theorie gewonnen wurden und dass das Modell als theoretisches Modell eben dieses intendierten Systems vorgeschlagen wurde. Die Frage, ob Datenstruktur und Modell zusammenpassen, läuft inhaltlich auf die Frage hinaus, ob das Modell das zugrundeliegende intendierte System zufriedenstellend beschreibt.

Zunächst ist festzustellen, dass Passung fast nie in idealer Weise vorliegt, sondern stets in graduell abgestufter Form. Die Frage ist praktisch nie, ob Datenstruktur und Modell einfach passen, sondern stets, *wie gut* sie passen. Die Güte der Passung wird in der Regel durch Zahlen zwischen 0 und 1 oder durch Prozentzahlen ausgedrückt. Formal wird Passung damit zu einem dreistelligen Begriff, der in Formulierungen wie „Die Güte der Passung von Datenstruktur z und Modell x ist ε",

sen verweisen wir auf die herrschende Meinung in der Modelltheorie, siehe etwa Monk 1976. Auch die Frage nach der Kardinalität solcher Klassen führt zu sehr in Details und kann hier nicht erörtert werden.

wobei ε eine reelle Zahl aus dem Bereich zwischen 0 und 1 ist, kurz: $0 \leq \varepsilon \leq 1$. Vorbereitend sei jedoch zunächst der ideale, nicht nach Güte abgestufte Begriff erläutert. Wir fragen also zunächst nach idealer Passung zwischen z und x, was beim abgestuften Begriff einer hundertprozentigen Passung entspricht.

Der begriffliche Apparat zur Definition von Passung ist bereits eingeführt. Wir definieren: eine Datenstruktur *z passt zu* Modell x gdw der positive Teil von z eine Teilstruktur von x ist und der negative Teil von z sich nicht mit x überschneidet. Genauer beinhaltet diese Definition drei Bedingungen. Es müssen 1) alle drei Strukturen (Modell, positive und negative Datenstruktur) vom Typ der Form $\langle D_1, ..., D_k, A_1, ..., A_m, R_1, ..., R_n \rangle$ sein, 2) muss jede Komponente der positiven Datenstruktur Teilmenge der entsprechenden Komponente des Modells sein ($z^+ \sqsubseteq x$) und 3) darf sich keine Relation aus der negativen Datenstruktur mit der entsprechenden Relation des Modells überschneiden. In der dritten Bedingung ist nur von Relationen die Rede, weil in der Regel mindestens einige Objekte in den Basismengen der negativen Datenstruktur auch in den entsprechenden Basismengen des Modells vorkommen. Zum Beispiel kann $R_i^+(a, b)$ gelten und zugleich $R_j^-(a, b)$ für ein $j \neq i$. Wenn in der negativen Datenstruktur zwischen $a_1, ..., a_n$ eine Beziehung R_i^- besteht, so darf nach der dritten Bedingung im Modell zwischen $a_1, ..., a_n$ die Relation R_i *nicht* vorliegen. Wenn wir von der Datenstruktur zur ursprünglichen Satzmenge der Daten zurückgehen und das Modell mit seinen Hypothesen identifizieren, bedeutet Passung syntaktisch, dass sowohl die positiven als auch die negativen Daten als Sätze mit den allgemeinen Hypothesen des Modells konsistent sind.[203] Anschaulich ist bei Passung die positive Datenstruktur ein Teilsystem des Modells, während die negative Datenstruktur „außerhalb“ des modellierten Systems liegt.

Dieser Passungsbegriff lässt sich auf ganze Mengen von Datenstrukturen und Modellen ausdehnen. Wir sagen, dass eine

[203]Negative Daten sind als Sätze negierte Atomsätze, also Sätze der Form $\neg \mathbf{R}_i(\mathbf{a}_1, ..., \mathbf{a}_n)$. Die obige Bedingung 3) besagt, dass $\langle a_1, ..., a_n \rangle \notin R_i$, woraus folgt, dass $\neg \mathbf{R}_i(\mathbf{a}_1, ..., \mathbf{a}_n)$ im Modell gültig ist.

Menge **X** von Datenstrukturen *zur* Modellklasse **M** *passt*, wenn es zu jeder Datenstruktur $z \in \mathbf{X}$ ein Modell x gibt, so dass z im obigen Sinn zu x passt. Eine schärfere Form der Definition ergibt sich, wenn wir aus der Modellklasse **M** eine zu **X** gleichmächtige Teilmenge **Y** auswählen, so dass jede Datenstruktur aus **X** zu einem Modell aus **Y** passt. **Y** kann als ein „passendes Bild“ von **X** bezeichnet werden. Die Passungsbedingung für eine Theorie besagt nun:

Passungsbedingung:

> Zu jeder Datenstruktur $z \in \mathbf{D}$ *gibt es* ein Modell $x \in \mathbf{M}$, so dass z zu x passt.

Für eine gegebene Datenstruktur z ist dies eine Existenzbehauptung: „Es gibt ein Modell, so dass ...“.[204]

Als eines der einfachsten Beispiele betrachten wir die Theorie „des“ ungedämpften, harmonischen Oszillators, die eine wichtige Spezialisierung der klassischen Mechanik bildet (2.14). Da es uns hier nicht auf den Zusammenhang mit der Newtonschen Theorie ankommt, geben wir die Theorie nicht wie in 2.14 durch das entsprechende Kraftgesetz, das *Hooke*'sche Gesetz, an, sondern direkt durch die Form der Bahn, die ein harmonisch oszillierendes Teilchen durchläuft und die sich aus dem *Hooke*'schen Gesetz berechnen lässt. Wir nehmen an, dass alle Orte der Bahn auf einer Geraden liegen, so dass die Bahn durch Angabe einer Zahl für jeden Zeitpunkt t beschrieben werden kann. Die Zahl gibt den Abstand des Teilchens zu t von der Ruhelage an. Wir können in diesem Fall den Raum durch die Menge der reellen Zahlen repräsentieren.

x ist ein *Modell des ungedämpften harmonischen Oszillators*
gdw es P, T, s, α, β und p gibt, so dass x eine Struktur der Form $\langle P, T, \mathbb{R}, s, \alpha, \beta \rangle$ ist und folgende Bedingungen erfüllt:

1) P ist eine einelementige Menge, $P = \{p\}$
2) $\mathbb{R}$ ist die Menge der reellen Zahlen
3) T ist ein offenes Intervall reeller Zahlen

[204] Die Passungsbedingung stellt in dieser Form eine Verallgemeinerung der strukturalistischen *empirischen Behauptung einer Theorie* (beschränkt auf die hier untersuchten, „lokalen“ Theorieformen) dar. Vergleiche Sneed 1971, oder Balzer, Moulines, Sneed 1987, Kap. 2.

4) s ist eine Funktion von $P \times T$ nach $\mathbb{R}$

5) $\alpha, \beta \in \mathbb{R}$, $\alpha, \beta > 0$

6) für alle $t \in T$ gilt: $s(p,t) = \alpha \cdot sin(\beta t)$.

Die Bahn des Teilchens p ist durch eine Sinusfunktion mit zwei Parametern: α, der Amplitude und β, der Phase gegeben.[205]

Eine Datenstruktur für ein harmonisch oszillierendes Teilchen entspricht einer Liste von Ortsangaben zu verschiedenen Zeitpunkten, wobei die Orte als Zahlen entlang der Schwingungsachse notiert werden. Negierte Angaben interessieren nicht. Die Messung zur Zeit t ergibt einen Wert der Form $s(p,t) = \gamma$. Nehmen wir an, es seien zu den Zeiten $0, 1, 2, 3, ..15$ folgende Werte gemessen worden:

$s(p,0) = 0$	$s(p,4) = 0$	$s(p,8) = 0$	$s(p,12) = 0$
$s(p,1) = 1$	$s(p,5) = 1$	$s(p,9) = 1$	$s(p,13) = 1$
$s(p,2) = 0$	$s(p,6) = 0$	$s(p,10) = 0$	$s(p,14) = 0$
$s(p,3) = -1$	$s(p,7) = -1$	$s(p,11) = -1$	$s(p,15) = -1$

Natürlich sind diese Werte zu schön um wahr zu sein, aber wir wollen ja zunächst den Fall der idealen Passung exemplifizieren, für den auch ideal gute Werte vorhanden sein müssen. In *Abbildung* 3.9.1 sind die gemessenen Werte (mit Zeiten auf der t-Achse) als Punkte eingetragen. Diese Punkte gehören alle

Abb. 3.9.1

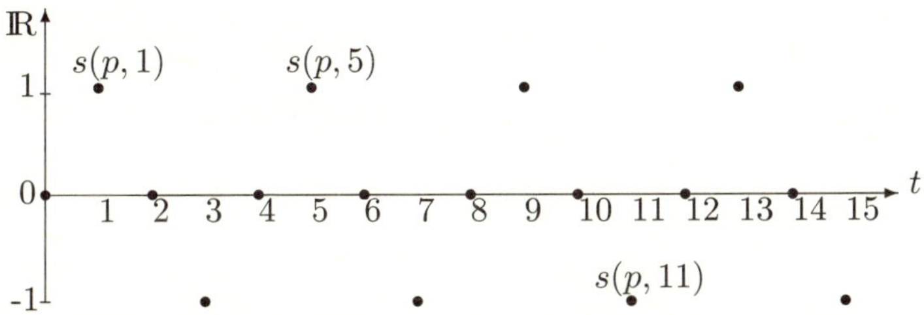

zum Graphen der durch die Gleichung $s^*(p,t) = 1 \cdot sin(1 \cdot t)$ definierten Funktion, d.h. anschaulich: sie liegen auf der durch diese Funktion gegebenen Kurve:

[205]Vergleiche Gähde 1983 für eine detaillierte Darstellung.

Abb. 3.9.2

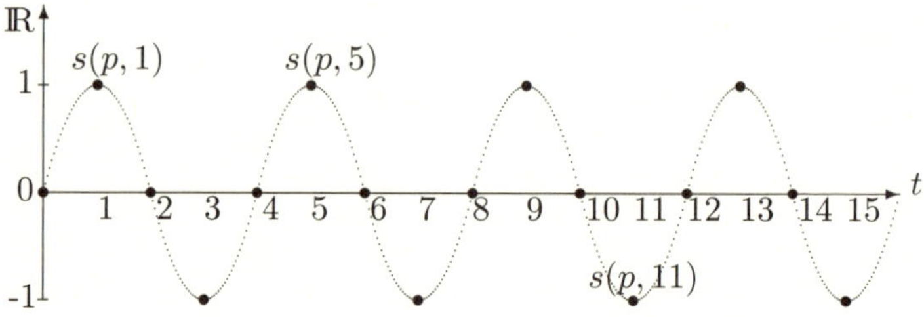

Die (positiven) Daten passen also in idealer Weise zu einem Modell, das durch die beiden Parameter $\alpha = \beta = 1$ gegeben ist. Dies ist ein Fall idealer Passung. Zu den vorliegenden Daten „gibt es" ein passendes Modell. Die gemessenen Daten (die „dicken" Punkte) liegen genau auf der Kurve; die durch *Abbildung* 3.9.1 veranschaulichte Datenstruktur ist eine Teilstruktur, ein Teilsystem, des „vollen" Modells. Die negative Datenstruktur ist leer.

Passung hat nur sehr bedingt etwas mit Zahlen zu tun. Der Begriff der Passung findet auch bei rein qualitativen Theorien Anwendung. Als Beispiel einer qualitativen Theorie betrachten wir die Institutionentheorie (2.9), deren Modelle die Form $\langle J, A, \Gamma, \Theta, \chi, \prec, \mathit{real}, \mathit{int}, \mathit{einfl} \rangle$ mit einer *transitiven* Statusrelation $\prec$ haben. Nehmen wir an, dass über ein intendiertes System, das die drei Gruppen $\gamma_1, \gamma_2, \gamma_3$ enthält, genau die beiden folgenden Daten vorliegen: $\gamma_1 \prec \gamma_2$ und $\gamma_2 \prec \gamma_3$, und dass ein Modell x als Beschreibung dieses Systems vorgeschlagen wurde, in dem ebenfalls diese drei Gruppen, sowie die beiden angegeben Statusverhältnisse, vorkommen. Passt die aus den Daten gewonnene Datenstruktur zum Modell? Die positive Datenstruktur besteht aus der Menge Γ^+ der drei Gruppen, und der Statusrelation $\prec^+ = \{\langle \gamma_1, \gamma_2 \rangle, \langle \gamma_2, \gamma_3 \rangle\}$, die anderen Komponenten spielen keine Rolle, d.h. sind leere Mengen. Nach den Angaben über das Modell enthält dessen Gruppenmenge Γ^+ als Teilmenge und dessen Statusrelation $\prec^+$ als Teilmenge. Die positive Datenstruktur ist also eine Teilstruktur des Modells, so dass sich die Passung an der negativen Datenstruktur entscheidet. Wenn keine Daten in Form negierter Sätze vorliegen, ist die negative Datenstruktur leer und die entsprechende allgemeine Bedingung für Passung trivial erfüllt. Es liegt dann Passung vor.

Anders sieht es aus, wenn negative Daten vorliegen. Nehmen wir an, im Beispiel sei Übereinstimmung erzielt worden, dass auch *nicht*$(\gamma_1 \prec \gamma_3)$ gilt. Die negative Datenstruktur enthält dann in der Relation $\prec^-$ das Paar $\langle\gamma_1, \gamma_3\rangle$. Im Modell muss, wegen des Transitivitätsaxioms $\gamma_1 \prec \gamma_3$ gelten, so dass formal $\langle\gamma_1, \gamma_3\rangle$ zur Relation $\prec$ des Modells gehört. Damit besteht eine Überlappung zwischen negativer Datenstruktur und Modell, die in der allgemeinen Definition ausgeschlossen wurde. In diesem Fall passt also die (negative) Datenstruktur *nicht* zum Modell. Sie passt auch zu keinem anderen Modell der Theorie, da in unsere Überlegung keinerlei weitere Eigenschaften des Modells eingingen. *Es gibt kein* Modell der Theorie, das zur Datenstruktur passt: die Passungsbedingung ist verletzt. Die Daten sind in diesem Fall mit der Theorie unverträglich. Wir sehen, dass selbst bei äußerst einfachen, qualitativen Theorien und sehr wenigen Daten Passungsprobleme auftreten können. Dieses Beispiel ist auch aus inhaltlichen Gründen interessant. Kann eine Person A von einer Person B beeinflusst sein, ohne dies bewußt angeben zu können?

Die beiden obigen Beispiele sind aus der Sicht der Passung von ausgesucht einfachster Art. Oft nimmt die Untersuchung, ob ein Modell zu gegebenen Daten passt, eine Vielfalt von zum Teil höchst komplizierten Formen an, die stark von der jeweiligen Form der Modelle der Theorie abhängen. Viele mathematische Methoden – etwa zur Lösung von linearen Gleichungen oder Differentialgleichungen – können in diesem Zusammenhang als Hilfsmittel zur Lösung von Passungsproblemen für verschiedene empirische Theorien angesehen werden.

Wir wollen dies am Beispiel der Stoßmechanik (2.8) erläutern. Für jedes Teilchen p bilden wir die Differenz der Geschwindigkeiten vor und nach dem Stoß: $v(p) = v(p, t^v) - v(p, t^n)$. Der Impulserhaltungssatz lässt sich dann wie folgt umformulieren: $\sum_{p \in P} v(p) \cdot m(p) = 0$. Sammeln wir für feste Nummerierung der Teilchen, etwa durch $p_1, ..., p_n$ die Vektoren $v(p_i)$ zu einer Matrix $\mathbf{v} = (v(p_1), ..., v(p_n))$ und die Massenwerte

$m(p_1), ..., m(p_n)$ zu einem (Spalten-) Vektor $\mathbf{m} = (m(p_1), ..., m(p_n))^T$, so nimmt obige Summe die Form eines linearen Gleichungssystems $\mathbf{v} \cdot \mathbf{m} = \mathbf{0}$ an. Über die Lösung solcher Gleichungssysteme gibt die lineare Algebra erschöpfende Auskunft. Insbesondere hängt die Lösbarkeit nach $\mathbf{m}$ vom Rang der Matrix $\mathbf{v}$ ab und zusammen mit der Bedingung der Positivität dieser Werte ergeben sich einige wenige systematisch erschöpfende Fälle, in denen die Gleichungen lösbar sind.[206]

Aus diesen und ähnlichen mathematischen Überlegungen lassen sich für die Frage der Passung mehrere Arten von Situationen unterscheiden. Eine erste Art von Situation liegt vor, wenn die Geschwindigkeitswerte aller Teilchen vor und nach dem Stoß als Daten gegeben sind. In diesem Fall reduziert sich die Frage nach Passung auf die Frage, ob es positive Massenwerte gibt, die die Gleichungen lösen, und diese Frage auf die erwähnten mathematischen Bedingungen an die Form der Matrix $\mathbf{v}$. Je nach der speziellen Form der Matrix gibt es ein zu den Daten passendes Modell oder nicht. Dieser Fall ist im Hinblick auf die Messmöglichkeiten realistisch. Es werden alle Geschwindigkeiten gemessen und dann wird geprüft, ob den Teilchen im Einklang mit dem Impulserhaltungssatz Massenwerte zugeordnet werden können. In einem zweiten Fall sind nur die Geschwindigkeiten *vor* dem Stoß als Daten gegeben. In diesem Fall finden wir ohne weiteres ein Modell, das zu den Daten passt. Zur Begründung genügt die Bemerkung, dass wir für *beliebig* gegebene Massenwerte die Geschwindigkeiten nach dem Stoß so „wählen“ können, dass der Impulserhaltungssatz erfüllt ist. In einer dritten Situation sind einige der Geschwindigkeiten vor- und nachher bekannt, aber so, dass die beiden vorherigen Fälle nicht vorliegen. Hier ergeben sich weitere Spezialfälle je nachdem, wieviele Teilchen am Stoß beteiligt sind und genau welche Werte als Daten bekannt sind. Die vierte Situation besteht dann, wenn *alle* Werte, d.h. sowohl alle Geschwindigkeiten als auch alle Massen als Daten gegeben sind. Hier ist die Frage der Passung äquivalent mit der Frage, ob die Werte den Impulserhaltungssatz erfüllen. Eine fünfte Art von

[206] Siehe genauer Balzer & Mühlhölzer 1982.

Situation liegt schließlich vor, wenn zwar die Massen, aber nicht alle Geschwindigkeiten bekannt sind, oder wenn nur einige Massen und einige Geschwindigkeiten bekannt sind, aber so, dass keiner der vorherigen Fälle vorliegt. Auch hier muss weiter nach Teilchenzahl und nach den speziellen Werten differenziert werden.

Selbst bei dieser knappen Skizze dürfte klar geworden sein, dass die Frage, ob bei dieser Theorie Passung vorliegt, Methoden und Theoreme der linearen Algebra ins Spiel bringt, und zwar verschiedene Methoden für verschiedene Typen von Situationen. In dieser Hinsicht ist das Beispiel typisch für Passungsfragen.

Zwei Arten von Situationen, die auch im Beispiel auftreten, verdienen besondere Aufmerksamkeit, nämlich die Situationen, in denen aus der bloßen *Form* der Daten – im Gegensatz zu deren speziellen Werten – und der *Form* der Modelle schon logisch erschlossen werden kann, ob es passende Modelle gibt oder nicht. Für eine gegebene Modellklasse gibt es oft allgemeine Beschreibungen von Datenmengen, aus deren Form sich beweisen lässt, dass es immer oder nie ein Modell gibt, zu dem sie passen. In der Stoßmechanik liegt ein solcher Fall etwa vor, wenn die Daten genau alle Geschwindigkeiten vor dem Stoß umfassen. Unabhängig von den speziellen Werten dieser Geschwindigkeiten folgt bereits logisch, dass es ein zu den Daten passendes Modell gibt. Um den Gegensatz klarer zu sehen, sei dieser mit einem anderen Fall kontrastiert, in dem etwa alle (vor und nach dem Stoß) Geschwindigkeiten bekannt sind. Hier hängt die Passung davon ab, ob die erwähnten mathematischen Bedingungen an die Matrix $\mathbf{v}$ erfüllt sind oder nicht, und dies hängt von den speziellen Geschwindigkeitswerten ab, die in der Matrix zusammengestellt sind.

Der entgegengesetzte Extremfall, in dem aus der Form einer Datenmenge und der Theorie bereits auf Nichtpassung geschlossen werden kann, ist naturgemäß schwer zu exemplifizieren. Wenn er vorliegt, gibt es Datenstrukturen, zu denen *keine* passenden Modelle existieren; die Theorie ist von Anfang an potentiell „falsifiziert“ und wird schwerlich Anhänger finden.

Entsprechende Überlegungen lassen sich auch in umgekehrter Richtung anstellen. Wir können fragen, unter welchen Bedingungen an die Form der vorhandenen Daten und der Theorie ein *neues* Datum auf jeden Fall passt, bzw. auf jeden Fall zur Nichtpassung führt. Auch diese Fälle lassen sich an der Stoßmechanik exemplifizieren.

Abschließend bemerken wir, dass Passungsprobleme auch auf der Ebene der Objekte auftreten können, wenn nämlich die Theorie „hypothetische Objekte" postuliert, wie dies bei den üblichen Theorien der Zeit, des Raumes, aber auch, wie wir schon sahen, in der Institutionentheorie der Fall ist.

3.10 Approximative Passung

Der Passungsbegriff in 3.9 beschreibt den Idealfall, der in Wirklichkeit fast nie vorkommt. Normalerweise weichen die Daten insgesamt etwas von den hypothetischen Relationen und Funktionen ab, hauptsächlich, weil die Hypothesen im Vergleich mit der Realität zu grob oder zu fein ausfallen. Bei komplexen Phänomenen, wie etwa in der Soziologie, sind die Modelle gröber als die realen Phänomene, bei einfachen Phänomenen, wie in der Geometrie, sind sie feiner. Nach der weit verbreiteten, naiv realistischen Vorstellung werden die Hypothesen im Lauf der Wissenschaftsentwicklung immer besser in dem Sinn, dass sich der Passungsgrad zwischen ihnen und „dem" jeweils modellierten System verkleinert. Gegen diese Vorstellung ist einzuwenden, dass „das" modellierte, reale System in Wirklichkeit eine hochgradig hypothetische Entität ist, die von ihren theoretischen, immer besseren Modellen mitkonstituiert wird.[207] Solche Fragen sind Gegenstand der Bedeutungs- oder Referenztheorie. Dagegen geht es hier einfach darum, die Abweichung der Daten von den theoretischen Funktionen, die als wissenschaftstheoretische Tatsache hinzunehmen ist, in geeigneter Weise zu modellieren. Erst dann könnten die angeschnittenen Fragen der Referenztheorie in präziser Weise angegangen werden.

---

[207] Balzer, Lauth, Zoubek 1989 und Balzer 1997 für Details.

Der Begriff der nicht-idealen, d.h. approximativen Passung wird mit Hilfe der Topologie auf den der idealen Passung zurückgespielt. In der Topologie stehen hierfür mehrere, miteinander verwandte Begriffe zur Verfügung: Umgebungen, Abstände, uniforme Umgebungen. Auch der qualitative Begriff der Ähnlichkeit kann benutzt werden.[208] Wir entscheiden uns aus verschiedenen Gründen[209] für den Abstandsbegriff in der schwachen Form von Quasi-Metriken.

Der Begriff der *approximativen* Passung ist dreistellig. Für gegebenes Modell x, gegebene Datenstruktur z und eine gegebene, positive, reelle Zahl ε soll definiert werden, dass z und x im Grad ε, oder bis auf ε, zueinander passen. ε bezeichnen wir als *Passungsgrad.* Die Zurückführung auf ideale Passung erfolgt durch Bezug auf eine dritte, neu einzuführende „Hilfsstruktur“ y, die entweder zum Modell x oder zur Datenstruktur z einen Abstand nicht größer als ε hat. Je nach Wahl von y erhalten wir verschiedene Begriffe der approximativen Passung, die wir, da die Diskussion über deren relative Vorzüge noch nicht abgeschlossen ist, beide darstellen. Bei der ersten Möglichkeit wird die Hilfsstruktur zur Datenstruktur z ähnlich gewählt; sie ist also auf der Datenebene angesiedelt. Eine Datentruktur z *passt* nach dieser ersten Möglichkeit per Definition *bis auf* ε *zum* Modell x, wenn *es* eine Hilfsstruktur y *gibt*, die zu z einen Abstand nicht größer als ε hat und die ideal zu x passt (siehe *Abbildung* 3.10.1-a unten). Schreiben wir „z passt zu x“ für ideale Passung und „$d(z,y) \leq \varepsilon$“, um auszudrücken, dass der Abstand zwischen zwei Strukturen z, y kleiner oder gleich ε ist, so erhalten wir folgende, stenographische Notation:

es gibt ein y, so dass gilt: x passt zu y und $d(y,z) \leq \varepsilon$.

Bei der zweiten Definitionsmöglichkeit ist die Hilfsstruktur dem Modell ähnlich. In diesem Fall lautet die Definition: z *passt bis auf* ε *zu* x, wenn *es* ein y *gibt*, so dass y von x einen Abstand nicht größer als ε hat und z ideal zu y passt:

---

[208] In Balzer, Moulines, Sneed 1987, Kap.7 wird mit uniformen Umgebungen gearbeitet. Niiniluoto 1987 benutzt Abstände, Tversky 1977 analysiert den Ähnlichkeitsbegriff.

[209] Siehe Balzer & Zoubek 1994, Bartelborth 1988.

es gibt ein y, so dass gilt: $d(x, y) \leq \varepsilon$ und y passt zu z.

In *Abbildung* 3.10.1 sind beide Fälle dargestellt. In Teil a) ist als Kreis um die Datenstruktur z die Umgebung aller „potentiellen Datenstrukturen“, d.h. aller Teilstrukturen, eingezeichnet, die einen Abstand kleiner oder gleich ε von z haben. In dieser Menge muss es ein y geben, zu dem das Modell x ideal passt, was durch den Pfeil von y nach x angedeutet ist. In Teil b) der Abbildung ist die Umgebung als Kreis auf der Modellebene dargestellt. Unter allen Strukturen, deren Abstand von x kleiner gleich ε ist, muss es ein „potentielles Modell“ y geben, das ideal zu z passt. Das „potentielle Modell“ y braucht selbst kein echtes Modell zu sein; es muss nur die richtige Form haben, d.h. eine volle Struktur für die betrachtete Theorie sein.

Abb. 3.10.1

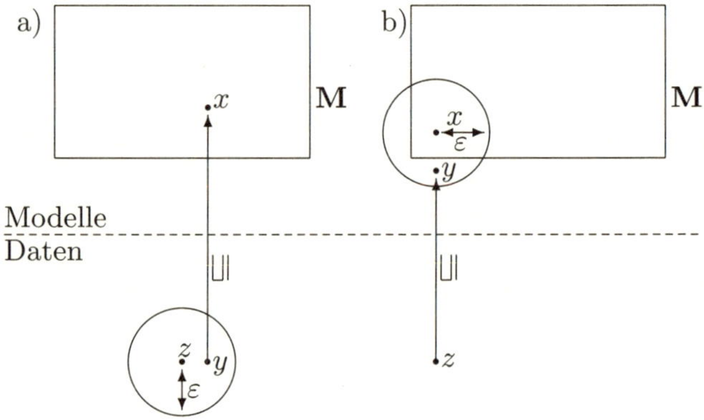

Diese Definitionen sind, wie in 3.9, in der Richtung von Daten zu Modellen zu lesen. Die Passungsbedingung für eine Theorie läuft auf die Behauptung der Existenz eines zur jeweiligen Datenstruktur bis auf ε passenden Modells hinaus. Sie enthält also eine doppelte Existenzbehauptung, die wir in obiger Version a) genau hinschreiben wollen:

Approximative ε-Passung

Zu jeder Datenstruktur $z \in \mathbf{D}$ *gibt es* ein Modell x und *gibt es* eine Hilfsstruktur y, so dass gilt:
$d(z, y) \leq \varepsilon$ und y passt zu x.

Zur Abrundung der Definition approximativer Passung muss noch der Abstandsbegriff genauer festgelegt werden. Dazu können wir uns formal auf den ersten Fall beschränken, in dem Abstände auf der Ebene von Teilstrukturen eingeführt werden. Der in 3.8 definierte Begriff der Teilstruktur ist reflexiv: jede Struktur ist eine Teilstruktur von sich selbst. Definieren wir bei festem Typ eine Teilstruktur (schlechthin) als etwas, das Teilstruktur einer beliebigen Struktur dieses Typs ist, so umfasst die Klasse aller Teilstrukturen (eines Typs) die Klasse aller Strukturen dieses Typs und damit erst recht jede Modellklasse, die in der Strukturklasse enthalten ist. Modelle sind also Teilstrukturen; jeder für beliebige Teilstrukturen definierte Abstandsbegriff legt daher auch Abstände für Modelle fest. Dies ist nebenbei bemerkt ein metatheoretisches – wenn auch kein zwingendes – Argument zugunsten von Version a) in *Abbildung* 3.10.1. *Gegen* diese Version spricht zum Beispiel, dass die Supremumsmetrik (siehe unten) nur für Funktionen mit gleichem Definitionsbereich endliche Werte liefert.

Die Festlegung des Abstandsbegriffs umfasst zwei Teile. Erstens werden allgemeine Bedingungen aus der Topologie formuliert, die für *jede* Abstandsfunktion zu gelten haben. Diese Bedingungen sind jedoch sehr schwach, sie lassen sehr viele verschiedene Abstandsfunktionen zu und sind deshalb zweitens zu ergänzen durch Hinweise darauf, wie im konkreten Fall, d.h. bei fest vorgegebenen Strukturen, konkrete Abstände definiert werden können.

Für den ersten, allgemeinen Schritt legen wir uns auf den Begriff der Quasi-Metrik und des quasi-metrischen Raumes fest.[210] Eine Quasi-Metrik legt „Quasi-Abstände" fest, die wir

[210] Alternativ werden zum Beispiel in Balzer, Moulines, Sneed 1987, Kap.7, uniforme Strukturen benutzt. Auch topologische Räume sind in der wissenschaftstheoretischen Anwendung oft gut zu verwenden, vor allem, wenn sie über Umgebungssysteme definiert werden, vergleiche z.B. Schubert 1964, S.13 ff.

im Folgenden auch einfach als „Abstände“ bezeichnen werden. Eine Quasi-Metrik ist allgemeiner als eine *echte* Metrik, insofern sie auch den Abstandswert „Unendlich“ zulässt und zwei *verschiedenen* Objekten den Abstand Null zuweisen kann. Wir schreiben $\mathbb{R}^*$ für die um das Element ∞ erweiterte Menge der reellen Zahlen, wobei folgende Setzungen hinzukommen: für jedes reelle a gilt: $a < \infty, a + \infty = \infty$ und $\infty + \infty = \infty$.

x ist ein *quasi-metrischerRaum* gdw es D und d gibt, so dass gilt $x = \langle D, \mathbb{R}^*, d\rangle$ und folgende Bedingungen für alle $a, b, c \in D$ erfüllt sind

1) d ist eine Funktion, die Paare von Elementen aus D in $\mathbb{R}^*$ abbildet, $d : D \times D \to \mathbb{R}^*$;
2) $d(a, b) \geq 0$; 3) $d(a, a) = 0$;
4) $d(a, b) = d(b, a)$; 5) $d(a, b) \leq d(a, c) + d(c, b)$.

Da jeder metrische Raum[211] die angegebenen Axiome erfüllt, sind insbesondere alle in der mathematischen Literatur definierten Metriken Quasi-Metriken.

Für jede konkrete Theorie ist in einem zweiten Schritt eine Quasi-Metrik zwischen den jeweils zugehörigen Teilstrukturen zu definieren. Zwar sind allgemeine Konstruktionen möglich, die *nicht* auf die speziellen Typen und Hypothesen der Modelle eingehen,[212] aber in der wissenschaftlichen Praxis werden Abstände und Ähnlichkeiten meist in enger Anlehung an die spezielle Form der Strukturen und Hypothesen festgelegt. Wir werden uns aus diesem Grund auf die Angabe einiger Quasi-Metriken beschränken, die sich für einzelne Komponenten von Strukturen (Basismengen, Relationen, Funktionen) definieren lassen und nur kurz auf die Frage eingehen, wie sich aus diesen eine Quasi-Metrik für „ganze“ Strukturen konstruieren lässt.

Zunächst führen wir den mengentheoretischen Begriff der *symmetrischen Differenz* $\Delta(X, Y)$ von zwei Mengen X und Y ein. Die symmetrische Differenz wird als Vereinigung von X und Y abzüglich des Durchschnitts von X und Y definiert:

$$\Delta(X, Y) = (X \cup Y) \setminus (X \cap Y).$$

[211] Vergleiche z.B. Schubert 1964, Kap. I.1 und Bauer 1974.
[212] Siehe z.B. Balzer & Zoubek 1994, Abschnitt 4.

Abb. 3.10.2

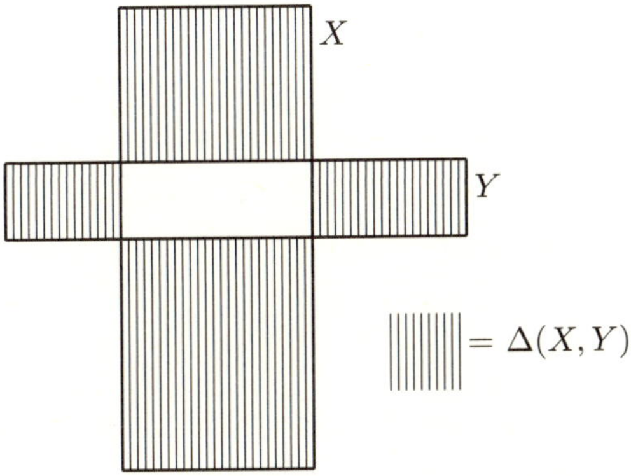

Eine erste sehr einfache Quasi-Metrik lässt sich definieren, wenn beide Mengen X und Y endlich sind. In diesem Fall kann man die symmetrische Differenz $\Delta(X, Y)$ von X und Y bilden, und die Anzahl $\|\Delta(X, Y)\|$ der Elemente aus der so gebildeten Menge $\Delta(X, Y)$ direkt zählen.

$$d_1(X, Y) = \|\Delta(X, Y)\|.$$

Dieser Abstand ist auf theoretischer Ebene für Basismengen von Theorien geeignet, deren Endlichkeit in der Theorie explizit gefordert ist. Dieser Begriff ist für Datenstrukturen gut anwendbar.

Wenn X oder Y unendliche Mengen sind, muss ein abstraktes Maß an die Stelle der Anzahlen $\|\Delta(X, Y)\|$ treten. Wenn für Mengen Z aus einer σ-Algebra $\mathcal{A}$ (siehe 2.12) ein Maß $\mu(Z)$ definiert ist,[213] lässt sich eine Quasi-Metrik auf $\mathcal{A}$ definieren.

$$d_2(X, Y) = \mu(\Delta(X, Y)).$$

Wenn zum Beispiel X und Y zwei geometrische Punktmengen sind, die in einer Ebene liegen (wie in *Abbildung* 3.10.2) lassen sich diese Mengen in der Maßtheorie mit Standarddefinitionen ausdrücken.

---

[213] Ein *Maß* entsteht aus einer Wahrscheinlichkeitsfunktion, wenn man die Normierungsbedingung $(\mathbf{p}(\Omega) = 1)$ weglässt, siehe z.B. Bauer 1974.

Die Abstände von Mengen lassen sich natürlich auch auf Relationen und Funktionen anwenden, denn Relationen (und Funktionen) *sind* mengentheoretisch Mengen von n-Tupeln.

Als Anwendungsbeispiel nehmen wir die Institutionentheorie aus 2.9 und hier genauer die 2-stellige *real*-Relation. Diese drückt aus, welche Personen i welche Handlungen a tatsächlich ausführen. Mengentheoretisch besteht die Relation aus Paaren

Abb. 3.10.3

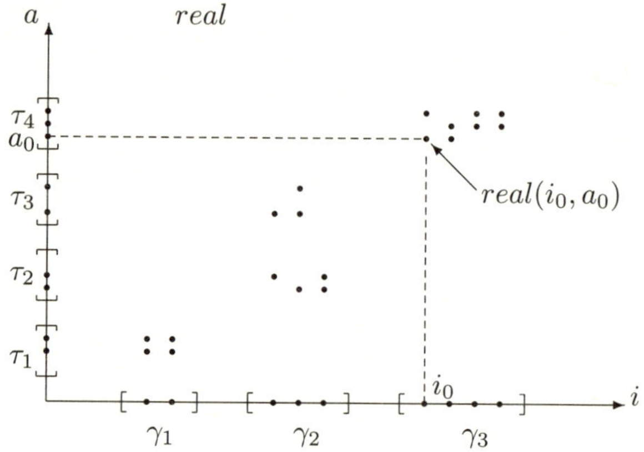

b)

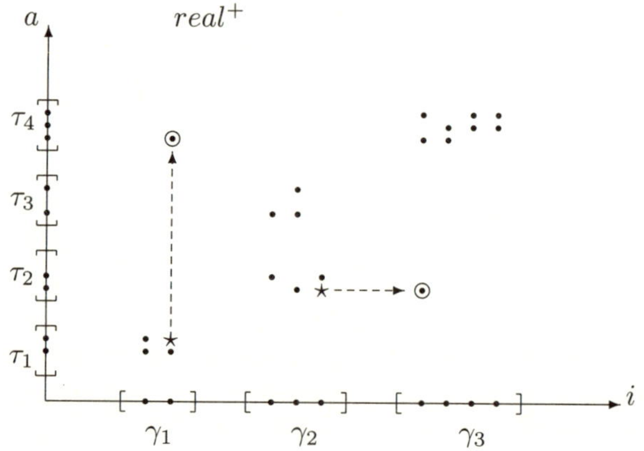

$\langle i, a \rangle$, für die gilt: i führt a aus. In den Modellen der Theorie ist diese Relation nur unscharf bestimmt. Nach Bedingung 7)

der Definition in 2.9 müssen realisierte Handlungen für die Gruppe(n) der Person charakteristisch sein.

In *Abbildung* 3.10.3-a ist eine theoretische *real*-Relation dargestellt. Auf der i-Achse sind die verschiedenen Personen, zu Gruppen zusammengefasst, als Punkte aufgetragen. Die Ordnung der Personen entlang der i-Achse hat keine Bedeutung, die der Gruppen teilweise, insofern wir Gruppen mit höherem Status links von solchen mit niedrigerem Status eingezeichnet haben. Auf der a-Achse sind die in dem Modell vorhandenen Handlungen als Punkte aufgetragen, die wir nach Handlungstypen gruppiert haben. Auch in dieser Achse hat die Ordnung der Handlungen keine Bedeutung. Jeder in der Ebene markierte Punkt $\langle i, a \rangle$ bedeutet, dass die Person i die Handlung a ausführt. Die Menge der so zu sehenden Punkte stellt die *real*-Relation dar. In diesem sehr einfachen Modell hat die Gruppe γ_1 genau den charakteristischen Handlungstyp τ_1 und γ_3 den Typ τ_4. Die Gruppe γ_2 hat zwei charakteristischen Handlungstypen: τ_2 und τ_3. Man erkennt die Zuordnung von Handlungstypen zu Gruppen, die abstrakt durch die charakteristische Funktion χ beschrieben wird. Weiter sieht man, dass die Mitglieder einer Gruppe nur Handlungen realisieren, die zu den jeweils charakteristischen Handlungstypen der Gruppe gehören. Die Hypothese 7) aus 2.9 ist hier mit einem Blick erfüllt. In *Abbildung* 3.10.3-b ist eine positive Datenstruktur dargestellt. Hier haben zwei Personen an zwei Stellen andere Handlungen ausgeführt, als in a). Zwei neue Handlungen sind mit Kreisen markiert und die zwei Handlungen, die wegfallen, werden mit Sternen markiert. In a) hat eine Person aus der Gruppe γ_1 eine Handlung des Typs τ_1 ausgeführt, während in b) diese Person eine Handlung des Typs τ_4 durchführt, und eine Handlung aus τ_2 wird in a) durch eine Person der Gruppe γ_2 ausgeführt, während in b) eine andere Person aus der Gruppe γ_3 diese Handlung realisiert. b) stellt so eine (positive) Datenstruktur und a) ein Modell dar. Nach den obigen Erörterungen ist klar, dass die Datenstruktur b) *nicht* zu dem Modell passt. Denn nach der Hypothese 7) ist nach a) für die Gruppe γ_1 der Handlungstyp τ_4 nicht charakteristisch. In b) führt aber eine Person aus dieser Gruppe eine Handlung dieses Typs aus.

Ebenso ist in a) der Handlungstyp τ_2 nicht für die Gruppe γ_3 charakteristisch.

Andererseits gibt es in den Daten in b) nur die beiden „Ausreißer“, die diese Hypothese ungültig machen. Die meisten Daten stimmen mit der Hypothese überein. Solange es nicht viele solche Ausreißer gibt, wird diese Hypothese nicht als widerlegt angesehen. Vielmehr untersuchen die Wissenschaftler zunächst, wie weit diese Datenstruktur von dem gegebenen Modell entfernt ist. Dies führt zu den oben im Allgemeinen diskutierten zwei Möglichkeiten der approximativen Passung (siehe *Abbildung* 3.10.1). In dem Beispiel können wir als erste Möglichkeit ein anderes Modell wählen, das geringfügig von dem in a) eingezeichneten Modell abweicht. In diesem Fall müssen wir allerdings nicht nur zwei Beziehungen zwischen Handlungen und Personen ändern, sondern es müssen auch zwei neue Beziehungen zwischen Gruppen und Handlungstypen benutzt werden. Ein so modifiziertes Modell enthält eine andere Funktion χ', die auch die Sachverhalte $\chi(\gamma_1) = \tau_4$ und $\chi(\gamma_3) = \tau_2$ beinhaltet. Die unveränderten Daten passen dann relativ zur Hypothese 7) zu dem neuen Modell. Die zweite, hier einfachere Möglichkeit wäre, die Datenstruktur so weit zu verändern, dass sie zu dem gegebenen Modell passt. In diesem Beispiel liegt es nahe, die zweite Möglichkeit zu wählen, und die beiden „kritischen“ Daten einfach aus der Datenstruktur zu entfernen. In diesem Fall werden einfach die beiden eingekreisten Realisierungen gestrichen. Man sieht sofort, dass der Rest der Datenstruktur zu dem Modell in a) ideal passt.

Die anschließende Frage ist, wie groß der dabei gemachte Fehler ist? Wie weit haben wir das Modell oder die Datenstruktur verändert? Wenn wir uns auf die obige, zweite Möglichkeit konzentrieren, fragen wir: Welchen Abstand hat die in *Abbildung* 3.10.3-b dargestellte Relation $real^+$ von der, in der die beiden Ausreißer wegfallen, und die wir mit $real^*$ bezeichnen? Zur Beantwortung müssen wir uns auf einen bestimmten Abstandsbegriff festlegen. Da die zu vergleichenden Mengen endlich sind, kann der oben definierte Abstand d_1 benutzt werden. Zur Berechnung von $d_1(real^+, real^*)$ ist die symmetrische Differenz beider Mengen zu bilden (mit und ohne Ausreißer).

Die Anzahl der Elemente in der symmetrischen Differenz beträgt 2. Wir haben damit zu $real^+$ eine Relation $real^*$ gefunden, so dass $d_1(real^+, real^*) \leq 2$. Damit passt die Datenstruktur in b) im Grad 2 zu einem Modell, nämlich zu dem Modell in a).

Dieses Beispiel zeigt, dass absolute Anzahlen nicht besonders aussagekräftig sind. Die Zahl 2 kann eine große oder kleine Abweichung der beiden Relationen voneinander bedeuten, je nachdem, wieviele Elemente die Relationen insgesamt haben. Bei den 20 Elementen, die in beiden Relationen im Beispiel vorkommen, bedeutet eine Änderung bei zwei Elementen eine Abweichung von 10 Prozent, also eine statistisch relativ große Abweichung. Dieselbe Änderung wäre bei Relationen, die 10^5 Daten umfassen, marginal.

In der Anwendung auf mathematische Funktionen werden Abstände meist durch Vergleich der Funktionswerte definiert. Für eine Menge von Funktionen f, die alle von einem gemeinsamen Definitionsbereich D in die reellen Zahlen gehen, wird der Abstand d_3 definiert durch

$$d_3(f, g) = sup_{a \in D} \mid f(a) - g(a) \mid .$$

Dieser Abstandsbegriff ist mit dem über symmetrische Differenz definierten nicht kompatibel. Die Voraussetzung bei d_3, dass die zu vergleichenden Funktionen den gleichen Definitionsbereich haben, ist wesentlich für die Gültigkeit der Dreiecksungleich. In der Anwendung kann man sich jedoch häufig auf den Vergleich eben solcher Funktionen beschränken.

Als Beispiel betrachten wir wieder den ungedämpften harmonischen Oszillator (3.9) und die eindimensionale Bahn s eines entsprechend oszillierenden Teilchens. Für die durch Zahlen beschriebenen Orte mögen bei den Zeiten $0, 1, 2, 3, ..15$ folgende Werte gemessen vorliegen:

$s(p, 0) = 0.001$	$s(p, 4) = -0.002$	$s(p, 8) = -0.005$
$s(p, 12) = 0.003$	$s(p, 1) = 1.003$	$s(p, 5) = 0.996$
$s(p, 9) = 1.002$	$s(p, 13) = 0.999$	$s(p, 2) = -0.003$
$s(p, 6) = 0.002$	$s(p, 10) = -0.001$	$s(p, 14) = 0.002$
$s(p, 3) = -1.002$	$s(p, 7) = -0.998$	$s(p, 11) = -1.005$
$s(p, 15) = -1.001$		

Diese Daten zusammen mit den Zeitpunkten (und dem Teilchen und den beiden Konstanten) bilden eine Datenstruktur. Die obige Datenliste lässt sich in eine Menge umwandeln, und diese Menge hat die spezielle Eigenschaft, eine Funktion zu sein. Nennen wir diese Funktion s_d. Sie hat nur 16 Argumente und noch weniger (verschiedene) Werte. Auf der anderen Seite betrachten wir ein Modell der Theorie des harmonischen Oszillators, das hauptsächlich aus einer Sinusfunktion der Form s^* ($s^* = \alpha \cdot sin + \beta$) besteht. Diese Funktion ist mindestens im Intervall $[0, 15]$ definiert, sie hat also überabzählbar unendlich viele Argumente. Die Abstandsfunktion d_3 lässt sich auf die beiden Funktion s_d und s^* nicht direkt anwenden. Wir können entweder die Funktion s_d „aufblähen", so dass sie den gleichen Argumentbereich wie s^* hat, oder wir schränken die Funktion s^* auf die 16 Argumente 0,...,15 ein. Wenn wir im zweiten Fall die resultierende Funktion mit s^b bezeichnen, haben s_d und s^b den gleichen Typ und die gleichen Argumentbereiche. Nun lässt sich die Abstandsfunktion d_3 anwenden. Es werden für alle Argumente (i = 0,...,15) die Werte $s_d(p, i)$ und $s^b(p, i)$ verglichen, d.h. es werden die Zahlen $\mid s_d(p, i) - s^b(p, i) \mid$ berechnet und als Resultat die größte dieser Zahlen genommen. Wir nehmen an, dass die Konstanten der Sinusfunktion so gewählt wurden, dass die Werte von $s^b(p, i)$ die Zahlen 0,1,0,-1,0,1,0, -1,... sind. In *Abbildung* 3.10.4 haben wir einerseits die volle, gepunktete Sinusfunktion und andererseits die mit dicken Punkten markierten, beobachteten Werte von s_d eingezeichnet. Es lässt sich erkennen, dass die theoretischen Werte auf

Abb. **3.10.4**

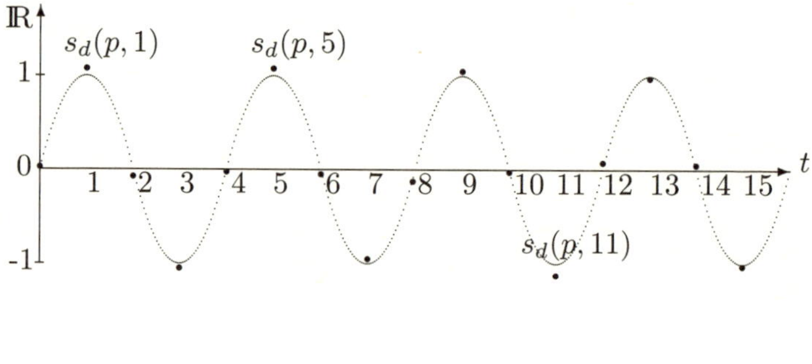

der gepunkteten Bahn, in den Punkten von 0,...,15 nicht identisch sind mit den Werten $s_d(p, 0), ..., s_d(p, 15)$.

Die Funktion s_d liegt nicht mehr genau auf dem Graphen der gepunkteten, theoretischen Bahn (s^b), sondern „dicht" daneben. Im Argument 0 beträgt z.B. der Abstand von $s_d(p, 0)$ und $s^b(p, 0)$ 0.001 (hier kaum zu erkennen); im Argument 11 (und auch im Argument 8) beträgt der Abstand 0.005 ($\mid s_d(p, 11) - s^b(p, 11) \mid = \mid -1.005 - -1 \mid = 0.005$). Der Abstand 0.005 ist hier maximal und damit auch der Gesamt-Abstand beider Funktionen.

In diesem Beispiel, wie auch schon im ersten oben, wird die Approximation auf der Datenebene durchgeführt. Es wird eine der Datenstruktur nahegelegene endliche Teilstruktur (s^b) ins Spiel gebracht, die ideal zu einem – als gegeben gedachten – Modell passt.

Bei der zweiten Alternative, bei der die Approximation auf der Modellebene stattfindet, ist eine Umgebung der theoretischen Funktion durch einen Schlauch der „Dicke" 2ε um deren Graphen herum vorzustellen. Alle differenzierbaren Funktionen, deren Graph innerhalb dieses Schlauches verläuft, haben mit der Supremums-Metrik einen Abstand kleiner oder gleich ε zur theoretischen Funktion. Zur Passung muss es in diesem Schlauch eine Funktion geben, die genau durch die gemessenen Werte hindurchläuft.

Auf die viele anderen Arten mathematischer Metriken können wir hier nicht eingehen. Stattdessen bemerken wir, dass sich zwei quasi-metrische Räume mühelos „zusammenkleben" lassen. Wenn $\langle D, d \rangle$ und $\langle D', d' \rangle$ quasi-metrische Räume sind, wird für „gemischte" Paare $\langle a, \alpha \rangle$ mit $a \in D$ und $\alpha \in D'$ ein Abstand d^* wie folgt definiert

$$d^*(\langle a, \alpha \rangle, \langle b, \beta \rangle) = d(a, b) + d'(\alpha, \beta).$$

Ebenso lässt sich eine Quasi-Metrik von einer Menge D auf die Potenzmenge von D „liften". Hier ist die Definition der gelifteten Quasi-Metrik d^* auf der Potenzmenge $\mathbf{Po}(D)$[214]

$$d^*(X, Y) =$$
$$max(sup_{x \in X} inf_{y \in Y}\ d(x, y)\ ,\ sup_{y \in Y} inf_{x \in X}\ d(x, y)).$$

[214] Vergleiche Balzer & Zoubek 1994 für Beweise und weitere Details.

Mit Hilfe dieser beiden Konstruktionsmöglichkeiten lassen sich Quasi-Metriken, die für die Komponenten von Strukturen definiert sind, Schritt für Schritt zu einer „Gesamt-Quasi-Metrik“ für ganze Strukturen zusammenfügen.

Weiter bemerken wir, dass die Behandlung negativer Daten bei der approximativen Passung besonderer Vorsicht bedarf. Es kann sich durch Übergang von einer Datenstruktur zu einer um ε von ihr Verschiedenen der Status von negativen Daten umkehren. Ein negatives Datum, Relation R_i betreffend, liegt per Definition *nicht* in R_i, kann aber bei Abänderung von R_i zu R_i^* zu einem Element von R_i^* werden. Um den Status negativer Daten zu erhalten, ist es zweckmäßig, beim Auftreten negativer Daten auch den Approximationsprozess in zwei Teile zu zerlegen.

In 2.1 wurde zu einer Theorie auch ein Approximationsapparat **U** gerechnet, über den wir nun mehr sagen können. Der Approximationsapparat besteht erstens aus einer Quasi-Metrik d, die auf der Menge aller Teilstrukturen, oder auf einer geeigneten Teilmenge von dieser, definiert ist. Der genaue Definitionsbereich spielt keine besondere Rolle, er sollte nur hinreichend viele Strukturen enthalten, die als „Möglichkeiten“ bei der Passungsbedingung gebraucht werden. Wir können auch darauf bestehen, dass d für alle Teilstrukturen definiert ist: in unliebsamen Fällen wird einfach der Abstand auf Unendlich gesetzt. Der zweite Teil des Approximationsapparates besteht aus der Angabe eines *zulässigen* Passungsgrades, nämlich aus der Zahl ε, die wir oben im Begriff „z passt bis auf ε zu x“ benutzt und vorausgesetzt haben. Es genügt nicht, die Existenz eines solchen ε zu fordern, denn wenn ε nur groß genug gewählt wird -im Grenzfall: Unendlich- passt jedes z bis auf ε zu jedem x. Vielmehr muss für jede Datenstruktur ein geeignetes, *zulässiges* ε angegeben werden. Dieses markiert eine obere Schranke, innerhalb der Passung „bis auf ε“ vorliegen muss, damit von einer befriedigenden, approximativen Passung geredet werden kann. Wenn ein zulässiger Passungsgrad ε_0 vorliegt und z nur bis auf ein $\varepsilon > \varepsilon_0$ zu x passt, dann ist die approximative Passung von z und x unbefriedigend. Man wird dann sagen können, dass x im Lichte der Daten kein geeignetes

Modell ist, und, wenn diese unbefriedigende Situation für *alle* Modelle der Theorie eintritt, dass die Datenstruktur z ein Problem oder eine Anomalie für die Theorie darstellt.

Zur Bestimmung des zulässigen Passungsgrades ε lässt sich zweierlei sagen. Erstens gehen in seine Wahl meist praktische Überlegungen ein. Oft gibt es keine saubere, statistische Anbindung von ε an Standardabweichungen, wie sie durch Messreihen erzeugt werden oder andere, ähnlich konstruktive, mit Daten beginnende Verfahren. Aus diesem Grund hat der zu jeder Datenstruktur gehörige zulässige Passungssgrad ε oft einen gewissen metatheoretischen Status.

Im Einzelfall ist es allerdings durchaus möglich, für ein bestimmtes Argument a einer Funktion F oder auch für einen ganzen Argumentbereich von F ein zulässiges ε zu definieren, nämlich dann, wenn eine Messreihe für $F(a)$, wie am Ende von 3.7 definiert, vorliegt. Wenn eine solche Messreihe mit Mittelwert μ und Standardabweichung σ erstellt wurde, so kann man fragen, welcher der Werte in der Reihe der gesuchte Wert $F(a)$, der „wahre" Wert, ist. Selbst wenn der wahre Wert begrifflich durch eine Theorie festgelegt wird: er ist unbekannt. Die Statistik liefert gute Gründe, auf die wir hier nicht näher eingehen können, den Mittelwert als Kandidaten für den wahren Wert ins Auge zu fassen. Bei dieser Wahl liegen im Beispiel der Exponentialverteilung „die meisten" (nämlich entsprechend der Proportion der in *Abbildung* 3.7 schraffierten Fläche zur gesamten Fläche unter der Dichte) Werte einer Messreihe im Bereich $]\mu - \sigma, \mu + \sigma[$. Messwerte in diesem Bereich sind wegen ihres durch σ beschränkten Abstands vom wahren Wert, dem Mittelwert, tolerabler als jene, die außerhalb des Bereichs $]\mu - \sigma, \mu + \sigma[$ liegen und relativ selten sind. In Ermangelung anderer Kriterien wird oft die Standardabweichung σ als Maß der tolerablen Abweichung eines tatsächlich gemessenen Wertes vom wahren Wert gewählt. Wenn der wahre Wert durch eine Theorie festgelegt ist, dann wird die Passung von Daten zum theoretisch ausgezeichneten Wert $F(a)$ in einem Modell bis auf den Wert σ als akzeptabel angesehen. Eine befriedigende Passung von gemessenem Wert $F^m(a)$ und theoretischem Wert $F(a)$ liegt mit anderen Worten dann vor, wenn eine

Messreihe für $F(a)$ die Standardabweichung σ ergeben hat und wenn $\mid F^m(a) - F(a) \mid < \sigma$ ist. Wenn für $F(a)$ im Modell kein bestimmter Wert festgelegt ist, kann statt $F(a)$ auch der Mittelwert der Messreihe genommen werden.

Eine Standardabweichung für Argument a von F kann per Analogie auf andere Argumente b von F übertragen werden, solange die Funktionswerte $F(b)$ mit dem gleichen Messapparat wie $F(a)$ gemessen werden. Man nimmt an, dass eine Messreihe für $F(b)$ die gleiche Verteilung – und damit die gleiche Standardabweichung – hätte, wie die für $F(a)$. Diese Annahme ist allerdings hypothetisch und kann sich im konkreten Fall schnell als falsch erweisen. Solange aber keine entgegenstehenden, theoretischen Gründe existieren, wird diese Übertragung gemacht und führt zu einem zulässigen Passungsgrad ε für einen ganzen Argumentbereich von F, der durch *einen* Messapparat abgedeckt werden kann. Damit sind wir allerdings noch weit von einem zulässigen Passungsgrad für eine ganze Datenstruktur entfernt. Um einen solchen zu definieren, müssen erstens alle Argumentbereiche je *einer* Funktion, die durch je einen Messapparat gemessen werden können, zusammengefügt, und zweitens die so für jede einzelne Funktion erhaltenen Passungsgrade nochmals für alle Funktionen zusammengefügt werden. Die dabei entstehenden Probleme sind bisher nicht systematisch untersucht worden. In Fällen, in denen die zulässigen Passungsgrade *nicht* in der geschilderten Art vorliegen – das ist die Regel – lässt sich bei ihrer Auswahl, die für praktische Zwecke oft unumgänglich ist, eine gewisse Willkür nicht vermeiden.

Ingesamt hat der Approximationsapparat $\mathbf{U}$ einer Theorie damit die Form $\mathbf{U} = \langle d, \zeta \rangle$, wobei ζ eine Funktion ist, die jeder Datenstruktur z deren zulässigen Passungsgrad $\zeta(z)$ ($\zeta(z) = \varepsilon$) zuordnet, also formal: $\zeta : \mathbf{D} \rightarrow \mathbb{R}$ mit $\zeta(z) > 0$.

3.11 Test statistischer Hypothesen

Die Passung von Daten und statistischen Hypothesen, d.h. genauer: Modellen, die eine statistische Hypothese erfüllen, ist Gegenstand eines weitläufigen Spezialgebiets in der Statistik.

Es hat aus unserer Sicht wenig Sinn, einen groben, aber oberflächlichen Überblick über die große Vielfalt an Verfahren zu geben.[215] Stattdessen stellen wir einen wichtigen und paradigmatischen Spezialfall dar, den einer reinen statistischen Theorie im Sinne von 2.12, deren Modelle definitionsgemäß aus einem statistischen Element und aus einer einzigen statistischen Hypothese bestehen.

Betrachten wir die Verteilung einer Zufallsvariablen ξ in einer Grundmenge Ω, wobei der zugrundeliegende Wahrscheinlichkeitsraum -wie üblich- gar nicht erst angegeben, sondern stattdessen direkt mit einer Dichte für die Verteilung gearbeitet wird. Die Zufallsvariable sei normalverteilt, d.h. ihre Verteilung werde durch eine Dichte der Form

$$g(x) = \frac{1}{\sqrt{2\pi\sigma}} e^{-\frac{(x-\mu)^2}{2\sigma^2}} \qquad (3.11.1)$$

bestimmt. Die durch ein Intervall I auf der x-Achse unter der Glockenkurve bestimmte Fläche (siehe *Abbildung* 3.11.1 und auch 2.12) gibt die Wahrscheinlichkeit dafür an, dass die Zufallsvariable ξ Werte in diesem Intervall annimmt.

Abb. 3.11.1

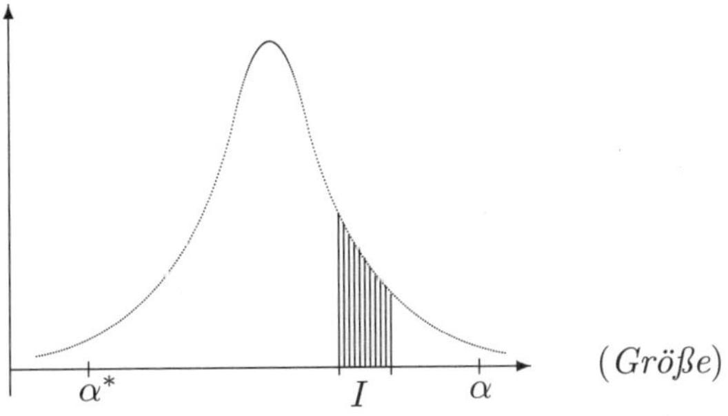

Konkreter: die Fläche gibt die Wahrscheinlichkeit dafür an, dass Individuen eine Merkmalsausprägung (oder Kombination von solchen) haben, die durch Werte der Funktion ξ im Intervall I kodiert ist. Im Beispiel der Körpergröße in einer menschlichen Population gibt die eingezeichnete Fläche die

[215] Als Beispiele anwendungsbezogener Literatur seien Rüger 1988 und Bortz 1985 genannt. Die mathematisch-statistischen Werke sind oft von der Anwendung her schwer zu lesen, etwa Witting 1974.

Wahrscheinlichkeit an, dass die Größe eines Menschen im Bereich von I liegt. Wenn etwa I das Intervall $[170, 175]$ ist und die Zufallsvariable ξ jeder Person ihre Größe (in Zentimetern gemessen) zuordnet, gibt die Fläche die relative Häufigkeit von Personen mit Größe zwischen 170 und 175 cm in der Population an.

Eine statistische Hypothese diese Art beinhaltet zwei Elemente, erstens die allgemeine Form der Dichte, wie sie durch die mathematische Gleichung in (3.11.1) gegeben ist, zweitens aber darüberhinaus auch die numerischen Werte der beiden noch nicht festgelegten Parameter μ und σ. Eine *genaue* Hypothese legt auch diese fest und behauptet also zum Beispiel, dass die Dichte der betrachteten Verteilung die obige Form mit Parametern $\mu = 165$ und $\sigma = 2$ hat.

Die Daten für diese Hypothese der Theorie bestehen in endlich vielen erhobenen Werten der Zufallsvariablen ξ, die wir gemäß der Notation von 3.7 mit $\xi^+(a_1), ..., \xi^+(a_n)$ bezeichnen. Die Funktion ξ^+ bildet zusammen mit den zugehörigen Individuen $a_1, ..., a_n$, die wir in einer Menge Ω^+ versammeln, eine positive Datenstruktur $\langle \Omega^+, R^+, \emptyset, \emptyset, \xi^+ \rangle$, in der R^+ die Menge der von ξ^+ angenommenen Funktionswerte enthält und die beiden leeren Mengen die Plätze der – abwesenden – σ-Algebra $\mathcal{A}$ und der Wahrscheinlichkeitsfunktion $\mathbf{p}$ markieren. Jeder Wert $\xi^+(a_i)$ ist durch die zufällige Auswahl des Individuums a_i aus der Population und durch dessen Untersuchung in Bezug auf das studierte Merkmal (durch Messung oder Befragung) bestimmt worden. Die Menge dieser Individuen wird als *eine Stichprobe* bezeichnet.

In *Abbildung* 3.11.2 auf der nächsten Seite ist die Gesamtpopulation Ω als Menge dargestellt. Einige Individuen aus Ω sind durch Kreise hervorgehoben. Die Menge dieser Kreise bildet hier die Stichprobe. Auf der horizontalen, reellen Achse sind einige Striche markiert, die bestimmte Ausprägungen als Zahlen darstellen. Eine dieser Ausprägungen ist die Körpergröße 165cm, die hier durch die Zahl 165 ausgedrückt wird. Über einem solchen Strich liegen einige vertikal „aufgehäufte“ Punkte, oder Säulen. Von *jedem* Kreis aus Ω zeigt ein Pfeil zu einem Punkt. Wir haben der Übersichtlichkeit halber nur einige Pfeile eingezeichnet. Ein solcher Pfeil drückt aus, dass das Individuum genau *die* Ausprägung hat, die unterhalb des Punktes als Strich auf der Achse zu sehen ist. Die vertikal geordneten Punkte, die über einem bestimmten Strich zu sehen sind, bilden sozusagen eine „Strichliste". Je größer die Strichliste, desto mehr Individuen haben die Ausprägung, die unter dieser Säule steht. Anders gesagt, wird eine Ausprägung umso häufiger auftreten, je mehr Individuen die Ausprägung haben.

Die statistische Hypothese behauptet, dass das zur Diskussion stehende Merkmal in der *Gesamtpopulation* Ω gemäß der Dichte (3.11.1) z.B. mit $\mu = 165$ und $\sigma = 2$ verteilt ist. Das heißt, unter Auflösung des mathematischen Formalismus aus 2.12, dass für *jede* Borelmenge I die Wahrscheinlichkeit, in der Population Ausprägungen zu finden, die (vermittels ξ) in I liegen, durch die über I liegende Fläche unter der Dichte gegeben ist. Diese hochgradig theoretische Aussage gilt für *alle* und damit für überabzählbar viele Borelmengen. Sie be-

Abb. 3.11.2

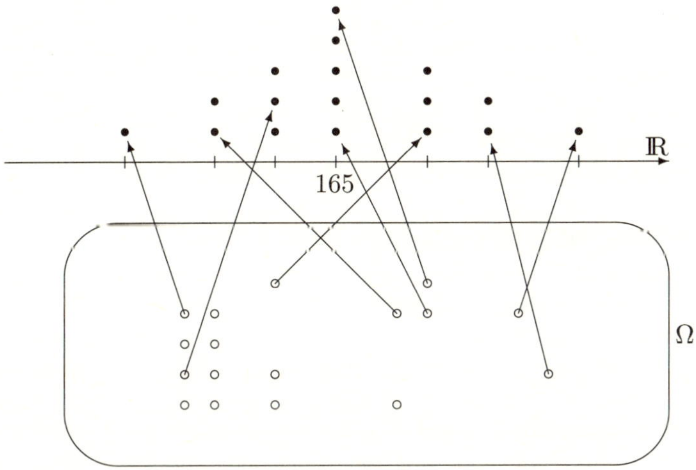

trifft die „volle" Zufallsvariable ξ, deren Werte für die gesamte Population jedoch nicht bekannt sind. Als Daten liegen nur einige dieser Werte vor, nämlich die, die in ξ^+ zusammengestellt sind.

Versuchen wir zu klären, was es in dieser Situation bedeutet, dass eine Datenstruktur zu einem Modell passt. Nach 2.12 ist ein Modell der reinen statistischen Theorie, also eine Struktur der Form $x = \langle \Omega, \mathbb{R}, \mathcal{A}, \mathbf{p}, \xi \rangle$, zu finden und mit der obigen Datenstruktur $z = \langle \Omega^+, R^+, \emptyset, \emptyset, \xi^+ \rangle$ gleichen Typs zur Passung zu bringen. Die Datenstruktur enthält Daten über die in der Stichprobe gefundenen Ausprägungen, die zu einer Funktion ξ^+ zusammengefasst sind. Die σ-Algebra $\mathcal{A}$ und die Wahrscheinlichkeit $\mathbf{p}$ sind durch Daten nicht vertreten, so dass die Datenstruktur an deren Stellen die leere Menge enthält. Für diese beiden Strukturen reduziert sich aber nach 3.9 die Passung von z in x ($z \sqsubseteq x$), auf die Inklusion von ξ^+ in ξ. Passung bedeutet also, dass $\xi^+ \subseteq \xi$ gilt, d.h. dass jeder Wert, den ξ^+ für ein Element a_i der Stichprobe annimmt, mit dem Wert der „vollen" Zufallsvariablen ξ für dieses Element a_i *streng identisch* ist.

Eine solche Passungsaussage ist schwierig zu überprüfen, weil die „volle" Zufallsvariable ξ nicht bekannt ist. Wir kennen nur ihre Verteilung, die in der Tat durch (3.11.1) und die Annahmen über die Parameter: $\mu = 165, \sigma = 2$ völlig festgelegt ist. Um Passung zu überprüfen, müssen wir eine Zufallsvariable ξ finden, die genau diese Verteilung hat und die ξ^+ als Teilstruktur enthält: $\xi^+ \subseteq \xi$. Hier stehen wir bei statistischen Theorien vor einer Situation, die vom „Normalfall" anderer Theorien abweicht. In anderen Theorien legt – in ähnlichen Fällen – die Hypothese (eventuell zusammen mit weiteren *ad hoc* gemachten Annahmen) die mathematische Form der „theoretischen" Funktion ξ vollständig fest und das Passungsproblem besteht nur darin, zu sehen, ob die gemessenen Werte zu dieser festgelegten Funktion ξ gehören. In statistischen Theorien ist die Zufallsvariable dagegen keineswegs völlig festgelegt. Fest liegt nur ihre Dichte g und damit ihre Verteilung: $\mathbf{p}(\{x/\xi(x) \in X\}) = \int_X g d\lambda$. Diese Gleichung wird mit ξ auch von vielen anderen Funktionen ξ' erfüllt. Um Passung im Sinne von 3.9 zu prüfen, müssen wir daher bei statistischen Theorien einen weiteren Schritt machen und *eine* der theoretisch zulässigen Zufallsvariablen auswählen, konstruieren, oder sonstwie beschaffen. Erst danach kann geprüft werden, ob $\xi^+ \subseteq \xi$ gilt. Die Konstruktion eines solchen ξ ist jedoch mühsam und wird in der Statistik normalerweise nicht unternommen.

Beim Übergang zu *approximativer* Passung wird die Situation nicht besser. Approximative Passung (auf der Datenebene) liegt vor, wenn die Einbettung über eine „hypothetische" Funktion ξ^* vermittelt ist, die einen Abstand kleiner oder gleich ε von ξ^+ hat. Der damit vorliegende Passungsbegriff ist begrifflich präzise, aber schwer zu überprüfen, weil wiederum die „volle", theoretische Zufallsvariable, die die statistische Hypothese erfüllt, weder bekannt ist, noch aus der Hypothese eindeutig ermittelt werden kann.

Aus diesen Gründen hat sich für reine statistische Theorien eine andere, indirekte Methode entwickelt, die Passung von Daten und Hypothese zu prüfen. Die Methode ist in den formalen Details nur unter großem Aufwand zu beschreiben, weshalb wir zunächst nur einen, für die Praxis wenig relevanten Spezialfall angeben, an dem jedoch die Grundidee deutlich wird und dann die allgemeine Methode nur kurz andeuten.

Zunächst wird das Problem der Hypothesenprüfung dadurch „reduziert", dass der zu prüfende Aspekt der Hypothese genauer eingegrenzt wird. Die Hypothese umfasst ja mehrere Komponenten: die Annahme der allgemeinen Form (3.11.1), sowie endlich viele weitere Annahmen über die Werte der Parameter. Die Prüfung wird nun durch Konzentration auf genau eine dieser Komponenten vereinfacht, indem man *annimmt*, dass die „restlichen" Komponenten stimmen. Es wird als – hypothetisch bzw. als schon in anderer Weise bestätigt – angenommen, dass erstens die Verteilung eine bestimmte *Form*, im Beispiel die der Normalverteilung, hat. Zweitens setzt man voraus, dass alle Parameter bis auf einen unproblematisch sind; ihre Werte werden bei der folgenden Prozedur konstant gehalten. Unter diesen Annahmen wird dann der Wert des einen, problematisierten Parameters getestet.

Für die folgende Überlegung brauchen wir den Begriff des „unwahrscheinlichen Falles". Für ein Individuum aus der Population ist seine „Merkmalsklasse", d.h. die Menge der anderen Individuen, die ein Merkmal in der gleichen Ausprägung aufweisen, unterschiedlich groß, je nach der speziellen Ausprägung. Die Merkmalsklasse eines 225 cm großen Menschen ist ziemlich klein, die eines 175 cm großen dagegen riesig. Ein Individuum mit sehr kleiner Merkmalsklasse ist ein unwahrscheinlicher Fall. Bei einer normalverteilten Zufallsvariablen liegen diese Fälle, vom Mittelwert aus gesehen, an den Rändern. Für sehr kleine und große Werte der Zufallsvariablen, wie etwa α in *Abbildung* 3.11.1, ist der Wert der Dichte, der der Größe der Merkmalsklasse von Individuen mit Ausprägung α entspricht, sehr klein. Wenn also für ein zufällig aus der Population ausgewähltes Individuum sein Wert der normalverteilten Zufallsvariablen (relativ zum Mittelwert) sehr klein oder sehr groß ist, dann liegt ein unwahrscheinlicher Fall vor.

Wichtig für die Statistik ist nun die Tatsache, dass diese qualitative Überlegung numerisch präzisiert werden kann, nämlich durch Benutzung von Axiom (2.12.2) und der Form (3.11.1) der Dichte. Wenn wir als Borelmenge X das Intervall $]-\infty, \alpha]$ wählen, so gilt: $\xi(x) \in X$ gdw $\xi(x) \leq \alpha$. Damit folgt $\mathbf{p}(\{x/\xi(x) \in X\}) = \mathbf{p}(\{x/\xi(x) \leq \alpha\})$ und aus (2.12.2) ergibt sich, wenn wir das Integral in der Notation mit unterer und oberer Grenze schreiben:

(3.11.2) $$\mathbf{p}(\{x \in \Omega/\xi(x) \leq \alpha\}) = \textstyle\int_{-\infty}^{\alpha} g d\lambda.$$

Der Wert des Integrals auf der rechten Seite lässt sich aber für konkrete Verteilungen ausrechnen,[216] so dass durch Gleichung (3.11.2) ein exakter Zusammenhang hergestellt wird zwischen dem speziellen Wert α und der Wahrscheinlichkeit, Ausprägungen kleiner-gleich α anzutreffen. Mittels elementarer Theoreme der Integralrechnung lässt sich dieser Zusammenhang auch auf den „linken Rand“ der Glockenkurve übertragen (α^* in *Abb.* 3.11.1), so dass man insgesamt die unwahrscheinlichen Fälle (deren Ausprägungen sehr weit links oder rechts vom Mittelwert liegen) durch ihre Wahrscheinlichkeit präzise charakterisieren kann.

[216] In vielen Lehrbüchern sind die wichtigsten Werte in Form von Tabellen zusammengestellt, etwa Bortz 1985.

Mit diesen Voraussetzungen stellen wir nun folgende Überlegung an. Angenommen, der zu prüfende Wert – im Beispiel etwa der Mittelwert $\mu = 165$ – sei zutreffend, d.h. die Zufallsvariable ξ habe die genaue Form, die durch die mathematische Gleichung (3.11.1) und die numerischen Werte aller Parameter festgelegt ist. Wenn nun ein Element a_i zufällig aus der Population ausgewählt wird und sich als unwahrscheinlicher Fall herausstellt, dann hat sich, da das Individuum *zufällig* gezogen wurde, etwas Unwahrscheinliches ereignet. Anders gesagt: Wäre der Parameter korrekt, dann würde das Ergebnis der einelementigen Mini-Stichprobe einen unwahrscheinlichen Fall darstellen. Dieser unwahrscheinliche Fall ist eingetreten. Also kann die Annahme, dass der untersuchte Parameter den speziellen Wert hat, problematisiert werden: sie führt zu unwahrscheinlichen Fällen.

Der letzte Schritt in dieser Gedankenkette ist keine logische Folgerung, er enthält aber den Kern der Begründung für die Verwerfung einer statistischen Hypothese. Die Begründung lautet: Wenn die Hypothese richtig wäre und die Stichprobe einen unwahrscheinlichen Fall ergibt, dann hätte sich etwas Unwahrscheinliches ereignet. Also ist die Hypothese „wahrscheinlich" nicht richtig.

In der Praxis wird diese Grundfigur in vielfältiger Weise variiert. Bei „echten" Stichproben, bei denen „viele" Objekte zufällig herausgegriffen und untersucht werden, ist dieser Gedankengang nicht mehr direkt anwendbar. Hier können „gemischte" Fälle auftreten, zum Beispiel *ein* unwahrscheinlicher Fall zusammen mit 20 wahrscheinlichen Fällen. Bei mehrelementigen Stichproben sind eben auch die Stichprobenwerte selbst irgendwie verteilt. Ihre Verteilung ist durch die Werte von ξ^+ und die Wahrscheinlichkeit $\mathbf{p}$ nach der allgemeinen Definition: $\psi(I) = \mathbf{p}(\{x \in \Omega / \xi^+(x) \in I\})$ gegeben. Nach dem *zentralen Grenzwertsatz*[217] konvergieren die standardisierten Summen einer Folge von Verteilungen immer umfangreicherer Stichproben unter ziemlich plausiblen Bedingungen gegen die Standard-Normalverteilung. Dieser theoretische Zusammenhang, auf den wir hier nicht genauer eingehen

[217]Vergleiche z.B. Rüger 1988, 4.2.

können, ermöglicht es, „Stichprobenkennwerte", „Schätzfunktionen" oder einfach „Schätzer" zu definieren, die sich aus der Stichprobe berechnen lassen. Ein wichtiger Zweig der Statistik untersucht die Eigenschaften von solchen Kennwerten „im Limes", etwa für Folgen von immer umfangreicheren Stichproben, oder für die Verteilung von Kennwerten in „Populationen" von Stichproben. Ein Stichprobenkennwert übernimmt nun im obigen Argument die Rolle des dort für ein einziges Individuum beobachteten Werts der Zufallsvariablen. Es wird berechnet, ob der tatsächlich aus der Stichprobe erhaltene Kennwert einen unwahrscheinlichen Fall darstellt oder nicht. Im negativen Fall wird mit der oben dargestellten Begründung die Hypothese, genauer: die jeweils untersuchte Komponente der Hypothese, verworfen.

Auf weitere, für praktische Anwendung relevante Details, die hier zu berücksichtigen sind, vor allem die Unterscheidung zwischen Fehlern erster und zweiter Art, können wir nicht näher eingehen.

3.12 Wissensbasierte Systeme

In 2.13 haben wir Computerprogramme mit Modellklassen oder Hypothesen verglichen. In den herkömmlichen Programmen ging es hauptsächlich um Berechnungsmethoden: eine Funktion lässt sich durch einen Computer berechnen, und zwar viel schneller als ein Mensch es ohne Hilfsmittel schaffen könnte. Ein heutiges Computersystem kann nicht nur berechnen, es kann einen ganzen Wissensvorrat über einen bestimmten Phänomenbereich verwalten und verbessern. Natürlich ist auch die Berechnungsmethode für eine Funktion Wissen, aber die Funktion kann in vielen, empirisch völlig verschiedenen, praktischen Anwendungen benutzt werden, ohne dass dies etwas an der Methode ihrer Berechnung ändert. Die heutigen Systeme dagegen sind spezifisch für einen vorgegebenen Phänomen- und Anwendungsbereich konstruiert. Sie werden als *wissensbasierte Systeme* bezeichnet. Es sind Programme, in deren Regeln zum großen Teil Wissen über einen bestimmten Objektbereich kodiert ist.

Es gibt heute Gendatenbanken, graphisch-dynamische Programme für Riesenmokelüle, dynamische Raumzeitdarstellungen, medizinische Diagnoseprogramme, Programme für neuronale Netze und anderes. Diese Computerprogramme benutzen auch großen Datenmengen. Sie rücken näher an „normale" Theorien heran und an die bis jetzt existierenden Disziplinen. Inzwischen gibt es neue Bereiche wie z.B. *künstliche Intelligenz* (*KI*) und *künstliche Gesellschaften.*[218] Eine der ersten wissensbasierten Systeme waren die *Expertensysteme*. Ein Expertensystem repräsentiert das Wissen von Experten über einen bestimmten Bereich. Es kann um sehr praktische Dinge gehen, wie z.B. um das Wissen eines Installateurs oder eines Architekten, der 20 000 Büroräume möbliert. Es kann sich um die Heilkunst der Nieren handeln, oder um das Ausfüllen eines Bestellformulars in der Elektrobranche. Solches Wissen lässt sich oft nur partiell in einer Sprache beschreiben. Trotzdem kann ein Experte oft Arbeiten erledigen, die für andere nützlich sind.

Wenn wir das in einer Theorie präsente Wissen in Daten, Hypothesen und Definitionen aufschlüsseln, so muss auch ein entsprechendes, wissensbasiertes Computerprogramm Regeln für diese drei Komponenten enthalten. Neben Regeln, mit denen die Hypothesen abgearbeitet und die Definitionen angewendet werden, sind auch Regeln vorhanden, die die Daten in diese beiden Prozesse einbeziehen.

Bei Theorien erfolgt die Festlegung des Anwendungsbereichs durch die Angabe einer Menge intendierter Systeme und einer Menge von Datenstrukturen, die die Daten über die intendierten Systeme enthalten. Genauso wird auch in wissensbasierten Systemen der Bezug zum spezifischen Anwendungsbereich hergestellt: man führt Daten als Teil des Systems ein. Inzwischen sind in einigen Systemen die Daten so vielfältig, dass sie explizit, relativ zu dem intendierten System gespeichert werden. Oft werden Datenbanken explizit dem Labor zugeordnet, in dem die Daten entstanden.[219]

Ein wissensbasiertes System besteht aus zwei Teilen: einer Menge von echten *Regeln* oder Prozeduren, mit denen Zustän-

[218] Balzer, Brendel, Hofmann 2009.
[219] Gläser 2006.

de in Nachfolgezustände überführt werden (2.13) und einer Menge von Daten, der *Datenbasis*. Eine Datenbasis enthält einerseits den Input, der für die Abläufe des Programms nötig ist. Andererseits kann aber auch der Output der Abläufe des Programms in der Datenbasis gespeichert werden.

Die Entsprechung zu Theorien liegt also auf der Hand. Die Menge von Regeln entspricht der Modellklasse bzw. den Hypothesen, die diese charakterisieren und die Daten entsprechen einer Datenstruktur. Inhaltlich kann die Datenstruktur als Repräsentant eines realen, intendierten Systems angesehen werden, während die Regeln das über dieses System vorliegende, „prozedurale" Wissen erfassen. Neben den „wissensbasierten" Regeln gibt es natürlich noch andere bereichsunabhängige, „logische" Regeln, die einen konsistenten und vernünftigen Programmablauf erzeugen, die uns hier aber nicht interessieren. Sie sind oft fest in die jeweilige Programmiersprache und das Programm eingebaut und spielen dort eine ähnliche Rolle, wie logische Regeln in „normalen" Theorien (2.3).

Wissensbasierte Systeme sind also unseren Theorien sehr ähnlich. Diese Beobachtung bestärkt einerseits unseren Theoriebegriff, insofern er mit geringen Abänderungen auch in vielen Computerbereichen nachzuweisen ist. Andererseits können verschiedene wissensbasierte Systeme an die in der normalen Wissenschaft etablierte Begrifflichkeit angeschlossen werden. Im Hinblick auf die Ergebnisse unseres Vergleichs von Computerprogrammen und Modellen in 2.13 besteht keinerlei Problem, ein wissensbasiertes System in eine Modellklasse plus Datenstruktur und damit in eine Theorie, zu überführen. Auch die Umkehrung ist möglich, allerdings mit den in 2.13 genannten Schwierigkeiten, die in der Ausdrucksarmut der Computerregeln in Bezug auf die Abarbeitung von Quantoren begründet liegen.

Im Programmablauf spielen auch die Daten streng genommen die Rolle von Regeln. Das Vorhandensein oder die Abwesenheit eines bestimmten Datensatzes bewirkt in einem gegebenen Zustand des Programmablaufs einen unterschiedlichen Nachfolgezustand. Der Unterschied von Daten und Regeln liegt in der Form, in der diese jeweils angegeben sind. Daten werden als atomare Sätze (wie in den Datenstrukturen) formuliert, Regeln dagegen in verschiedenen Varianten der „wenn-dann“ Form.

Ein Satz von Regeln kann mit verschiedenen Datenbasen arbeiten, genau wie ein System von Hypothesen auf verschiedene Datenstrukturen passen kann. Jede konkret eingegebene Datenbasis entspricht einem anderen Wissensstand, und das resultierende Programm ist streng genommen für jede Basis verschieden. Umgekehrt kann natürlich auch die Regelmenge bei fester Datenbasis variiert werden. Der erste Fall entspricht dem einer festen, durch Hypothesen gegebenen Modellklasse, für die sich die Daten ändern. Der zweite Fall entspricht der Veränderung einer Modellklasse im Lichte gegebener Daten. Es ist bemerkenswert, dass in Computersystemen beide Arten der Veränderung fast gleichwertig behandelt werden, während die Wissenschaftstheorie bisher fast nur auf theoretische Änderungen schaut. Intelligentere Systeme führen im Programmablauf neue, selbsterzeugte Daten *und* Regeln ein und fügen sie zur Datenbasis und Regelmenge hinzu, auch die Streichung vorhandener Daten und Regeln ist anzutreffen.

In der ersten Auflage unseres Buches hatten wir einige wichtige Elemente der Programmiersprache PROLOG eingeführt. Vor 10 Jahren war diese Sprache im Aufwind, inzwischen ist sie eine der vielen kaum noch benutzten. Wir möchten deshalb nicht eine gerade interessante Sprache skizzieren, die in den nächsten Jahren wieder durch eine neue abgelöst wird. Im Moment (2009) ist die Sprache *Java* fast unangefochten. Sie ist ein Nachkömmling von C und C^{++}, arbeitet effektiv und schnell, und benutzt auch nebenläufige Methoden.[220]

Wir bemerken zum Abschluß noch, dass die Sprache PROLOG strategisch noch nicht ganz tot ist. Sie hat zwar den im Moment nicht zu behebenden Nachteil, dass sie ziemlich langsam ist. Für Realzeit-Anwendungen ist diese Sprache nicht geeignet. Aber in vielen Anwendungen, besonders in der Sozialwissenschaft, spielt dies keine große Rolle. PROLOG hat auch mehrere positive Eigenschaften, die den anderen Computersprachen fehlen. Erstens arbeitet PROLOG typenfrei (2.7),

[220] Brendel 2008.

d.h. PROLOG verwendet Regeln, die einer ma-Sprache ähnlich sind. Zweitens verwendet PROLOG ein Resolutionsverfahren,[221] mit dem komplexe Sätze und Formeln durch atomare Sätze („Daten") gültig gemacht werden. Drittens beruht PROLOG, ähnlich wie die meisten der Sprachen der Logik, auf der Syntax indogermanischer Sprachen. Dieser Punkt ist allerdings nur für die indogermanischen Leser interessant.

3.13 Die Anwendung formaler Theorien

Formale Theorien in Mathematik, Logik und teilweise auch in Informatik und Statistik haben zwar gegenüber den bisher untersuchten empirischen Theorien eine deutliche Sonderstellung, sie sind aber doch Theorien in unserem Sinn. Wir möchten formale Theorien in unser metatheoretisches Gesamtbild einordnen. Dazu sind zwei Punkte zu klären, nämlich erstens der Bezug formaler Theorien zur Wirklichkeit und zweitens die damit zusammenhängenden wissenschaftstheoretischen Besonderheiten, in denen sich formale Theorien von empirischen im engeren, bisher betrachteten Sinn unterscheiden.

Der Wirklichkeitsbezug formaler Theorien lässt sich am besten verstehen, indem wir ihre Rolle in empirischen Theorien studieren, wo insgesamt, d.h. zwischen empirischen *und* mathematischen Teilen einer Theorie zusammen, ein unbestrittener Bezug zur Wirklichkeit besteht. *Eine* Ansicht über die Rolle der Mathematik in empirischen Theorien (die wir nicht teilen) sieht mathematische Modelle als „reine" Bilder, Gedankenkonstrukte und Hilfsmittel, die sich als nützlich zur Darstellung empirischer Sachverhalte und Beziehungen erweisen. Diese Vorstellung ist z.B. implizit im Ansatz von *Ludwig* 1991 enthalten. Der mathematische Formalismus soll eine reine Hilfsfunktion haben und nicht empirisch interpretiert werden. Er ist ein Werkzeug zur Darstellung und zur formalen Manipulation „im Bild".

Bei dieser Sichtweise mathematischer Theorien ist es allerdings schwierig zu erklären, warum sie als Werkzeuge so gut funktionieren. Bei „normalen" Werkzeugen sind derartige Er-

[221] Robinson 1965. Zur Einführung in PROLOG: Clocksin & Mellish 1984.

klärungen leicht zu finden. Das Problem wird noch akzentuiert durch die Erfolge von Computerprogrammen in jüngster Zeit, denen man die gleiche Nützlichkeit in der empirischen Anwendung zusprechen kann, die aber „als Werkzeuge" doch ganz verschieden von mathematischen Modellen sind. Warum werden oder wurden in empirischen Theorien gerade mathematische Modelle als reine Hilfsmittel benutzt?

Unsere Antwort lautet kurz: mathematische Modelle sind keine „reinen", uninterpretierten Hilfsmittel. Sie haben in der Regel einfache und anwendungsrelevante, empirische Interpretationen und können *in gewissem Sinn* als empirisch angesehen werden. Die empirischen Interpretationen, die oft raumzeitliche Verhältnisse in der Wirklichkeit betreffen,[222] erklären den Erfolg und die Nützlichkeit mathematischer Theorien als Teile empirischer Theorien. Zur Stützung dieser Ansicht können wir drei Argumentationsstränge verfolgen.

Erstens finden wir in der historischen Entwicklung der meisten mathematischen Theorien empirische Wurzeln, insbesondere für die ältesten Teile der Mathematik, die den Umgang mit Zahlen und geometrischen Verhältnissen betreffen.[223] Die ersten Zahlen dienten vermutlich dazu, den Überblick über größere Vorräte und Außenstände zu behalten, oder die für einen Feldzug erforderliche Ausrüstung und Verpflegung zu bestimmen. Das Zählen dient im Kern dazu, einen Bestand, z.B. einer Schafherde, zu überprüfen.[224] Die zu zählenden Objekte werden in eine lineare Ordnung gebracht und mit einem anderen, schon vorhandenen Repräsentanten des Bestandes – einer Zahl oder dem sonstwie fixierten Ergebnis einer früheren Zählung der gleichen Objekte – in ein-eindeutige Beziehung gebracht. Wenn dies gelingt, ist der Bestand (seine Anzahl) gleich geblieben. Damit haben wir zwei Arten von Operationen identifiziert, die zur Interpretation der Grundrelationen: der linearen Ordnung und der Bijektion, in der Theorie der natürlichen Zahlen dienen. Erste geometrische Konstruktio-

[222] Hierin liegt eine gewisse empirische Rechtfertigung für die apriorische Auszeichnung von Raum und Zeit durch Kant, siehe Kant 1959.

[223] Siehe etwa Heath 1981 und Schmand-Besserat 1984.

[224] Siehe z.B. Balzer 1979.

nen standen im Zusammenhang mit Bauwerken und Landzuteilung.

Zweitens ist es nicht schwer, die meisten – und jedenfalls die wichtigen – mathematischen Theorien empirisch zu interpretieren. In der empirischen Interpretation und der damit verbundenen Beschränkung der intendierten Systeme sehen solche Theorien wie „normale" empirische Theorien aus. Betrachten wir einige Beispiele.

Ein Modell der reellen Zahlen $\langle D, <, +, \cdot \rangle$ besteht aus einer Grundmenge D und aus drei Relationen und Operationen $<, +, \cdot$, die sich mühelos typisieren und durch Axiome charakterisieren lassen.[225] Ein solches Modell lässt sich wie folgt in natürlicher Weise empirisch interpretieren. Die Elemente von D sind Strecken oder Abstände, die zwischen Marken auf festen Körpern bestehen oder hergestellt werden können – etwa durch Zeichnung. $<$ und $+$ werden wie bei der fundamentalen Messung interpretiert. Die $<$-Relation wird durch Längenvergleich zweier Strecken realisiert, die Addition durch deren Konkatenation entlang einer Geraden.[226] Auch die Multiplikation lässt sich empirisch interpretieren. „$a \cdot b = c$" bedeutet, dass c eine Strecke ist, die die Fläche des aus a und b gebildeten Rechtecks darstellt. Es ist unschwer nachzuprüfen, dass die üblichen Axiome unter dieser Interpretation erfüllt sind.

Das Modell eines Vektorraums $\mathbf{V}$ über dem Körper $\mathbf{K}$ hat die Form $\mathbf{V} = \langle V, \mathbf{K}, +, \cdot \rangle$, wobei wir der Einfachheit halber $\mathbf{K}$ als den Körper der reellen Zahlen betrachten, der, wie bereits gezeigt, eine empirische Interpretation hat. Bei der Standardinterpretation des Vektorraum-Modells sind die Objekte der Basismenge V Pfeile, die in einem Koordinatensystem vom Ursprung aus in jede Richtung und von jeder Länge (auch mehrfach) hergestellt werden können – etwa durch Zeichnung. Diese Objekte sind zwar Artefakte, aber in der Anwendung durch operationale Vorschriften klar festgelegt und materialisierbar. Die Konstruktion eines Pfeils kann zum Beispiel über

[225] Vergleiche Tarski 1937 für einfache Axiomatisierungen.

[226] Dies ist übrigens der tiefere Grund, weshalb im Bereich der fundamentalen Messung gerade die Struktur $\langle \mathbb{R}, <, + \rangle$ als Repräsentant für die empirischen Relationen gewählt wird. Vergleiche 3.4. Die genaue, operationale Ausführung kann variieren und ist hier nicht von Bedeutung.

kartesische Koordinaten erfolgen, indem man entlang der Koordinatenachsen vom Ursprung aus drei Strecken abträgt und an deren Enden Strecken im rechten Winkel anbringt, die sich irgendwo treffen: der Treffpunkt markiert gerade die Spitze des zu konstruierenden Pfeils. Auch andere Arten von Koordinaten sind erlaubt, etwa ein Abstand und zwei Winkel. Addition von Vektoren erfolgt über die Konstruktion eines Parallelogramms und skalare Multiplikation eines Vektors mit einer reellen Zahl besteht darin, die Länge des Pfeils so zu variieren, dass sie genau der durch die Zahl gegebenen Strecke entspricht (wobei wir die obige Interpretation von Zahlen durch Strecken voraussetzen). Vektorräume dienen in dieser Interpretation dem Umgang mit Objekten (Pfeilen), die sich durch Koordinaten festlegen lassen. Die Fähigkeit zur realen Konstruktion von Koordinatensystemen dürfen wir dabei voraussetzen. Der Nullvektor wird als der Koordinatenursprung interpretiert.

Durch Hinzunahme eines Skalarprodukts[227] kommt man von einem Vektorraum zu einem *Hilbert*raum. Auch das Skalarprodukt $\langle \cdot, \cdot \rangle$ hat eine natürliche, empirische Interpretation, die jedem Physikstudenten geläufig ist. Die bisherigen Interpretationen voraussetzend, ist der Wert des Skalarprodukts $\langle v, w \rangle$ zweier Vektoren v, w die Fläche des Rechtecks, das von v und der Projektion von w auf v gebildet wird.

In diesen Beispielen lassen sich die mathematischen Theorien direkt als empirische Theorien deuten, deren intendierte Systeme raum-zeitliche Strukturen, zum Teil mit Koordinatensystemen sind.

Unser drittes Argument betrifft nun all jene Fälle empirischer Theorien, in denen mathematische Theorien als „Teile" von empirischen Modellen vorkommen. Diese Teile sind in den Hilfsbasismengen der Modelle zu finden. Die reellen Zahlen und Vektorräume sind Bestandteil fast aller physikalischer Theorien[228] und zumindest die Zahlen kommen auch in vielen anderen nicht-naturwissenschaftlichen Theorien vor. Diese mathe-

[227] Wenn wir den Begriff der Vollständigkeit außer Acht lassen.

[228] Dies gilt in aller Strenge auch für die Differentialgeometrie, wo der aus den Tangentenvektoren eines Punktes konstruierte Vektorraum definitorisch in jedem Modell enthalten ist.

matischen „Teilmodelle“ empirischer Modelle können oft auch wieder direkt empirisch, meist raum-zeitlich interpretiert werden. Interessant sind die anderen Fälle, in denen der mathematische Teil eines empirischen Modells keine raum-zeitliche oder andere natürliche Interpretation zulässt, denn gerade sie könnten der Auffassung vom reinen Hilfscharakter der Mathematik den Boden bereiten. Es zeigt sich aber, dass in diesen Fällen die empirischen Phänomene teilweise in raum-zeitliche *Analoga* transformiert werden, um sie anschaulich zu machen. Die mathematischen „Teilmodelle“ bilden den, nun doch wieder raum-zeitlich interpretierten, Rahmen, in dem diese anschaulichen Analoga der empirischen Verhältnisse dargestellt, vorgestellt und manipuliert werden.

In der klassischen Stoßmechanik (2.8) wird etwa der dreidimensionale, reelle Vektorraum als Arena benutzt, in der sich Geschwindigkeiten durch Vektoren repräsentieren lassen. Dies ist zulässig, weil die Ableitungen der vektorwertigen Ortsfunktion auch wieder Vektoren sind und Geschwindigkeit als Ableitung der Ortsfunktion nach der Zeit definiert ist. In Modellen, die einen Phasenraum benutzen, dient dieser vieldimensionale Vektorraum als Arena, in der sich gesetzesartige Zusammenhänge, die sonst unanschaulich durch Formeln ausgedrückt werden, in Form von niedriger-dimensionalen Mannigfaltigkeiten (mehr oder weniger) anschaulich vorstellen lassen. Das ideale Gasgesetz $T(z) = k \cdot P(z) \cdot V(z)$ als einfachstes Beispiel kann bei fester Konstante k im „Raum“ $\mathbb{R}^3$ durch die Menge aller Tripel $\langle P(z), V(z), T(z)\rangle$ von Werten der drei involvierten Funktionen durch eine zweidimensionale Mannigfaltigkeit anschaulich dargestellt werden. Ähnliches gilt für den viel-dimensionalen Vektorraum, der in der Thermodynamik[229] als Raum der Argumente und Funktionswerte der Entropiefunktion dient.

Bei den sozialwissenschaftlichen Beispielen haben wir in diesem Buch den Schwerpunkt mit Bedacht auf qualitativ formulierte Theorien gelegt. Es gibt aber auch in den Sozialwissenschaften viele Theorien, die die reellen Zahlen benutzen. *Ein* Beispiel sind die in 3.6 behandelten Modelle von *Gross,*

---

[229]Siehe Balzer, Moulines, Sneed 1987, Kap. 3.

Mason und *McEachern*, in denen einige wenige reelle Zahlen auftreten -in Form der Werte für Legitimation und Sanktion. Auch hier stellen die Zahlen „Größen" dar, wie Strecken in geometrischer Interpretation. Sie werden addiert und multipliziert und können als Analoga etwa als „Ausprägungsgrade" der Legitimations- und Sanktionsorientierung interpretiert werden. In diesem Beispiel ist schön zu sehen, wie durch die Analogiebildung überschüssiger mathematischer Gehalt ins Spiel kommt, denn für die Ausprägungsgrade der Legitimations- und Sanktionsorientierung sind keine natürlichen Verkettungsoperationen in Sicht, die der Addition der sie repräsentierenden Zahlen entsprechen könnten.

Damit haben wir unsere „nicht-formalistische" Auffassung von der Rolle mathematischer Theorien als direkt relevante empirische Teile von empirischen Theorien, so gut es in der gebotenen Kürze geht, begründet.

Dies besagt jedoch noch kaum etwas über den Status formaler Theorien als eigenständiger Theorien, als Theorien, die „für sich" stehen und nicht auf den Kontext empirischer Theorien angewiesen sind. Formale Theorien lassen sich unter unseren Theoriebegriff subsumieren, sie bilden jedoch einen klar von empirischen Theorien im engeren Sinn abgegrenzten Spezialfall. Um dies besser zu sehen, konzentrieren wir uns auf die Objekte und die intendierten Systeme für formale Theorien.

Im Vergleich mit den Objekten empirischer Theorien (das heißt, den Elementen der Basismengen in Modellen) fällt auf, dass die Objekte formaler Theorien stets Artefakte in dem weiten Sinn sind, der auch gedankliche Konstrukte einschließt. Dies gilt schon für die elementarsten mathematischen Theorien wie Geometrie und Arithmetik und erst recht für „höhere" Theorien. Geometrische Objekte: Punkte, Geraden, Ebenen, kommen in der Natur nicht vor; Zahlen als Äquivalenzklassen linearer Ordnungen sind zu allererst Mengen und damit gedankliche Konstrukte. Mengen kommen in der „menschenfreien" Natur nicht vor, sondern sie sind, wie *Cantor* sagte, die „Zusammenfassung von bestimmten, wohlunterschiedenen Objekten unserer Anschauung oder unseres Denkens zu einem Ganzen". Gleiches gilt für Vektoren, Punkte einer Mannigfaltigkeit, Morphismen, und so weiter. Wir wollen all diese Artefakte als *Konstrukte* bezeichnen.

Der Begriff des Konstruktes ist keineswegs klar und wir wollen hier nur einen Aspekt desselben beleuchten. Der Begriff nimmt nämlich eine ganze Skala von verschiedenen Ausprägungen an. Am einen Ende der Skala finden wir die „direkten", „primitiven" Konstrukte: materielle Gegenstände, die nach bestimmten, handwerklichen Regeln hergestellt sind. Darunter fallen bestimmte geometrischen Objekte, aber auch die linearen Ordnungen, die in Zahlen auftreten. Beispiel zur Herstellung einer solchen Ordnung in einer Schafherde ist der Hammelsprung. Zu den materiellen Gegenständen gehören selbstverständlich auch Zeichen: Strichlisten für Zahlen, gezeichnete Figuren, etc. Von den *de facto* hergestellten Konstrukten führt der nächste Schritt in den Bereich des Möglichen. Als Konstrukt zählt auch, was hergestellt werden *kann*, dann allerdings nur, wenn eine bestimmte Regel oder Methode spezifiziert wird, nach der die Herstellung zu erfolgen hat. Hier eröffnen sich weitere Möglichkeiten je nach dem, was als Regel zugelassen wird. Eine Regel kann praktisch gelernt werden und die Herstellung eines materiellen Gegenstandes „regeln", sie kann aber auch durch Symbole vermittelt werden. Ans andere Ende der Skala gelangen wir, wenn wir auch formale Definition im Sinne von 2.4 als Regel zur „Herstellung" eines Konstruktes zulassen. Dabei ist allerdings darauf zu achten, dass die definierenden Terme ihrerseits schon Konstrukte bezeichnen und nicht etwa durch reine Existenzforderungen in die Welt gesetzt sind. Auf der Symbolebene ist gegen Definition zur Konstrukterzeugung nichts einzuwenden. Zeichen sind Konstrukte und eine Definition ist eine Regel zur Einführung – und damit in gewissem Sinn zur Herstellung – eines neuen Zeichens.

Indem wir den Begriff des Konstruktes in seinem weitesten Sinn verstehen, nach dem auch Zeichen und Definitionen zur Herstellung von Konstrukten eingesetzt werden dürfen, können wir sagen, dass die Objekte in Modellen formaler Theorien Konstrukte im weiten Sinn sind. Diese Feststellung hat Konsequenzen für die intendierten Systeme formaler Theorien. Im Gegensatz zu empirischen Theorien, wo die Objekte in den

Modellen doch weitgehend unabhängig vom Benutzer sind, bestehen bei formalen Theorien die intendierten Systeme aus Konstrukten, die nach bestimmten Regeln realisiert werden können. Es ist deshalb nicht nötig, sie durch Ähnlichkeitsstandards an vorhandene Paradigmen anzubinden. Sie können, bei Bedarf, immer hergestellt werden. Damit tritt an die Stelle der in 2.1 beschriebenen paradigmatischen Methode zur Festlegung der intendierten Systeme eine weitaus stärkere Methode, die man als *konstruktive Methode* bezeichnen könnte, wenn der Terminus nicht schon anderweitig belegt wäre. Intendierte Systeme für eine formale Theorie sind all jene, die sich aus Konstrukten der je einschlägigen Art bilden lassen.

Damit wird die Menge der intendierten Systeme für eine formale Theorie sehr umfangreich. Da auch formale Modelle, jedenfalls dann, wenn sie definierbar sind, als Konstrukte zählen, wird ein großer Teil der Modelle der Theorie zu intendierten Systemen. Der „Rest",[230] d.h. die Klasse der Modelle, die keinen Konstruktcharakter haben, kann unter dem Aspekt der empirischen Anwendung als „unwesentlich" bezeichnet werden. „Im wesentlichen" stammen daher alle Modelle $x \in \mathbf{M}$ von intendierten Systemen $z \in \mathbf{I}$ ab, d.h. jedes (Konstrukt-) Modell einer formalen Theorie lässt sich als Grenzwert einer Reihe von Datenstrukturen darstellen, die von einem einzigen intendierten System *stammen*.[231] Dies Verhältnis wird durch Betrachtung von Beispielen durchaus bestätigt. Ein Mathematiker interessiert sich im Prinzip für jedes Modell einer mathematischen Theorie, das ausreichend spezifiziert werden kann.

Zusammen mit unserer allgemeinen Passungsbedingung (2.1, Hypothese 2), nach der jede Datenstruktur zu einem Modell passt, erhält man für formale Theorie „im wesentlichen", dass jedes intendierte System zu einem Modell passt. Und damit fallen – informell gesprochen – Modelle und intendierte Systeme der Theorie „im wesentlichen" zusammen. Damit haben wir das Hauptabgrenzungskriterium für formale Theorien in der Klasse aller (empirischen) Theorien bestimmt. Formale Theorien sind (empirische) Theorien, deren intendierte Syste-

[230] Der maßtheoretisch allerdings ziemlich groß ist.
[231] Siehe Hypothese 1 in 2.1.

me („im wesentlichen“) mit ihren Modellen übereinstimmen. Da diese Auszeichnung der intendierten Systeme keinen Bezug auf den jeweiligen Inhalt der Theorie nimmt, kann sie formal genannt werden, was der Bezeichnung „formaler Theorien“ neben dem schon bekannten einen weiteren Grund hinzufügt. Bleibt schließlich noch zu fragen, welche Rolle die beiden anderen Komponenten: die Datenstrukturen und der Approximationsapparat, bei formalen Theorien spielen.

Aufgrund des Konstruktcharakters der Objekte ist auch das Verhältnis zwischen atomaren Sätzen, oder Sachverhalten einerseits und allgemeinen Sätzen und Hypothesen andererseits viel enger als bei empirischen Theorien. Dort sind die Daten, auch relativ zu einer Messmethode, kontingent: man weiß vor der Messung noch nicht, welcher Wert realisiert wird. Man muss zuerst Daten sammeln, bevor man zu diesen passende Hypothesen suchen kann. In formalen Theorien ist die Gültigkeit von Atomsätzen Sache der Konstruktion. Durch die Konstruktion eines Objekts wird sichergestellt, dass dieses die erwünschten Eigenschaften hat und damit die erwünschten Atomsätze erfüllt. Man braucht daher die Konstruktion nicht immer *de facto* durchzuführen, um erst von den fertigen Konstrukten auf deren gesetzesartige Zusammenhänge zu kommen, sondern kann diese Zusammenhänge oft schon aus der Kenntnis der Konstruktionsmethoden (mehr oder weniger streng) erschließen. Aus dieser Sicht sind die Datenstrukturen, die es auch bei formalen Theorien fraglos gibt, dort nicht so wichtig. Daten, d.h. Sachverhalte zwischen wirklich hergestellten Objekten, sind zwar für das Auffinden allgemeiner Zusammenhänge oft hilfreich, ihre bestätigende Rolle solcher Zusammenhänge wird aber dann systematisch durch den Nachweis heruntergespielt, dass die Zusammenhänge schon aus den Konstruktionsvorschriften „folgen“.

Analoges gilt für den Approximationsapparat. Im Umgang mit wirklich hergestellten Konstrukten, wie Zeichnungen oder Symbolketten, spielt Approximation zweifellos eine Rolle: Zeichnungen sind ungenau, Symbolketten sind nicht genau zu identifizieren oder enthalten (Schreib-) Fehler. Diese Approximationen spielen aber für die Bestätigung allgemeiner Zusammenhänge keine große Rolle, weil hier, wie bei den Daten, beweisartige Überlegungen die Bestätigungsfunktion übernehmen.

Ergänzende Lektüre zu Kapitel 3

Zu 3.1 - 3.10 allgemein: Krantz et al. 1971 und Balzer 1992 zum Begriff der Messung, sowie Stegmüller 1986, Kap. 8 zu Passungsfragen, die dort unter dem Stichwort „empirische Behauptung" diskutiert werden. Alternative, jedoch vergleichbare Ansätze findet man in der Modelltheorie der formalen Logik, etwa Shoenfield 1967 und Monk 1976 und in Ludwig 1991. Zum experimentellen und/oder operationalen Zusammenspiel von Theorie und Daten bieten Hacking 1983 und Lorenzen 1987 dezidiert andere Ansätze. Einige historisch wichtige, physikalische Experimente sind in Fraunberger & Teichmann 1984 gut lesbar dargestellt. Eine Einführung in die Anwendung wissensbasierter Systeme in der Sozialwissenschaft findet man in Manhart 1995. Zum Datenbegriff selbst siehe Popper 1966, Stichwort „Basissätze" und, immer noch erhellend, Fleck 1980.

Speziellere Werke: Suppes 1962: ein Aufsatz zur Struktur von Daten und Experiment; Janich 1980: ein konstruktivistischer Ansatz zur Zeitmessung; Krantz et al. 1971 für verschiedene Methoden der fundamentalen Messung; Balzer 1985, Kap. 5 zum Messproblem; sowie Balzer & Sneed 1977/78 für eine Passung von Netzen. Die Grundlagen statistischer Testverfahren werden in Stegmüller 1973a diskutiert, eine gut lesbare, anwendungsorientierte Einführung in solche Verfahren bietet Rüger 1988. In Manhart 1989 findet sich ein einfaches, wissensbasiertes System zur Auswahl statistischer Tests (3.6). Zu 3.13: Benaceraf & Putnam 1983.

Neueste Entwicklungen: Suppes et al. 1989 und Luce et al. 1990 mit neuen Beiträgen zur Messtheorie; Kuokkanen 1994 zur Analyse von Idealisierung; Hofmann 2009 zu überzeugungsbasierten Wissenssystemen.

Kapitel 4 Methoden

4.1 Grundmuster wissenschaftlicher Übergänge

In Kapitel 2 und 3 standen statische Verhältnisse im Vordergrund, aber schon in Kapitel 1 war deutlich geworden, dass Wissenschaft ein wesentlich dynamisches Unternehmen ist, das sich letztlich nur in seiner historischen Entwicklung adäquat fassen lässt. Wir wenden uns nun, mit präziser struktureller Begrifflichkeit ausgerüstet, wieder dem prozessualen Aspekt, den Vorgehensweisen und Methoden, zu. Die Tatsache, dass wir diese auch wieder als Strukturen darstellen, widerlegt ein verbreitetes Missverständnis, nach dem das Denken in Strukturen wesentlich statisch sei und deshalb den „wahren", dynamischen oder gar dialektischen Charakter der Wissenschaft nicht erfassen könne. Teilweise berechtigt ist lediglich der bisher mögliche Einwand, der statische Theoriebegriff aus 2.1 *allein* erfasse nicht die zentralen, dynamischen Aspekte.[232]

Der reale Wissenschaftsprozess lässt sich auf der Ebene von Theorien am besten durch verschiedene Typen von Entwicklungen darstellen, die jeweils mehrere zeitliche Übergänge zwischen Zuständen der Theorien umfassen. Wir verwenden im folgenden als Oberbegriff für alle solch komplexeren Formen den Term *wissenschaftliche Entwicklung* oder einfach nur *Entwicklung*. All diese Formen bestehen in einem Wechselspiel, einer „Dialektik" von Änderungen in den verschiedenen Komponenten von Theorien. Neue Daten führen zu „Widersprüchen" bei der Passung und geben so Anlass zur Veränderung der Modelle. Neue Modelle stellen Daten in Frage. Neue Messmethoden verkleinern die für Passung zulässigen Abstände. Dies führt zu „Widersprüchen" bei der Passung, was wieder die Suche nach neuen Modellen anstößt. Und so weiter.

[232] Er ist nur teilweise berechtigt, wie die in 2.14 skizzierten Definitionen dynamischer Formen zeigen.

In diesem Abschnitt stellen wir für die Modellierung größerer Entwicklungen die einfachsten Grundmuster zusammen, die sich unmittelbar aus unserem Theoriebegriff ergeben. Aus diesen *Grund*mustern lassen sich *komplexere* Muster zusammensetzen, wie Moleküle aus Atomen. Die Grundmuster betreffen jeweils nur *einen* zeitlichen Übergang, während komplexe Muster mehrere solche Übergänge umfassen.

In 2.1 wurde eine Theorie **T** durch vier Komponenten beschrieben: $\mathbf{T} = \langle \mathbf{M}, \mathbf{I}, \mathbf{D}, \mathbf{U} \rangle$ mit einer Modellklasse **M**, einer Menge **I** intendierter Systeme, einer Menge **D** von Datenstrukturen und einem Approximationsapparat **U**. Aus Einfachheitsgründen lassen wir im folgenden die Menge **I** der intendierten Systeme weg, da Änderungen dieser Komponente auch durch die Datenstrukturen **D** kodiert werden können. Jede Änderung in den verbleibenden drei Komponenten oder Kombinationen solcher Änderungen bildet ein Grundmuster eines Übergangs.

Zur Zusammenfügung von Grundmustern zu größeren Entwicklungen brauchen wir noch einen zusätzlichen Bezugspunkt: den Passungsgrad. Änderungen in einzelnen Komponenten verändern in der Regel den Passungsgrad und dies induziert wieder neue Anpassungen. Da Passungsgrade bisher in der Wissenschaftstheorie kaum numerisch untersucht sind, beschränken wir uns auf einen rein qualitativen Ansatz. Wir benutzen drei qualitative Passungsformen: „+" für „befriedigende Passung", „−" für „unbefriedigende Passung" und „∘" für „Passung ist unbekannt", d.h. wurde noch nicht untersucht.

Die Elemente, deren Übergänge wir klassifizieren, und die wir als *Zustände* bezeichnen, haben dann die Form

$$\langle \mathbf{M}, \mathbf{D}, \mathbf{U}, \mathbf{P} \rangle$$

wobei **M**,**D**,**U** wie angegeben interpretiert werden und **P** eine Variable mit den drei möglichen Werten: +, −, ∘ ist. Zu einem gegebenen Zeitpunkt t beinhaltet ein solcher Zustand die Information, dass eine Modellklasse **M**, eine Menge **D** von Datenstrukturen für **M** und ein Approximationsapparat **U** vorliegen, und dass die Passung von **M** und **D** zur Zeit t befriedigend (+), unbefriedigend (−), oder unbekannt (∘) ist. Ein *Übergang* ist per Definition ein Paar aus zwei Zuständen, dem *Vorgängerzustand* und dem *Nachfolgezustand*.

Unter Vernachlässigung von Kombinationen erhalten wir als „reine" Grundmuster alle Übergänge, bei denen sich jeweils *eine* der ersten drei Komponenten ändert, sowie verschiedene „Anfangsmuster", bei denen eine oder mehrere Komponenten im Vorgängerzustand noch nicht vorhanden sind. Eine Liste der Übergänge ist in *Tabelle* 4.1 zusammengestellt. Dabei deuten die Symbole „x" und „y" an, dass die jeweilige Komponente nicht vorhanden ist.

Tabelle 4.1

(A1)	$\langle \mathbf{M}, \mathbf{D}, \mathbf{U}, \circ \rangle$	$\longrightarrow$	$\langle \mathbf{M}, \mathbf{D}, \mathbf{U}, + \rangle$
(A2)	$\langle \mathbf{M}, \mathbf{D}, \mathbf{U}, \circ \rangle$	$\longrightarrow$	$\langle \mathbf{M}, \mathbf{D}, \mathbf{U}, - \rangle$
(B)	$\langle \mathbf{M}, \mathbf{D}, \mathbf{U}, \mathbf{P} \rangle$	$\longrightarrow$	$\langle \mathbf{M}', \mathbf{D}, \mathbf{U}, \circ \rangle$
(C)	$\langle \mathbf{M}, \mathbf{D}, \mathbf{U}, \mathbf{P} \rangle$	$\longrightarrow$	$\langle \mathbf{M}, \mathbf{D}', \mathbf{U}, \circ \rangle$
(D)	$\langle \mathbf{M}, \mathbf{D}, \mathbf{U}, \mathbf{P} \rangle$	$\longrightarrow$	$\langle \mathbf{M}, \mathbf{D}, \mathbf{U}', \circ \rangle$
(E)	$\langle x, \mathbf{D}, y, \circ \rangle$	$\longrightarrow$	$\langle \mathbf{M}, \mathbf{D}, y, \circ \rangle$
(F)	$\langle \mathbf{M}, x, y, \circ \rangle$	$\longrightarrow$	$\langle \mathbf{M}, \mathbf{D}, y, \circ \rangle$
(G)	$\langle \mathbf{M}, \mathbf{D}, x, \circ \rangle$	$\longrightarrow$	$\langle \mathbf{M}, \mathbf{D}, \mathbf{U}, \circ \rangle$

Jedes Vorkommen der Variablen **P** in (B), (C) und (D) fasst drei Unterfälle zusammen, je nach dem Wert, den **P** annehmen kann. Da im Nachfolgezustand **P** stets den Wert „Unbekannt" hat, ist eine gesonderte Formulierung nicht nötig.

Inhaltlich können die einzelnen Übergänge wie folgt beschrieben werden. (A1) und (A2) betreffen die Passung. Sie ist „vorher" unbekannt und wird überprüft. Das Resultat ist positiv (A1) oder negativ (A2). Diese Übergänge dynamisieren die in Kapitel 3 behandelten Passungsformen. Übergang (B) stellt die Ersetzung einer Hypothese oder Modellklasse durch eine neue dar. Ausgangspunkt ist meistens der Unterfall schlechter Passung ($\mathbf{P} = -$), der die Suche nach einer besser passenden Hypothese anstößt. Ein typisches Beispiel ist der Übergang vom *Stephan-Boltzmann*schen zum *Wien*'schen Gesetz für die Hohlraumstrahlung.[233] Für den Unterfall $\mathbf{P} = +$ haben wir im vorliegenden Rahmen kein Beispiel. Warum sollte eine Hypothese abgeändert werden, wenn sie mit den Daten gut passt? Er wird aber in einem weiter gefassten Rahmen wichtig, der

[233] Vergleiche etwa Kangro 1970.

auch Einflüsse von anderen Theorien einschließt. Beispiel ist dann etwa die Suche nach einer *Lorentz*-invarianten Nachfolgertheorie für die klassische Mechanik. Die Mechanik hatte einen guten Passungsgrad, war aber nicht *Lorentz*-invariant, wie die Elektrodynamik. Bei (C) kommen neue Daten hinzu, oder vorhandene Daten werden eliminert. Der erste Unterfall mit $\mathbf{P} = +$ ist typisch für die *Kuhn*sche[234] „normale Wissenschaft". Bei guter Passung wird die Theorie auf neue Systeme angewandt, wodurch neue Daten entstehen. Der Wegfall von Daten ist mit dem Unterfall $\mathbf{P} = -$ verbunden. Wegen Passungsproblemen werden Daten weggelassen. In der Statistik beispielsweise werden „Ausreißer", d.h. Werte der Zufallsvariablen, die völlig außerhalb des Bereichs der anderen, beobachteten Werte liegen, aus der Stichprobe entfernt. Im Fall (D) wird der Approximationsapparat verfeinert, meist durch Entwicklung neuer Messmethoden, die genauere Messwerte ermöglichen. Im Normalfall liegt „vorher" gute Passung vor; man will es aber – typisch für normale Wissenschaft – noch genauer wissen. Bei schlechter Passung macht es wenig Sinn, den Approximationsapparat zu verfeinern; die Passung wird dadurch nicht besser.

Die Übergänge (E), (F), (G) treten in der Entstehungsphase einer Theorie auf. In Fall (E) sind „vorher" nur Daten, aber keine Modelle (Hypothesen) vorhanden. Dann gibt es natürlich auch keinen Approximationsapparat, daher das „y" in der dritten Komponente. Es werden also für vorhandene Daten erste Modelle eingeführt. Obwohl manche Autoren darauf bestehen, dass es völlig theoriefreie Beobachtung nicht geben könne, lassen sich viele historische Episoden zwanglos unter diesen Fall subsumieren. In der Entstehungsphase der Elektrizitätslehre fasste zum Beispiel *Ohm* die vorhandenen Daten in seiner als *Ohm*sches Gesetz bekannten Hypothese zusammen.[235] Im Fall (F) sind Modelle, aber keine Daten vorhanden. Ein Modell „sucht sich" Daten. Beispiele lassen sich dort finden, wo ein

234 Siehe Kuhn 1970.

235 Wir vernachlässigen andere, zeitlich vorher entstandene „Modelle", nicht aus historischer Bosheit, sondern wegen ihres geringen Bekanntheitsgrades und vagen Charakters. Vergleiche Heidelberger 1979 für eine ausführliche Studie.

bereits vorhandenes Modell auf ein noch nicht untersuchtes, intendiertes System angewandt wird, über das fast noch keine Daten vorliegen. Im letzten Fall wird für vorhandene Modelle und Daten ein geeigneter Approximationsapparat entwickelt. Beispiel ist die Entwicklung der Fehlerrechnung durch *Gauss*, die zur Untersuchung von Passung im Rahmen der klassischen Mechanik entstand.

Einige andere Arten der Änderung, die *nicht* unter dieses Schema fallen, seien wenigstens erwähnt. Da ist erstens die Methode der Glaubensänderung (*belief revision*), bei der zur Elimination von Widersprüchen nach einer *minimalen* Abänderung der benutzten Theorie gesucht wird.[236] Zweitens sind Methoden zu nennen zur Vereinheitlichung und Erhöhung der Kohärenz einer Theorie. Drittens erfolgen Änderungen oder Neuerungen durch Analogiebildung zu anderen, schon vorhandenen Modellen. Viertens kann Änderung im Sinne von *Konkretisierung*, als Rückgängigmachung vorheriger *Idealisierung* erfolgen.[237] Schließlich lassen sich die bekannten, intertheoretischen Relationen, wie Spezialisierung, Theoretisierung, (approximative) Reduktion, alle in aktiver Weise als Änderungstypen auffassen. Reduktion z.B. entspricht einer Verallgemeinerung der Theorie, aber eben so, dass die „alte“ Version auf die „neue“, allgemeinere reduziert werden kann.[238]

Während die ersten beiden genannten Arten vom Formalismus her in der wissenschaftstheoretischen Anwendung stark eingeschränkt sind, kann für Arten Nummer vier und folgende auf die umfangreiche Literatur verwiesen werden. Analogiebildung wurde bisher jedoch noch nicht in befriedigender Weise behandelt.

4.2 „Dialektische“ Entwicklungsmuster

Durch Hintereinanderschaltung der einfachen Übergänge aus dem letzten Abschnitt erhalten wir zeitlich geordnete Folgen

---

[236]Siehe Gärdenfors 1988 und Rott 1992.

[237]Siehe vor allem Nowak 1980, aber auch Brzezinski et al. 1989 und Hamminga 1989.

[238]Siehe Balzer, Moulines, Sneed 1987, Kap. 6 für Details.

zur Darstellung wissenschaftlicher Entwicklungen, zum Beispiel

$$\langle \mathbf{M}, \mathbf{D}, \mathbf{U}, - \rangle \longrightarrow (B) \longrightarrow \langle \mathbf{M}', \mathbf{D}, \mathbf{U}, \circ \rangle \longrightarrow (A1) \longrightarrow \langle \mathbf{M}', \mathbf{D}, \mathbf{U}, + \rangle \longrightarrow (C) \longrightarrow \langle \mathbf{M}', \mathbf{D}', \mathbf{U}, \circ \rangle \longrightarrow (A2) \longrightarrow \langle \mathbf{M}', \mathbf{D}', \mathbf{U}, - \rangle$$

Verbal: schlechte Passung induziert neue Modelle mit guter Passung, diese führen zur Gewinnung neuer Daten, welche nun wieder schlecht passen. Solch umfassendere Muster umweht ein Hauch von Dialektik. Es besteht ein „Widerspruch" zwischen der „These" der akzeptierten Modelle und der „Antithese", den Daten, in Form schlechter Passung. Dieser wird „aufgehoben" in der „Synthese" eines neuen Zustandes, in dem der Widerspruch beseitigt ist, weil Passung besteht. Auch die Idee, dass die wertvollen Teile der Vorgängerzustände im Nachfolgezustand „aufgehoben" (im erhaltenden Sinn) sind, ist in solchen Mustern verwirklicht, nämlich dadurch, dass die Nachfolgetheorien – in der Regel – in einem Sinn „besser" als die Vorgängertheorien sind: sie enthalten alle positiven Errungenschaften der letzteren. Schließlich sieht man an dem kleinen, obigen Beispiel, dass nach einigen Schritten wieder ein Zustand eintritt, der die gleiche Form wie der Ausgangszustand hat, so dass wir von einer spiralförmigen Bewegung reden können, in der qualitative Verbesserung stattfindet.

Etwas weniger blumig, dafür präziser, lassen sich diese Muster durch Flussdiagramme beschreiben. Ein Flussdiagramm besteht aus „Knoten" und verschiedenen Arten von „Pfeilen" zwischen diesen, sowie aus einer Menge möglicher Zustände.[239] An jedem Knoten kann variabel ein Zustand notiert werden und für jeden von diesem Knoten ausgehenden Pfeil ist dann im „Zielknoten" des Pfeils ein Nachfolgezustand festgelegt, der durch den Vorgängerzustand, d.h. den Zustand, von dem der Pfeil ausgeht, und die Art des Pfeils bestimmt wird.

Offenbar können unsere Übergänge aus 4.1 zu Flussdiagrammen zusammengebaut werden. Jeder Übergangstyp entspricht einer Art von Pfeil. Wenn in einem Knoten ein Vorgängerzustand eingeschrieben wird, und von diesem ein Pfeil bestimm-

[239] Siehe z.B. Manna 1974, Kap. 3.

ter Art – einem gegebenen Übergangstyp entsprechend – ausgeht, liegt der Zustand im Zielknoten an der Spitze des Pfeils fest: es ist der Nachfolgezustand, der sich aus dem Vorgängerzustand bei Übergängen dieses Typs ergibt.

Der Vorzug von Flussdiagrammen liegt in der Variabilität der Eintragungen an den Knoten, die wir uns am besten in zeitlichem Ablauf, also dynamisch, vorstellen. Jeder Eintrag ist nur für einen bestimmten Zeitpunkt gültig und Übergänge führen von einem Zeitpunkt zum nächsten. Wenn der Eintrag bei einem Knoten zur Zeit t gilt, dann gilt der durch einen Pfeil induzierte Eintrag im „Folgeknoten" für den nächsten Zeitpunkt. Wenn die Pfeile zyklisch angeordnet sind, trifft irgendwann eine Pfeilspitze auf einen Knoten, in dem bereits ein Eintrag „von früher" steht. Dieser wird dann gelöscht und der neue, „gegenwärtige" Zustand eingetragen. So lassen sich zeitlich über viele Zeitpunkte ausgedehnte Abläufe in kompakter Weise darstellen. Man geht im zeitlichen Ablauf von Knoten zu Knoten, löscht den von „früher" dort vorhandenen Eintrag und schreibt den gegenwärtigen Zustand hinein. Selbst bei kleinem Vorrat an verschiedenen Pfeilformen kann man so durch zyklische Anordnung der Pfeile beliebig lange Folgen von Übergängen erzeugen.

Im Flussdiagramm von *Abbildung* 4.2 sind die wichtigsten Grundmuster zusammengefügt. An den Knoten sind Zustände der Form $\langle \mathbf{M}, \mathbf{D}, \mathbf{U}, \mathbf{P} \rangle$ eingetragen. Die verschiedenen Pfeiltypen sind durch die jeweils an den Pfeil geschriebene „Nummer" : (A1),....,(G) unterschieden. Die „Rückkopplungspfeile", d.h. Pfeile ohne Nummer, dienen dazu, die lineare, zeitliche Ordnung zwecks übersichtlicher Darstellung zyklisch „umzubiegen". Sie ermöglichen einen zusammenhängenden *Ablauf*, ein Durchgehen durch das Diagramm für beliebig viele, aufeinander folgende Zeitpunkte.

Der zentrale, durch einen Stern gekennzeichnete Zustand ist $\langle \mathbf{M}, \mathbf{D}, \mathbf{U}, \circ \rangle$. In ihm sind Modelle, Daten und Approximationsapparat vorhanden, aber Passung ist noch nicht überprüft. Bei den „vorher", im Bild weiter oben stehenden Zuständen liegen nicht alle Theorie-Komponenten vor. Diese Zustände sind nur in der Entstehungsphase einer Theorie anzutreffen. Die Überprüfung der Passung in $\langle \mathbf{M}, \mathbf{D}, \mathbf{U}, \circ \rangle$ hat zwei mögliche Resultate, folglich führen zwei Pfeile aus dem Kasten heraus. Wenn gute Passung festgestellt wird, kommen wir in den linken Ast zu $\langle \mathbf{M}, \mathbf{D}, \mathbf{U}, + \rangle$. Von hier aus sind drei mögliche Änderungen vorgesehen, bei den Modellen (B), bei den Daten (C) oder beim Approximationsapparat (D). In jedem Fall kommen wir

Abb. 4.2

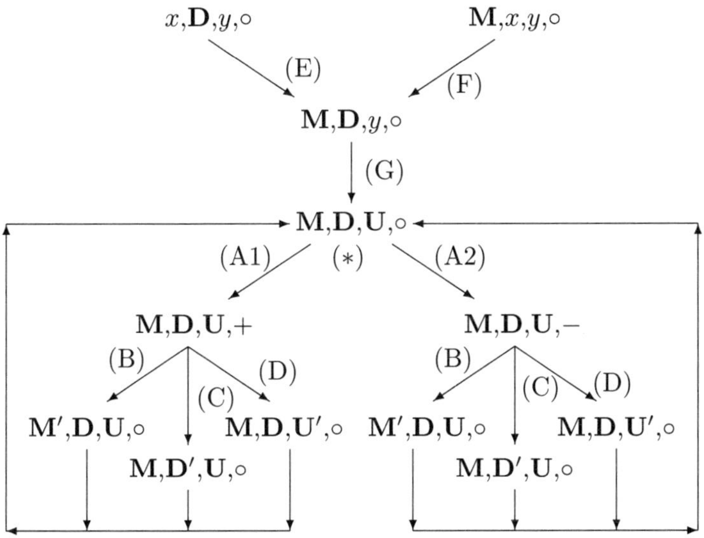

zu einem neuen Zustand, der wieder die Form $\langle \mathbf{M}^*, \mathbf{D}^*, \mathbf{U}^*, \circ \rangle$ hat, also die gleiche Form wie der zentrale Ausgangszustand $\langle \mathbf{M}, \mathbf{D}, \mathbf{U}, \circ \rangle$. Daher führen von diesen drei Zuständen Rückkopplungspfeile nach oben. Beim Durchlauf durch den Rückkopplungspfeil ist der Inhalt des zentralen Kastens, also $\langle \mathbf{M}, \mathbf{D}, \mathbf{U}, \circ \rangle$, zu löschen und durch den Inhalt des letzten Kastens, von dem man in den Rückkopplungspfeil hineinkommt, zu ersetzen. Die Rückkopplungspfeile entsprechen also keiner Anwendung eines Übergangstyps, sie sind inhaltlich neutral und haben reine Hilfsfunktion. Wenn wir zum Beispiel im ersten Durchlauf unten bei $\langle \mathbf{M}, \mathbf{D}', \mathbf{U}, \circ \rangle$ ankommen und über die Schleife nach oben gehen, wird in den zentralen Kasten bei $(*)$ eben dieser Inhalt $\langle \mathbf{M}, \mathbf{D}', \mathbf{U}, \circ \rangle$ eingetragen.

Ganz analog verfährt man, wenn die Überprüfung der Passung in $(*)$ negativ ausgeht und man in den rechten Ast kommt. Auch hier sind drei weitere Änderungsmöglichkeiten, bei **M**, **D** und **U** vorgesehen. Sie alle münden in einen Zustand der Form $\langle \mathbf{M}^*, \mathbf{D}^*, \mathbf{U}^*, \circ \rangle$, von dem aus man durch Rückkopplung wieder zu $(*)$ gelangt. Diese beiden Zyklen können beliebig oft und an den Verzweigungspunkten mit wechselnden Ausgängen durchlaufen werden.

Das Flussdiagramm legt einen allgemeinen Rahmen fest, in dem viele verschiedene, konkrete Abläufe möglich sind. Ein Ablaufschema, das durch die Anzahl der Schritte und eine Festlegung an jedem Verzweigungspunkt gegeben ist, bezeichnen wir als *Muster*. Wir werden im folgenden einige einfache, aber wichtige Muster genauer betrachten, und wir behaupten, dass sich diese gut zur Modellierung wissenschaftlicher Methoden eignen, wie sie in der Literatur diskutiert werden.

Die traditionelle Diskussion von Methoden umspannt zum Teil sehr ausufernde Ansprüche und weitgespannte Umfelder, so dass wir natürlich nicht behaupten können, den Sinn einer Methode in einem Ablaufmuster vollständig zu erfassen. Der hier entwickelte Rahmen ist zwar vom Potential her ziemlich reichhaltig, aber doch auch schon auf der Beschreibungsebene von Theorien deutlich eingeschränkt, nicht zu reden davon, dass er Dinge wie „die Totalität" und „den gesellschaftlichen Endzustand", die Bestandteile der hermeneutisch-dialektischen Methode bilden, nicht enthält. In unserem etwas eingeschränkten Rahmen fehlen die Bezüge zu anderen Theorien, die über Querverbindungen dargestellt werden könnten. Wandel bei einer Theorie kann über Querverbindungen zu Passungsproblemen in anderen Theorien führen. Diese Möglichkeiten haben wir bewusst vernachlässigt, sie lassen sich jedoch in einer natürlichen Erweiterung unseres Rahmens behandeln.[240]

Wenn eingewandt wird, dass wir „die wissenschaftliche(n) Methode(n)" in unserem Rahmen nicht *vollständig* erfassen können, so sind wir geneigt, zuzustimmen. Uns scheint aber

[240] Vergleiche etwa Balzer, Moulines, Sneed 1987, Kap. 8.

der Gewinn an Klarheit und Übersicht, der sich in unserem etwas beschränkten Rahmen für die Methodendiskussion ergibt, bei weitem das aufzuwiegen, was durch die Einschränkung an „Sinn“ verloren geht. Die bisherigen Methodendiskussionen über Induktion, Operationalismus, oder Hermeneutik waren geprägt von allgemeinen, philosophischen Vorstellungen davon, was Erkenntnis ist oder sein könnte und was Wissenschaft sein könnte und/oder sollte. Unser Ansatz ist dagegen entschieden mehr an der Realität orientiert, an dem, was in der Wissenschaft tatsächlich vorgeht. Wir versuchen zunächst, *dies* auf den Begriff und in ein System oder Modell zu bringen. Umfassendere Methodendiskussionen können, so meinen wir, von unseren Modellen nur profitieren.

4.3 Induktive Methode

Die Grundidee der induktiven Methode ist die einer Ableitung von Hypothesen oder Gesetzmäßigkeiten aus vorgegebenen Daten. Aus der Untersuchung eines Systems wurden Daten gewonnen. Induktion bedeutet nun, aus diesen Daten auf die „richtige“ Hypothese über das System zu schließen. Eine zentrale Voraussetzung hierfür ist, dass hinreichend viele Daten vorhanden sind.

Die induktive Methode lässt sich am besten in drei Aspekte aufschlüsseln. Wir stellen uns ein wirkliches System vor, das durch eine Wissenschaftlergruppe untersucht wird. Diese Gruppe produziert mit verschiedenen Methoden eine Menge von Daten, die aus diesem System stammt. Diese Menge von Daten haben wir in 3.7 strukturalistisch in eine Datenstruktur „umgewandelt“. Wir haben dann als Basis für die Induktion sowohl eine Datenstruktur als auch eine Datenmenge zur Verfügung. Weiter benutzen die Wissenschaftlerinnen ein bestimmtes Vokabular, mit dem sie das reale System beschreiben. In diesem Vokabular können sie neue, komplexe Sätze als Hypothesen formulieren. Am Anfang gibt es also eine mengentheoretische Struktur und einen Rahmen, aus dem viele Hypothesen ausgewählt werden können.

In einem ersten Schritt findet man eine Hypothese, die zu den Daten direkt passt. Das heißt, die Hypothese wird formuliert und ein Approximationsapparat (3.10) ausgewählt. Dann wird untersucht, ob die Modellklasse der Hypothese approximativ zu der Datenstruktur passt. Wenn ja, ist der induktive Prozess schon beendet. Wenn die Hypothese nicht zu den Daten passt, gibt es zwei Möglichkeiten. Wir können die nicht passende Hypothese „aussondern" und eine andere Hypothese auswählen. Dies führt wieder zu dem ersten, gerade beschriebenen Schritt. Wir können aber auch einen zweiten Schritt machen und einen anderen Teilprozess starten. In diesem neuen Teilprozess halten wir an der Hypothese fest und produzieren ein neues Datum, das aus dem intendierten System stammt. Wir nehmen dieses neue Datum hinzu, so dass eine neue Datenstruktur entsteht. Dies führt zu einer neuen Anfangssituation. Es wird wieder geprüft, ob die gerade benutzte Hypothese approximativ zur neuen Datenstruktur passt. Wenn dies der Fall ist, können wir den Induktionsprozess beenden. Andernfalls kommen wir in eine dritte Phase, in der die gerade erörterten Teilprozesse iteriert werden. In diesem dritten Schritt, versuchen wir die verschiedenen Schleifen so lange zu durchlaufen, bis eine Passung zustande kommt.

Im dem ersten Schritt wird gefragt, ob es eine „interessante" Hypothese gibt, die in der Datenstruktur approximativ gültig ist. Den Begriff der Gültigkeit diskutierten wir in 2.6. Eine Hypothese ist in einer Struktur gültig, wenn es mit logischen Regeln möglich ist, die komplexe Hypothese in eine gleichwertige Menge von Atomsätzen umzuwandeln. Anders gesagt ist die Hypothese in der Struktur gültig gdw all diese Atomsätze gültig sind. Real gesehen, wird überprüft, ob all diese Atomsätze (positive Daten) in dem zugrundeliegenden System wirklich richtig sind. Anders gesagt sind all diese Atomsätze in der Struktur gültig, wenn sie als Sätze in der Struktur *richtig* interpretiert wurden (siehe 2.6). In 3.10 wurde der Gültigkeitsbegriff für empirische Theorien durch den allgemeineren Begriff der *approximativen Passung* ersetzt.

Hypothesen, die ziemlich einfach gebaut sind (z.B. eine „reine" Konjunktion aus mehreren Basissätzen, oder ein „reiner"

Allsatz), werden normalerweise nicht weiter erwogen. Die „interessanten“ Hypothesen, die in der Suche betrachtet werden, enthalten gemischte Quantoren, die in einer Datenstruktur meist, genau genommen, nicht gültig sind. Solche Hypothesen können nur in seltenen Fällen rein logisch aus Daten abgeleitet werden. In einem idealen Ableitungsprozess fehlt z.B. oft ein Objekt, das durch die Hypothese gefordert wird, aber in der Datenmenge nicht zu finden ist. Wir hatten in 2.6 zwei „einfache“ Beispiele von Hypothesen dargestellt, die gemischte Quantoren enthalten. Bei diesen Sätzen müssten wir im Gültigkeitsbegriff für *jedes* Objekt untersuchen, ob ein weiteres, geeignetes Objekt in dem System *existiert*, welches direkt oder implizit in den Daten vorhanden ist. Solche Fälle, die an Existenzquantoren „scheitern“, sind besonders leicht zu erkennen. In der Informatik gibt es eine ganze Teildisziplin, in der die Komplexität einer Hypothese (eines Computerprogramms) theoretisch untersucht wird. Dieser Ansatz ist aber für empirische Theorien in Anwendungen sehr komplex. Wenn der Gültigkeitsbegriff in einer Anwendung zu komplex wird, ist es – bis heute – ratsam, den „einfacheren“ Approximationsapparat zu verwenden. Mit diesem erhöht sich allerdings auch die Anzahl der möglichen Passungen.

Unter den vielen Möglichkeiten, bei denen eine Hypothese, die gerade erwogen wurde, nicht zur Datenstruktur passt, möchten wir hier nur einen wichtigen, allgemeinen Fall anführen. Es geht um Hypothesen, die nur in unendlichen Bereichen erfüllbar sind. Eine solche Hypothese kann nur in einer unendlichen Struktur gültig sein. Da die Datenstrukturen aus prinzipiellen Gründen immer endlich sind, stößt der Gültigkeitsbegriff in der Praxis schnell an seine Grenzen.

Im zweiten Schritt der induktiven Methode wird die Anzahl der Daten verändert. Es geht darum, mit Daten flexibler umzugehen. Die gegebene Datenstruktur – und die Datenmenge – wird erweitert oder ergänzt. Die Erweiterung kann in zwei Weisen erfolgen. Wir können einerseits neue Daten produzieren, die in dem gegebenen System bis jetzt noch nicht – aus welchen Gründen auch immer – zur Hand waren. Wir können aber auch einfach hypothetische Ergänzungen betrachten. In beiden Verfahren fahren eröffnen sich neue Möglichkeiten, die sich auch iterieren lassen.

Beim dritten Schritt werden die beiden gerade beschriebenen Teilprozesse wiederholt. Für können diesen dritten Aspekt auch durch zwei Hauptschleifen beschreiben. In der ersten Schleife wird versucht, ein Modell zu finden, das zu der Datenstruktur passt, in der zweiten Schleife wird die Datenstruktur erweitert. In welcher Reihenfolge diese beiden Schleifen abgearbeitet werden, wird hier nicht festgelegt.

Interessanterweise ist es bei der induktiven Methode nicht nötig, des Ziel anzugeben, das relativ zu dem gegebenen, intendierten System erreicht werden soll. Es ist nicht nötig, das Ziel am Anfang genauer zu spezifizieren. Wir brauchen keine bestimmte Form der Hypothese festzulegen, wir brauchen keine Abschätzung über Zeit und Mittel zu machen, wir brauchen uns nicht zu überlegen, ob die Anzahl der gegebenen Daten zu klein oder unüberschaubar ist. All diese Fragen können im Prozess selber Schritt für Schritt geklärt werden. In jedem Prozessschritt schlagen wir einen neuen Weg ein, der mehr oder weniger schnell zu einem Resultat führt. Es ist bei dieser Methode auch nicht nötig, einen speziellen Rahmen für die möglichen Strukturen einzuführen, aus dem die Ergänzungen stammen müssen. Der allgemeine, in Kapitel 3 beschriebene, mengentheoretische Rahmen, ist hier ausreichend.

Dieser Punkt lässt sich auch aus dem Blickwinkel anderer Methoden betrachten. Wenn wir eine bestimmte Hypothese als gegeben betrachten, können wir einen sehr speziellen Rahmen für mengentheoretische Strukturen konstruieren. Wir können dann das Ziel ansteuern, möglichst effizient eine Struktur zu finden, in der die Hypothese gültig wird. Es ist klar, dass dieser Rahmen, und damit auch dieses Ziel, nur relativ zu einer gerade gegebenen Hypothese Sinn macht. Wenn wir eine andere Hypothese nehmen, könnte es sein, dass wir einen anderen Rahmen bekommen würden, in dem wir völlig andere Methoden anwenden müssten. Anders gesagt, hält die induktive Methode die „Zielstruktur“ weitgehend offen.

Wir unterscheiden zwei Arten von induktiven Prozessen. Prozesse der ersten Art betreffen jeweils nur ein einziges, intendiertes System, d.h. die Daten für eine Hypothese stammen aus einem einzigen System. Die meisten induktiven Prozesse haben diese Struktur. Die zweite Art von Prozessen betrifft Fälle, in denen die Daten aus *verschiedenen* Systemen stammen. Zum Beispiel ist die Messung eines ersten Datums auf ein lokales System (ein Messmodell) beschränkt, ein zweites Datum wird in einem raumzeitlich anderen System gemessen. Wir können in einem solchen Fall entweder die verschiedenen, lokalen Systeme begrifflich in einer ma-Sprache zu einem „neuen", abstrakten System zusammenfassen und das Gesamtsystem, das *viele* Daten enthält, als das wirkliche System ansehen. Oder, wir benutzen eine Querverbindung (2.14), durch die alle Daten an dasselbe Modell geschickt werden. Die Prozesse der zweiten Art lassen sich bei unserem mengentheoretischen Ansatz auf den „normalen" Induktionsbegriff der ersten Art zurückführen, bei dem nur ein einziges, reales System benutzt wird.

Eine weitere Unterscheidung betrifft die statischen und die dynamischen Systeme. Statische Systeme sind solche, die keine zeitliche Entwicklung durchmachen und deren axiomatische Erfassung deshalb keinen Bezug auf den Zeitbegriff enthält. Beispiele sind klassifikatorische Systeme, wie in der Botanik, oder das ideale Gasgesetz, nach dem die Temperatur eines idealen Gases proportional zu dessen Druck und Volumen ist. Auf der anderen Seite finden wir dynamische Systeme, deren theoretische Beschreibung die Zeit benutzt. Solche Systeme sind meist zum Zeitpunkt der Untersuchung noch existent, das heißt, sie erstrecken sich in die Zukunft. Natürlich gibt es auch dynamische Systeme, die zur Zeit der Untersuchung nicht mehr existieren, wie etwa untergegangene Sonnensysteme, menschliche Zivilisationen oder ausgestorbene Gattungen.

In statischen Systemen lassen sich immer mehr und genauere Daten über das gleiche System sammeln. Bei dynamischen Systemen, die in die Zukunft reichen, ist dies dagegen prinizpiell unmöglich; dazu müssten ja Daten über die Zukunft bekannt sein. Dies führt zum Induktionsproblem, das lange in der Philosophie diskutiert wurde, nämlich dem Problem, dass es prinzipiell kein absolut sicheres Wissen über die Zukunft gibt. Wie vollständig auch die aus Vergangenheit und Gegenwart vorliegenden Daten sein mögen: eine aus ihnen gewonnene Hypothese stützt sich nur auf einen Teil des Systems und ist daher nicht streng aus den Daten ableitbar. Andere Hypothesen, die sich von einer gegebenen, schlimmstenfalls nur in Aussagen über die Zukunft unterscheiden, könnten mit gleichem Recht aus den Daten „abgeleitet“ werden.[241] Es folgt, dass Vorhersagen, die mit Hilfe der Hypothese gemacht werden, nicht absolut sicher sind. Allerdings kompliziert sich die Lage auch bei den statischen Systemen dadurch, dass im Normalfall *viele* intendierte Systeme vorliegen. Manche davon sind schon vorhanden und die Daten können unter günstigen Bedingungen vollständig bestimmt werden. Andere aber sind vielleicht noch gar nicht existent, ihre Entstehung oder Konstruktion wird erst in der Zukunft erwartet – natürlich mit guten Gründen, weil es sonst keine intendierten Systeme sein könnten. Auch in diesem Fall taucht das Induktionsproblem, wenn auch etwas versteckt, wieder auf. Der einzige unproblematische Fall liegt in der Beschränkung auf ein einziges statisches, reales System, das schon existiert.

Schließlich erwähnen wir einen interessanten Grenzfall, im dem die Menge der Daten, die von dem realen System stammen, *vollständig* ist. Das heißt, *alle* Daten aus dem System, die möglicherweise produziert werden könnten, *sind* auch erhoben worden. Mit anderen Worten sind alle atomaren Sachverhalte, die in dem System existieren, auch bestimmt worden. Dieser Grenzfall kann nur auftreten, wenn in dem System nur endlich viele, atomare Sachverhalt existieren. Diese Endlichkeit hat normalerweise auch mit dem Vokabular zu tun, mit dem das System beschrieben wird. Das System sollte so beschaffen sein, dass die Beschreibung des Systems die gleiche Grobkörnigkeit hat, wie die der benutzten Bestimmungsmethoden. Die Einbeziehung der Approximation kompliziert diese Situation weiter.

[241]Vergleiche z.B. Stegmüller 1975. Fiktive Beispiele für „unnatürliche“ Hypothesen hat sich z.B. Goodman 1975 ausgedacht. Der Drang nach absoluter Sicherheit, der die Philosophen hier ein Problem sehen ließ, ist eng mit religiösem Verhalten verbunden und heute vielleicht nicht mehr so groß wie in den Anfangszeiten des Rationalismus, als von der Philosophie ein Ersatz für religöse Gewissheit und Geborgenheit erwartet wurde.

Wenn das System zum Beispiel Zeitpunkte enthält, die im Vokabular durch reelle Zahlen beschrieben werden, gibt es bei der Messung eines Zeitpunktes Probleme, die sich nur durch den Approximationsapparat lösen lassen.

Nach diesen Überlegungen verallgemeinern wir den in 3.1 beschriebenen Begriff des Datums *für eine* Theorie auf Fälle, bei denen noch keine Theorie vorhanden ist. Wir gehen bei der induktiven Methode davon aus, dass ein Vokabular, ein wirkliches System, eine Wissenschaftlergruppe und eine Bestimmungsmethode, oder mehrere Bestimmungsmethoden, gegeben sind. Die Daten lassen sich in dieser Situation wie folgt beschreiben. Ein Datum d hat vier Eigenschaften: 1) d ist ein Basissatz im gegebenen Vokabular, 2) d stammt von einem wirklichen System, 3) die Bestimmung von d ist wiederholbar und 4) die Mitglieder der Gruppe sind sich über das Datum einig. Auch mit diesem, allgemeineren Begriff lassen sich die Daten aus einem realen System bestimmen und zu einer Datenstruktur zusammenfassen. Wir beschränken uns bis zum Ende dieses Abschnitts auf den einfachsten Fall, in dem die Klasse von Modellen durch eine einzige Hypothese definiert wird.

Indem wir uns so auf die Idee der „Ableitung" einer Hypothese aus Daten eines einzigen Systems konzentrieren, erhalten wir folgendes Grundmodell der Induktion. Gegeben ist ein intendiertes System s, sowie eine Datenstruktur z, die Daten über s zusammenfasst. Die Methode dient nun dazu, eine Hypothese zu finden, die zu den Daten passt. Mit anderen Worten ist eine Hypothese fur eine Modellklasse gesucht, so dass die Datenstruktur zu einem Modell dieser Klasse passt. Wenn wir gleich den realistischen Fall der approximativen Passung ins Auge fassen, so sind eine Klasse **M** und ein Approximationsapparat **U** zu finden, derart, dass für einen extern vorzugebenden, oder aus der Datenstruktur begründeten, zulässigen Passungsgrad ε die folgende Bedingung erfüllt ist. Es gibt ein Modell x aus **M**, das bis auf ε zur Datenstruktur z passt. Die anfängliche Beliebigkeit der Vorgabe des Passungsgrades ε kann durch Iteration eliminiert werden. Wenn für ein ε Modelle gefunden wurden, die bis auf ε zu z passen, kann ε zu einem neuen ε' verkleinert und die Passung erneut überprüft werden. Wenn für ε' keine Passung mehr gegeben ist, kann die induktive Methode mit der Suche nach neuen Modellen, nunmehr mit neu gegebenem ε', fortgesetzt werden. An diesem Punkt können wir aber auch versuchen, neue Daten aus dem gegebenen System zu gewinnen und die Datenstruktur zu ergänzen und zwar so, dass die gerade erwogene Hypothese weiter benutzt wird.

Bei ständiger Wiederholung wird diese Methode immer besser passende Modelle liefern und im idealen Grenzfall (ohne Approximation), wenn die Datenmenge vollständig ist, ein Modell produzieren, das als Struktur mit der Datenstruktur identisch ist, nur zusätzlich eben noch die Hypothese erfüllt, die den Zusammenhang der Daten übersichtlich macht. Im Normalfall, wenn die Datenmenge unvollständig ist, können alternative Modelle existieren, die das reale System im Hinblick auf dessen noch unbekannte Teile „besser“ beschreiben, aber bei Einschränkung auf die vorliegenden Daten mit dem gefundenen Modell übereinstimmen. Wenn in dem intendierten System alle Daten erhoben wurden, und wenn keine weiteren, „theoretischen“ Terme in der Formulierung der Hypothese zugelassen werden, sind die gefundenen Modelle relativ zum Vokabular endgültig. Wenn keine neuen, in diesem Vokabular formulierten Daten gefunden werden können, lässt sich diese Situation auch in Zukunft nicht verbessern.

Das Muster der induktiven Methode ist in *Abbildung* 4.3 dargestellt. Für gegebene Datenstrukturen aus **D** wird im ersten Schritt ein Approximationsapparat **U**, einschließlich Passungsgrad, eingeführt und sodann eine erste Modellklasse **M** konstruiert. Wenn **M** nicht zu **D** passt, landen wir bei $\mathbf{M}, \mathbf{D}, \mathbf{U}, -$. Von dort aus wird nach neuen Modellen gesucht. Eine neue Modellklasse $\mathbf{M}'$ wird gewählt, oder konstruiert, und wir gelangen nach $\mathbf{M}', \mathbf{D}, \mathbf{U},\circ$. Falls auch diese Modelle nicht zu den Daten passen, kommen wir nach rechts unten zu $\mathbf{M}', \mathbf{D}, \mathbf{U}, -$. Dieser Eintrag wird durch Rückkopplung nach rechts oben an der Stelle von $\mathbf{M}, \mathbf{D}, \mathbf{U},-$ eingesetzt. Solange wir den Prozess bei der Verzweigung 2) nach rechts laufen lassen, wird diese innere Schleife erst beendet, wenn ein passendes Modell gefunden ist. Wir kommen dann zu $\mathbf{M}', \mathbf{D}, \mathbf{U},+$, wobei $\mathbf{M}'$ eventuell mit einer neuen Modellklasse besetzt wurde. Von hier aus gelangen wir über Rückkopplung nach links oben zu **M,D,U**,+.

Abb. 4.3

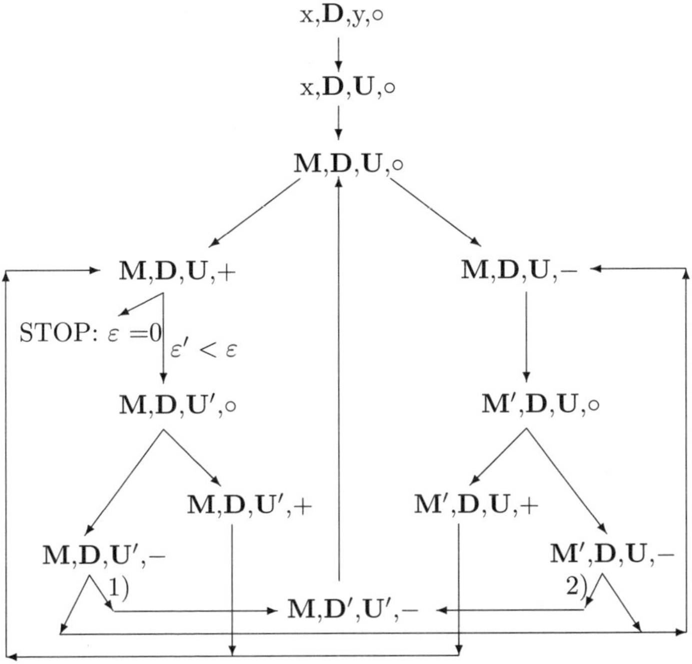

Hier beginnt eine zweite Rückkopplungsschleife. Der Passungsgrad wird verkleinert, was durch „$\varepsilon' < \varepsilon$“ angedeutet ist,[242] und Passung wird mit dem neuen **U**′ geprüft. Solange Passung herrscht, kommen wir nach $\mathbf{M}, \mathbf{D}, \mathbf{U}', +$ und per Rückkopplung nach **M,D,U**,+. Diese Schleife wird iteriert, bis im Kasten $\mathbf{M}, \mathbf{D}, \mathbf{U}'$,∘ keine Passung mehr besteht. Von dort kommen wir dann über $\mathbf{M}, \mathbf{D}, \mathbf{U}'$,– und Rückkopplung nach rechts oben zu **M,D,U**,–, von wo aus der beschriebene Doppelzyklus neu beginnt. Es werden passende Modelle gesucht, aber nun mit kleinerem Passungsgrad als in der ersten „Runde“, und wenn diese gefunden sind, wird der Passungsgrad solange verkleinert, bis keine Passung mehr

[242] Wir lassen offen, ob auch die Quasi-Metrik (3.10) verändert wird.

vorliegt. Das Verfahren kann abbrechen, wenn bei Passung im Kasten **M**,**D**,**U**,+ links oben der Passungsgrad befriedigend klein ist, oder kein empirisch sinnvoller, kleinerer Grad existiert. In diesem Fall kann als Ausgang der STOP-Pfeil gewählt werden.

An den mit 1) und 2) markierten Stellen kann der Prozess auch in eine andere Schleife kommen. In den Fällen 1) oder 2) gab es keine Passung. In diesen Fällen wird ein neues Datum produziert. Dies ist im Kasten **M**,**D**′,**U**′,– (unten mitte) dargestellt. Von dort kommt man mit Rückkopplung in den Kasten **M**,**D**,**U**,○, wo eine nächste Runde beginnt.

Als erstes Beispiel nehmen wir einen Fall, in dem alle Daten aus demselben System stammen. In diesem dynamischen System betrachten wir das dritte *Kepler*sche Gesetz, nach dem die Quadrate der Umlaufzeiten $u(p_i)$ der Planeten $p_1, ..., p_n$ um die Sonne sich zueinander wie die Kuben der Radien $r(p_i)$ der großen Halbachsen der Ellipsenbahnen verhalten: $\frac{u(p_i)^2}{u(p_j)^2} = \frac{r(p_i)^3}{r(p_j)^3}$. Mit anderen Worten besagt dies, dass der Term $\gamma = \frac{u(p_i)^2}{r(p_i)^3}$ in Abhängigkeit von p_i konstant ist, oder dass für alle p_i gilt: $u(p_i)^2 = \gamma \cdot r(p_i)^3$. Die Werte für die beiden Größen u und r sind für die verschiedenen Planeten in einer Datenstruktur zusammengefasst und das Problem besteht darin, den angegebenen funktionalen Zusammenhang zu finden. Indem man vom Ansatz $u(p_i) = c \cdot r(p_i)$ ausgeht und sukzessive „links“ und „rechts“ die Potenz erhöht, wird nach wenigen Schritten ein linearer Zusammenhang sichtbar, aus dem sich der Wert der Konstanten c näherungsweise ergibt.

Als statisches Beispiel, in dem viele Systeme benutzt werden, sei das *Ohm*sche Gesetz genannt, dessen Entdeckung sich in systematischer Rekonstruktion, allerdings nicht in Übereinstimmung mit der historischen Entwicklung,[243] durch Anwendung der induktiven Methode nachvollziehen lässt. Intendierte Systeme für das Gesetz sind einfache Stromkreise, in denen ein Draht a an die beiden Pole einer Batterie B angeschlossen ist. Das Gesetz systematisiert den Zusammenhang zwischen vier Größen: der Stromstärke $i(a, B)$ des im Draht fließenden

[243]Siehe Heidelberger 1979.

Stroms, die durch ein Ampèremeter gemessen wird, der Urspannung $u(B)$ der Batterie, deren Maß durch die Anzahl der Einheiten gegeben sei, aus denen sie zusammengesetzt wurde, sowie dem inneren Widerstand $b(B)$ der Batterie und dem Widerstand $r(a)$ des Drahtes. Zur Vereinfachung betrachten wir den eingeschränkten Fall, in dem alle intendierten Systeme nur Drähte aus einem bestimmten Material enthalten. Der Widerstand eines Drahtes ist dann proportional zu seiner Länge und umgekehrt proportional zu seinem Querschnitt, so dass auch für diese Größe eine Messmethode zur Verfügung steht.

Ein System, das durch experimentelle Untersuchung gegeben ist, bestehe aus einer Batterie und einer Serie $a_j, j \leq n$ von verschiedenen Drähten, die jeweils an die Batterie angeschlossen werden. Für jeden Draht a_j liegen dann zwei Daten vor: sein Widerstand $r(a_j)$ und die Stromstärke $i(a_j, B)$, die durch den Ausschlag des Ampèremeters gemessen ist. Die zusammengefasste Datenstruktur besteht also aus einer Liste

$$u(B), i(a_1, B), r(a_1, B), ..., i(a_n, B), r(a_n, B).$$

Eine Hypothese wird gesucht, die diese Daten als Funktion der Variablen a_j in einer Gleichung zusammenfasst, also die abstrakte Form $F(u(B), i(a_j, B), r(a_j, B)) = 0$, oder einfacher: $F_{B,u}(i(a_j), r(a_j)) = 0$ mit variablem a_j hat. Bei Aufzeichnung gemessener Werte für Stromstärke und Widerstand in einem zweidimensionalen Diagramm wird sofort deutlich, dass die Stromstärke umgekehrt proportional zum Widerstand ist. Man wird also ein erstes Modell in der Form $i(a, B) = \frac{1}{r(a)}$ ansetzen und mit einem vorgegebenen ε auf Passung prüfen. Wenn ε grob genug war, kann Passung eintreten, so dass ein feineres ε' gewählt werden kann, bis eben keine Passung mehr vorliegt. Man wird feststellen, dass für kleine r-Werte die Abweichungen der Stromstärke am größten sind und bei genauerer numerischer Untersuchung feststellen, dass ein additives Glied im Nenner zur Passung führt, also $i(a, B) = \frac{1}{\alpha + r(a)}$. Damit sind wir bei fester Batterie schon beim historischen Gesetz, das nun durch Ausweitung des intendierten Bereichs auf andere Batterien und Drähte anderen Materials die obige Form findet. Das Beispiel ist insofern nicht „rein“ statisch, als das

*Ohm*sche Gesetz auch für zukünftig hergestellte Stromkreise Geltung beansprucht.

Für beide Beispiele lassen sich auch Computerprogramme schreiben, die, ausgehend von den vorliegenden Daten, nach festen Regeln die Hypothesen finden oder „entdecken“.[244] Dies macht die Strenge der Methode deutlich sichtbar.

4.4 Maschinelle Entdeckung

Maschinelle Entdeckung (*machine discovery*) ist eine neue Richtung in der *KI*, deren Bedeutung für die Wissenschaft kaum überschätzt werden kann. Wie der Name andeutet, dreht es sich um die Entdeckung von Theorien durch Computer, also um *Entdeckungsprogramme*. Dabei handelt es sich keineswegs um bloß spekulative Überlegungen, ob solche Programme möglich sind. Eine ganze Reihe von Entdeckungsprogrammen liegt schon vor, viele davon in dem epochemachenden und doch gut lesbaren Werk von *Langley et al.* 1987 in dem sie in hinreichendem Detail beschrieben werden. Ein Entdeckungsprogramm startet mit eingegebenen Daten, die in einem festen Vokabular formuliert sind und einem ebenfalls eingegebenen ε, und sucht zu diesen Daten eine, bis auf ε passende Hypothese in eben diesem Vokabular. Einige Programme sind schon fähig, das Vokabular zu erweitern und neue, „theoretische“ Terme zur Formulierung der Hypothese einzuführen. Die Leistungen solcher Programme schon in der ersten Generation sind erstaunlich. In Befolgung ziemlich einfacher und plausibler Regeln durchsucht der Rechner einen Raum von Kandidaten für die Hypothese, prüft für jeden Kandidaten dessen Passung mit den Daten und kommt so durch schiere Rechenkraft und Ausdauer in kurzer Zeit an Hand von Daten aus geschichtlichen Entdeckungsepisoden zu Hypothesen, wie sie in der Vergangenheit auch von den Wissenschaftlern gefunden wurden: Keplers drittes Gesetz, das Ohmsche Gesetz, das Coulombsche Gesetz, das Boylesche Gesetz und andere.

---

[244] Vergleiche Langley et al. 1987, Kap. 3, sowie auch 4.4.

Das Verfahren der maschinellen Entdeckung harmoniert bestens mit der oben beschriebenen induktiven Methode.[245] Gegeben ist eine Datenstruktur z, sowie ein $\varepsilon > 0$. Ein Entdeckungsprogramm sucht nach diesen Eingaben eine Hypothese, d.h. eine Modellklasse **M**, so dass die Datenstruktur z im Grad ε zu einem x aus **M** passt. Es geht iterativ vor, ähnlich wie im Flussdiagramm des letzten Abschnitts.

Dabei sind, entsprechend den beiden Schleifen in *Abbildung* 4.3 (Suche nach neuem Modell und Herabsetzung des Passungsgrades), zwei Punkte genauer durch das Programm zu regeln. Die Herabsetzung des Passungsgrades im Fall, dass eine passende Hypothese gefunden wurde, ist in den meisten bisherigen Programmen Sache des Benutzers. Der Wert von ε wird eingegeben und kann, nachdem eine passende Hypothese gefunden ist, auf einen kleineren Wert gesetzt werden. Diese Iteration ließe sich ohne Mühe ins Programm einbauen.

Die zu regelnde Hauptsache ist die *programmierte* Suche nach Modellen. Bisher wurde ja von vielen Wissenschaftstheoretikern behauptet, die Entdeckung neuer Hypothesen sei eine nicht systematisierbare, dem jeweiligen Genius vorbehaltene Sache, die sich nicht durch Regeln fassen liesse.[246] Der Computer ist kein Genie, er kann *nur* nach festen Regeln arbeiten. Wie ist es also möglich, dass er doch zu Lösungen kommt, die angeblich nur der menschlichen Erfindungsgabe vorbehalten sind?

Bei einem Entdeckungsprogramm lässt sich das Verfahren der Hypothesenfindung in zwei Teile zerlegen. Einmal muss ein *Suchraum* festgelegt werden, ein Raum möglicher Hypothesen, die von der Form her überhaupt in Frage kommen. Diese Festlegung hängt von der Form der Daten ab. Sind die Daten rein numerisch, kann der Suchraum aus numerischen Funktionen bestehen, so dass für jede Funktion F aus dem Raum die Gleichung der Form $F(...) = 0$ ein Kandidat für die gesuchte Hypothese ist. Bei rein qualitativen Daten besteht der Suchraum aus Symbolketten, wie etwa „$H_2 + Cl_2 \Rightarrow 2HCl$“. Die

[245] Es stellt somit ein weiteres Argument gegen Poppers Anspruch dar, die deduktive sei die *einzige* wissenschaftliche Methode.

[246] So etwa Popper 1966.

Festlegung dieser Formen erfolgt durch den Programmbauer. Das Programm hängt entscheidend von der jeweils gewählten Form möglicher Hypothesen ab, die für das Programm typisch und selbst (bis jetzt) *nicht* Gegenstand der Entdeckung ist.

Zum zweiten sind dann Regeln zu finden, nach denen der Suchraum „abgearbeitet" wird. Da die Suchräume meist sehr groß sind (unendlich oder überabzählbar), tritt hier das Problem der Rechenleistung und der Komplexität der Suche in voller Schärfe auf. Es gibt zwei Alternativen: man kann entweder den Suchraum *vollständig* abarbeiten oder sich mit einer nur partiellen Suche zufriedengeben. Diese Alternative charakterisiert recht gut die Trennung zwischen Informatik und *KI*. Während die Informatik auf Vollständigkeit von Lösungen und möglichst noch dem Beweis dieser Vollständigkeit besteht (was bedeutet, dass im Suchraum *Nichts* übersehen wird), gibt die *KI* genau diesen Anspruch auf und betont, dass Programme, bei denen der Anwendungserfolg im Vordergrund steht, anders vorgehen sollen. Statt den Suchraum nach einer beweisbar vollständigen Regel durchzugehen, werden in der *KI* *Heuristiken* benutzt, d.h. Regeln, nach denen verschiedene Elemente im Suchraum nacheinander herausgepickt und untersucht werden, jedoch ohne Anspruch auf Vollständigkeit. Die Heuristiken müssen plausibel sein, also im Lichte des jeweils zu lösenden Problems inhaltlich einleuchtende Regeln darstellen,[247] und sie müssen erfolgreich sein, d.h. in einem relativ großen Prozentsatz von Programmabläufen zu einem positiven Resultat führen. Die Wahl der Erfolgsschranke ist dabei von praktischen Erfordernissen abhängig. In der „reinen" Wissenschaft kann man mit niedrigen Werten arbeiten, in anderen Bereichen muss eine Kosten-Nutzen Abwägung erfolgen, in der die Kosten hauptsächlich durch die Rechenzeit entstehen.

Die Entdeckungsprogramme der *KI* arbeiten gemäß dieser grundsätzlichen Entscheidung mit Heuristiken. Ein *KI*-Programm enthält verschiedene Regeln, nach denen aus dem Suchraum Kandidaten für die Hypothese ausgewählt und auf Passung hin überprüft werden. Diese Beschreibung ist allerdings noch etwas irreführend, weil Auswahl und Überprüfung

[247] Ähnlich wie die Axiome in einer axiomatisierten Theorie.

auf Passung in der Regel nicht sauber getrennt sind: Passungsaspekte gehen bereits in die Auswahlregeln ein. Die Heuristiken sind dem jeweiligen Anwendungsbereich angepasst. Es gibt bis jetzt keine brauchbaren, *allgemeinen* Heuristiken, die in allen Anwendungsbereichen eingesetzt werden könnten.[248]

Die bisherigen Programme laufen im wesentlichen für Datenstrukturen, die entweder nur numerische Daten für mehrere Funktionen enthalten, oder nur qualitative Daten. Je nach Datenart sind die Heuristiken, die Regeln, nach denen das Programm Hypothesen entdeckt, ganz verschieden. Die existierenden Programme entdecken „einfache" Hypothesen, die keine Beziehung zu anderen, schon existierenden Theorien erfordern und sie arbeiten mit relativ einfachen, mathematischen Formalismen. Eine Erweiterung des Ansatzes in Richtung auf Differentialgleichungen, wahrscheinlichkeitstheoretischen Formalismus, oder Differentialgeometrie steht noch aus.

Zur Illustration schildern wir kurz die Heuristiken des Programms BACON.1 von *Langley*, *Simon*, *Bradshaw* und *Zytkow*.[249] Wir halten diese Programme für einen der wichtigsten, wissenschaftstheoretischen Beiträge des zwanzigsten Jahrhunderts.

Das Programm sucht nach Gleichungen zwischen den numerischen Werten zweier oder mehrerer Funktionen, die in Abhängigkeit von „Dingen", wie Partikeln, Drähten, Zeitpunkten variieren. Für alle Funktionen werden deren Werte bei gegebenen Argumenten $a_1, ..., a_n$ als „Daten" eingelesen. Das Programm sucht dann nach einer Gleichung, die die gegebenen Funktionswerte näherungsweise als Lösung hat, also abstrakt nach einem Modell, das zu den Daten passt. Im *Ohm*schen Beispiel aus 4.3 werden die beiden Funktionen $i(a_j), r(a_j)$ (Stromstärke i, Widerstand r in Abhängigkeit von Drähten a_j), im Kepler-Beispiel die Funktionen $u(p_j), r(p_j)$ (Umlaufzeit u, Radius der großen Halbachse r in Abhängigkeit von den Planeten p_j) untersucht.

[248]Entsprechende frühe Ansätze, wie *H. A. Simon*'s *General Problem Solver*, wurden vom Altvater selbst als unrealistisch erkannt. Siehe Newell & Simon 1972 und Langley et al. 1987.

[249]Langley et al. 1987, Kap 3.

Wenn die vorhandenen Funktionswerte eingelesen sind, beginnt das Programm, einen Raum „möglicher“ Gleichungen zu durchsuchen, die über den vorgegebenen Funktionen formulierbar sind und prüft für jede auf dieser Suche gefundene Gleichung, ob sie zu den Daten passt. Bei der ersten passenden Gleichung, die gefunden wird, hält das Programm. Der Raum *aller* Gleichungen ist für ein systematisches Absuchen zu groß, BACON geht stattdessen nach vier einfachen, heuristischen Regeln vor, deren iterierte Anwendung zur Konstruktion immer neuer Gleichungen führt. In der Iteration werden dabei zusätzlich zu den ursprünglichen Funktionen weitere Funktionen aus jeweils „vorher“ vorhandenen Funktionen eingeführt. Dadurch kann die wachsende Komplexität der Gleichungen in einer entsprechend wachsenden Komplexität der involvierten Funktionen aufgefangen werden und es brauchen nur zwei, sehr einfache Gleichungsformen betrachtet zu werden, nämlich erstens die Form $F(a) = konstant$ und zweitens die Form des linearen Zusammenhangs $F(a) = c \cdot G(a) + b$, für alle a, zwischen zwei Funktionen F und G, die aufgrund iterierter Anwendung selbst ziemlich komplexe Form haben können.

Die vier heuristischen Regeln werden auf eine bzw. zwei im Ablauf jeweils konstruierte oder vorliegende Funktionen F und G angewandt. F und G sind also Variable, die im Programmablauf zunächst durch recht einfache, später durch neu konstruierte, komplexere Funktionen instantiiert werden.

Regel 1: Wenn die Werte von F (annähernd) konstant sind, d.h. $F(a_j) = c$ für alle a_j, dann „schließt“ das Programm, dass F eine konstante Funktion ist, d.h. die mathematische Form $F(a) = c$, für alle a, hat.

Regel 2: Wenn die Werte von G (näherungsweise) linear von den entsprechenden Werten von F abhängen, also $G(a_j) = c \cdot F(a_j) + b$, für alle a_j, dann berechnet das Programm die beiden Koeffizienten: Steigung c und Verschiebung b der Geraden und „schließt“, dass G die mathematische Form $G(a) = c \cdot F(a) + b$, für alle a, hat.

Regel 3: Wenn die absoluten Werte von G mit denen von F wachsen, ohne dass (näherungsweise) ein linearer Zusammenhang besteht, dann führt das Programm den Quotienten $H = \frac{G}{F}$ als neue Funktion ein, berechnet die Werte $H(a_j)$ und speichert sie.

Regel 4: Wenn die absoluten Werte von G wachsen, wenn die von F kleiner werden, ohne dass (näherungsweise) ein linearer Zusammenhang besteht, dann führt das Programm das Produkt $H = F \cdot G$ als neue Funktion ein, berechnet die Werte $H(a_j)$ und speichert diese.

Die näherungsweise Bestimmung, ob eine konstante oder lineare Funktion vorliegt, erfolgt bei BACON mit der Methode der kleinsten Quadrate, die leicht programmierbar ist.

Der Programmablauf lässt sich am Beispiel gut verfolgen. Wir reproduzieren eine in *Langley et al.* 1987, S.85, beschriebene Anwendung auf historische Daten von *Giovanni Borelli* im Bereich des dritten *Kepler*schen Gesetzes, in der die Umlaufzeiten $u(w)$ und die Radien der großen Halbachsen $r(w)$ für vier Jupitermonde $w = a, b, c, d$ gegeben sind. Die historischen Daten wurden zur besseren Übersicht in leicht lesbare Zahlen und Einheiten umgerechnet.

Mond	Radius r	Umlaufzeit u
a	5.67	1.769
b	8.67	3.571
c	14.00	7.155
d	24.67	16.689

BACON stellt fest, dass die Funktionen nicht konstant sind und nicht in linearem Zusammenhang stehen. Er kommt daher zu Regel 3, findet, dass die absoluten Werte von r mit denen von u wachsen und bildet den Quotienten r/u. Die Werte sind in der folgenden Tabelle zusammengestellt. Auch die Werte von r/u sind nicht konstant und nicht linear abhängig von denen von r oder u. Beim Vergleich der Änderung der Werte von r und r/u zeigt sich, dass die Absolutwerte von r mit wachsenden Werten von r/u abnehmen. BACON wendet daher Regel 4 an und führt die neue Funktion $r \cdot (r/u)$, also r^2/u, ein. Auch für diese liegt weder Konstanz noch lineare Abhängigkeit zu den nun vorhandenen Funktionen vor. Wieder untersucht BACON die Änderungen der Werte und findet, dass die Werte von r/u kleiner werden, wenn die von r^2/u wachsen. Nach Regel 4 bildet BACON die neue Funktion $(r/u)\cdot(r^2/u)$, d.h. r^3/u^2, deren Werte nach der letzten Spalte der Tabelle annähernd konstant sind. Damit ist eine Gleichung gefunden, nämlich $\frac{r^3(a)}{u^2(a)} = c$, die bis auf ein vorgegebenes ε im Bereich der damaligen Messfehler zu den Daten passt.

Mond	r/u	r^2/u	r^3/u^2
a	3.203	18.153	58.15
b	2.427	21.036	51.06
c	1.957	27.395	53.61
d	1.478	36.459	53.89

Die vier Regeln sind, wie man sofort sieht, *nicht* erschöpfend: es gibt Fälle, in denen keine von ihnen anwendbar ist. Die Regeln 3 und 4 versagen bei „gemischten" Fällen, bei denen die Werte von G mit wachsenden Werten von F z.B. erst wachsen, dann aber kleiner werden. Dies markiert genau den Punkt, an dem sich die KI von mathematischen Methoden absetzt nach dem Motto: lieber in vielen echten Fällen gute und schnelle Ergebnisse, als garantierte, aber wegen Kapazitätsbeschränkung nicht realisierbare Lösungen. Wir verzichten auf weitere abstrakte Argumente; der Erfolg von BACON in der Entdeckung echter Gesetze spricht für sich.

4.5 Deduktive Methode

Grundfigur der deduktiven Methode ist der deduktive Test einer Theorie. Aus den Hypothesen und vorliegenden Daten werden neue, atomare Sätze *deduziert* (daher der Name) und es wird geprüft, ob diese zutreffen oder nicht. Im häufigsten Anwendungsfall, der *Vorhersage*, behaupten die abgeleiteten Sätze etwas über zukünftige Ereignisse. Treten diese wie vorhergesagt ein, so ist der Test positiv ausgefallen, im anderen Fall wird untersucht, wo der Fehler lag.

Zur genaueren Beschreibung in unserem Vokabular ist eine Theorie **T** gegeben mit Modellen **M**, intendierten Systemen **I**, Datenstrukturen **D** und Approximationsapparat **U**. In der

Ausgangssituation liegt Passung vor: Daten und Modelle passen approximativ zueinander. Für ein intendiertes System s sei z eine zugehörige Datenstruktur, die in z zusammengefassten Daten seien zu einer Konjunktion von Basissätzen zusammengefügt. Nun wird aus den Hypothesen, die die Modelle charakterisieren und der Konjunktion der Daten ein „neuer" Basissatz abgeleitet. Er ist neu, insofern er nicht zu den Daten gehört. Dann wird durch Beobachtung, Experiment oder Messung untersucht, ob der neue Satz richtig ist. Stellt er sich als richtig heraus, hat sich die Theorie bewährt.

Falls der neue, abgeleitete Satz *nicht* zutrifft, schreibt die deduktive Methode vor, die Hypothesen, d.h. die Modelle, zu verwerfen und neue, bessere zu suchen, die mit den „alten" Daten und auch mit der Falschheit des neuen Satzes besser verträglich sind. Das heißt, es wird eine neue Modellklasse $\mathbf{M}'$ gesucht, die zur Konjunktion aus „alten" Daten *und* der Negation des neuen Satzes (approximativ) passt.

In beiden Fällen führt das Verfahren wieder zu einer Situation der Passung. Im ersten Fall, wenn der neue Satz zutrifft, liegt Passung automatisch vor. Der neue Satz wurde ja logisch *abgeleitet*. Dies garantiert, dass er in *jedem* Modell gültig ist, in dem die Hypothesen und die „alten" Daten gelten. Wenn die alten Daten zu einem Modell passen, sind sie in diesem (approximativ) gültig. Dann ist in diesem Modell auch der neue Satz (approximativ) gültig. Also passt (approximativ) auch die „Konjunktion" aus Daten und neuem Satz. Im approximativen Fall ist dies *kein* logisches Argument, weil dann von Passung nicht auf Gültigkeit geschlossen werden kann.

Das deduktive Muster ist auf der nächsten Seite abgebildet. Bei der Ausgangstheorie liegt ganz oben zwischen Modellen $\mathbf{M}$ und Datenstrukturen $\mathbf{D}$ ein bezüglich $\mathbf{U}$ befriedigender Passungsgrad vor. Die Theorie wird nun einem Test unterzogen. Es wird ein neuer, atomarer Satz abgeleitet und zu den in $\mathbf{D}$ vorhandenen Daten hinzugefügt. Genauer gesagt, wird in einer Datenstruktur z aus $\mathbf{D}$ ein neuer Atomsatz hinzugefügt. Diese „neue" Datenstruktur z' und alle anderen Datenstrukturen aus $\mathbf{D}$ bilden die neue Menge $\mathbf{D}'$. Nun wird geprüft, ob die neue Datenstruktur z' zu $\mathbf{M}$ passt. Bei positivem Ausgang der

Überprüfung kommen wir nach links unten in eine Rückkoppelungsschleife, die so lange durchlaufen wird, bis ein abgeleiteter, neuer Satz zu schlechter Passung führt. In diesem Fall gelangen wir von $\mathbf{M}, \mathbf{D}', \mathbf{U}, \circ$ nach rechts unten zu $\mathbf{M}, \mathbf{D}', \mathbf{U}, -$. Es wird nun eine neue Hypothese gesucht und in Form von $\mathbf{M}'$ gefunden. $\mathbf{M}'$ wird bei $\mathbf{M}', \mathbf{D}', \mathbf{U}, \circ$ an den alten plus „neuen“ Daten auf Passung überprüft. Bei positivem Ausgang gelangen wir in einen Zustand der Passung, der durch die Rückkopplungsschleife von unten links als neuer Ausgangszustand bei $\mathbf{M}, \mathbf{D}, \mathbf{U}, +$ oben eingesetzt wird. Das Verfahren beginnt von vorne. Bei negativer Passung in $\mathbf{M}', \mathbf{D}', \mathbf{U}, -$ gelangt man in die rechte, untere Schleife, die so lange durchlaufen wird, bis eine zu $\mathbf{D}'$ passende neue Hypothese gefunden ist.

Abb. 4.5

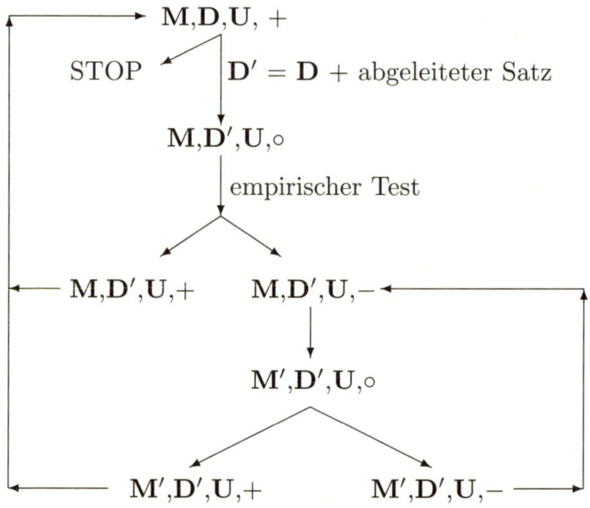

Da die „Voraussage“ streng logisch abgeleitet sein soll, besteht keine Möglichkeit, den Approximationsapparat **U** ins Spiel zu bringen. Er bleibt im ganzen Ablauf konstant, was eine ziemliche Idealisierung und Einschränkung der Methode bedeutet.

Offenbar ist die deduktivistische Empfehlung, bei Falschheit des neuen Satzes die Hypothese zu verwerfen, nur die erste von vier Möglichkeiten. Es kann genauso gut, als zweite Möglichkeit, der Satz *richtig*, aber bei dessen Überprüfung ein Fehler gemacht worden sein. Drittens können Daten, die in der Ableitung benutzt wurden, falsch sein. Viertens kann im Fall approximativer Passung der neue Satz zu einer nur geringfügigen Verschlechterung der bisherigen Passung führen. Dies mag in Fällen, wo der neue Satz relativ periphere, zum Beispiel raum-zeitlich weit entfernte Ereignisse betrifft, sogar plausibel sein. Bevor die Hypothese verworfen wird, muss also geprüft werden, ob die drei anderen Fehlerquellen ausgeschlossen werden können. Wenn wir berücksichtigen, dass oft bei der Gewinnung der Daten und Überprüfung des neuen Satzes noch andere Theorien benutzt werden, dann tut sich eine fünfte Möglichkeit auf, nämlich dass der Fehler unter diesen benutzten „Hintergrunds-“ oder „Hilfshypothesen“ zu suchen ist. Aus dieser Möglichkeit, die zuerst von *Duhem*[250] betont wurde, nährt sich eine ganze philosophische Richtung, der Holismus, nach dem, überspitzt gesagt, Alles mit Allem – mindestens bedeutungsmäßig – zusammenhängt.

Weiter ist allgemein zu bemerken, dass von der Theorie her das zeitliche Verhältnis zwischen vorhandener Hypothese und Daten einerseits und abgeleitetem Satz andererseits offen bleibt. Vorhersage ist nur *ein* Spezialfall, in dem der abgeleitete Satz etwas über ein zukünftiges Ereignis sagt. Das deduktive Schema passt auch auf die *Retrodiktion*, in der mit Hilfe von Theorie und Daten in die Vergangenheit zurückgeschlossen wird. Der abgeleitete Satz behauptet ein schon vergangenes Ereignis, das dann im Nachhinein bestätigt werden kann. Mit der Gravitationstheorie etwa lässt sich auf Sonnenfinsternisse in der Antike zurückrechnen, die durch historische Berichte bestätigt werden. In den historischen Wissenschaften sind solche Schlüsse an der Tagesordnung. Deduktion kann aber auch ganz ohne zeitliche Struktur angewandt werden. Der wesentliche Punkt ist nur, dass der abgeleitete Satz neu ist. Er darf unter den vorhandenen Daten nicht vorkommen.

Ein Beispiel für die Anwendung der deduktiven Methode ist die „Falsifikation“ der *Newton*schen Gravitationstheorie durch Entdeckung des Merkurperihels. Nach der Theorie

---

[250] Duhem 1954.

wurden die Planetenbahnen aus bekannten Anfangsbedingungen berechnet. Die so deduzierte Bahn des Merkur enthielt Zeit-Ortsangaben, die mit den durch Beobachtung ermittelten Werten nicht übereinstimmen. Langfristig wurde die Theorie tatsächlich abgeändert, nämlich durch die allgemeine Relativitätstheorie ersetzt. Die Behauptung, dass diese Abänderung wegen der Entdeckung des Merkurperihels erfolgt wäre, lässt sich allerdings wissenschaftshistorisch kaum verteidigen.

Die deduktive Methode wird häufig mit einem normativem Modell wissenschaftlichen Vorgehens identifiziert, von dem *Popper*[251] behauptet, es beschreibe die *einzige*, begründbare und in der Tat durch ihn begründete, wissenschaftliche Methode. Wir brauchen nicht auf die hierdurch entfachte Begründungsdiskussion einzugehen.[252] *Wenn* die Begründung stichhaltig wäre, und die deduktive Methode als *die* Methode schlechthin ausgezeichnet werden könnte, dann wäre damit die oben beschriebene induktive Methode als unbegründet und somit als irrational oder zumindest a-rational nachgewiesen. Im Lichte dieser Implikation überlassen wir es dem Leser, ob er sich weiter über die Begründungsdiskussion im Anschluss an *Popper* kundig machen möchte.

Bei *Popper* werden zu der gerade geschilderten Methode noch drei weitere und im allgemeinen zu einschränkende Anforderungen gestellt. Erstens fordert er, dass der Test *streng* sein soll, das heißt, der Sachverhalt, den der abgeleitete Satz beinhaltet, soll im Licht des Hintergrundwissens allein möglichst unwahrscheinlich sein. Die Forderung klingt zwar plausibel: je unwahrscheinlicher eine „Vorhersage", desto wahrscheinlicher wird sie falsch sein und desto schneller wird die benutzte Hypothese verworfen. Allerdings bleibt offen, was hier mit „wahrscheinlich" gemeint ist. Der Begriff der Wahrscheinlichkeit in Anwendung auf beliebige Hypothesen harrt noch der Präzisierung.

Zweitens soll nach Popper die neue Hypothese, die eine zuerst falsche „Vorhersage" zur Passung bringt, nicht aus der

[251] Popper 1966.

[252] Sie ist übrigens nicht einzigartig, ebensowenig wie Poppers Behauptung einer ausgezeichneten Methode.

„alten“ Hypothese durch Hinzufügung einer „Hilfshypothese“ *ad hoc* verbessert sein, sie soll nicht nur in einer gerade auf diesen einen widerborstigen Fall zugeschnittenen, minimalen Abänderung der alten Hypothese bestehen, sondern „kühn“ sein. Dies äussert sich darin, dass jede zulässige, neue Hypothese, die nicht *ad hoc* ist, die Ableitung neuer Testimplikationen erlaubt, die aus der „alten“ Hypothese nicht folgen und sich bei Überprüfung als Richtig herausstellen. In einer anderen Variante muss jede zulässige, neue Hypothese den empirischen Gehalt der „alten“ Hypothese vergrößern. Abgesehen von dem Problem, den Begriff des empirischen Gehalts in adäquater Weise zu definieren,[253] betonen andere Autoren gerade den „konservativen“ Charakter theoretischer Änderungen,[254] den auch die rechnerunterstützte Suche nach Hypothesen hat. In deskriptiver Hinsicht sind vermutlich konservative, geringfügige Abänderung in der Überzahl.

Drittens wird im *Popper*schen Modell eine allgemeine Forderung an Daten gestellt, die in der Realität kaum erfüllt ist. Danach soll die Einigung über Daten in der Gruppe nach *vorher festgelegten* Regeln erfolgen. Wissenschaftler, die selbst mit experimentellen Methoden gearbeitet haben, wissen, wie viel Fingerspitzengefühl oft nötig ist, um über die Einbeziehung oder Verwerfung eines neuen atomaren Satzes zu entscheiden, was nämlich der Entscheidung entspricht, ob der experimentelle Aufbau oder die Durchführung eines Experiments „in Ordnung“ waren oder ob ein Nebeneffekt oder Apparatefehler das Ergebnis unbrauchbar macht. Von einer vorher festgelegten Regel kann in solchen Fällen nicht die Rede sein, selbst anerkannte Fachleute könnten oft auf ihrem Gebiet eine solche Regel auch im Nachhinein nicht angeben.

Weiter ist anzumerken, dass *Popper*, vermutlich im Anschluss an *Bacon* und *Mill* annimmt, es seien jeweils nur *endlich* viele Alternativhypothesen gegeben, unter denen für die Abänderung eine Auswahl zu treffen ist. Im Lichte der Computer-Entdeckungsprogramme (4.4) für Hypothesen wird

---

[253] Siehe Grünbaum 1976 für eine Kritik der diesbezüglichen, Popperschen Vorschläge.

[254] Etwa Quine & Ullian 1978.

deutlich, dass diese Annahme gar nicht nötig ist. Sie bringt, im Gegenteil, nur überflüssige Probleme ins Spiel, etwa das Problem, angeben zu müssen, welches die Alternativhypothesen sind, um deren Wahrscheinlichkeiten miteinander vergleichen zu können.

Schließlich darf der Hinweis auf das Approximationsverhalten der deduktiven Methode nicht unterbleiben, insbesondere weil man ihr dies nicht unmittelbar ansieht. Es lässt sich zeigen, dass bei Einführung eines theoretischen Wahrheitsstandards, der „wahren" Theorie, der die Richtigkeit der atomaren Sätze festlegt, die wiederholte Anwendung der deduktiven Methode zu einer Annäherung an diese wahre Theorie führt. Die Vernunft hat es allerdings listigerweise so eingerichtet, dass eine Wahrheitsannäherung per deduktiver Methode nicht der effizienteste Weg ist.[255]

Im Zusammenhang mit der Induktion erwähnen wir die Methode der *Abduktion* nur am Rande. Bei ihr wird vom Vorliegen einer Tatsache und eines beobachteten, regelmäßigen Aufeinanderfolgens auf eine „Ursache" der Tatsache geschlossen. Typisches Beispiel: Alle bisher aus diesem Korb genommenen Äpfel waren rot. Dieser Apfel ist rot. Also stammt er aus diesem Korb. Dieses Schema findet zunehmend Anwendung im Bereich der maschinellen Entdeckung.[256]

4.6 Identifikation im Limes

Unter diesem Stichwort wird das Konvergenzverhalten sogenannter „Lernfunktionen" formal untersucht.[257] Während es bei Induktion und Deduktion um den Vergleich und die Passung eines Datensatzes mit einer Hypothese (Modellklasse) geht, sind bei der Identifikation im Limes jeweils (unendliche) Folgen von Datensätzen und Hypothesen gegeben. Wir stellen uns eine Lernfunktion am besten im zeitlichen Ablauf vor. Sie modelliert einen in der Zeit ständig wachsenden Strom

[255] Dieser Punkt wird in mehreren Aufsätzen von *T. A. F. Kuipers* schön herausgearbeitet, vergleiche etwa Kuipers 1982, Kuipers 1984 und Kuipers 1996.

[256] Für weitere Details sei auf Peirce 1960 etwa S.374 verwiesen.

[257] Vergleiche zum Beispiel Osherson, Stob, Weinstein 1986, Lauth 1994.

von Daten und zu jedem Zeitpunkt die Auswahl einer zu den gerade vorliegenden Daten passenden Hypothese. Das Interesse der Untersuchungen liegt dabei weniger auf der Passung zu je einem Zeitpunkt. Vielmehr wird nach Regeln, Algorithmen, gesucht, nach denen zu jedem Zeitpunkt die Hypothese den *neuen* Daten *angepasst* wird, bzw. nach denen zu jedem Zeitpunkt eine zu den vorliegenden Daten gehörige Hypothese produziert wird. Solche Regeln sollen „Lernfähigkeit" erfassen, die Fähigkeit, Theorien den sich ständig ändernden Daten anzupassen und aus den ständig mehr werdenden Daten immer bessere Theorien zu gewinnen.

Formal nimmt eine Lernfunktion endliche Datenlisten als Argumente, die wir als Datenstrukturen ansetzen können. Sie produziert für jede solche Datenliste als zugehörigen Funktionswert eine Hypothese oder, äquivalent, eine Modellklasse. Die Untersuchung von Lernfunktionen mündet in der Regel in Existenz- und Unmöglichkeitstheoreme. Es wird eine Folge von Argumenten (also eine Folge von Datenstrukturen) und zugehörigen Funktionswerten (also Hypothesen) betrachtet und es werden hinreichende, manchmal auch notwendige Bedingungen angegeben, unter denen die Folge der Hypothesen konvergiert oder nicht konvergieren kann.[258]

Ein einfacher Fall lässt sich in unserer Terminologie wie folgt darstellen. Wir gehen aus von einer Folge $z_1, z_2, \ldots$ von Paaren von Datenstrukturen für eine Theorie, deren Glieder positive und negative Strukturen enthalten, sowie einem nicht bekannten Modell x dieser Theorie. Jede Datenstruktur stellt selbst wieder eine endliche Liste von Daten dar. Das Modell x repräsentiere ein reales System, aus dem alle Daten der Folge $z_1, z_2, \ldots$ stammen, das heißt alle positiven und negativen Daten sind (als atomare bzw. negierte, atomare Sätze) in x gültig. Dabei nehmen wir an, dass die Datenstrukturen immer größer werden, d.h. jede Struktur in z_{i+1} enthält ihren Vorgänger in z_i als Teilstruktur. Wenn die unbekannte Struktur x als abzählbar angenommen wird, kann man fordern, dass die Datenstrukturen im Limes die Struktur ausschöpfen, d.h. jeder in der Struk-

[258]Vergleiche Lauth 1993 für einen Überblick.

tur mögliche, wahre bzw. falsche Atomsatz tritt irgendwann in einer positiven bzw. negativen Datenstruktur der Folge (und damit in allen „späteren“) auf.

Eine Lernfunktion f ist nun eine Funktion, die jeder Datenstruktur eine Hypothese zuordnet, d.h. aus der Folge der Datenstrukturen $z_1, z_2, z_3, ...$ eine Folge von Hypothesen $H_1, H_2, H_3, ...$ produziert. Die Daten stammen aus einem System, sie sind gültig in dessen repräsentierender Struktur. Entsprechend sollen auch die Hypothesen immer „besser“ werden, immer mehr mit der „wahren“ Theorie über das System übereinstimmen. Als *wahre Theorie* über das System wird hierbei die Satzklassse bezeichnet, die genau alle, im System gültigen Sätze enthält. Die Grundfigur des Ansatzes besteht darin, dass bei Ausschöpfung eines Systems durch eine Folge von Datenstrukturen die Lernfunktion eine Folge von Hypothesen produziert, welche gegen die „wahre“ Theorie über das System konvergiert.

Eine Folge von Hypothesen heißt *konvergent*, wenn sie ab einem bestimmten Index i_o konstant wird, d.h. wenn für alle $i \geq i_o$ gilt: $H_i = H_{i_o}$. Eine Lernfunktion f *konvergiert* per Definition auf einer Folge $z_1, z_2, z_3, ...$ von Datenstrukturen gegen die Hypothese H, wenn es ein i_0 gibt, so dass für alle $i \geq i_0$ gilt: $f(z_i) = H$. In dynamischer Abfolge werden also die immer umfangreicheren Datenstrukturen nacheinander als Argumente für f eingegeben und f produziert aus jeder Datenstruktur eine Hypothese H_i. Nach endlich vielen Schritten wird dabei ein Index i_0 erreicht, ab dem sich die jeweils produzierte Hypothese nicht mehr ändert. Die Lernfunktion nimmt für alle „späteren“ Datenstrukturen den konstanten Wert H_{i_0} an. Die Grundidee der Identifikation ist, dass die Grenzhypothese, gegen die die Lernfunktion auf einer Folge von Datenstrukturen konvergiert, die wahre Theorie über das System sein soll, aus dem die Daten stammen. Ist dies der Fall, so kann man zu Recht sagen, die Lernfunktion produziere im Limes, d.h. identifiziere, an Hand des eingegebenen Datenstroms schließlich *die* richtige Theorie.

Diese Untersuchungen enthalten Elemente der induktiven, nicht aber der deduktiven Methode. Von der induktiven Methode stammt der wachsende Datenstrom, sowie die zugehörige Vorstellung, dass die Daten im Limes eine gegebene Struktur ausschöpfen. Dagegen spielt die Ableitung neuer Atomsätze keine Rolle. In der Konzentration auf allgemeine Konvergenztheoreme, die keine konkrete Form der Lernfunktion benutzen, stellen diese Untersuchungen die abstrakte Ergänzung zu den konkreten Heuristiken dar, die bei der maschinellen Entdeckung (vergl. 4.4) jeweils fallbezogen benutzt werden.

Für das Induktionsproblem, für das man keine sicheren Voraussagen über die Zukunft machen kann, liefert Identifikation im Limes eine neue Perspektive.[259] Es mag sein, dass eine aus den Daten gewonnene Hypothese im Lichte weiterer Daten weiter verändert werden muss: jede Vorhersage, die mit Hilfe einer solchen Hypothese gemacht wird, enthält einen Unsicherheitsfaktor. Interessant ist aber, dass, sozusagen eine Stufe höher, die benutzte Lernfunktion völlig „sicher“ ist in dem Sinn, dass sie beweisbar konvergiert. Dadurch gewinnt die Induktion eine zweite Dimension. Die jeweilige konkrete Vorhersage ist unsicher, aber wir sind sicher, nach einer „sicheren“ Methode zu lernen und unsere Hypothesen anzupassen, so dass „im Limes“ die richtige Hypothese gefunden wird und dann im Limes auch die Voraussagen sicher sind. Natürlich wird dadurch das Induktionsproblem nicht „gelöst“, die Konvergenz der Lernfunktion kann zwar beweisbar sein, aber der Beweis erfordert bestimmte Voraussetzungen, die *nicht* als sicher geltend angenommen werden können.

4.7 Hermeneutische Methode

Diese Methode ist die älteste der drei hier behandelten. Sie wurde schon im Altertum für die Auslegung und Anwendung von Texten verschiedener Art[260] benutzt und erlebte in ihrer dialektischen Ausprägung von Rede und Gegenrede im Mittelalter eine zweite Blüte. Nach einer Periode erster methodischer Reflexion in der Aufklärung[261] begann die dritte Blüte im 19.

[259] Auf diesen Punkt hat mich Bernhard Lauth hingewiesen.

[260] Vergleiche Pépin 1988 für einen Überblick.

[261] Vergleiche Bühler 1994.

Jahrhundert, als für die Geistes- und Sozialwissenschaften eine eigene, verstehende, wissenschaftliche Methode reklamiert wurde, die sich grundlegend von „der“ Methode der Naturwissenschaft abhebt.[262] Von diesem dritten Anfang führt die Entwicklung bis zu heute vertretenen Thesen der methodischen Spaltung der Wissenschaft in hermeneutisch-dialektische Wissenschaft und „den Rest“, der gern als *Positivismus* bezeichnet wird.[263] Die neuere Entwicklung führt neben der Rezeption durch die Positivisten[264] zu formalen Ansätzen, in denen Verstehen in enge Verbindung mit Erklären gebracht wird.[265] Für die vorliegende, knappe Darstellung erlauben wir uns, die Vorgehensweisen der Rechts-, Literatur- und Sozialwissenschaft unter einen gemeinsamen, sehr abstrakten und allgemeinen Begriff zu subsumieren, innerhalb dessen dann natürlich weitere Unterscheidungen möglich und nötig sind.

In der gebotenen Kürze müssen wir darauf verzichten, die interessanten, gesellschaftlichen Ansprüche und deren Begründungen darzulegen, die von der dialektischen Richtung erhoben und geliefert werden. Uns geht es hier „nur“ darum, den „harten Kern“ der Methode zu erfassen, ohne uns in eine Diskussion der weitgespannten, vor allem gesellschaftlichen Implikationen zu verstricken.

Der Kern der hermeneutischen Methode besteht aus einem Prozess, in dem eine neue oder unerwartete Situation, ein komplexes Ereignis oder ein Text, begrifflich dargestellt oder in einen schon vorhandenen Wissenskorpus eingeordnet, „verstanden“ werden soll, wobei am Anfang oft nicht kommensurable Darstellungen ins Spiel gebracht werden. Typischerweise geht es um Situationen, in denen menschliche Handlungen eine Rolle spielen. Dabei kann sowohl die zu verstehende Situation (Ereignis oder Text), als auch ein „Teil“ des Wissenskorpus, in den die Situation eingeordnet wird, in Form von Beschreibungen, Gesetzestexten oder literarischen Werken fixiert sein.

---

[262] Vergleiche etwa Wach 1926.

[263] Vergleiche etwa Habermas 1968, Adorno 1969, sowie, für die Positivisten Popper 1965 und Albert 1972. Einen Überblick bieten Esser, Klenovits, Zehnpfennig 1977.

[264] Siehe etwa Dallmayr & McCarthy 1977.

[265] Siehe z.B. Schurz 1988.

Die Komplexität von Ereignissen und Texten ist hier ein etwas vager, qualitativer Begriff, der eng mit der Unterscheidung von harten und weichen Daten in 3.2 zusammenhängt. Ein Ereignis ist komplex, wenn in ihm menschliche Handlungen und propositionale Einstellungen, d.h. Einstellungen von Menschen gegenüber Propositionen (glauben, intendieren, wollen etc.) vorkommen. Das Problem besteht darin, dass es sehr viele, völlig verschiedene und inkompatible Möglichkeiten der Darstellung eines solchen Ereignisses gibt. Typische Beispiele, bei denen oft der Wissenskorpus nicht explizit angegeben ist, finden wir in den Geschichts- und Sozialwissenschaften. „Alexander zerstört das persische Reich“ (A), oder „Deng lässt die Studenten auf dem Platz des himmlischen Friedens zusammenschießen“ (B), sind zwei begriffliche Darstellungen von Ereignissen, die andere Menschen ganz anders darstellen würden. Typische Beispiele mit einem festen, theoretischen Hintergrund finden wir bei Subsumptionen konkreter Fälle unter einen durch Gesetze definierten Tatbestand in der Rechtswissenschaft oder bei der literaturwissenschaftlichen Interpretation im Umfeld eines gegebenen Gesamtwerkes.

Die hermeneutische Methode, die in all diesen Fällen angewandt wird, besteht darin, ein umfassendes *Vorverständnis* ins Spiel zu bringen, mit dessen Hilfe und aus dessen Sicht das Ereignis oder der Text sich verstehen und interpretieren lässt. Oft gibt es auch beim Vorverständnis verschiedene Sichtweisen, die im Extremfall zu zwei emotionsgeladenen Weltsichten werden, die mit begrifflicher Auflösung nicht mehr zu bewältigen sind. Wenn eine Interpretation Erfolg hat, gelingt eine befriedigende, begriffliche Darstellung und Einordnung. Wenn sie bei wiederholten Versuchen erfolglos bleibt, wird auch das Vorverständnis oder die alternative Weltsicht modifiziert. Dies kann durch eine oder mehrere Änderungen zu einer befriedigenden Einordnung führen, es kann aber auch im schlimmsten Fall eine Einordung durch Streit offengehalten werden. Wenn eine erste Interpretation befriedigend ist, kann die neugewonnene begriffliche Darstellung ins Vorverständnis aufgenommen und dieses damit verändert werden. Es treten also Zyklen der Form: Vorverständnis → Interpretation → verändertes Verständnis, auf, die sich iterieren lassen. In den obigen Beispielen besteht ein Vorverständnis bei (A) etwa aus einer staats-, reichs- und kriegsorientierten Sicht der Geschichte, bei (B) aus einer bestimmten Sicht der Politikwissenschaft. In alternativen Sichtweisen, Vorverständnissen, lässt sich die Geschichte als ein ökonomischer Prozess oder als eine Folge von Klassenkämpfen verstehen. Bei (B) gibt es in der Soziologie alternative Sichtweisen. Eine Elite kann mit Demonstrationen in verschiedener Weise umgehen, und bei einer Elite kann eine Generationenablösung auf verschiedene Weise geschehen. In der Rechtswissenschaft hängt das Ergebnis einer Subsumption eines Ereignisses etwa von der Frage ab, ob der Täter vorsätzlich gehandelt hat; die Entscheidung hierüber wird stark vom Vorverständnis der Gesellschaft beeinflusst. In der Literaturwissenschaft kann die Interpretation darauf zurückgreifen, was der Autor mit dem Werk ausdrücken wollte oder bezweckte: diese Absichten bilden dann einen Teil des Vorverständnisses des Interpreten.

Für die Einordnung in unsere Grundmuster ergeben sich zwei Probleme. Einmal haben wir keine Komponente zur Verfügung, die dem Vorverständnis entspricht. Wir müssen deshalb die „Zustände" unserer Muster durch einen Begriff des *Vorverständnisses* anreichern. Zum anderen lässt sich eine einzuordnende Situation in strukturalistischen Begriffen nur bruchstückhaft durch Modelle und Daten beschreiben. Der Zusammenhang zwischen Modellen und Daten bleibt beim Verstehen meist vage. Die Daten sind nur im Ausnahmefall im Vokabular einer bestimmten Theorie formuliert. Wir fassen daher in diesem Abschnitt die Beziehung zwischen Daten und Modellen allgemeiner als bisher, so dass die Typen einer Datenstruktur und eines Modells nicht gleich sein müssen. Dies führt in spezielleren, theoretisch eingegrenzten Fällen zu dem in 3.6 diskutierten Messproblem und im allgemeinen zu Interpretationsproblemen. Der Passungsbegriff verliert dadurch seinen bisherigen, präzisen Inhalt, woraus sich jedoch keine *neuen* Probleme ergeben, da wir in den Flussdiagrammen ohnehin nur von drei groben, qualitativen Passungsgraden ausgehen, die auch bei jeder noch so diffusen Diskussion identifizierbar sein dürften.

In der Hermeneutik wird die Beschreibung einer neuen Situation meist als eine *These* (kurz: Th) bezeichnet. Wir stellen eine solche These strukturalistisch durch einen Zustand $\langle \mathbf{M}, \mathbf{D}, \mathbf{U}, \mathbf{P} \rangle$ dar, bestehend aus Modellklasse, Datenstrukturen, Approximationsapparat und Passungsgrad:[266] $Th = \langle \mathbf{M}, \mathbf{D}, \mathbf{U} \rangle$. Wir *erweitern* nun die bisherigen Zustände um eine neue Komponente $\langle \mathbf{M}^*, \mathbf{D}^*, \mathbf{U}^* \rangle$, die das *Vorverständnis* V darstellt. Auch das Vorverständnis enthält einerseits eine Modellklasse $\mathbf{M}^*$, die das systematische Wissen erfasst, andererseits eine Menge $\mathbf{D}^*$ von Datenstrukturen zur Repräsentation des singulären Wissens. Die Modelle in $\mathbf{M}^*$ sind in der Regel in normaler Sprache beschrieben und enthalten sehr viele Komponenten. Alle Relationen, Funktionen und Individuenausdrücke, die beim Vorverständnis eine Rolle spielen, sind als Modellkomponenten anzusehen. Die „Daten" in $\mathbf{D}^*$ sind inhomogen und die Verbindung zwischen ihnen und den Modellen kann ziemlich vage sein, entsprechend können wir wenig über den Approximationsapparat $\mathbf{U}^*$ sagen.

Passung wird in den erweiterten Zuständen nicht nur zwischen Modellen $\mathbf{M}$ und Daten $\mathbf{D}$, und zwischen Modellen $\mathbf{M}^*$ und Daten $\mathbf{D}^*$ im Vorverständnis, sondern auch zwischen der jeweils erörterten These $\langle \mathbf{M}, \mathbf{D}, \mathbf{U} \rangle$ und dem Vorverständnis $\langle \mathbf{M}^*, \mathbf{D}^*, \mathbf{U}^* \rangle$ als ganzem untersucht. Da Passungsfragen in diesem Kontext meist sehr vage bleiben, werfen wir alle drei Arten von Passung in einen Topf. Wir reden also von Passung unterschiedslos zwischen $\mathbf{D}$ und $\mathbf{M}$, zwischen $\mathbf{D}^*$ und $\mathbf{M}^*$ und zwischen $\langle \mathbf{M}, \mathbf{D}, \mathbf{U} \rangle$ und $\langle \mathbf{M}^*, \mathbf{D}^*, \mathbf{U}^* \rangle$. In den ersten beiden Fällen kann der präzise Passungsbegriff aus 3.9 als Idealtyp dienen, den dritten Fall müssen wir hier einfach offen halten. Bezüglich solcher Passung sind die Standards in den Anwendungen ziemlich implizit; jedoch werden Entscheidungen nicht willkürlich gefällt, also müssen Standards vorhanden sein.

In einem ersten Ansatz beschreiben wir hier das grundlegende, hermeneutische Schema auf einer sehr allgemeinen Ebene, indem wir die Komponenten von Zuständen in Thesen und Vorverständnisse zusammenfassen. D.h. Modelle, Daten und

---

[266] Die Menge der intendierten Systeme und die Passungsgrade lassen wir aus Einfachheitsgründen im Folgenden weg.

Passungsfragen werden, so weit es geht, ausgeblendet. In einem hermeneutischen Schema brauchen wir erstens eine These Th, eine Gegenthese oder *Antithese* (kurz: ATh), ein Vorverständnis V für die These und ein Vorverständnis für die Antithese (AV). Ein erweiterter Zustand hat so die Form

$$\langle V, Th, AV, ATh, \mathbf{P} \rangle,$$

wobei **P** eine der drei Passungsgrade $+,-$ und $\circ$ ist.

Unter Benutzung des so modifizierten Zustandsbegriffs erhalten wir das in *Abbildung* 4.7 dargestellte Muster hermeneutischen Vorgehens. Den Ausgangspunkt bildet oben, links eine These Th. Oft besteht die These nur aus einem Datum oder einer Hypothese; in solchen Fällen sind die restlichen Komponenten der These Th redundant. Die These wird im Lichte eines Vorverständnisses V erwogen: $\langle V, Th, \circ \rangle$.

Im typischen, allgemeinen Fall tritt der These rechts oben eine Antithese ATh gegenüber, die ebenfalls ein Vorverständnis AV hat. Auch die Antithese ATh und das „dazu gehörige" Vorverständnis AV wird erwogen: $\langle AV, ATh, \circ \rangle$. Nun kommen These und Antithese bei $(*)$ in Kontakt. Wir bilden also den erweiterten Zustand $\langle V, Th, AV, ATh, \circ \rangle$, in dem These und Antithese (und die Vorverständnisse) verglichen werden können. Der Pfeil, der vom Zustand $\langle AV, ATh, \circ \rangle$ zu $(*)$ führt, muss nicht immer benutzt werden. Es gibt auch die spezielle Möglichkeit, die Erwägung der These ohne Antithese durchzuführen. In diesem Fall ist der Zustand $\langle AV, ATh, \circ \rangle$ redundant und der Zustand in $(*)$ mit $\langle V, Th, \circ \rangle$ identisch.

„Nach" $(*)$ tritt nun eine Verzweigung auf. Der Pfeil nach unten links bedeutet, dass der Gegensatz zwischen These und Antithese so gering ist, dass er sich überwinden lässt. Die These und Antithese haben trotz großen Gegensatzes so viel gemeinsam, dass sich die Gemeinsamkeit herausarbeiten lässt. Dies entspricht einem Übergang zum Zustand $V, Th, AV, ATh, +$, der durch „+" Verträglichkeit (Passung) anzeigt. Dort werden These und Antithese zur *Synthese* gebracht. Beide werden in einem neuen, „höheren" Zustand aufgehoben. Aus den vielen verschiedenen Möglichkeiten, wie ein neuer Zustand entstehen kann, haben wir nur zwei eingezeichnet. Auf der linken Seite unten wird die These Th in das Vorverständnis V integriert.

Ein neues Vorverständnis V_1 entsteht, das im Diagramm bei (2) nach oben fließt und ganz oben das „alte" Vorverständnis V ersetzt. Gleichzeitig wird die These Th als eigenständige Entität im Prozess der Synthese eliminiert. Eine zweite, noch interessantere Synthese entsteht, wenn These Th *und* Antithese ATh verschmelzen.

Abb. 4.7

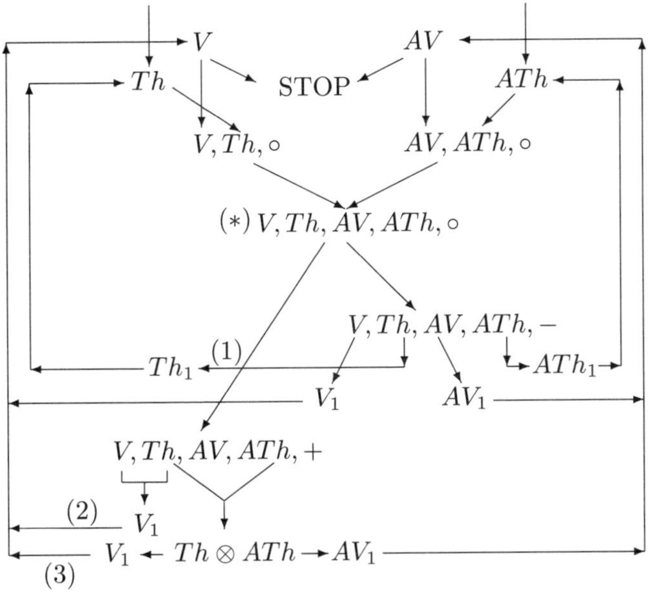

In diesem Fall (unten links) werden sowohl die These Th als auch die Antithese ATh entfernt. Statt derer wird ein neues Element $Th \otimes ATh$ eingesetzt, das sowohl in das neue Vorverständnis V_1 als auch in das neue Vorverständnis AV_1 korporiert wird. V_1 und AV_1 fließen nun nach oben und ersetzen die vorherigen Einträge V und VA. In diesen beiden Fällen finden wir gelungene Synthesen, die den hermeneutischen Prozess beenden. Wir können bis jetzt weder genau sagen, wie die neue, verschmolzene Entität im Allgemeinen aussieht, noch wie diese genauer in ein Gesamtverständnis eingepasst wird.

Im zweiten Fall der Verzweigung in (∗) sind These und Antithese so unverträglich, dass eine Synthese ausgeschlossen ist.

Wir kommen von $V, Th, AV, ATh, \circ$ nach rechts unten in den Zustand $V, Th, AV, ATh, -$. Auch hier gibt es verschiedene Möglichkeiten, die wir nicht alle diskutieren können. Wir haben vier „reine" Fälle eingezeichnet. Im ersten Fall wird das Vorverständnis V zu V_1 modifiziert; der Prozess wandert nach oben. These und Antithese treffen auf ein neues Umfeld. Im zweiten Fall gilt dies entsprechend: AV wird zu AV_1 modifiziert und der Prozess fließt nach oben. Im dritten Fall wird die These Th verändert; die modifizierte These Th_1 wandert nach oben. Im vierten Fall schließlich wird die Antithese ATh durch eine veränderte Antithese ATh_1 ersetzt. In all diesen Fällen erfolgt jeweils Rückkopplung nach oben zu einem entsprechenden Zustand.

Diese Rückkopplungsschleifen werden so lange durchlaufen, bis These und Antithese „synthesefähig" sind. Erst dann kann vom Zustand in $(*)$ der Pfeil nach links unten und von dort zur Synthese durchlaufen werden. Nur in diesem Fall kommt das Verfahren zu einem Ende, nämlich wenn die These Th in das Vorverständnis inkorporiert ist und wenn dasselbe für die Antithese gilt. Der Gesamtprozess kommt zum Abschluss, wenn es oben sowohl auf dem Platz der These Th als auch auf dem Platz der Antithese ATh keinen Eintrag mehr gibt. Das heißt, sowohl die These als auch die Antithese (eventuell mit vielen Modifikationen) wurden in das Wissensumfeld integriert. Formal endet in diesem Fall das Flussdiagramm bei dem Knoten STOP.

Bei Erreichung der äußeren Rückkopplungsschleifen wird das Vorverständnis der These und eventuell auch das der Antithese modifiziert. These und Antithese werden in *Hegels* doppeldeutiger Formulierung in einem neuen Gesamtverständnis „aufgehoben". Dabei wird nicht nur die These ins Vorverständnis aufgenommen, sondern auch die Antithese, und die Aufnahme erfolgt nicht direkt, sondern in Form einer Synthese: es wird nur das „Aufhebenswerte" an beiden Positionen in geeigneter Form aufgenommen. These und Antithese sind dann passé und es bleibt nur das umfassende, nunmehr neue Vorverständnis, das durch Rückkopplung wieder an den Anfang des Musters führt. Die „Änderungen" des Vorverständnisses können mehr oder weniger dramatisch sein. Oft haben die Verfechter der Antithese von Anfang an ein ganz anderes Vorverständnis, welches am Ende von der anderen Seite akzeptiert wird. Aber auch langsame, „kleine" Änderungen sind zugelassen.

Mit der Synthese ist, wie oben erwähnt, der Begriff des Verstehens verknüpft. Das Ausgangsereignis, zu dessen Interpretation die These eingeführt wurde, ist verstanden, wenn wir es *nach* einer Synthese im modifizierten Vorverständnis eingeordnet finden. Genauer heißt dies: im Prozess wurde eine begriffliche Darstellung des Ereignisses gefunden, die zum modifizierten Vorverständnis passt. Auch die neuere Diskussion um Erklärung, Verstehen und Vereinheitlichung kann hier einhaken.[267] Diese Diskussion kreist um den – nicht neuen – Gedanken, dass die Suche nach Modifikationen von Theorien (oder hier: nach einem modifizierten Vorverständnis) durch das Kriterium der Vereinheitlichung geleitet wird. Nur solche Modifikationen werden erwogen, bei denen der Gesamtgrad an Vereinheitlichung zunimmt.

Zum Verständnis unseres Musters seien noch vier weitere Bemerkungen angefügt. Erstens passt das Muster auch auf Episoden in der Naturwissenschaft, wo das Vorverständnis meist als Hintergrundwissen bezeichnet wird und aus anderen Theorien oder Querverbindungen zu Theorien besteht. Das einzuordnende Phänomen kann eine Einzeltatsache, etwa ein unerwarteter Messwert, aber auch eine allgemeine Hypothese sein. Auch in der Naturwissenschaft müssen solche Neuerungen in den vorhandenen Wissenskorpus eingeordnet werden, was nicht immer ohne Reibung abgeht.[268] Auch in der Naturwissenschaft gibt es Alternativhypothesen, die als Antithese fungieren, und auch das Vorverständnis der Antithese kann betroffen sein.

Zweitens gibt es eine große Klasse von Anwendungen der hermeneutischen Methode, wo eine Theorie, ein Gesetzestext oder ein literarisches Werk vorgegeben ist. Dieser Korpus ist in unserem Schema durch die Modellklasse **M** der These *Th*

---

[267] Vergleiche etwa van Fraassen 1980, Kap.5, Kitcher 1981, Friedman 1974.

[268] Mindestens *ein* positives Resultat der Diskussion um Sneed's Problem der theoretischen Terme, Sneed 1971, besteht im Aufweis „hermeneutischer Zirkel" in der Naturwissenschaft (auch wenn diese Bezeichnung in der Diskussion nicht verwandt wurde).

repräsentiert. In diesen Fällen darf der Korpus – jedenfalls am Anfang – nicht geändert werden. Die Antithese wird in diesen Fällen keine eigene, alternative Modellklasse enthalten. Die Modellklasse **M** einer These bildet in diesen speziellen Fällen bei Anwendung der hermeneutischen Methode einen konstanten Bezugspunkt, der auch bei der Synthese – jedenfalls am Anfang – nicht geändert wird. Gleiches gilt, wenn, wie oft in den Geschichts- und Sozialwissenschaften, These und Antithese, atomare Sätze sind. Die hermeneutische Methode soll dort gerade auch ein Verstehen der atomaren, in der Sprache *nicht* weiter analysierten Ereignisse und Situationen ermöglichen.

Drittens kann es beim Übergang von $V, Th, AV, ATh, +$ zu V_1 bei den Modellen ein Widerstreit zwischen rivalisierenden Hypothesen entstehen. Zur Beschreibung solcher Verhältnisse hat die Wissenschaftstheorie bereits subtile begriffliche Mittel entwickelt. Mit den Methoden des formalen und semantischen Vergleichs von Theorien, sowie den Ansätzen zur Wissensrevision,[269] die im Flussdiagramm *nicht* enthalten sind, können Episoden von Rivalität auf der Modellebene dargestellt werden.

Viertens sei nochmals betont, dass zwischen den Elementen des Vorverständnisses und den Komponenten der These keine Inklusionsbeziehungen zu bestehen brauchen. Eine gewisse, minimale Beziehung muss allerdings bestehen, wenn das Vorverständnis nicht redundant sein soll. Zum Beispiel sollte sich das Vokabular der beiden Komponenten (**M** und **D**) überlappen. Auch liegt im Allgemeinen zwischen der „ersten" These Th und einer „zweiten" revidierten These Th_1 kein Implikationsverhältnis vor. Dies wird besonders klar, wenn die Thesen atomare Sachverhalte betreffen. Z.B. können die „neu interpretierten Daten" verschieden von denen sein, die in der Originalthese verwendet wurden. Auch über das Inklusionsverhältnis von Komponenten der These und Antithese lässt sich im Allgemeines wenig sagen. Im Prinzip können These

[269] Siehe zum Beispiel Balzer, Pearce, Schmidt 1984, oder Balzer, Moulines, Sneed 1987, Kap.6. Wissensrevision findet man schon bei Gärdenfors 1988. Die Anwendbarkeit der Revisionsformalismen auf „echte", empirische Theorien bleibt allerdings bis heute nachzuweisen.

und Antithese in disjunktem Vokabular formuliert sein, besonders in Fällen, wo sich beide Sichtweisen in „inkommensurabler“ Weise gegenüberstehen. Normalerweise wird es aber doch gewisse, minimale Gemeinsamkeiten geben, etwa bei einzelnen Daten, die von beiden Parteien gleichermaßen wahrgenommen und anerkannt werden. Bei völlig disjunktem Vokabular wäre ja aus rein logischen Gründen auch kein Widerspruch möglich. Wir können die Überlappung bei den Daten aber nicht allgemein fordern, weil sie in Fällen, wo die These und Antithese nur aus jeweils einem Atomsatz bestehen, nicht vorliegt.

Betrachten wir einige Beispiele. In einer juristischen[270] Anwendung ist ein konkreter Fall, ein Ereignis, sowie ein Gesetzeskodex gegeben, unter den der Fall subsumiert werden soll. Da der Kodex gegeben ist, wird meist der naheliegenste Paragraph aus dem Kodex genommen. Der Fall bekommt die Form einer These. Sie besteht im Wesentlichen aus dem oder den Paragraphen und aus einigen echten Daten, die aus diesem Ereignis bekannt sind. Der Gesetzeskodex kann als Teil des Vorverständnisses aufgefasst werden. Wenn es z.B. um einen kriminalistischen Fall und einige bekannte Daten geht, kann etwa der Paragraph über Totschlag als These verwendet werden. Wenn ein Modell, in dem der Paragraph erfüllt wird, und die Daten zusammenpassen, wäre der Fall „gelöst“. Wenn die Subsumption sofort befriedigend gelingt, kommen wir in *Abbildung* 4.7 bei (2) zum Ende. Die Erwägung eines alternativen Paragraphen über Mord, würde dagegen zu einer Antithese führen. Dies ist sinnvoll, wenn die Daten für beide Paragraphen approximativ gleich passend sind. Hier wird nun die volle juristische Methode eingesetzt, bei der das Vorverständnis aus Urteilen, Kommentaren und Lehrmeinungen besteht, und in der verschiedene Schleifen im Flussdiagramm angewandt werden.

Bei derselben Situation kann aber auch der Gesetzestext kritisch hinterfragt werden. Hier würde das Gesetz selber in die These einbezogen und das Gesetz als eine Modellklasse aufgefasst. Hier wäre eine Antithese zwingend erforderlich. Sie könnte z.B. aus einem alternativen Gesetzesvorschlag bestehen. Das Ziel wäre hier, zu einer neuen, „besseren“, zeitgemäßen, oder

[270]Vergleiche Engisch 1956 und, detaillierter Koch & Rüßmann 1982.

der Anwendung angepassten Formulierung zu gelangen. Der einfachste Weg in *Abbildung* 4.7 wäre, in (1) einfach die neue Vorlage als neues Gesetz in Kraft zu setzen. Normalerweise muss dieser Prozess verschiedene, weitere Schleifen durchlaufen, um ein neues Gesetz in Kraft zu setzen.

Bei der literarischen Hermeneutik treten die gleichen Formen auf. Im einem ersten Fall wird ein Text als Ganzes interpretiert, und im zweiten Fall wird nur eine bestimmte Textstelle ausgelegt. Im ersten Fall bietet sich an, den Text als Modellkomponente der These aufzufassen, während im zweiten Fall eine Textstelle besser als eine Datenstruktur behandelt wird. Im ersten Fall muss der Text mit anderen Daten und mit dem Vorverständnis zusammenpassen, und im zweiten mit dem Vorverständnis und, wenn eine Hypothese ins Spiel kommt, auch mit der Modellklasse der These.[271] Wenn zum Beispiel der Gesamttext durch Modeerscheinungen so verändert wurde, dass die ursprüngliche Intention „verschleiert“ wird, kann durch eine Antithese das Vorverständnis des Textes wieder zurechtgerückt werden. Ähnlich kann eine Textstelle, mehr oder weniger absichtlich durch bestimmte Gesellschaftsgruppen zu stark betont, oder als uninteressant abgestempelt werden. Auch hier kann eine Antithese – jedenfalls wissenschaftlich gesehen – zu fruchtbaren Diskussionen führen.

Auch in der empirischen Sozialforschung kann die hermeneutische Methode verwendet werden, auch wenn im Moment die empirischen Untersuchungen nur in positivistischer Richtung stattfinden. Etwa bei Umfragen bietet sich die hermeneutische Methode an, um das in 3.6 erörterte Messproblem in den Griff zu bekommen. Bei einer Umfrage kann diese Methode in zwei Weisen angewandt werden. In der ersten Art wird eine Hypothese durch die Umfrage getestet, in der zweiten können die Fragebögen kritisch erwogen werden. Im ersten Fall hat eine These die Gestalt einer Hypothese mit erhobenen Daten. Eine ähnlich gelagerte Hypothese lässt sich als Alternativhypothese, als Antithese, ins Spiel bringen. All die in *Abbildung* 4.7 erörterten Schleifen können auch hier durchlaufen werden. Im zweiten Fall wird untersucht, ob die Fragen, die in der Umfrage

[271] Siehe auch Marcou & Balzer 1988.

gestellt werden, die richtige Bedeutungen haben, um die gegebenen Hypothesen sinnvoll zu testen. Hier können alternative Fragen entworfen und erhoben werden. Dies führt zu einer Antithese. Auch in diesem Fall gibt es viele verschiedene Wege, die These mit der Antithese zu verbinden.

Ob die Dialektiker in Nachfolge der Frankfurter Schule mit unserer Analyse einverstanden sind, darf bezweifelt werden. Mindestens *eine* wichtige Einsicht dieser Richtung[272] lässt sich auf unserer strukturellen Ebene der wissenschaftlichen Resultate sicher *nicht* behandeln: die Wechselbeziehung zwischen dem jeweils erreichten Verstehen und dem „inneren Zustand" eines Individuums, für welches das Vorverständnis einen wesentlichen Teil seiner Weltsicht und seines praktischen Verhaltens bestimmt. Immerhin nimmt aber auch in unserer Explikation das Verstehen entscheidend holistische Züge an, im Gegensatz zu Autoren, die Verstehen als eine lokale Angelegenheit ansehen.[273]

Wir beschließen unsere kurze Darstellung mit dem Versuch, einige der zentralen Züge, die die Literatur der dialektischen Methode zurechnet, in unserem Modell zu lokalisieren. Nach *Kiss* 1971[274] besteht ein erster solcher Zug in der Referenz auf eine oder „die" Totalität. Eine Interpretation kann nur gelingen, wenn man die Totalität, das Ganze, und damit insbesondere ein gesellschaftliches Ziel nicht aus dem Auge verliert. Was und wieviel immer man sinnvoll über das Ganze sprachlich ausdrücken kann: wir sehen keinen Hinderungsgrund, dieses durch eine Modellklasse plus Datenstrukturen darzustellen.[275] Unser durch V gegebenes Vorverständnis könnte auch als Modellierung der Totalität aufgefasst werden. Wir betonen, dass uns die Trennung von Modellen und Daten in keiner Weise dem Positivismus verpflichtet, dem zufolge Basissätze eine ausgezeichnete Stellung bezüglich ihrer Sicherheit haben. Daten wurden in 3.1 im wesentlichen syntaktisch von Hypothesen und Modellen

[272] Abgesehen von den gesellschaftlichen Ideen.

[273] Wie etwa van Fraassen 1980, S.109.

[274] Insbesondere S.14 ff. und 127 ff.

[275] Zur wiederholten Erinnerung: Benutzung einer Modellklasse impliziert *nicht*, dass die Theorie in axiomatisierter Form vorliegt.

unterschieden. Unser Datenbegriff schließt nicht aus, dass Daten unter Bezugnahme auf eine Totalität gegeben sind oder festgelegt werden.

Ein zweiter Zug ist die „Negation der Negation": in der Synthese wird auch die Antithese (die ja ihrerseits schon in einem vagen Sinn eine Negation ist) wieder „negiert". Genauer soll, wie oben erläutert, der erhaltenswerte Inhalt sowohl von These als auch von Antithese in der Synthese aufgehoben werden. Dieser Zug lässt sich mühelos modellieren, wenn wir eine Beziehung zwischen dem Vorverständnis V und zwei thesenartigen Entitäten Th und Th' einführen und für diese Beziehung die Bedingung der Aufhebung unter Benutzung intertheoretischer Relationen formulieren.[276]

Ein dritter Zug ist der Umschlag von Quantität in Qualität. Auch diese Bedingung scheint sich bei uns lokalisieren zu lassen.[277] Während eine Änderung, die in *Abbildung* 4.7 bei (1) zu Th_1 führt und z.B. nur eine Änderung einer Datenstruktur in Th beinhaltet, als quantitative, d.h. „kleine", „unwesentliche" Änderung gelten kann, entsprechen Übergänge, die zu einem neuen Vorverständnis führen, einem qualitativen Umschlag, etwa an den Stellen (2) oder (3).

Schließlich scheint uns das Prinzip der Universalität der Bewegung und des dialektischen Widerspruchs, nach dem reale Prozesse vor allem im gesellschaftlichen Bereich durch die Entstehung eines Widerspruchs und anschließende Aufhebung desselben auf einer höheren „Entwicklungsstufe", und Iteration dieses Musters, ablaufen, gerade durch den zyklischen Charakter des Flussdiagramms gegeben zu sein, jedenfalls wenn wir die Bedingung der Aufhebung in der Synthese als allgemeine Forderung hinzufügen. Formen des dialektischen Widerspruchs treten immer auf, wenn die Passung von These, Antithese und den entsprechenden Vorverständnissen negativ ist.

---

[276] Vergleiche Balzer, Moulines, Sneed 1987, Kap. 6, für den Begriff der intertheoretischen Relation, sowie Thagard 1982 für einen Versuch, die angesprochene Idee im Sneedschen Formalismus zu erfassen.

[277] Jedenfalls wenn man berücksichtigt, dass diese Wendung metaphorisch verwandt wird und keinen leicht erkennbaren Bezug zum üblichen Begriff von Quantität hat, wie er etwa in Krantz et al. 1971 verwendet wird.

Wissenschaftliche Theorien sollen gut bestätigt sein. Es soll, wie beim Wissen allgemein (siehe 1.4), gute Gründe für wissenschaftliche Sätze geben. Die Bestätigung von Daten (Basissätzen) liegt in der Wiederholbarkeit der durch sie beschriebenen Ereignisse und im tatsächlichen, wiederholten Eintreten des jeweiligen Sachverhalts. Allgemeine Hypothesen dagegen werden bestätigt durch die Daten, die für sie vorliegen, und durch Beziehungen zu anderen, existierenden Theorien. Bisherige Untersuchungen über Bestätigung haben bis jetzt keine allgemeine, für alle Formen von Hypothesen und alle Disziplinen gemeinsame Methode der Bestätigung gefunden. Im wesentlichen gibt es im Moment vier Typen von Bestätigung einer Theorie: induktive, deduktive, probabilistische Bestätigung, und Bestätigung „durch Erfolg".

Der Begriff der induktiven Bestätigung hängt natürlich mit der induktiven Methode (4.3) zusammen. Eine Theorie **T** lässt sich *induktiv bestätigen*, wenn alle Hypothesen von **T** in allen intendierten Systemen von **T** bestätigt sind. Bei dem Allquantor über die Hypothesen hängt die Bestätigung einer Hypothese vor allem davon ab, ob es mehr über den empirischen Inhalt geht oder mehr über die Analyse der Struktur der Theorie. Im Beispiel der Stoßmechanik (2.8) besagt eine Hypothese, dass es genau zwei Zeitpunkte gibt. Diese Hypothese hat wenig empirischen Gehalt; sie betrifft vielmehr die Abgrenzung eines Systems von stoßenden Teilchen. Man wird bei dieser Theorie nicht viel Zeit mit der Frage verbringen, ob diese Hypothese durch empirische Daten bestätigt ist oder nicht. Dagegen führt der Impulserhaltungssatz, die zentrale Hypothese der Theorie, zu einer zeitaufwändigen Untersuchung, in der die Hypothese nur mit Hilfe verschiedener Daten bestätigt werden kann.

Bei dem zweiten Allquantor in der obigen Definition, der über die intendierten Systeme läuft, finden wir ähnliche Probleme. Ein intendiertes System für die Stoßmechanik, das in einem Labor konstruiert wurde, und in dem genau zwei Partikel auf einer Schiene zusammenstoßen, lässt sich durch wenige Daten bestätigen oder widerlegen. Ein anderes, intendiertes

System, bei dem viele Partikel aus vielen Richtungen in einem Punkt zusammenstoßen, braucht viele Daten, um den Impulserhaltungssatz zu bestätigen.

Oft lassen sich die verschiedenen Hypothesen einer Theorie im Bestätigungsprozess nicht isoliert betrachten. Die Bestätigung einer Hypothese kann von anderen Hypothesen abhängen. Dies führt zum Begriff der Kohärenz,[278] der auch den Allquantor über die intendierten Systeme betrifft.

Die Hypothesen *von* **T** sind in 2.9 diejenigen, die in der Theorie die Klasse der Modelle der Theorie charakterisieren. Eine Hypothese von **T** lässt sich in einem gegebenen, intendierten System von **T** *lokal induktiv bestätigen*, wenn eine zugehörige Datenstruktur von dem intendierten System stammt und wenn diese Datenstruktur approximativ zu einem Modell passt und das Modell „ausschöpft". Das heißt, die Daten werden aus dem intendierten System zu einer Datenstruktur zusammengefasst, so dass es erstens ein Modell der Theorie gibt, das approximativ zu der Datenstruktur passt und so, dass zweitens die Daten aus der Datenstruktur im Prinzip *genau alle die* Sachverhalte beschreiben, die in dem Modell zu finden sind. Wir können diese Formulierung mit Hilfe der in Kapitel 3 eingeführten Begriffe weiter präzisieren. In einer Theorie ist eine Hypothese in einem intendierten System der Theorie lokal induktiv bestätigt gdw es Strukturen x und z mit folgenden Eigenschaften gibt: 1) x ist ein Modell von **T**, 2) z ist eine Datenstruktur für **T**, die von dem intendierten System stammt, 3) die Datenstruktur z passt approximativ zur Struktur x (3.10), und 4) die Datenstruktur z ist dem Modell x weitgehend (im Grad ε) ähnlich. In dieser vierten Bedingung können wir die in 3.10 eingeführte Abstandsfunktion d benutzen, die den Abstand von mengentheoretischen Teilstrukturen der Theorie **T** angibt. Dabei sind sowohl das Modell x als auch die Datenstruktur z Teilstrukturen dieser Theorie, so dass die Funktion d den Abstand beider Entitäten tatsächlich berechnen kann. Da die Datenstruktur normalerweise nicht ideal zu dem Modell passt, kann auch die Ähnlichkeit von Datenstruktur und Modell nur approximativ gelten. Zur Präzisierung der Ähnlich-

[278]Einer der vielen Ansätze findet sich in Balzer 1985.

keit im Grad ε können wir eine Formulierung verwenden, die in 3.10 bei *approximativer Passung* benutzt wurde. Wir werden hier nur die erste, in *Abbildung* 3.10.1-a dargestellte Variante benutzen; die zweite Variante funktioniert analog.

Bei der approximativen Passung wird eine Hilfsstruktur y eingeführt, so dass der Abstand von y und der Datenstruktur z klein ist, und so, dass y eine Teilstruktur des Modells x ist: kurz $d(z, y) \leq \varepsilon$ und $y \sqsubseteq x$. Diese Formulierung lässt sich weiter verschärfen, indem wir bei den Teilstrukturen x und y auch den Abstand $d(x, y)$ zwischen x und y bestimmen. Je kleiner dieser Abstand ist, desto ähnlicher sind beide Strukturen. Wenn die Abstandsfunktion eine *echte* Metrik ist (siehe 3.10) und wenn der Abstand im Grenzfall Null wird, sind beide Strukturen identisch. Wir definieren *Ähnlichkeit im Grad* ε zwischen einer Datenstruktur z und einem Modell x wie folgt. z ist x *im Grad* ε *ähnlich* gdw es eine Struktur y gibt, so dass $d(z, y) \leq \varepsilon$, $d(y, x) \leq \varepsilon$ und $y \sqsubseteq x$.

Dieser graduelle Begriff funktioniert nun nicht nur, wenn die Datenstruktur das Modell weitgehend ausschöpft, sondern er kann auch in „normaleren" Fällen angewandt werden. Dort schöpft die Datenstruktur nur einen kleineren Teil des Modells aus. Den einen Extremfall, bei dem die Datenstruktur mit dem Modell identisch wird, hatten wir gerade genannt. In der anderen Richtung gibt es viele, verschiedene, „extreme" Fälle. Den rein theoretischen Fall, in dem die Datenstruktur keine Elemente hat, lassen wir beiseite. In einem nächsten Fall enthält die Datenstruktur nur *ein* Element, und zwar ein Element aus einer Hauptbasismenge. Alle anderen Teile des realen Systems sind also durch Daten nicht bestimmt. Sie werden bei der Einpassung in ein Modell theoretisch ergänzt. In solchen Fällen ist der Grad der Ähnlichkeit zwischen Datenstruktur und Modell sehr klein. In den meisten, realen Fällen von Bestätigung ist der Grad nicht sehr klein und auch nicht sehr groß.

In diesen „normalen" Fällen muss zunächst entschieden werden, ob es für die Theorie überhaupt endliche Modelle gibt. Wenn ja, kann man den Ähnlichkeitsgrad *äg* durch einen einfachen Quotienten ausdrücken. Der Zähler $\|z\|$ bezeichnet die Anzahl der Elemente aus der Datenstruktur und der Nenner

$\|x\|$ die Anzahl der Elemente aus dem ausgewählten, *endlichen* Modell: $äg = \|z\|/\|x\|$. Der Ähnlichkeitsgrad, der „Ausschöpfungsgrad", ist umso größer, je mehr Elemente, die in der Datenstruktur liegen, auch in dem Modell vorhanden sind. Wenn wir die genaue Anzahl $\|x\|$ der Elemente aus dem Modell kennen würden, was normalerweise nicht der Fall ist, könnten wir den Ähnlichkeitsgrad eines intendierten Systems durch diesen Quotienten *äg* direkt angeben. Diesen Ähnlichkeitsgrad könnten wir auch als Bestätigungsgrad bezeichnen. Mit $\|x\| = 1500$ und $\|z\| = 149$ z.B. wäre der Bestätigungsgrad etwa 1/10. Inhaltlich bedeutet dies, dass etwa 10 Prozent des Modells durch Daten ausgeschöpft wären. Im Extremfall, in dem alle Elemente des Modells auch in der Datenstruktur liegen, wäre der Bestätigungsgrad 1, im anderen, oben genannten Fall wäre er $1/\|x\|$.

Mengentheoretisch gesehen enthalten die meisten Modelle von Theorien unendlich viele Elemente. In diesen Fällen muss der Quotient durch den entsprechenden Begriff aus der *Maßtheorie* (oder der Wahrscheinlichkeitstheorie) ersetzt werden.[279] Inhaltlich gesagt, lässt sich in diesem Fall entweder das Modell vergröbern, indem man Äquivalenzklassen von Elementen des Modells so bildet, dass es in dem Modell nur noch endlich viele Äquivalenzklassen gibt. Oder man führt ein statistisches Element (2.12) in die gegebene Theorie ein. Diese Arten von Vergröberung lassen sich auch auf der Ebene der Datenstrukturen verwenden. Wenn die Datenstruktur, die von dem intendierten System stammt, unvollständig ist, wird ein Modell der Theorie einige Teile des Modells nur theoretisch abbilden können. Einige theoretische Sachverhalte, die in dem Modell existieren, sind durch die Daten aus der Datenstruktur nicht präsent.

Der Begriff der induktiven Bestätigung ist damit einerseits befriedigend geklärt. Er hat aber auf der anderen Seite nur einen kleinen Anwendungsbereich. Für die meisten Theorien und Hypothesen gilt, dass ihre intendierten Systeme aus prinzipiellen oder praktischen Gründen nicht durch Daten ausgeschöpft werden können. Prinzipielle Gründe liegen vor, wenn

[279] Etwa Bauer 1974.

die intendierten Systeme in die Zukunft reichen (4.3), praktische, wenn die Datengewinnung aufwendig ist. Bei derartigen Theorien bleibt der induktive Bestätigungsgrad unbefriedigend niedrig. In den Wissenschaften werden jedoch ständig gerade Theorien dieser Art, deren Systeme sich nicht durch Daten ausschöpfen lassen, produziert. Daraus ergibt sich das wissenschaftstheoretische Problem, die *schwächeren* Formen der Bestätigung zu explizieren, die in der Wissenschaft angewandt werden. Solche Formen sollten die Bedingung erfüllen, dass sie mit der induktiven Form „im Limes“ verträglich sind, d.h. wenn eine Ausschöpfung der Systeme durch Daten hypothetisch angenommen wird, dann sollte der schwächere Bestätigungsbegriff in den induktiven übergehen.

Wir wenden uns also der nächsten Art von Bestätigung zu: der deduktiven Bestätigung. Sie steht in engem Zusammenhang mit der deduktiven Methode und wird syntaktisch durch Wendungen ausgedrückt wie „das Ereignis hat die Theorie bestätigt“ oder „durch das Vorliegen des Ereignisses ist die Theorie nun besser bestätigt als vorher“. Es handelt sich also um eine Beziehung zwischen einem Ereignis und der Theorie, bzw. zwischen einem Ereignis und zwei zeitlichen „Zuständen“ der Theorie. Natürlich muss das Ereignis zuerst in einen Satz, einen Atomsatz, oder genauer: in ein Datum, umgewandelt werden, der das Ereignis beschreibt. Diese Art von Bestätigung liegt vor, wenn man real gesehen auf zwei Wegen zum gleichen Ergebnis kommt, oder auf der Sprachebene durch verschiedene Wege zum gleichen Satz. Aus der Theorie wird einerseits ein atomarer Satz aus den Hypothesen und Daten der Theorie abgeleitet und andererseits ein Satz durch Beobachtung oder Experiment als Datum für die Theorie gewonnen. Eine Bestätigung liegt in dieser Situation vor, wenn der abgeleitete Atomsatz mit dem unabhängig von der Ableitung gewonnenen Datum identisch ist. Standardfall ist, wie bei der deduktiven Methode, auch hier die Vorhersage. Das tatsächliche Eintreten des vorhergesagten Ereignisses stellt einen schwachen, qualitativen Fall von Bestätigung der Theorie dar. Die Theorie hat sich wieder einmal – in einem Fall – bewährt. Bestätigung durch ein „deduziertes Ereignis“ stellt offensichtlich eine äußerst schwache Bedingung dar, die für sich genommen wenig Anlass zur Annahme einer Theorie geben würde. Niemand wird eine Theorie schon dann als bestätigt bezeichnen, wenn aus ihr nur ein einziges zutreffendes Ereignis deduziert wurde. Erst *viele* deduzierte und eingetretene Ereignisse machen eine Theorie brauchbar, wobei „viele" noch in richtiger Relation zur Anzahl der potentiellen Daten in den Systemen der Theorie gesehen werden muss.

Dieser deduktive Bestätigungsbegriff lässt sich verallgemeinern, indem das Datum nicht nur durch Beobachtung und Experiment, sondern auch durch andere Möglichkeiten gewonnen wird, wobei diese Möglichkeiten auch andere, theoretische Ableitung einschließen. Wir haben in 3.3 die Datengewinnung so allgemein gefasst, dass auch theoriebeladene Daten in einer Bestätigung benutzt werden können. Die Grundfigur der deduktiven Bestätigung besteht, noch anders gesagt, in der Übereinstimmung zweier oder mehrerer *verschiedener* Bestimmungs- oder Messmethoden. *Der gleiche* atomare Satz wird auf zwei verschiedenen Wegen gewonnen, das durch ihn beschriebene Ereignis auf zwei verschiedenen Wegen verifiziert. In der zuvor geschilderten Form wäre der eine Weg die logische Ableitung des atomaren Satzes aus der Theorie, der andere seine Verifikation durch Beobachtung oder Experiment. Wie bereits gesagt kann im allgemeinen auch eine rein theoretische Ableitung als Methode der Verifikation in Frage kommen. Diese zweite Ableitung darf dann allerdings nicht mit der ersten identisch sein. Sie muss einen anderen Weg gehen – meist unter Benutzung anderer Hypothesen. Wenn ein Datum solcherart auf vielen verschiedenen Wegen gewonnen werden kann und auch tatsächlich gewonnen wird, dann stellt dies eine Bestätigung der benutzten Theorie dar, die wir als Bestätigung *durch Übereinstimmung* bezeichnen. Oft führen die verschiedenen Wege allerdings aus der einen, betrachteten Theorie heraus: es werden auch andere Hypothesen benutzt. In solchen Fällen wird zunächst die ganze Gruppe involvierter Hypothesen bestätigt, und jede einzelne von diesen nur durch die Tatsache, dass sie zu der Gruppe gehört. Auch in dieser verallgemeinerten Form ist natürlich eine einzige bestätigende Übereinstimmung noch kein guter Grund, dass die Theorie schon bestätigt ist. Dieses Muster führt zu dem schon oben erwähnten Begriff der Kohärenz.

Unter die deduktive Form von Bestätigung sind auch die in 3.11 kurz behandelten, statistischen Testverfahren einzuordnen. Zwar wird dort kein atomarer Satz, der als Datum für die jeweilige Hypothese gelten könnte, abgeleitet und getestet, sondern eine probabilistische Aussage über die Wahrscheinlichkeit, dass ein Merkmal eine bestimmte Ausprägung, bzw. der Stichprobenkennwert einen bestimmten Wert annimmt. Es liegt aber deutlich die Figur der Übereinstimmung von zwei unabhängigen Verfahren vor. Beide Verfahren stimmen „bis auf Wahrscheinlichkeit" überein. Einerseits wird theoretisch die Wahrscheinlichkeit für das Auftreten eines Ereignisses abgeleitet, andererseits wird dasselbe Auftreten durch Beobachtung oder Experiment (eventuell plus Rechnung) bestimmt und als Datum benutzt. Wenn die Wahrscheinlichkeit des Eintretens groß (bzw. klein) ist und das Ereignis auch eintritt (bzw. nicht eintritt), besteht – real gesehen – Übereinstimmung. Solche Tests werden in der Statistik auch als Kriterien für die *Annahme* einer Theorie bezeichnet und benutzt, was darauf hinweist, dass es um Bestätigung von Theorien geht.[280]

Die deduktive Form der Bestätigung umfasst auch den Fall der Wiederholung einer Messung. Der gemessene Wert wurde auf zwei verschiedenen Wegen, nämlich durch zwei unabhängige Durchführungen einer Messung gewonnen. Wenn dabei übereinstimmende Werte gefunden werden, ist dies eine Bestätigung, ein Zeichen dafür, dass tatsächlich eine Methode und eine Regularität vorliegt.

Wenn wir das „Umfeld" an Theorien, die in eine Bestätigung eingehen, beliebig weit fassen, kommen wir am Ende zum Gesamtsystem des Wissens. Dieses hat allerdings – im Lichte des induktiven Begriffs – einen recht niedrigen Bestätigungsgrad. Übereinstimmung mit dem Gesamtwissen ist deshalb als Maßstab für Bestätigung einer isolierten Hypothese wenig geeignet. Im Moment ist es nicht klar, ob die Tatsache, dass eine Hypothese in das Gesamtsystem des Wissens „passt", ein *besonder-*

[280] Vergl. z.B. Rüger 1988.

er Bestätigungsgrund ist, der der induktiven Bestätigung durch Daten vorzuziehen wäre.

Die deduktiven Formen der Bestätigung erfüllen die oben genannte Limesbedingung. Wir können uns vorstellen, wie eine Theorie bei wachsender Datenmenge oder Stichprobe zu immer größerer Bestätigung führt, einfach weil immer mehr zutreffende Atomsätze, nämlich die Daten selbst, aus der Theorie ableitbar werden. Im idealen Grenzfall, wenn die Daten das untersuchte System ganz ausschöpfen, können alle im System zutreffenden Atomsätze aus der Theorie abgeleitet werden.

Bestätigung durch Erfolg ist ein definitiv zweistelliger Begriff. Es wird nicht gesagt, eine Theorie sei (in bestimmtem Grad) schlechthin bestätigt, sondern nur, dass eine Theorie *besser* bestätigt ist, als eine andere. Bestätigung wird damit zu einer Relation zwischen Theorien. Wegen der geringen bestätigenden Kraft deduktiver Formen ist Bestätigung durch Erfolg in der wissenschaftlichen Praxis die bei weitem am häufigsten erkennbare Art von Bestätigung. Eine Theorie, die erfolgreicher ist, als ihre Rivalin, wird schnell akzeptiert.

Erfolg bezeichnet natürlich nur einen äußerlichen Tatbestand. *Nur* den Erfolg einer Theorie als Kriterium der Bestätigung zu werten, liefe auf reinen Darwinismus hinaus. Sicher spielen bei der Entwicklung der Wissenschaft im Ganzen auch Aspekte der Auslese eine Rolle, über Bestätigung lässt sich aber wesentlich mehr sagen, als dass sie durch Auslese gegeben sei. Mit „Erfolg“ meinen wir, dass die Theorie eine andere, rivalisierende Theorie *erfolgreich verdrängt*, und dieser Begriff hat vier Komponenten. Eine Theorie $\mathbf{T}^*$ *verdrängt* nur dann die Theorie $\mathbf{T}$ *erfolgreich*, wenn erstens der Anwendungsbereich (die Menge intendierter Systeme) von $\mathbf{T}^*$ den von $\mathbf{T}$ umfasst, wenn zweitens jeder negativen Datenstruktur (siehe 3.7) von $\mathbf{T}^*$ eine negative Datenstruktur von $\mathbf{T}$ mit „denselben“ Daten entspricht, wenn drittens $\mathbf{T}$ nach einiger Zeit von keiner Gruppe mehr benutzt wird, wohl aber $\mathbf{T}^*$, und wenn viertens zwischen $\mathbf{T}^*$ und $\mathbf{T}$ eine nicht-symmetrische, intertheoretische Relation definiert werden kann, die sich als wissenschaftstheoretisch relevant erwiesen hat. $\mathbf{T}^*$ ist besser bestätigt als $\mathbf{T}$, wenn $\mathbf{T}^*$ $\mathbf{T}$ erfolgreich verdrängt hat. Bei der Forderung nach

Relevanz der intertheoretischen Relation riecht diese Definition förmlich nach Zirkularität, denn wissenschaftstheoretische Relevanz ist ja eine Art von Bestätigung auf der Metaebene. Wir können aber nicht einfach die Existenz irgendeiner, willkürlich zu definierenden, intertheoretischen Relation als Kriterium annehmen, weil sich eine solche wohl immer finden lässt. Andererseits wäre es beim frühen Stand der Forschung über intertheoretische Relationen verfehlt, die Liste der bisher nachgewiesenen Relationen als vollständig anzusehen. So können wir dem – durchaus akzeptablen – Zirkel nicht entgehen. Eine häufig anzutreffende intertheoretische Relation ist in diesem Zusammenhang die (approximative) Reduktion von $\mathbf{T}$ auf $\mathbf{T}^*$.[281] Ohne auf Einzelheiten einzugehen, enthält der Begriff der (approximativen) Reduktion von $\mathbf{T}$ auf $\mathbf{T}^*$ die für uns hier einschlägige Bedingung, dass sich jede Ableitung in der „alten" Theorie $\mathbf{T}$ (approximativ) durch eine Ableitung in der „neuen" Theorie $\mathbf{T}^*$ „reproduzieren" lässt. Wenn also eine solche Relation vorliegt, dann tritt zu den obigen vier Bedingungen noch die fünfte, „positive" hinzu, nach der jeder Erfolg der alten Theorie, jedes aus ihr abgeleitete und auch eingetretene Ereignis, auch ein Erfolg der neuen Theorie ist. Offensichtlich impliziert diese sehr starke Bedingung, dass auch jede deduktive Bestätigung der alten Theorie eine solche der neuen Theorie ist.

Bestätigung durch Erfolg ist die angemessene Bestätigungsform in den weichen Disziplinen,[282] wo aus ökonomischen und ethischen Gründen die Systeme nicht datenmäßig ausgeschöpft werden können. Weiterhin ist diese Methode umso angemessener, je vager die Theorie formuliert ist. Es genügt bei einer vagen Theorie, dass die für Verdrängung erforderliche, intertheoretische Relation nicht noch vager ist. Auf einem „gemeinsamen Vagheitsniveau" von Theorien und intertheoretischer Relation ist es durchaus möglich, zu einem überzeugenden Vergleich zu gelangen, bei dem die eine Theorie besser abschneidet.

Die letzte, schwache Form ist die der probabilistischen Bestätigung. Für ihre Anwendung wird ein Wahrscheinlichkeits-

---

[281] Vergleiche Mayr 1981, Balzer, Moulines, Sneed 1987, Kap. 6 und 7 und Scheibe 1997, 1999 für Details.

[282] Vergleiche 3.1 und 3.2.

raum (2.12) als gegeben vorausgesetzt, mit dessen Hilfe Sätze mit Wahrscheinlichkeiten belegt werden können. Es müssen also die Sätze, Hypothesen und Daten einer Theorie in entsprechende Elemente der σ-Algebra des Wahrscheinlichkeitsraums überführt werden. Für *endliche* Satzmengen lässt sich auf aussagenlogischer Ebene die Struktur einer σ-Algebra durch die klassischen, aussagenlogischen Axiome für Junktoren ersetzen: Negation eines Satzes ersetzt Bildung der Komplementmenge, Konjunktion und Adjunktion von Sätzen ersetzen Durchschnitt und Vereinigung von Mengen. Das Additivitätsaxiom für Wahrscheinlichkeiten lautet dann (mit a, b als Variablen für Propositionen (für „Sätze")):

$\mathbf{p}(a \vee b) = \mathbf{p}(a) + \mathbf{p}(b)$, falls $a \wedge b$ eine Kontradiktion ist.[283]

Aus Wahrscheinlichkeiten lassen sich wie folgt bedingte Wahrscheinlichkeiten definieren. Die *bedingte Wahrscheinlichkeit von a unter der Bedingung b*, $\mathbf{p}(a/b)$, d.h. die Wahrscheinlichkeit, dass a eintritt, wenn zuvor b eintritt, ist definiert durch $\mathbf{p}(a/b) = \frac{\mathbf{p}(a \cap b)}{\mathbf{p}(b)}$.

Unter der Annahme, dass h und e Sätze bezeichnen, wird so die folgende Interpretation möglich. h bezeichnet eine Hypothese und e (für „Evidenz") die Konjunktion aller Daten, die in einer Datenstruktur zusammengefasst sind. $\mathbf{p}(h/e)$ ist dann die Wahrscheinlichkeit dafür, dass die Hypothese h richtig ist unter der Bedingung, dass auch die Daten e richtig sind. Dieser Ausdruck kann zum Einen in Übereinstimmung mit dem induktiven Bild der Ausschöpfung und Passung als Bestätigungsgrad verstanden werden: $\mathbf{p}(h/e)$ ist der Grad, in dem die Daten e die Hypothese h bestätigen. Zum Anderen lässt sich mit Hilfe bedingter Wahrscheinlichkeiten auch ein qualitativer, bloß vergleichender Bestätigungsbegriff für Hypothesen einführen, nämlich: Hypothese h^* wird durch die Daten e *besser bestätigt* als Hypothese h, wenn gilt $\mathbf{p}(h/e) < \mathbf{p}(h^*/e)$.

Der probabilistische Ansatz ist zwar theoretisch-begrifflich interessant, hat aber in der Anwendung auf reale Theorien große, bisher nicht gelöste Probleme zu überwinden. Erstens sind die Satzmengen in wissenschaftlichen Theorien unendlich,

[283] Vergleiche z.B. Fishburn 1970.

bei Einbeziehung von Konstanten für *alle* reellen Zahlen sogar überabzählbar.[284] Dadurch wird es schwierig, auf der Menge aller Sätze eine σ-Algebra zu definieren. Zweitens müsste, selbst wenn eine geeignete σ-Algebra vorhanden wäre, immer noch eine Wahrscheinlichkeitsfunktion so definiert werden, dass sie den typischen, hypothesenartigen Sätzen, nämlich den Allaussagen, nicht den Wert Null zuordnet. Die bisherigen Definitionsversuche bei künstlichen, weit von der wissenschaftlichen Realität entfernten, formalen Systemen, waren in dieser Hinsicht wenig erfolgreich.[285]

Mehr Erfolg verspricht die strukturalistische Alternative, bei der Modellklassen die Rolle von Sätzen oder Satzmengen übernehmen. Unter nicht unplausiblen Bedingungen lassen sich Wahrscheinlichkeitsräume konstruieren, deren σ-Algebren Modellklassen als Elemente enthalten.[286] Damit rückt erstmals die reale Berechnung von Bestätigungsgraden für „interessante“, wissenschaftliche Theorien in den Bereich des Möglichen.

Die beschriebenen Bestätigungsbegriffe werden in der Wissenschaft auch zusammen, in sich ergänzender Form angewandt. Eine *neue* Theorie wird fast nie rein deduktiv bestätigt, einfach weil die reine Form allein kaum überzeugt. Es muss entweder ein induktives Element in Form von vielen Daten vorhanden sein, oder eine Vorgängertheorie, die ihrerseits schon bestätigt ist und deren Bestätigung sich durch eine intertheoretische Relation auf die untersuchte Theorie überträgt. Im letzteren Fall kann es so scheinen, als ob nur deduktive Elemente eine Rolle spielen, weil die Induktion früher, bei der Vorgängertheorie oder noch weiter zurück, stattgefunden hat und durch die intertheoretische Relation nur in „theoretischer Form“ in die neue Theorie eingeht. Der Normalfall ist ein Beginn mit „vielen“ Daten, der, wenn Ausschöpfung nicht möglich ist, durch Deduktionen ergänzt wird, mit denen die Theorie in ein größeres theoretisches oder auch alltägliches Umfeld eingebettet und zu diesem passend nachgewiesen wird.

---

[284] Wir teilen natürlich die Bedenken gegen überabzählbare Sprachen.

[285] Der erste Versuch von Carnap führte zum Wert Null für Allsätze. Vergleiche Carnap 1959, Hintikka & Suppes 1966.

[286] Lauth 1996.

Die Methode der Simulation gibt es schon so lange wie die Wissenschaft selbst. Auf Deutsch wird „simulieren“ oft mit „vortäuschen“ übersetzen, was einen negativen Unterton hat. Da aber inzwischen „Simulation“ eine internationale Standardbezeichnung geworden ist, möchten wir keinen neuen Term verwenden. Neutrale Übersetzungen wären „ähnlich erzeugen“ oder „ähnlich darstellen“.

Wir beschränken uns im Folgenden auf Simulationen, bei denen Abläufe, „künstliche Welten“, durch Computer erzeugt werden. Diese Methode der *Computersimulation* erlebte in den letzten 20 Jahren einen rasanten Aufschwung, der bis heute ungebrochen anhält. Inzwischen werden die meisten Computersimulationen in Computerspielen benutzt, so dass wir die *wissenschaftlichen* Computersimulationen abgrenzen müssen. Im Weiteren bedeutet „Simulation“ immer „wissenschaftliche Computersimulation“. In einer Simulation muss es eine Gruppe von Wissenschaftler geben, die das *Hauptprogramm* der Simulation produziert und anwendet. Die Mitglieder dieser Gruppe bezeichnen wir im Folgenden als *Simulatoren*. Sie produzieren das *Hauptprogramm* der Simulation und wenden es an. Einige der Simulatoren sollten aus schon existierenden, wissenschaftlichen Disziplinen stammen. Wir sprechen von einem Hauptprogramm, weil heute ein normales Simulationsprogramm neben dem Hauptprogamm aus vielen verschiedenen Teilprogrammen („Tools“) besteht, die dazugekauft und einfach nur benutzt werden. Das Hauptprogramm sollte hauptsächlich von den Simulatoren selbst geschrieben und implementiert sein.

Wir sahen in 2.13, dass ein Computerprogramm den Hypothesen einer Theorie entspricht. Ein Computerprogramm produziert aus dem eingegebenen Input einen Output. Wir nehmen im Folgenden aus Einfachheitsgründen an, dass sowohl der Input als auch der Output nur aus Mengen von Sätzen besteht. Elemente aus In- und Output, die keine Sätze sind, lassen sich leicht in Sätze transformieren. Aus Sätzen aus dem Input wird mit Hilfe von Programmregeln ein Satz abgeleitet, der im Output liegt. Diese Programmregeln entsprechen in der Logik den Axiomen, und in den empirischen Theorien den Hypothesen.

Auch andere metatheoretische Begriffe treffen für Simulationen zu. Es gibt *deterministische* Programme, in denen alle Abläufe strukturell identisch sind; insbesondere finden wir in jedem Ablauf eines Programms bei gegebenem Input stets denselben Output. Bei einem indeterministischen Programm kann es dagegen für einen gegebenen Input eine große Vielfalt von Abläufen und Resultaten geben. Zwei weitere, oft benutzte Begriffe sind *Korrektheit* und *Vollständigkeit.* Angewendet auf Simulationsprogramme ist ein Programm korrekt, wenn jeder Output des Programms „regelgerecht" aus dem Input des Programms erzeugt wurde. Noch inhaltlicher gesprochen, sollte „richtiger", plausibler Input stets nur durch die Programmregeln zu „richtigem" Output führen. Wenn z.B. der Input nur reale Daten enthält, die von einem System stammen, sollte auch der Output aus Sätzen bestehen, die in dem System realistischerweise als Daten in Frage kommen. Ein Programm ist vollständig, wenn sich jeder Übergang, der in einer Struktur auftreten kann (nachgewiesen oder nur als plausibel eingeschätzt), auch durch das Programm reproduzieren lässt. Bei Simulationen sind Korrektheit und Vollständigkeit ideale Zielvorstellungen, die oft nur graduell erreicht werden.

Ein weiterer Metabegriff ist der der *Vorhersage.* In empirischen Theorien wird eine Vorhersage nach dem Schema

$$\textit{Randbedingung} + \textit{Hypothese} \Rightarrow \textit{Vorhersage},$$

abgeleitet. Wenn wir *Randbedingung* durch *Input*, *Hypothese* durch *Programm* und *Vorhersage* durch *Output* ersetzen, erhalten wir bei Computersimulationen die Grundfigur

$$\textit{Input} + \textit{Programm} \Rightarrow \textit{Output}.$$

Im Vorhersageschema müssen die Randbedingungen Daten sein und auch die Vorhersage selbst muss empirisch, durch Beobachtung oder Messung, bestimmt werden können. Bei Simulationsprogrammen gelten für den In- und Output weniger strenge Bedingungen. Die Sätze aus dem In- und Output brauchen nicht empirisch bestimmt oder bestimmbar zu sein.

Wir spalten den Input eines Programms in zwei Teile auf. Der erste Teil besteht aus Sätzen, die mit bestimmten Teilen von Vorgängerzuständen des Programms identifiziert werden können. Diese Sätze nennen wir die *Daten des Programms*. Der zweite Teil des Inputs betrifft technische oder nur für die Simulatoren gedachte Informationen, die wir hier nicht weiter diskutieren möchten.

Wir teilen Simulationen in verschiedene Arten ein. Es gibt *theoriegeleitete* und *modellbildende* – und damit auch theoriebildende – Simulationen. Zum Beispiel ist eine Simulation der Mondlandung theoriegeleitet, nämlich durch die Gravitationstheorie. Dagegen sind Simulationen, die ein neues Phänomen untersuchen, wie z.B. die Prionen, modellbildend. Die meisten wissenschaftlichen Simulationen lehnen sich mehr oder weniger an eine Theorie – oder an mehrere – an. Es gibt *Einzelsimulationen*, die für ein ganz bestimmtes, reales System konstruiert werden. Eine Einzelsimulation untersucht z.B. den Wasserhaushalt des Donaubeckens nördlich der Alpen. Ein Simulationsprogramm, das für eine ganze Klasse von Systemen ausgelegt ist, nennen wir eine *abstrakte Simulation*. Z.B. lässt sich das abstrakte Simulationsprogramm von *Schelling* 1971 bei vielen Segregationssystemen verschiedenster Arten anwenden. Auch bei abstrakter Simulation wird normalerweise auf bestimmte, reale Systeme Bezug genommen; diese bleiben aber im Hintergrund. Wissenschaftstheoretisch wird in einer Einzelsimulation ein bestimmtes, intendiertes System einer Theorie untersucht. Dagegen befasst sich eine abstrakte Simulation mit einer ganzen Menge von Strukturen. Einige können intendierte Systeme sein, andere sind rein mögliche Strukturen. Bei einer abstrakten Simulation wird nicht nur *ein* Abbild konstruiert, sondern quasi eine ganze Menge von neuen, künstlichen Welten erschaffen.

Bei einer Einzelsimulation finden die Simulatoren ein *Originalsystem* vor, für das sie ein *Abbildsystem* konstruieren. Sie können an das Originalsystem nicht direkt herankommen und untersuchen deshalb ein Abbildsystem, das dem Originalsystem in bestimmter Weise ähnlich sein sollte. Bei abstrakter Simulation müssen die Simulatoren keinen direkten

Bezug zu wirklichen Systemen herstellen. In diesem Fall nennen wir die generierten Abbilder *künstliche Welten* und das, was nicht in klarer Weise, aber doch „irgendwie“ vorhanden ist und abgebildet werden soll, die *Vorlage* der Simulation.

In einer Einzelsimulation wurde durch einen Computer ein Abbildsystem s generiert, das das Originalsystem x mehr oder weniger brauchbar darstellt. Im Idealfall gibt es für eine theoriegeleitete Einzelsimulation eine Theorie **T**, so dass das Originalsystem ein intendiertes System x für **T** ist, und so, dass die Abläufe der Simulation zu den Modellen von **T** passen. In einer modellbildenden Simulation spielt dagegen ein wirkliches System keine wichtige Rolle.

Im Allgemeinen besteht eine Simulation somit aus einem Computerprogramm, aus Daten für das Programm, aus einer Menge von Abläufen des Programms und aus einem Originalsystem (oder aus mehreren Originalsystemen oder aus einer Vorlage oder aus mehreren Vorlagen).

Wir stellen all diese Komponenten in *Abbildung* 4.9 dar: das Originalsystem x (unten), eine Menge S von x darstellen-

Abb. 4.9

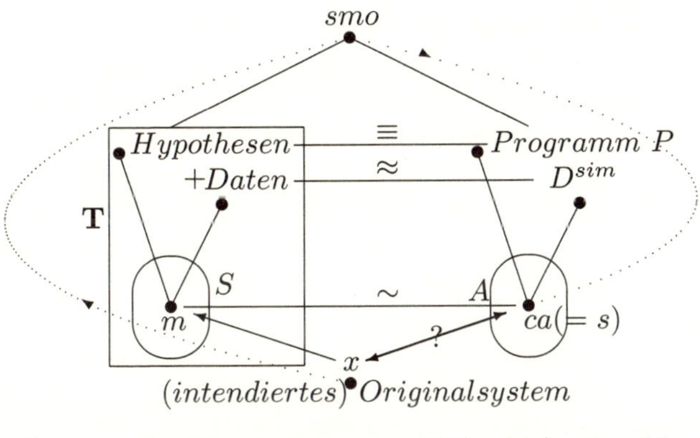

den Strukturen, das Hauptprogramm P (rechts), eine Menge D^{sim} von Daten für das Programm P, eine Menge A (rechts unten) von *tatsächlich durchgeführten* Abläufen ca von P mit Hilfe von Daten aus D^{sim}, und die Gruppe smo der **Sim**ulat**o**ren. Die letzte Komponente im linken Rechteck enthält eine Theorie **T** und einige ihrer Teile: Hypothesen, Daten und eine Teilmenge S von Modellen. Die gepunkteten Linien stellen eine partielle Kausalbeziehung vom realen System x über die Simulatoren *smo* zu einem Ablauf *ca* des Simulationsprogramms dar. In der Mitte sind drei verschiedene Ähnlichkeitsrelationen ($\equiv, \approx, \sim$) zu sehen. Die Hypothesen sind als Formeln dem Programm P ähnlich, ein Modell m dem Ablauf *ca*, und eine Teilmenge der Daten der Theorie den Daten D^{sim} der Simulation. Schließlich wird rechts unten gefragt, ob das Abbildsystem *ca* (der Ablauf) das Originalsystem x brauchbar darstellt.

Wenn es eine, wie hier dargestellte Theorie gibt, lässt sich gut verstehen, wie ein Abbildsystem in einer Einzelsimulation funktioniert. Der Ablauf *ca* des Simulationsprogramms *ist* das Abbildsystem, welches das Originalsystem x wiedergeben soll. x ist ein intendiertes System für **T** und es gibt ein Modell m aus **T**, so dass m das System x (genauer: die dazugehörige Datenstruktur) ergänzt. In diesem Fall passt das Modell m zu dem Ablauf *ca*. Genauer gibt es Hypothesen und Daten, die für die Simulation verwenden werden können. Das Simulationsprogramm generiert den dynamischen Ablauf, der als Resultat dem Modell m ähnlich sieht. Die Hypothesen dieser Theorie werden so „zum Leben erweckt“; ein neues, ähnliches, wirkliches Abbildsystem wird erzeugt. Hier lassen sich gleich drei verschiedene Ähnlichkeitsrelationen benutzen, mit denen sich entscheiden lässt, ob ein Simulationsablauf *ca* „für“ das reale System x brauchbar ist oder nicht (siehe 3.10).

Wenn alle Komponenten einer Simulation existieren, können wir eine Menge von Simulationsabläufen für ein reales System x, und damit eine *Simulation für x*, wie folgt definieren.

A ist eine *Menge von Simulationsabläufen für x* gdw es ein Programm P, eine Menge D^{sim} und eine Theorie **T** gibt, so dass gilt:

1) x ist ein intendiertes System für **T**,
2) die Hypothesen von **T** passen zu dem Programm P,
3) es gibt eine Teilmenge D^* der Menge der Datenstrukturen von **T**, die zu den Daten D^{sim} passt (3.9),
4) A ist eine Menge von Abläufen, die von P und den Daten

D^{sim} generiert wurde,

5) es gibt eine Menge S von Modellen von **T**, so dass gilt

5.1) die Mengen S und A passen zusammen (3.9) und

5.2) für alle m aus S gibt es eine Datenstruktur d der Theorie **T**, so dass m eine Ergänzung (3.8) von d ist und die Daten aus d von x stammen (2.1, Hypothese 1).

Aus dieser zentralen Definition lassen sind weitere Varianten gewinnen. Wir können die Theorie herausnehmen, oder das reale System durch eine Menge von Systemen ersetzen. Wir sagen, dass ca ein *Computerablauf* ist gdw es eine Menge A von Simulationsabläufen für x gibt, so dass ca ein Element von A ist.

Abbildung 4.9 stellt auch in anderer Weise einen Idealfall dar. Hier werden bei einer Simulation die Hypothesen und das Programm konstant gehalten. Wir können aber das Schema in *Abbildung* 4.9 ohne Mühe dynamisieren. Wenn das Programm nicht zu den Hypothesen der Theorie passt, variieren wir das Programm. Das Resultat des abgeänderten Programms lässt sich wieder mit der Theorie vergleichen. Solche Variationen werden zum Teil schon automatisiert. Im Extremfall, wenn keine der Variationen zur Theorie passt, kann man auch auf der Seite der Theorie Hypothesen verändern. Auch dies lässt sich beliebig wiederholen.

Im Bereich der Simulation gibt es nicht nur harte und weichen Daten (3.2), dort werden auch *künstliche Daten* benutzt. Simulation mit harten Daten ist vor allem in technischen Anwendungen verbreitet, wo nicht umfassende Theorien, sondern praktische, „lokale" Probleme vorherrschen und von Experten gesetzte Erfahrungswerte als Daten verwendet werden. Auch in naturwissenschaftlichen Anwendungen ist Simulation mit harten Darten wichtig, weil die theoretischen Modelle oft zu komplex sind. Approximationsverfahren und Berechnungen lassen sich dann nicht vermeiden. Wenn das Abbild dem Original physikalisch ähnlich ist, wird in der Naturwissenschaft und Technik von einem *Experiment* (3.3) gesprochen. Wir könnten umgekehrt auch sagen, dass ein Experiment eine spezielle Art von Simulation ist, nämlich eine Simulation, in der ein Computer durch anderere, praktische Konstruktionen ersetzt wird. Zum

Beispiel benutzten schon vor fünftausend Jahren die Astronomen Figuren als Abbildsysteme. Näher an unserer Zeit wollte *Galileo* ein System des freien Falls, bei dem ein Objekt von dem Turm nach unten fällt, durch Messung quantifizieren, aber da die Weg- und Zeitstrecken zu kurz und seine Messinstrumente zu ungenau waren, konnte er keine brauchbaren Messresultate gewinnen. Er hatte aber die Idee, ein anderes System, ein Abbildsystem, zu konstruieren, nämlich eine schiefe Ebene, die dem originalen Turmsystem ziemlich ähnlich war.

Die künstlichen Daten sind keine richtigen Daten. Sie stammen nicht aus intendierten Systemen, sie wurden nicht bestimmt, erhoben oder gemessen. Sie funktionieren aber im Kontext einer Simulation ähnlich wie echte Daten. Sie werden in Listen gespeichert und in dem Programm benutzt. Selbst wenn der Input einer Simulation aus echten Daten besteht, sind die Sätze aus dem Output normalerweise keine echten Daten. Besonders klar ist dies, wenn der Output zukünftige Ereignisse betrifft. In solchen Fällen sind die Output-Sätze bestenfalls Voraussagen. Wenn sie später tatsächlich eintreten, wird das Simulationsprogramm deduktiv bestätigt; es ist brauchbar. Bei einer oft auch in Simulationen verwendeten Methode wird nur ein Teil der bekannten Daten als Input verwendet, der Rest der Daten wird mit den im Ablauf erzeugten Resultaten verglichen. Wenn diese Daten nicht zu den Resultaten passen, ist das Programm vermutlich nicht korrekt.

Es gibt Einzelsimulationen, bei denen keine realen Daten, sondern künstlichen Daten benutzt werden. In diesen Fällen ist die Anbindung an reale Systeme *über Daten* nicht mehr direkt vorhanden. Es besteht aber weiterhin eine schwache Art von Verknüpfung zu intendierten Systemen. Ohne diese wäre die Abgrenzung zu reinen Computerspielen hinfällig. Diese Art von Verknüpfung kann verschiedene Formen annehmen. In günstigen Fällen enthält der Input und der Output ein „Gemisch“ von echten und künstlichen Daten. Die intendierten Systeme für solche Simulationen bestehen meist aus sozialen Phänomenen, über die nur wenige Daten zur Verfügung stehen. Beispiele sind etwa die globale Ausbreitung von SARS,

Rui Wang 2007, oder die Entstehung des antiken Staats Sumer, *Müller* 1989, 1991.

Mindestens genauso wichtig wie Einzelsimulationen sind die modellbildenden, abstrakten Simulationen. Ihnen fehlt einerseits die direkte Beziehung zu einem wirklichen System, andererseits können sie eine ganze Klasse von Systemen ähnlicher Art in einem Zug simulieren. Bei solchen Simulationen wird ein abstraktes Phänomen untersucht, das in vielen verschiedenen Ausprägungen vorliegen kann. Anders gesagt, wird eine ganze Menge von Abläufen generiert, die aber alle in verschiedener Weise die gleichen Phänomene abbilden.

Wir können dies auch in unserer Terminologie formulieren, indem wir ein Phänomen oder eine Art von solchen durch eine Theorie darstellen. Einer solchen Theorie fehlen nur die intendierten, *wirklichen* Systeme. Wir können das Schema in *Abbildung* 4.9 minimal verändern, in dem wir das Originalsystem x eliminieren und stattdessen eine ganze Menge von Abläufen generieren, die „frei erfunden“ sind. Jeder dieser Abläufe entspricht einem Modell, welches in seiner Weise ein Phänomen darstellt.

Bei einer abstrakten Simulation haben wir damit Freiraum für künstliche Daten. Dieser Freiraum kann systematisch abgearbeitet werden. Normalerweise wird nicht nur *eine* Menge von künstlichen Daten für *einen* Ablauf erzeugt, um ein Resultat zu produzieren, das uns besonders interessiert, sondern es werden Reihen von systematisch konstruierten, künstlichen Datenlisten generiert, so dass jede Datenliste für den dazugehörigen Ablauf charakteristisch ist. Wenn solche Datenlisten wenigstens in grober Weise approximativ (3.10) die Gesamtheit der möglichen Abläufe ausschöpfen, kann nicht mehr von „freier Erfindung“ oder von „Willkür“ gesprochen werden.

Obwohl auch in einer Einzelsimulation das Programm variiert werden kann, sind dort die Abläufe durch die Daten des Originalsystems beschränkt. In einer abstrakten Simulation werden dagegen auch Listen von künstlichen Daten generiert, die aus der Sicht der Simulatoren ziemlich unwahrscheinlich sind. Hier werden künstliche Welten untersucht, die den realen Systemen fern stehen. Es wird, anders gesagt, ausgelotet, welche Varianten des Phänomens *nicht* weiter untersucht werden müssen. In vielen abstrakten Simulationen liesse sich auch, wenn man Zeit und Mittel hätte, ein reales System – oder sogar mehrere reale Systeme – aus der Wissenschaft finden, das als ein Originalsystem benutzt werden könnte.[287]

Die oben eingeführten Unterscheidungen betreffen auch den Erfolg der verschiedenen Arten von Simulationen. Wenn eine Simulation nicht viele harte Daten verwendet und nur schwach an reale Systeme angebunden ist, wird ihr Erfolg langfristig nicht anhalten. Der Erfolg hängt – jedenfalls am Anfang – auch von den Experten ab. Sie sagen, dass dieser Programmablauf als ein akzeptabler Repräsentant eines intendierten Systems angesehen wird. Ein weiteres, schwaches Erfolgskriterium kann darin bestehen, dass eine Simulation neue Zusammenhänge ans Licht bringt, die vorher überhaupt nicht gesehen wurden. Eine Gruppe von Beispielen betrifft die Emergenz neuer Phänomene, die durch Simulationen entstehen.

Schließlich erwähnen wir kurz noch drei Punkte. Erstens kann eine modellbildende Simulation natürlich auch mit mehreren Theorien aus verschiedenen Disziplinen verknüpft sein. Zweitens sind die Simulatoren an einem bestimmten, realen System oft aus verschiedenen Gründen wenig interessiert. In vielen Simulationen, vor allem in den Sozialwissenschaften, sind echte Daten oft nicht zu erhalten. Sie sind entweder nicht zugänglich (zum Beispiel in der politischen Wissenschaft oder im militärischen Bereich) oder ein Wissenschaftsbereich hat keine Mittel, um die Daten zu erheben. Drittens, gibt es auch bei den Simulationen vielfältige Methodenunterschiede, auf die wir hier nicht eingehen können.[288]

Wir hatten schon in der ersten Auflage einige typische Beispiele von sozialen Simulationen, Planspielen, und Krisenmodellen angeführt.[289] Inzwischen gibt es sowohl im naturwissenschaftlichen als auch im sozialwissenschaftlichen Bereich tausende Simulationen.

---

[287] Die Beispiele von Schelling 1971 und Müller 1991 führten wir schon an.
[288] Siehe Gilbert & Troitzsch 2005.
[289] Etwa Hegselmann 1994, Troitzsch 1990, Messick & Liebrand 1993, Bowen & Harris 1978, Will 2000.

Mit den hier diskutierten Formen kommen wir an die Grenze von Simulation und maschineller Entdeckung von Theorien. Von der jeweiligen Abänderung des Programms durch die Benutzer ist es nur ein kleiner Schritt, auch die Änderung an eine Maschine „abzugeben".

4.10 Erklärung

Der Themenkreis „Erklärung" beherrschte vor 50 Jahren die wissenschaftstheoretische Forschung und wurde heute wieder im Zusammenhang mit der vereinheitlichenden Funktion von Theorien aufgegriffen.[290] Bis heute wird Wissenschaftlichkeit oft an den Erklärungen gemessen, die die Wissenschaft geben oder nicht geben kann.

Erklärung wurde untersucht in einer Mischung aus analytisch-philosophischen Überlegungen („Welche Bedingungen sollte eine Erklärung im allgemeinen erfüllen?") und Diskussionen einfacher Beispiele, die von der Wissenschaft in die Lebenswelt durchgedrungen sind („Kupfer leitet Strom"). Wegen des umfassenden Anspruchs, *alle* Erklärungen auf den Begriff bringen zu wollen, blieb unklar, wie die Menge der intendierten Systeme für eine allgemeine Theorie der Erklärung aussehen sollte. Das Resultat war eine Folge von Erklärungsmodellen, die jeweils mit mehr oder weniger aus der Wissenschaft stammenden Beispielen als „inadäquat" nachgewiesen wurden, d.h. als bestimmte, extern vorgegebene Kriterien – vor allem logisch-syntaktischer Art – nicht erfüllend.[291] Zum Beispiel wurde gefordert, dass *jede* logisch-syntaktisch mögliche Verstärkung der Prämissen einer Erklärung wieder eine Erklärung liefert.

Aus der Sicht unseres Theoriebegriffs war damit – auf der Metaebene – *keine* empirische Theorie der Erklärung gegeben, sondern lediglich eine Folge von Modellklassen. Das Beispiel macht deutlich, wie wichtig für eine empirische Theorie die Eingrenzung der intendierten Systeme von Anfang an ist. Nur

---

[290] Vergleiche Stegmüller 1974 für die erste und Schurz 1988 für die zweite Diskussionsperiode.

[291] Diese Entwicklung ist in Stegmüller 1974 schön zu verfolgen.

wenn hier eine gewisse Festlegung erfolgt, hat die wissenschaftliche Entwicklung einen „empirischen Anker“, der beliebig erfundene Gegenbeispiele ausschließt und eine Orientierung an Daten aus dem Bereich der intendierten Systeme erzwingt. Nur so wird Forschung mit dauerhaften Ergebnissen möglich.

Das wichtigste, erste Modell, das bekannte *Hempel-Oppenheim* (H-O) Schema der Erklärung, konzentriert sich auf die Erklärung einer Einzeltatsache E (eines atomaren Satzes) mit Hilfe einer Theorie (Hypothese) H und geeigneter Randbedingungen R. Hypothese H und Randbedingungen R erklären die Einzeltatsache E, wenn E aus H und R logisch ableitbar ist und zusätzlich folgende Bedingungen gelten: die Hypothese H muss eine gesetzesartige Aussage sein, Hypothese H und Randbedingungen R müssen wahr sein und H muss empirischen Gehalt haben.[292] E wird erklärt, wenn es eine Hypothese H und Randbedingungen R gibt, so dass H und R E erklären. Typisches Beispiel (aus der Literatur): (E) „Dieser Draht leitet Strom“, Warum?, Erklärung: (H) „Alle Kupferdrähte leiten Strom und (R) dieser Draht ist aus Kupfer“. Wir gehen auf die Probleme der Gesetzesartigkeit und des empirischen Gehalts, die mit dieser Definition verbunden sind, nicht näher ein,[293] sondern erwähnen nur, dass *Hempel* auch einen Begriff der statistischen Erklärung diskutiert hat, der ähnlich definiert ist, nur an Stelle des logischen einen probabilistischen Übergang enthält.

Trotz der weiten Rezeption, die das H-O Modell fand, ist es wissenschaftstheoretisch wenig befriedigend: es ist für die Anwendung in der Wissenschaft aus zwei Gründen zu eingeschränkt. Erstens werden in der Praxis wissenschaftliche Erklärungen nicht nur für Einzeldaten gesucht, sondern für „interessante Phänomene“, und Teil der Erklärung ist es, wie auch die Ethymologie des Wortes offenlegt, das jeweilige Phänomen zu „klären“, seine innere Struktur offenzulegen. Dies ist aber gerade ein allgemeines Ziel der Theoriebildung. Wissenschaftliche Erklärungen bestehen also oft darin, für ein „interessantes“ Phänomen eine – neue – Theorie zu finden, zu deren intendier-

---

[292] Siehe Hempel 1965, 245 ff.

[293] Vergleiche z.B. Stegmüller 1974.

ten Systemen das Phänomen gehört. Der Unterschied zum H-O Schema liegt in der Natur des zu erklärenden Phänomens, des „Explanandums". Im H-O Schema ist es ein Atomsatz, im allgemeinen Fall dagegen ein reales Phänomen, das durch weit mehr als nur einen Atomsatz sprachlich repräsentiert wird. Das H-O Schema ist in dieser Hinsicht für die allgemeine Anwendung viel zu eingeschränkt.

Zweitens macht die Forderung nach streng logischer Ableitung das H-O Schema nur auf solche Theorien anwendbar, die präzise genug formuliert sind, um Ableitung zuzulassen. Obwohl Präzision in der Formulierung eine erwünschte Eigenschaft von Theorien ist, müssen wir realistischerweise von der Vielzahl wissenschaftlicher Theorien Kenntnis nehmen, die diese Bedingung nicht erfüllen, die wir aber deshalb nicht aus der Wissenschaft, und noch weniger aus dem Bereich der intendierten Systeme der Wissenschaftstheorie verbannen wollen. Das H-O Schema lässt sich problemlos nur im beschränkten Bereich der präzise formulierten Theorien anwenden.

Ein dritter, möglicher Einwand, der sich jedoch als nicht stichhaltig erweist, ist der folgende. Eine logische Ableitung nach *Hempel-Oppenheim* setzt in der „Projektion" auf ein Modell die ideale Passung von Hypothese und Randbedingung plus Explanandum voraus. Wie in Kapitel 3 betont, liegt aber Passung normalerweise nur approximativ vor. Sobald wir die Passung „verschmieren",[294] kann daher keine logische Implikation zwischen Hypothese, Randbedingungen und Explanandum bestehen. Dem Einwand kann man entgehen, indem man die logische Implikation nicht zwischen Hypothese und „echten" Daten ansetzt, sondern einen Satz „hypothetischer Daten" einschiebt -ähnlich wie bei der Definition von approximativer Passung in 3.10. Die streng logische Beziehung besteht zwischen der Hypothese und den „hypothetischen Daten", nicht aber zwischen Hypothese und echten Daten. Wenn die echten Daten nahe genug bei den hypothetischen Daten liegen, kann man sagen, sie seien „approximativ abgeleitet".

Der Kern des H-O Schemas hat sich aber durch die vielen Diskussionen in den 50 Jahren als stabil erwiesen. Die zentrale

[294] Der Ausdruck stammt von Ludwig 1991.

Idee hat sich in verschiedener Weise positiv weiterentwickelt. Wir beschreiben hier kurz eine strukturalistische Variante.[295] Im Einklang mit einem, am Ende des letzten Jahrhunderts entstandenen, logischen Formalismus zu Frage und Antwort von *Belnap* und *Steel* 1976 besteht die allgemeine Form einer wissenschaftlichen Erklärung in der (approximativen) Einbettung des zu erklärenden Phänomens in ein umfassendes System, welches in der Wissenschaft durch eine Theorie bzw. ein Modell der Theorie gegeben ist.[296]

Wir stellen uns das zu Erklärende als ein Ereignis oder eine Situation vor, das oder die durch atomare Sätze beschrieben wird. Die Zusammenfassung dieser Sätze liefert eine Datenstruktur im weiteren Sinn, d.h. die Daten brauchen nicht in einem Vokabular einer Theorie gegeben zu sein (4.3). Die Erklärung des Ereignisses besteht nun darin, dass eine schon *existierende* Theorie im Sinne von Kapitel 2 mit zwei Eigenschaften angegeben wird. Erstens muss das Ereignis so beschaffen sein, dass es als intendiertes System dieser Theorie dienen kann, zweitens muss die aus ihm erhaltene Datenstruktur zu einem Modell der Theorie im idealen Sinn von 3.9 oder im approximativen Sinn von 3.10 passen. Die erste Bedingung beinhaltet, dass das Ereignis anderen, intendierten Systemen der Theorie hinreichend ähnlich ist und, dass die das Ereignis beschreibenden Daten eine Datenstruktur vom richtigen Typ bilden, d.h. eine Datenstruktur, für die man sinnvoll untersuchen kann, ob sie zu einem Modell der Theorie passt oder nicht. Dass die zur Erklärung benutzte Theorie schon existieren muss, stellt eine dritte Bedingung für den *wissenschaftlichen* Erklärungsbegriff dar. Eine wissenschaftliche Erklärung muss auf Theorien zurückgreifen, die schon von einer wissenschaftlichen Gemeinschaft akzeptiert sind. Im etwas heiklen Grenzfall,

[295] Einige Arbeiten sind: Forge 1985, Scheibe 1997, 1999, Moulines 2002 und Bartelborth 2007.

[296] In der Fragelogik ist eine Erklärung die Antwort auf eine Frage der Form: „Auf welche Art passt (englisch: „fits“) x in M?“, formal: $(?Z)(x$ passt zu M in der Art $Z)$. Dabei bezeichnet x das Explanandum, M die „Theorie“ und Z eine Variable für Sätze oder Satzmengen. Bei *wissenschaftlichen* Erklärungen ist die Art der Passung stark eingeschränkt.

in dem eine *neue* Theorie zur Erklärung benutzt wird, können wir also erst dann von Erklärung reden, wenn sich für die neue Theorie auch eine mit ihr arbeitende Gemeinschaft entwickelt hat. Für eine gegebene Datenstruktur x, die ein „interessantes" Phänomen erfasst, definieren wir, dass eine Erklärung von x in der Angabe einer *existierenden* Theorie $\mathbf{T}$ von geeignetem Typ und eines Modells dieser Theorie besteht, zu dem x ideal oder approximativ passt.[297]

Aus dem so definierten, allgemeinen Schema wird eine Theorie der Erklärung in unserem Sinn, wenn wir intendierte Systeme spezifizieren, auf die es angewandt werden soll. Diese Systeme sind *wissenschaftliche* Erklärungen, die in der Literatur oder von Fachwissenschaftlern als solche deklariert sind. Zu den intendierten Systemen sind auf jeden Fall die folgenden zu rechnen. Die Erklärung des Phänomens der Ausbeutung durch die *Marx*sche Arbeitswertlehre, die Erklärung des Vorherrschens von Preisen gehandelter Waren (Gleichgewichtspreise) für jede Güterart durch *Walras*' Nutzentheorie, die Erklärung der Bewegungen der Körper im Planetensystem durch *Newton*s Gravitationstheorie, die Erklärung der nach der *Balmer*-Serie angeordneten Frequenzen der Spektrallinien des Wasserstoffatoms durch *Schrödinger*s Wellenmechanik, die Erklärung der bei der Erbsenzucht auftretenden Regularitäten der Phänotypen in Abhängigkeit von den jeweils gekreuzten Elterngenerationen durch *Gregor Mendel*, die Erklärung des scheinbar grundlosen, neurotischen Verhaltens (Hysterie, Platzangst) von Menschen durch *Freud*s psychologische Theorie des Unbewussten.[298] Die Ausarbeitung einer einigermaßen vollständigen Liste der paradigmatischen Fälle wissenschaftlicher Erklärungen ist eine umfangreiche Arbeit für sich und kann hier nicht erfolgen.

Wichtig ist im vorliegenden Zusammenhang, dass Erklärungen, die von Metatheoretikern *ad hoc* ohne Hinweis auf deren

[297] Diese strukturalistische Version wurde unseres Wissens zuerst von Forge 1985 formuliert.

[298] Siehe Diederich 1982 für Marx; Ingrao & Israel 1990 für Walras; Newton 1963, Drittes Buch, für Newton; Jammer 1966 (S.62-9) für Schrödinger; Mendel 1901 und Balzer & Dawe 1997 für Mendel; und Balzer & Marcou 1989 für Freud.

Auszeichnung in der Literatur ins Spiel gebracht werden, insbesondere „Erklärungen“, die aus dem Alltagsleben geschöpft werden, für das Modell der *wissenschaftlichen* Erklärung nicht berücksichtigt zu werden brauchen.

Dieses *Passungs*-Modell der Erklärung bildet ein Grundmodell, welches sich auf verschiedene Weise so spezialisieren lässt, dass die in der Literatur diskutierten Erklärungsarten jeweils zu Spezialfällen des Grundmodells werden. Erstens kann der deduktive Zusammenhang, wie im H-O Schema gefordert, explizit beschrieben werden. Eine Datenstruktur x, die ein „interessantes“ Phänomen darstellt, wird durch Theorie **T** *deduktiv* erklärt, wenn x im obigen Sinn durch **T** erklärt wird und wenn die (oder einige) Daten in x aus den Hypothesen der Theorie und anderen Daten der Theorie ableitbar sind. Das H-O Schema erhalten wir durch nochmalige Spezialisierung dieser Bedingung, nämlich dann, wenn die Datenstruktur x (das Explanandum) nur aus *einem*, nicht negierten Atomsatz besteht und gefordert wird, dass die Randbedingung in einer anderen Datenstruktur der Theorie vorhanden ist.

Einen zweiten Spezialfall bildet die *kausale* Erklärung, die ein Ereignis durch Angabe von dessen Ursache erklärt.[299] Der Ursachebegriff kann dabei variabel gehalten werden und jeweils durch eine spezielle Theorie bestimmt sein. Zwar enthalten wissenschaftliche Theorien normalerweise Ursache und Wirkung nicht als Grundbegriffe, diese lassen sich aber oft im Rahmen einer Theorie definieren. So erzeugen viele Theorien jeweils ihren eigenen, für sie adäquaten Ursache-Wirkungszusammenhang. Eine kausale Erklärung der Datenstruktur x (die ein „interessantes“ Phänomen beschreibt) besteht in einer Passungs-Erklärung von x durch eine Theorie **T**, wenn zusätzlich x durch andere in **T** vorhandene Daten oder in **T** konstruierbare Entitäten nach dem zu **T** gehörigen Kausalbegriff verursacht wird. Wir lassen dabei offen, zwischen welcher Art von Entitäten die zu **T** gehörige Kausalrelation wirkt.

Ein dritter Spezialfall besteht in der „Aufblähung“ der Datenstruktur x zu einem vollen Modell der Theorie, womit wir

[299] Vergleiche z.B. Salmon 1984.

zur Erklärung *einer* Theorie **T** durch eine *andere* Theorie **T′** kommen. Das zu erklärende Phänomen (eine Theorie **T**) besteht in diesem Fall genauer aus der Tatsache, dass die Theorie im Lichte einer neuen, besseren Theorie **T′** überhaupt ihre intendierten Systeme erfolgreich behandeln und „erklären“ konnte. Im Lichte der neuen Theorie erscheint die alte Theorie nämlich als falsch und es wird gefragt, warum sie trotz ihrer Falschheit Erfolg haben konnte, oder brauchbar war. Eine Erklärung des Erfolgs von **T** und damit auch eine Erklärung der ganzen Theorie **T** durch eine andere Theorie **T′** liegt vor, wenn jedes Modell und jede Datenstruktur der „alten“ Theorie **T** in ein Modell bzw. eine Datenstruktur der „neuen“ Theorie eingebettet werden kann. Der strenge Begriff der Einbettung über Teilstrukturen aus 3.8 muss dabei so gelockert werden, dass die Einbettung durch eine „geeignete“, intertheoretische Relation vermittelt ist. Genau welche intertheoretischen Relationen hierfür „geeignet“ sind, lässt sich im Moment jedoch noch nicht genau sagen.[300] Die Existenz einer geeigneten, intertheoretischen Relation erklärt meistens auch vorliegende Misserfolge der „alten“ Theorie, indem deren Anwendungsbereich, der Bereich der intendierten Systeme, aus der Sicht der „neuen“ Theorie genauer und enger eingegrenzt wird.

Schließlich ist zu betonen, dass die vereinheitlichende Wirkung von Erklärungen, die in der Literatur zu präzisieren versucht wird, zumindest der Idee nach in allen Ansätzen zur Modellierung von Erklärung vorhanden war. Neu an diesen Ansätzen ist der jeweilige Versuch, zu explizieren, was Vereinheitlichung konkret bedeutet.[301] Allerdings hat die gute, alte Logik mit der axiomatischen Methode hier schon Standards gesetzt, die erst einmal erreicht sein wollen. Auch die „neue“ Methode des „explanation based learning“,[302] bei der vom Computer allgemeine Regeln gesucht und gelernt werden, indem er vorhandene Beispiele oder Daten „unifiziert“, verliert

[300] Reduktion und approximative Reduktion dürften auf jeden Fall geeignet sein. Siehe Ludwig 1991, Scheibe 1973, 1997, 1999 und Balzer, Moulines, Sneed 1987.

[301] Vergleiche Friedman 1974, Kitcher 1981.

[302] Vergleiche etwa Morik 1990.

bei nüchterner Beurteilung viel vom charismatischen Flair, mit der sie in der *KI*-Szene gehandelt wird.

Ergänzende Lektüre zu Kapitel 4

Allgemeine Werke über wissenschaftliche Methode(n) propagieren meist eine bestimmte, favorisierte Methode. Auf allgemeiner Ebene können Popper 1966 zur deduktiven Methode, Stegmüller 1975 über das Induktionsproblem, Gadamer 1965 zur Hermeneutik und Lorenzen 1987 zum Konstruktivismus konsultiert werden.

Speziellere Werke: Zum Beispiel Manna 1974 über Flussdiagramme und Grundlagen der theoretischen Informatik; Langley et al. 1987: ein bahnbrechendes, gut lesbares Buch über Theorieentdeckung per Computer mit zahlreichen, abstrakt beschriebenen Programmen; Glymour 1980: eine Monographie über den „bootstrap view" von Bestätigung; Hegselmann 1994: ein exemplarischer, spieltheoretischer Artikel über ein ethisches Simulationsmodell; Schurz 1988: eine Sammlung von Aufsätze zum Erklärungsbegriff; Bartelborth 2007: eine Einführung über Erklärung.

Neueste Entwicklungen: Zur Computersimulation in der Sozialwissenschaft bietet Gilbert & Troitzsch 2005 und Gilbert 2008 einen Überblick auf neuestem Stand; Hofmann 2009 enthält einen ersten Schritt zu künstlichen Gesellschaften, siehe auch Balzer, Brendel, Hofmann 2009. In Brendel 2008 wird parallele und sequentielle Simulation verglichen. Beiträge aus Tagungen über soziale Simulationen finden sich in dem Sammelband Edmonds et al. 2008 und in Takahashi, Sallach, Rouchier 2007. Auch das Buch von Manhart 1995 über soziale Simulation ist weiterhin lesenswert. Lauth 1993, 1994 und Kelley 1995 enthalten neue Ansätze zur Identifikation im Limes, Lauth und Bartelborth konstruieren in Balzer & Moulines 1996 ein strukturalistisches Bestätigungsmodell bzw. ein Modell der Erklärung. Ein neuer Strukturalismus-Band erschien in Moulines 2002.

Literatur

Abelson, R. P.: The Structure of Belief Systems, in: Schank/Colby (Hg.) (1973) 287-339.

Adorno, T.W. (Hg.): Der Positivismusstreit in der deutschen Soziologie, Neuwied 1969.

Aktiengesetz · GmbH-Gesetz, 25. Aufl. München 1993.

Albert, H. (Hg.): Konstruktion und Kritik, Hamburg 1972.

Balsiger, P. W.: Transdisziplinarität, München 2005.

Balzer, W.: On the Status of Arithmetic, in: Erkenntnis 14 (1979) 57-85.

Balzer, W.: Mathematical Structures as Representations of Intellectual Structures, in: Dialectica 34 (1980) 247-62.

Balzer, W.: Empirische Theorien: Modelle, Strukturen, Beispiele, Braunschweig 1982a.

Balzer, W.: Finality and the Development of Logical Structures of Physical Theories, in: Epistemologia 5 (1982b) 257-68.

Balzer, W.: The Origin and Role of Invariance in Classical Kinematics, in: Mayr/Süßmann (Hg.) (1983) 149-69.

Balzer, W.: Theorie und Messung, Berlin etc. 1985.

Balzer, W.: Theoretical Terms, A New Perspective, The Journal of Philosophy 83 (1986) 71-90.

Balzer, W.: The Structuralist View of Measurement: An Extension of Received Measurement Theories, in: Savage/Ehrlich (Hg.) (1992) 93-117.

Balzer, W.: Soziale Institutionen, Berlin 1993, zu finden auch in www.ssoar.info.

Balzer, W.: Theoretical Terms: Recent Developments, in: Balzer/ Moulines (Hg.) (1996) 139-66.

Balzer, W.: Referenz in der Wissenschaft, in: Meggle/Steinacker (Hg.) (1997) 335-41.

Balzer, W.: Language and Institutions, in: H. E. Wiegand (Hg.), Sprache und Sprachen in den Wissenschaften, Berlin-New York (1999) 487-507.

Balzer, W.: Methodological Patterns in a Structuralist Setting, in: Moulines (Hg.) (2002) 49-68.

Balzer, W.: Wissen und Wissenschaft als Waren, in: Erkenntnis 58 (2003) 87-110.

Balzer, W., Brendel K. R. und Hofmann, S.: Künstliche Gesellschaften, in: Facta Philosophical 10 (2009) im Druck.

Balzer, W. und Dawe, C. M.: Models for Genetics, Frankfurt/Main 1997.

Balzer, W. und Dreier, V.: The Structure of the Spatial Theory of Elections, in: The British Journal of Philosophy of Science 50 (1999) 613-38.

Balzer, W., Lauth, B. und Zoubek, G.: A Static Theory of Reference in Science, in: Synthese 79 (1989) 319-60.

Balzer, W., Lauth, B. und Zoubek, G.: A Model for Science Kinematics, in: Studia Logica 52 (1993) 519-48.

Balzer, W. und Marcou, Ph.: A Reconstruction of Sigmund Freud's Early Theory of the Unconscious, in: Westmeyer (Hg.) (1989) 13-31.

Balzer, W. und Moulines, C.U.: Die Grundstruktur der klassischen Partikelmechanik und ihre Spezialisierungen, in: Zeitschrift für Naturforschung 36a (1981) 600-8.

Balzer, W., Moulines, C.U. und Sneed, J.D.: An Architectonic for Science, Dordrecht 1987.

Balzer, W. und Moulines, C.U. (Hg.): Structuralist Theory of Science: Focal Issues, New Results, Berlin 1996.

Balzer, W. und Mühlhölzer, F.: Klassische Stoßmechanik, in: Zeitschrift für allgemeine Wissenschaftstheorie 13 (1982) 22-39.

Balzer, W., Pearce, D. und Schmidt, H.-J. (Hg.): Reduction in Science, Dordrecht 1984.

Balzer, W. und Sneed, J.D.: Generalized Net Structures of Empirical Theories, in: Studia Logica 36 (1977) 195-210 und 37 (1978) 167-94.

Balzer, W., Sneed, J. D., Moulines, C. U. (Hg.): Structuralist Knowledge Representation, Amsterdam - Atlanta 2000.

Balzer, W. und Tuomela, R.: Eine Theorie des Gemeinschaftlichen, in: Facta Philosophica 1 (1999) 55-76.

Balzer, W. und Wollmershäuser, F.R.: Chains of Measurement in Roemer's Determination of the Velocity of Light, in: Erkenntnis 25 (1986) 323-44.

Balzer, W. und Zoubek, G.: Structuralist Aspects of Idealization, in: Kuokkanen (Hg.) (1994) 57-79.

Barcan Marcus, R., Dorn, G. J. W. und Weingartner, P. (Hg.): Logic Methodology and Philosophy of Science VII, Amsterdam etc. 1986.

Bartalanffy, L. von : General System Theory. Foundations, Developments, Applications, New York 1968.

Bartelborth, T.: Eine logische Rekonstruktion der klassischen Elektrodynamik, Frankfurt/Main 1988.

Bartelborth, T.: Hierarchy versus Holism: A Structuralist View on General Relativity, in: Erkenntnis 39 (1993) 383-412.

Bartelborth, T.: Scientific Explanation, in: Balzer/Moulines (Hg.) (1996) 23-43.

Bartelborth, T.: Erklären, Berlin-New York 2007.

Bauer, H.: Wahrscheinlichkeitstheorie und Grundzüge der Maßtheorie, 2.Aufl., Berlin 1974.

Beckermann, A. (Hg.) : Analytische Handlungstheorie, Band 2, Frankfurt/Main 1985.

Belnap, N. und Steel, T.: The Logic of Questions and Answers, New Haven 1976.

Benaceraf, P. und Putnam, H. (Hg.): Philosophy of Mathematics, 2.Aufl. Cambridge 1983.

Blau, P.M.: Exchange and Power in Social Life, New York 1964.

Bloor, D.: Scientific Knowledge, London 1996.

Böhm, V.: Existence of Equilibria with Price Regulation, in Hildenbrand/MasCollel (Hg.) (1991) 119-30.

Böhme, G., van den Daele, W. und Krohn, W.: Alternativen in der Wissenschaft, in: Zeitschrift für Soziologie 1 (1972) 302-16.

Böhme, G., van den Daele, W. und Krohn, W.: Die Finalisierung der Wissenschaft, in: Zeitschrift für Soziologie 2 (1973) 128-44.

Bortz, J.: Statistik, 2.Aufl. Berlin etc. 1985.

Borsuk, K. und Szmielew, W.: Foundations of Geometry, Amsterdam 1960.

Bourbaki, N.: Topology, Paris 1961.

Bourbaki, N.: Set Theory, Paris 1968.

Bowen, K. C. und Harris, J. I.: Research Games: An Approach to the Study of Decision Processes, London 1978.

Brendel, K. R.: Parallele versus sequentielle Multi-Agenten-Simulation als Methode der Sozialwissenschaft. Ein Vergleich anhand eines Solidaritätsmodells, Dissertation, Universität München 2008.

Brzezinski, J., Coniglione, F., Kuipers, T. A. F. und Nowak, L. (Hg.): Idealization II: Forms and Applications, Poznan Studies in the Philosophy of the Sciences and the Humanities 17, Amsterdam 1990.

Buchanan, B. G. und Feigenbaum, E. A.: DENDRAL and Meta-DENDRAL: Their Applications Dimension, in: Artificial Intelligence 11 (1978) 5-24.

Bühler, A. (Hg.) : Unzeitgemäße Hermeneutik, Frankfurt/Main 1994.

Bünting, K.-D.: Einführung in die Linguistik, 6.Aufl. Frankfurt/Main 1972.

Carnap, R.: Induktive Logik und Wahrscheinlichkeit, Wien 1959.

Cartwright, N.: The Dappled World, Cambridge 1999.

Chomsky, N.: Syntactic Structures, Berlin-New York 2002, 1. Aufl. 1957.

Clocksin, W. F. und Mellish, C. S.: Programming in PROLOG, 2. Aufl. Berlin etc. 1984.

Dallmayr, F. R. und McCarthy, T. A. (Hg.): Understanding and Social Inquiry, Notre Dame 1977.

Davidson, D.: The Structure and Content of Truth, in: The Journal of Philosophy 87 (1990) 279-328.

Debreu, G.: Theory of Value, New York (1959).

Diederich, W.: Strukturalistische Rekonstruktionen, Braunschweig 1981.

Diederich, W.: A Structuralist Reconstruction of Marx's Economics, in: Stegmüller/Balzer/Spohn (Hg.) (1982) 145-60.

Diederich, W., Ibarra, A. und Morman, T.: Bibliography of Structuralism, in: Erkenntnis 30 (1989) 387-407.

Diederich, W., Ibarra, A. und Morman, T.: Bibliography of Structuralism, in: Erkenntnis 41 (1994) 403-18.

Dobzhansky, T.: Cytological Map of the X chromosome of Drosophila Melanogaster, in: Biologisches Zentralblatt 52 (1932) 493-509.

Downs, A.: An Economic Theory of Democracy, New York 1957.

Duhem, P.: The Aim and Structure of Physical Theory, Princeton 1954.

Durkheim, E.: Die elementaren Formen des religiösen Lebens, 2.Aufl. Frankfurt/Main 1984.

Edmonds, B., Troitzsch, K. G. und Iglesias, C. H. (Hg.): Social

Simulation: Technologies, Advances and New Discoveries, Herhey PA 2008.
Ehlers, J.: On Limit Relations Between, and Approximative Explanations of, Physical Theories, in: Barcan Marcus/Dorn/Weingartner (Hg.) (1986) 387-403.
Eleftheriadis, A.: Die Struktur der hippokratischen Theorie der Medizin, Frankfurt/Main 1991.
Engisch, K.: Einführung in das juristische Denken, Stuttgart 1956.
Esser, H., Klenovits, K. und Zehnpfennig, H.: Wissenschaftstheorie, Band 2, Stuttgart 1977.
Essler, W. K.: Wissenschaftstheorie I: Definition und Reduktion, Freiburg-München 1970.
Essler, W. K. und Brendel, E.: Grundzüge der Logik II, 4.Aufl., Frankfurt/Main 1993.
Essler, W. K., Labude, J. und Ucsnay, S.: Theorie und Erfahrung, Freiburg/i.Br. 2000.
Evans-Pritchard, E. E.: Witchcraft, Oracles and Magic Among the Azande, Oxford 1937.
Fahrenbach, H. (Hg.): Wirklichkeit und Reflexion, Pfullingen 1973.
Finke, P. und Schmidt, S. J. (Hg.): Analytische Literaturwissenschaft, Braunschweig/Wiesbaden 1984.
Fishburn, P. C.: Utility Theory for Decision Making, New York etc. 1970.
Fleck, L.: Entstehung und Entwicklung einer wissenschaftlichen Tatsache, Frankfurt/Main 1980.
Forge, J.: Theoretical Explanation in Physical Science, in: Erkenntnis 23 (1985) 269-94.
Forrest, W. G.: A History of Sparta, London 1968.
Fraunberger, F. und Teichmann, J.: Das Experiment in der Physik, Braunschweig-Wiesbaden 1984.
Fraenkel, A. A.: Abstract Set Theory, 2.Aufl. Amsterdam 1961.
Friedman, M.: Explanation and Scientific Understanding, in: The Journal of Philosophy 71 (1974) 5-19.
Friedrichs, J.: Methoden empirischer Sozialforschung, 13.Aufl. Opladen 1985.
Gadamer, H.-G.: Wahrheit und Methode, 2.Aufl. Tübingen 1965.
Gähde, U.: T-Theoretizität und Holismus, Frankfurt/Bern 1983.
Gähde, U.: On Innertheoretical Conditions for Theoretical Terms, in: Erkenntnis 32 (1990) 215-33.
Gähde, U. (Hg.): Der klassische Utilitarismus. Einflüsse - Entwicklungen - Folgen, Berlin 1992.

Gähde, U.: Holism and the Empirical Claims of Theory-Nets, in: Balzer/Moulines (Hg.) (1996) 167-90.
Gärdenfors, P.: Knowledge in Flux, Cambridge/Mass. 1988.
Giere, R.: Explaining Science, Chicago 1988.
Giere, R.: Cognitive Models of Science, Minneapolis 1992.
Gilbert, N.: Agent-Based Models, London etc. 2008.
Gilbert, N. und Troitzsch, K. G.: Simulation for the Social Scientist, 2. Aufl. Maidenhead 2005.
Ginsburg, H. und Opper, S.: Piagets Theorie der geistigen Entwicklung, Stuttgart 1975.
Gläser, J.: Wissenschaftliche Produktionsgemeinschaften, Frankfurt/Main 2006.
Glymour, C.: Theory and Evidence, Princeton 1980.
Glymour, C., Scheines, R., Spirtes, P. und Kelly, K.: Discovering Causal Structure, Orlando etc. 1987.
Goodman, N.: Tatsache, Fiktion, Voraussage, Frankfurt/M. 1975.
Greub, W. H.: Linear Algebra, 3.Aufl. Berlin etc. 1967.
Gross, N., Mason, W. S. und McEachern, A. W.: Explorations in Role Analysis, New York 1958.
Grünbaum, A.: Is the Method of bold Conjectures and Attempted Refutations Justifiably the Method of Science?, in: The British Journal for the Philosophy of Science 27 (1976) 105-36.
Habermas, J.: Erkenntnis und Interesse, Frankfurt/Main 1968.
Habermas, J.: Wahrheitstheorien, in: Fahrenbach (Hg.) (1973) 211 - 65.
Hacking, I.: Representing and Intervening, Cambridge 1983.
Halmos, P. R.: Naive Mengenlehre, 2.Aufl. Göttingen 1976.
Hamminga, B.: Neoclassical Theory Structure and Theory Development, Berlin etc. 1983.
Hamminga, B.: Sneed versus Nowak: An Illustration in Economics, in: Erkenntnis 30 (1989) 247-65.
Harper, W. L. und Skyrms, B. (Hg.): Causation in Decision, Belief Change, and Statistics, Vol. II, Dordrecht 1988.
Heath, T. L.: A History of Greek Mathematics, 2 Bände, New York 1981.
Hegselmann, R.: Zur Selbstorganisation von Solidarnetzwerken unter Ungleichen, in: Homann (Hg.) (1994) 105-29.
Heidelberger, M.: Der Wandel der Elektrizitätslehre zu Ohms Zeit, Dissertation, Universität München 1979.
Hempel, C. G.: Aspects of Scientific Explanation, New York 1965.

Henderson, J. M. und Quandt, R. E.: Microeconomic Theory, A Mathematical Approach, 2.Aufl. New York etc. 1971.
Hermes, H.: Aufzählbarkeit, Entscheidbarkeit, Berechenbarkeit, Berlin 1972.
Herrlich, H. und Strecker, G. E.: Category Theory, 2.Aufl. Berlin 1979.
Hilbert, D. und Ackermann, W.: Grundzüge der theoretischen Logik, 4. Aufl. Berlin etc. 1959.
Hildenbrand, W. und Mas-Collel, A. (Hg.): Contributions to Mathematical Economics, Amsterdam 1991.
Hintikka, J. und Suppes, P. (Hg.): Aspects of Inductive Logic, Amsterdam 1966.
Hofmann, S.: Dynamik sozialer Praktiken, Wiesbaden 2009.
Holland, P. W. und Leinhardt, S.: Transitivity in Structural Models of Small Groups, in: Comparative Group Studies 2 (1971) 107 - 24.
Homann, K. (Hg.): Wirtschaftsethische Perspektiven I, Berlin 1994.
Ingrao, B. und Israel, G.: The Invisible Hand: Economic Equilibrium in the History of Science, Cambridge/Mass. 1990.
Jammer, M.: The Conceptual Development of Quantum Mechanics, New York 1966.
Janich, P.: Die Protophysik der Zeit, Frankfurt/Main 1980.
Jauch, J.M.: Foundations of Quantum Mechanics, Reading/Mass. 1968.
Kamlah, A.: On Reduction of Theories, in: Erkenntnis 22 (1985) 119-42.
Kamlah, A.: Der Griff der Sprache nach der Natur, Paderborn 2002.
Kangro, H.: Vorgeschichte des Planckschen Strahlungsgesetzes, Wiesbaden 1970.
Kant, I.: Kritik der reinen Vernunft, R. Schmidt (Hrsg.), Hamburg 1956.
Kant, I.: Prolegomena zu einer jeden künftigen Metaphysik, die als Wissenschaft wird auftreten können, in: Kant, Werke, W. Weischedel (Hg.), Darmstadt 1959 113-264.
Kant, I.: Beantwortung der Frage: Was ist Aufklärung?, in: Kant, Werke, Bd.VI, W. Weischedel (Hg.), Darmstadt 1964 53-61.
Kelley, K.: The Logic of Reliable Inquiry, Oxford 1995.
Kiss, G.: Marxismus als Soziologie, Reinbek 1971.
Kitcher, P.: Explanatory Unification, in: Philosophy of Science 48 (1981) 507-531.

Klein, F.: Das Erlanger Programm. Vergleichende Betrachtungen über neuere geometrische Forschungen, Leipzig 1974.

Kleinsorge, H. und Zöckler, C. E. (Hg.): Fortschritt in der Medizin. Versuchung oder Herausforderung, Hameln 1984.

Knorr-Cetina, K. D.: The Manufacture of Knowledge, Oxford 1981.

Koch, H. J. und Rüßmann, H.: Juristische Begründungslehre, München 1982.

Krantz, D. H., Luce, R. D., Suppes, P. und Tversky, A.: Foundations of Measurement, Band 1, New York-London 1971.

Kreisel, G. und Krivine, J.-L.: Modelltheorie, Berlin etc. 1972.

Krohn, W. und Küppers, G.: Die Selbstorganisation der Wissenschaft, Wissenschaftsforschung Report 33, Bielefeld 1987.

Krohn, W. und Küppers, G. (Hg.): Selbstorganisation, Aspekte einer wissenschaftlichen Revolution, Braunschweig 1990.

Krüger, L.: Wahrscheinlichkeit als theoretischer Begriff der Physik, in: Muschik/Scheibe (Hg.) (1988) 44-70.

Krüger, L.: Kausalität und Freiheit, in: Neue Hefte für Philosophie 32/33 (1992) 1-14.

Krüger, L., Daston, L. und Heidelberger, M. (Hg.): The Probabilistic Revolution, 2 Bände, Cambridge 1987.

Kuhn, T.: The Structure of Scientific Revolutions, Chicago 1970.

Kuipers, T. A. F.: Approaching Descriptive and Theoretical Truth, in: Erkenntnis 18 (1982) 343-387.

Kuipers, T. A. F.: Approaching the Truth with the Rule of Success, in: Philosophia Naturalis 21 (1984) 244-53.

Kuipers, T. A. F.: Truth Approximation by the Hypothetico-Deductive Method, in: Balzer/Moulines (Hg.) (1996) 83-113.

Kuipers, T. A. F.: Structures in Science, Dordrecht, 2001.

Kuokkanen, M.: Structuralism as a Method of Theory Construction: The Example of the Social Psychological Role Conflict Theory, in: Westmeyer (Hg.) (1989) 129-44.

Kuokkanen, M. (Hg.): Idealization VII: Structuralism, Idealization, and Approximation, Poznan Studies in the Philosophy of the Sciences and the Humanities 42, Amsterdam 1994.

Lakatos, I.: Beweise und Widerlegungen, Braunschweig 1979.

Lakatos, I.: Die Methodologie der wissenschaftlichen Forschungsprogramme, Braunschweig 1982.

Langley, P. (Hg.): Proceedings of the Fourth International Workshop on Machine Learning, Los Altos 1987.

Langley, P., Simon, H. A., Bradshaw, G. L. und Zytkow, J. M.: Scientific Discovery, Cambridge/Mass. 1987.

Laudan, L.: Progress and its Problems, Berkeley etc. 1977.
Laudan, L.: Science and Values, Berkeley 1984.
Lauth, B.: Reference Problems in Stoichiometry, in: Erkenntnis 30 (1989) 339-62.
Lauth, B.: Inductive Inference in the Limit for First-Order Sentences, in: Studia Logica 52 (1993) 491-517.
Lauth, B.: An Abstract Model for Inductive Inference, in: Erkenntnis 40 (1994) 87-120.
Lauth, B.: Probability, Confirmation and Testing from a Structuralist Perspective, in Balzer/Moulines (Hg.) (1996) 115-37.
Lauth, B. und Sareiter, J.: Wissenschaftliche Erkenntnis, Paderborn 2002.
Lauth, B. und Zoubek, G.: Zur Rekonstruktion des Bohrschen Forschungsprogramms I, in: Erkenntnis 37 (1992) 223-247; Teil II, Erkenntnis 37 (1992) 249-73.
Lenk, H. (Hg.): Handlungstheorien - Interdisziplinär, Band IV, München 1977.
Lenk, H. (Hg.): Wissenschaft und Ethik, Stuttgart 1991.
Levy, A.: Basic Set Theory, Berlin etc. 1979.
Lewis, D.: Counterfactuals, Cambridge/Mass. 1973.
Lorenzen, P.: Lehrbuch der konstruktiven Wissenschaftstheorie, Mannheim etc. 1987.
Losee, J.: Theories of Scientific Progress, Oxford 2003.
Luce, R. D., Krantz, D. H., Suppes, P. und Tversky, A.: Foundations of Measurement, Vol.3, San Diego etc. 1990.
Ludwig, G.: Einführung in die Grundlagen der theoretischen Physik Band 3, Braunschweig 1976.
Ludwig, G.: Die Grundstrukturen einer physikalischen Theorie, Berlin etc., 2. Aufl. 1991. (1. Aufl. 1978)
Lukasiewicz, J.: Die logischen Grundlagen der Wahrscheinlichkeitsrechnung, Krakau 1913.
Lukes, S.: Power, a Radical View, London 1974.
Mackie, J. L.: The Cement of the Universe, London 1974.
MacLane, S.: Categories for the Working Mathematician, Berlin 1971.
Manhart, K.: Ein einfaches wissensbasiertes System zur Auswahl statistischer Tests, in: Österreichische Zeitschrift für Statistik und Informatik 3 (1989) 289-300.
Manhart, K.: Strukturalistische Theorienkonzeption in den Sozialwissenschaften. Das Beispiel der Theorie vom transitiven Graphen, in: Zeitschrift für Soziologie 23 (1994) 11-28.

Manhart, K.: KI-Modelle in den Sozialwissenschaften, München 1995.

Manhart, K.: Forschungsprogramm und Evolution von Balancetheorien, in: Zeitschrift für Sozialpsychologie 26 (1995a) 194-220.

Manhart, K.: Theorienreduktion in den Sozialwissenschaften. Eine Fallstudie am Beispiel der Balancetheorie, in: Zeitschrift für allgemeine Wissenschaftstheorie 29 (1998) 301-26.

Manna, Z.: Mathematical Theory of Computation, New York etc. 1974.

Marcou, Ph. und Balzer, W.: Dichtung, Mythos, Wissenschaft, in: Erkenntnis 29 (1988) 201-225.

Maurer, H.: Datenstrukturen und Programmierverfahren, Stuttgart 1974.

Mayr, D.: Investigations of the Concept of Reduction II, in: Erkenntnis 16 (1981) 109-29.

Mayr, D. und Süßmann, G. (Hg.): Space, Time, and Mechanics, Dordrecht (1983).

McKinsey, J. C. C., Sugar, A. C. und Suppes, P.: Axiomatic Foundations of Classical Particle Mechanics, Journal of Rational Mechanics and Analysis 2 (1953) 253-72.

Meggle, G. (Hg.): Analytische Handlungstheorie, Band 1, Frankfurt/Main 1977.

Meggle, G. und Steinacker, P. (Hg.): Analyomen 2, Berlin 1997.

Mendel, G.: Experiments in Pea Hybridization, in: Journal of the Royal Horticultural Society 26 (1901) 1-32.

Messick, D. V. und Liebrand, W. B. G.: Computer Simulations of the Relation Between Individual Heuristics and Global Cooperation in Prisoner's Dilemmas, in: Social Science Computer Review 11 (1993) 301-12.

Mill, J. S.: Collected Works of John Stuart Mill, Band VII, Toronto 1973.

Mittelstaedt, P. und Stachow, E.-W. (Hg.): Recent Developments in Quantum Logic, Mannheim 1985.

Monk, J. D.: Mathematical Logic, New York etc. 1976.

Morik, K. (Hg.): EWSL 89: Proceedings of the Fourth European Working Session on Learning, London 1990.

Mormann, T.: Categorial Structuralism, in Balzer/Moulines (1996) 265-86.

Moulines, C. U.: Approximate Application of Empirical Theories: A General Explication, in: Erkenntnis 10 (1976) 201-27.

Moulines, C. U.: Theory-Nets and the Evolution of Theories: The Example of Newtonian Mechanics, in: Synthese 41 (1979) 417-39.
Moulines, C. U.: The Ways of Holism, in: Nous 20 (1986) 313-30.
Moulines, C. U. (Hg.): Structuralism, Synthese 130 (2002).
Moulines, C. U.: Die Entwicklung der modernen Wissenschaftstheorie (1890 - 2000): Eine historische Einführung, Hamburg 2008.
Mühlhölzer, F.: Symmetry and Invariance, in: Balzer/Moulines (Hg.) (1996) 191-218.
Müller, N.: Civilization Dynamics I, Aldershot Band I: 1989, Band II 1991.
Müller, U.: Die Struktur der Ionentheorie der Erregung von A. L. Hodgkin, A.F.Huxley und B.Katz, Münstersche Beiträge zur Geschichte und Theorie der Medizin Bd.25, Tecklenburg 1985.
Muschik, W. und Scheibe, E. (Hg.): Philosophie, Physik, Wissenschaftsgeschichte, TUB-Dokumentation Kongresse und Tagungen, Berlin 1988.
Nagel, E. et al. (Hg.): Logic, Methodology, and the Philosophy of Science, Stanford 1962.
Narens, L.: Abstract Measurement Theory, Cambridge 1985.
Newell, A. und Simon, H. A.: Human Problem Solving, Englewood Cliffs/NJ 1972.
Newton, I.: Mathematische Prinzipien der Naturlehre, J.P.Wolfers (Hg.), Darmstadt 1963.
Niiniluoto, I.: Truthlikeness, Dordrecht 1987.
Nowak, L.: The Structure of Idealization, Dordrecht 1980.
Osherson, D. N., Stob, M. und Weinstein, S.: Systems that Learn, Cambridge/ Mass. 1986.
Pareigis, B.: Kategorien und Funktoren, Stuttgart 1969.
Peirce, C. S: Collected Papers of Charles Sanders Peirce, Band 1, Cambridge/Mass. 1960.
Pépin, J.: Stichwort „Hermeneutik“ in: Reallexikon für Antike und Christentum, Bd.14, Stuttgart 1988, 721-71.
Pfanzagl, J.: Theory of Measurement, Würzburg 1968.
Piaget, J. und Inhelder, B.: Le dévelopment des quantités physiques chez l'enfant, Neuchâtel 1941.
Piaget, J. und Szeminska, A.: La genèse du nombre chez l'enfant, Neuchâtel 1941.

Pitz, T.: Anwendung Genetischer Algorithmen auf Handlungsbäume in Multiagentensystemen zur Simulation sozialen Handelns, Frankfurt etc. 2000.

Polya, G.: Die Schule des Denkens, Bern 1949.

Popper, K. R.: Das Elend des Historizismus, Tübingen 1965.

Popper, K. R.: Logik der Forschung, 2.Aufl. Tübingen 1966.

Prietula, M., Carley, K. und Gasser, L. (Hg.): Simulating Organizations: Computational Models of Institutions and Groups, Cambridge MA 1998.

Puntel, L. B.: Wahrheitstheorien in der neueren Philosophie, Darmstadt 1983.

Quine, W. v. O.: Word and Object, New York-London 1960.

Quine, W. v. O.: Two Dogmas of Empiricism, in: W. v. O. Quine, From a Logical Point of View, Cambridge/Mass. 1971 20-46.

Quine W. v. O. und Ullian, J. S.: The Web of Belief, 2.Aufl. New York 1978.

Rechenberg, P.: Was ist Informatik?: Eine allgemeinverständliche Einführung, München etc. 1991.

Robinson, J. A.: A Machine-Oriented Logic Based on the Resolutien Principle, in: Journal of Logic, Language and Information 1 (1965) 23-41.

Rott, H.: Reduktion und Revision, Frankfurt/Main 1991.

Rott, H.: Preferential Belief Change Using Generalized Epistemic Entrenchment, in: Journal of Logic, Language and Information 1 (1992) 45-78.

Rott, H.: Revision by Comparison as a Unifying Framework: Severe Withdrawal, Irrevocable Revision and Irrefutable Revision, in: Theoretical Computer Science 355 (2) (2006) 228-42.

Rüger, B.: Induktive Statistik: Einführung für Wirtschafts- und Sozialwissenschaftler, 2.Aufl. München etc. 1988.

Rui Wang: Small-World Model of Transmission of SARS, in: Takahashi/Sallach/Rouchier (2007).

Salmon, W.: Scientific Explanation and the Causal Structure of the World, Princeton 1984.

Savage, C.W. und Ehrlich, P. (Hg.): Philosophical and Foundational Issues in Measurement Theory, Hillsdale/NJ 1992.

Schank, R. C. und Colby, K. M. (Hg.): Computer Models of Thought and Language, San Francisco 1973.

Scheibe, E.: Die Erklärung der Keplerschen Gesetze durch Newtons Gravitationsgesetz, in: Scheibe/Süßmann (Hg.) (1973) 98-118.

Scheibe, E. und Süßmann, G. (Hg.): Einheit und Vielheit, Göttingen 1973.

Scheibe, E.: Die Reduktion physikalischer Theorien, Band 1, Heidelberg etc. 1997, Band 2, Heidelberg etc. 1999.

Schelling, T. C.: Dynamic Models of Segregation, Journal of Mathematical Sociology 1 (1971) 143-86.

Schmandt-Besserat, D.: Before Numerals, in: Visible Language 1 (1984) 48-60.

Schmidt, S. J.: Grundriß der empirischen Literaturwissenschaft Braunschweig/Wiesbaden Band I 1980, Band II 1982.

Schneider, I.: Isaac Newton, München 1988.

Schubert, H.: Topologie, Stuttgart 1964.

Schurz, G. (Hg.): Erklären und Verstehen in der Wissenschaft, München 1988.

Shapere, D.: The Concept of Observation in Science and Philosophy, in: Philosophy of Science 49 (1982) 485-525.

Shoenfield, J. R: Mathematical Logic, Reading/Mass. 1967.

Sneed, J. D.: The Logical Structure of Mathematical Physics, Dordrecht 1971 (2.Aufl. 1991).

Spohn, W.: Ordinal Conditional Functions. A Dynamic Theory of Epistemic States, in: Harper/Skyrms (Hg.) (1988) 105-34.

Spohn, W.: Dependency Equilibria, in: Philosophy of Science 74 (2007) 775-89.

Stegmüller, W.: Theorie und Erfahrung, 2.Halbband, Berlin etc. 1973.

Stegmüller, W.: Personelle und statistische Wahrscheinlichkeit, Berlin etc. 1973a.

Stegmüller, W.: Wissenschaftliche Erklärung und Begründung, Berlin etc. 1974.

Stegmüller, W.: Das Problem der Induktion, Darmstadt 1975.

Stegmüller, W.: Theorie und Erfahrung, Dritter Teilband, Berlin etc. 1986.

Stegmüller, W., Balzer, W. und Spohn, W. (Hg.): Philosophy of Economics, Berlin etc. 1982.

Stephan, E.: Zur logischen Struktur psychologischer Theorien, Berlin etc. 1990.

Suppe, F. (Hg.): The Structure of Scientific Theories, Urbana 1974.
Suppes, P.: Models of Data, in: Nagel et al. (Hg.) (1962) 252-61.
Suppes, P.: Axiomatic Set Theory, New York 1960.
Suppes, P.: A Probabilistic Theory of Causality, Amsterdam 1970.
Suppes, P.: Probabilistic Metaphysics, Oxford 1984.
Suppes, P., Krantz, D. H., Luce, R. D. und Tversky, A.: Foundations of Measurement, Vol.2, San Diego etc. 1989.
Tarski, A.: Einführung in die mathematische Logik, Wien 1937.
Tetens, H.: Experimentelle Erfahrung, Hamburg 1996.
Takahashi, W., Sallach, D. und Rouchier, J. (Hg.): Advancing Social Simulation: The First World Congress, Heidelberg 2007.
Thagard, P.: Hegel, Science, and Set Theory, in: Erkenntnis 18 (1982) 397-410.
Thagard, P.: Explanatory Coherence, in: Behavioral and Brain Sciences 12 (1989) 435-469.
Troitzsch, K. G.: Modellbildung und Simulation in den Sozialwissenschaften, Opladen 1990.
Tuomela, R.: Theoretical Concepts, Wien 1973.
Tuomela, R.: A Theory of Social Action, Dordrecht 1984.
Tversky, A.: Features of Similarity, in: Psychological Review 84 (1977) 327-52.
van Fraassen, B. C.: The Scientific Image, Oxford 1980.
van Fraassen, B. C.: Laws and Symmetries, Oxford 1989.
Wach, J.: Das Verstehen. Grundzüge einer Geschichte der hermeneutischen Theorie im 19. Jahrhundert, Tübingen 1926 – 1933.
Wallach, W. und Allen, C.: Moral Machines, Oxford 2009.
Weingart, P. (Hg.): Wissenschaftssoziologie, 2 Bände, Frankfurt/Main 1973/74.
Weintraub, E. R.: General Equilibrium Analysis: Studies in Appraisal, Cambridge 1985.
Westmeyer, H. (Hg.): Psychological Theories from a Structuralist Point of View, Berlin etc. 1989.
Westmeyer, H. (Hg.): The Structuralist Program in Psychology, Seattle etc. 1992.
Will, D.: Krisensimulation mit abstrakten Handlungstypen: Ein neuer methodischer Ansatz, Dissertation LMU München 2000.
Winston, P. H.: Artificial Intelligence, 2.Aufl. Reading/Mass. 1984.
Witting, H.: Mathematische Statistik, 2.Aufl. Stuttgart 1974.

Autorenregister

Abelson 25
Adorno 158,173,300
Albert 158,300
Balsinger 12,45
Balzer 12,17,20,30,33,36,39,42, 46ff,153ff,264ff
Bartelborth 47,150,229,336,340
Bauer 128,130,152,232-3,336
Beckermann 168
Belnap 336
Benaceraf 263
Bertalanffy von 26
Blau 145
Bloor 155
Böhm 146
Böhme 24
Borsuk 60
Bortz 243,248
Bourbaki 63,78,82,96,151
Bowen 332
Bradshaw 25
Brendel E. 151
Brendel K.R. 251,253,340
Brzezinski 268
Buchanan 135
Bühler 299
Bünting 59
Carnap 58,323
Cartwright 152
Chomsky 67
Clocksin 138,254
Dallmayr 300
Daston 126
Davidson 30
Dawe 337
Debreu 146
Diederich 54,86,151,337
Dobzhansky 54
Downs 146
Dreier 146,149
Duhem 151,293
Durkheim 41
Edmonds 240
Ehlers 16
Eleftheriadis 121-2
Engisch 124,309
Esser 300
Essler 151-2
Evans-Pritchard 31,41,172-3
Feigenbaum 135
Finke 164
Fishburn 322
Fleck 28,37,45,236
Forge 336-7
Forrest 164
Fraenkel 151
Fraunberger 19,263
Friedman 307,339
Friedrichs 173
Gadamer 340
Gähde 47,150-1,223
Gärdenfors 45,268,308
Giere 152,155
Gilbert 151,332,340
Ginsburg 152
Gläser 12,37,45,251
Glymour 25,340
Goodman 278

Greub 62
Gross 64,174,200,259
Grünbaum 295
Habermas 30,300
Hacking 171,263
Halmos 151
Hamminga 47,268
Harris 332
Heath 255
Hegselmann 332,340
Heidelberger 126,267,282
Hempel 334f
Henderson 120
Hermes 152
Herrlich 152
Hintikka 323
Hofmann 25,135,251,263,240
Holland 106
Ibarra 54,86
Ingrao 47,149,337
Inhelder 23,118
Israel 47,149,337
Jammer 54,150,337
Janich 263
Jauch 150
Kamlah 84,146,151
Kangro 266
Kant 18,38,255
Kelley 25,340
Kiss 311
Kitcher 307,339
Klein 118
Kleinsorge 122
Klenovits 300
Knorr-Cetina 12
Koch 309
Krantz 179,184-6,263,312
Krohn 12,24-7,45
Krüger 41,126,134
Küppers 12,25-7,45
Kuhn 12,28,37,45,267
Kuipers 151,296
Kuokkanen 201-3,263
Labude 151
Lakatos 45-6,55,58
Langley 25,284,287-9,340
Laudan 19,45
Lauth 16,29,45-7,144,150-2,228, 296-7,323,340
Leinhardt 106-7
Lenk 39,45,168
Levy 101
Lewis 40
Liebrand 332
Lorenzen 159,199,263,340
Luce 179,184-6,263
Ludwig 49,84,101,142,150,254, 263,335,339
Lukasiewicz 126
Lukes 154
Mackie 41
MacLane 117
Manhart 106,142,149,263,340
Manna 70,139,269,340
Marcou 310,337
Mason 174,200,259
Maurer 139
Mayr 321
McCarthy 300
McEachern 174,200,259
McKinsey 84
Meggle 168
Mellish 138,254
Mendel 337
Messick 332
Mill 22

Mittelstaedt 150
Monk 151,220,263
Morik 339
Mormann 54,86,117
Moulines 12,45,46ff,153ff,264ff
Mühlhölzer 121,190,226
Müller U. 121
Müller N. 332
Narens 179
Newell 287
Newton 337
Niiniluoto 229
Nowak 58,268
Oppenheim 334f
Opper 152
Osherson 296
Pareigis 117
Pearce 308
Peirce 296
Pepin 299
Pfanzagl 179
Piaget 23,118
Pitz 135
Polya 19
Popper 45,58,161,249,263, 285,294,300,340
Puntel 30
Putnam 263
Quine 18,30,154,295
Quandt 120
Rechenberg 137
Rott 45,142,268
Rüger 130,152,243,249,263,319
Rüßmann 309
Rui Wang 331
Salmon 338
Sareiter 29,45,151
Scheibe 16,142,321,336,339
Scheines 25
Schelling 326,332
Schmand-Besserat 255
Schmidt, H.-J. 142,308
Schmidt, S.-J. 164
Schneider 24
Schubert 231-2
Schurz 300,333,340
Shapere 155
Shoenfield 15,26,66-9,70,73, 151,249,263
Simon 25,287
Sneed 12,46ff, 153ff,264ff
Spirtes 25
Spohn 41,45
Stachow 150
Steel 336
Stegmüller 53-4,58,151,195,263, 278,333-4,340
Stephan 142
Stob 296
Strecker 152
Sugar 84
Suppe 46
Suppes 22,41,84,126,151,179, 184-6,263,323
Szeminska 23,118
Szmielew 60
Tarski 105,151,256
Teichmann 19,263
Tetens 171
Thagard 312
Troitzsch 151,332,340
Tuomela 42,168,188
Tversky 42,179,184-6,229,256,
Ullian 295
Ucsnay 151
van den Daele 24

van Frassen 152,307,311
Wach 300
Wallach & Allen 39
Weingart 12,45
Weinstein 296
Weintraub 47,149
Westmeyer 201
Will 332
Winston 135
Witting 243
Wollmershäuser 36
Zehnpfennig 300
Zöckler 122
Zoubek 47,51,150-2,228-9,
232,239
Zytkow 25,287

Sachregister

Abbildsystem 326
Abduktion 296
Ablauf 136,270,327
-muster 270ff
Ableitungsregel 66ff
Abstand 231ff
Abstammung (e.Datums) 56
Abstandsmessung 178
ad hoc Hypothese 295
Adjunktion (-sregel) $\vee$ 68
Ähnlichkeitsgrad 315
Ähnlichkeitsrelation 328
Aktiengesetz 124
allgemein gültig 90
Allregel $\forall$ 70
Alternativhypothese 295
Anerkennung von Daten 169
Anker 52,79,81
-element 79
Antithese 304
Anwendung 254ff
Anzahl 107,255
Approximationsapparat 48,50,240,242
Argument 66
atomarer Satz 66,153ff
Aufhebung 304ff
Ausdifferenzier. (e.Th.) 146
Ausdruck 61
Ausprägung 125
Ausschöpfungsgrad 316
Autodetermination 53
Axiom 32
Bacon 287ff
Bahn eines Teilchens 118
Basismenge 84
Basissatz 159
Bedeutung 154
bedingte Wahrscheinlichkeit 322
Begriff 63
-empirischer 63
-einer Theorie 65
-Funktionsb. 64
-Gattungsb. 63
-Relationsb. 63
begriffliche Umgebung 22
belief revision 268
Bestätigung 32-3,313ff
-bessere - 320-2
-deduktive 317ff
-durch Erfolg 320
-durch Übereinstimmung 318
-induktive 313
- - lokale - 314
-probabilistische 321
Beobachtung 172
Beobachtungssprache 154
besser bestätigt als 322
Bestimmung eines Datums 161
-theoretische 173
Bijektion 255
Borel-Menge 129
Bourbaki-Gruppe 96
C, C^{++} 253
Charakter 21,24
charakteristische Funktion 113
cluster law 112
Computer 24
-modell 142
-programm 135ff,324

- -regel 135
-simulation 324ff
Coulombsches Gesetz 147
Daten, Datum 18,48,153ff,279
-für eine Theorie 56,159
-gleiche 163-4
-harte und weiche 163ff
-historische 162
-künstliche 329
-mögliche 217
-negative 207
-positive 207
-qualitative 157
-reproduzierbare 166
Datenbasis 252
Datengewinnung 169ff
Datenrelation 209
-negative 209
-positive 209
Datenstruktur 48,50,206ff
-negative 210
-positive 210
Datenverbindung 16,142
deduzieren 290
Definiendum 75
Definiens 75
Definition 71ff
definitorische Erweiterung 76
Denkstil 21
Denotat 78,82
Dichte 130
Differentialgleichung 140
Differentialgeometrie 257
Dimension d.Zustandsraums 15
direkt beobachtbar 158
Disziplin 52
Dreiecksungleichung 232
eindeutig bestimmt 187
Eindeutigkeit 170,187
-bis auf Skalentransform. 191
Einheit 120,178ff
elastischer Stoß 189
Element 87,97
Eliminierbarkeit 75
empirische Relation 181
empir. Sozialforsch. 310
Energie 76
Entdeckungsprogramm 284ff
Entwicklung 264
-smuster 268ff
Ereignis 127-8,301
erfolgreich 320
-e Verdrängung e.Th. 320
-verdrängt 320
Ergänzung 213
Ergebnis 127
Erklärung 333ff
-einer Theorie 338-9
-kausale 338
-Passungs-Modell d.E. 338
-wissenschaftliche 337
Erweiterung 213
Evidenz 322
Evolutionstheorie 14
Existenzsregel ∃ 70
Experiment 158,171,329
Expertensystem 251
Explanandum 335
Extensionalitätsaxiom 100
extensives System 184
Faktoren 14,22
-externe 14
-im Zustandsraum 14
-interne 14
falsch 68
Falsifikation 293
Fehler 1.und 2.Art 250
Flußdiagramm 269ff
formale Theorie 254ff
Formalwissenschaft 51
Formel 73
Forschungs-

-gruppe 13,28
-handlung 26
-mittel 24
-programm 46
Frankfurter Schule 311
fundamentale Messung 178ff
Fundierungsaxiom 101
Funktion 64,66,81,104
-gemessene 188
Gattungsbegriff 63-4
gemessene Funktion 188
gemessener Wert 188
genaue Form 130
genaue Hypothese 244
Gesamtimpuls 106
Gesamtpopulation 245
Gesamtrechtfertigungsgrad 204
Geschwindigkeit 77
Gesetzesartigkeit 170
Gewichtsmessung 196
Glauben 30
Glaubensgrad 33
Gleichgewicht 26
Gleichheit 87,97,100
Gravitations-
-gesetz 140,148
-konstante 84
-theorie 214ff
Grundbegriff 63,65
-empirischer - 63
Grundelement 79
Grundmenge 84,102
Grundmuster 265ff
Grundobjekte 83
Gruppe 28,112
gültig 68
Gültigkeit 86
Güter
-ausstattung 85
-menge 115
-verteilung 115,85
Handlung 12-3,25,167ff
-smuster 25
-sontologie 168
-styp 112
Häufigkeit 125
-relative - 127
Häufigkeitsverteilung 127
harmonischer Oszillator 222,237
Hauptbasismenge 84
Hauptprogramm 324
Heuristik 286
-allgemeine 287
-für Bacon 287ff
Hilfsbasismenge 84
Hilfshypothese 293
Hilbertraum 257
Homomorphismus 182
Hookesches Gesetz 148,222
H-O Schema 334ff
Hypothese 15,48,58,296f,334
ideales Gasgesetz 145
Idealisierung 268
Identifikation im Limes 296
Implikation (-sregel) → 69
Impuls 106
Induktion 101,279
- sprozess 101
Induktionsproblem 299
Ingenieurwissenschaften 121
Inhalt eines Datums 161
innere Struktur 26
Inneres eines Systems 26
inkonsistent 69
Input 136
Institution 20,112f
Institutionentheorie 112f,234ff
intendierte Systeme 18,48ff,122
Interpretation 86,301ff
- sfunktion 87
intertheoretische Relation 142
intransitive Triade 107

Invarianz 17
Java 253
Junktor 61,66
juristische Anwendung 309
kartesisches Produkt 103
Kausalverhältnisse 41
Kategorientheorie 117
Kepler Gesetz Nr.3 282,289ff
KI, künstliche Intelligenz 251
klassische Stoßmechanik 104,189
Kohärenz 11,32,314,319
Komplement 128
Komponente 97
Komprehensionsprinzip 99-100
Konjunktion (-sregel) $\wedge$ 68
Konkatenation 179
Konkretisierung 268
Konnexität 180
Konsistenz 32
Konstante 64,74
Konstruierbarkeit 163
Konstrukt 260
Konstruktion 159
Konstruktivismus 199
Konvergenz von Hypothesen 298
Koordinatensystem 119
Korrektheit 325
künstliche Gesellschaft 251
künstliche Welten 327
Legitimationsgrad 174,202
Lebesgue-Maß 130
Lernfunktion 296ff
Lesen 175
Link 16
Liste 138
literarische Interpretation 310
Logik 59
maschinelle Entdeckung 284
Maßtheorie 316
Massenverhältnis 190
mathematische
-Objekte 80
-Struktur 61,96
Medizin 122ff
Menge 96ff
-mathematische 80
Mengenlehre 96ff
mengentheor. Prädikate 103
Mengentheorie, reine 96
Merkmal 125
Messmethode 19
-für die i-te Funktion 188
Messmodell 180,188
-für die i-te Funktion 188
-für Legitimationsgrad 202
-fundam. M.mit Einh. 180,190
-zur Massenmessung 190
Messproblem 196
Messreihe 212
Messung 170
-korrekte 194
-theoriegeleitete 186
Messwert für a 188,193
Methode 23
-deduktive 290ff
-induktive 273ff
-hermeneutische 299ff
Mittelwert 211
Modell 15,108ff
-des harmon. Oszill. 222
-d. Holland-Leinhardt Th. 107
-der Rollenkonflikttheorie 204
-der Tauschtheorie 115
-einer empir. Theorie 110-1
-eines Vektorraums 256
-erklärendes 25
-klasse 48,58,108-9
mögliche Ergebnisse 127
Morphismen 116ff
Muster 272
-Grundm. 265ff

-komplexe M. 265
Myokardprotektion 122
Nachfolgezustand 265
Name 63
n-Tupel 74,97
Negation (-sregel) ¬ 68
Negation der Negation 312
Nicht-Kreativität 75
Normalverteilung 130,243
Nutzen 85
-maximierung 115
Objekt 18,63
-Grundobjekt 83
-mathematisches 83
-menge 80
-sorte 61
-typ 61
Objektivität von Daten 166ff
Offenbarung 33,177
Ohmsches Gesetz 282ff
Ontologie 168
-materielle 168
operationale Definition 199
Operationalismus 200
Organisation 112
Originalsystem 326
Ortsfunktion 76
Output 137
paradigmatische Methode 53
partielle Funktion 181
Passung 11,32,49,56ff,217ff
-approximative 228ff,274
-ideale 55,220ff
Passungs- 56ff
-bedingung 56,219,222
-fragen 226ff
-grad 228ff
-zulässiger P.grad 240
Person 12,112
Phrase 58,65
Planetensystem 84,116
Population 125
Potenzmenge 103
praktische Ziele 14
Preis 85
Problem 19,22
-begriffliches 19
-empirisches 19
-mögliches 19,22
-technisches 19
Problemlösung 19
Programm 24
-ablauf 135
-Daten des - 326
-deterministisches - 325
-regel 135ff
PROLOG 253
Prozedur 252
Pseudowissenschaft 34
Quasi-Metrik 232,239
quasi-metrischer Raum 232
Quantor 61,66
Querverbindungen 16,142ff
-Daten-Q. 142
-externe 142,144
-Identitäts- 143
-interne 143
-theoretische 142
Randbedingung 325,334
Rand eines Systems 26
real, Realität 50,55,93
Reduktion 321
-approximative 321
Reflexivität 180
Regel 60,135f,251
bereichsunabhängige 252
Rechtswissenschaft 123ff
reine statistische Theorie 131
Relation 80ff
-im engeren Sinn 65
-im weiteren Sinn 66
Relationsbegriff

-im engeren Sinn 65
-im weiteren Sinn 66
relative Häufigkeit 127
Retrodiktion 293
Rohdaten 160,212
Rollenkonflikttheorie 174ff,200
Rückkoppelung 26,270
-spfeil 270
Sachverhalt 87,153ff
Sanktionsgrad 201
Satz 58,60
-atomarer 159
-komplexer 66
Schadensbedingung 40
Schätzer 250
Schätzfunktion 250
Schuldbedingung 44
Selbstorganisation 25
σ-Algebra 128
Simulation 324ff
- -ablauf 328f
-abstrakte - 326
-modellbildende - 326ff
-theoriegeleitete - 326ff
-Vorlage einer S. 327
Simulator 327
Skalarprodukt 257
Skalentransformation 191
soziale Institution 112,116, 216ff,224
soziales Konstrukt 155
Spezialisierung 11,145
-snetz 146
Spitzengruppe 114
Sprache 30,46
-einer Theorie 60
-formale - 60
-ma-Sprache 96ff
-mengenth. angereichert 96
-normierte - 59
-typenfreie - 253
stammen 48
Standardabweichung 211,242
statische Daten 161
statistische Theorie 134
statistisches Element 130
Statusrelation 113
Stellenzahl einer Relation 82
Stichprobe 244ff
-nkennwerte 250f
Stil 21
Stoßmechanik 104,197,225
strenger Test 294
Struktur 78,83
-abstrakte 80
-angereicherte 79
-für eine Theorie 78ff
Subsumption 125
Suchraum 285
Symmetrie 17
symmetrische Differenz 232
Synthese 304
System 17,23,49f,78,82
-mögliches 86
-reales 55
Systemanalyse 80
Tauschtheorie 115
Teilmenge $\subseteq$ 103
Teilstruktur 212ff
Term 60,67,97
-theoretischer 79,151,284
Test
-statistischer Hypoth. 242
-strenger - 294
theoretische Terme 151
Theorie 15,46ff,56ff
-brauchbare 49
-der reellen Zahlen 256
-empirische 46,56,111ff
-lokale 47
-umfassende 142ff
- -Evolution 46,149

- -Holon 149
- -Kinematik 150
- statistische 134
- reine statist. - 131
These 303-4
Totalität 311ff
Transformation 17
-von Koordinaten 118-9
Transitivität 180
Triade 107
Tripel 104
Tupel 74,97
Typ 61
-einer Funktion 82ff
-einer Konstanten 82ff
-einer Relation 82ff
Umfrage 173ff
Umwelt 26
unbestimmt 68
ungültig 68,90
unwahrscheinlicher Fall 247ff
Urelement 102
Ursachen 21,41-2
Variable 73
-kommt frei vor 73
Verantwortung 38,45
Vergleichsrelation 180
Verknüpfung 16
Verknüpfungsgesetz 112ff,203
Verteilung 127ff
-einer Zufallsvariable 129
-shypothese 130
Verursachungsbedingung 40-1
Vokabular einer Theorie 60ff
vollstandige Mge v.Daten 278
vollständiger Suchraum 286
Vollständigkeit 286,325
Vorhersage 290,325
Vorverständnis 302
Wahl der Maßeinheit 183
wahr 68
wahre Theorie 298
Wahrheit 30
Wahrnehmung 173
Wahrscheinlichkeit 127ff
-sfunktion 128-9
-sraum 129
Werte 20
Widerlegbarkeit 57-8
-sbedingung 57
Wiederholbarkeit 161-2
Wissen 29
-deklaratives 137
-doktrinäres 33
-offenbartes 34
-prozedurales 137
-soziale Ebene des -s 11
-strukturelle Ebene des -s 11
-wissenschaftliches 33ff
wissensbasierte Systeme 250
Wissenschaft 33
-sforschung 12
-shandlung 26,28
-prozess 11,29
-ssystem 11,15
wissenschaftliche
-Entwicklung 264
-Gemeinschaft 13
-Theorie 48
Wochenmarkt 85
Wort 58
zentraler Grenzwertsatz 249
Zerlegung 112
Zirkel 194-5
zu messender Wert 196-7
Zustand 14,136,265
-Nachfolge- 135
-sraum 14,15
-Vorgänger- 135
Zufallsvariable 129
zweite Stufe 70

Liste der Symbole

a, a_i, a_i^j 63,81,87,210
$\mathbf{a}, \mathbf{a}_i$ 61,87
$\alpha, \alpha, \alpha_i, \alpha_i^j, \alpha^*$ 63,64,209,248
A, A_i, A_i^+, A_i^- 80,85,97,
113,328,128,210
$\mathbf{A}, \mathbf{A}_i$ 62,66
$\mathcal{A}$ 128
$\overline{A}$ 128
af 202
ATh 304
aus 204
AV 304
$\ddot{a}g$ 316
b, b_i 87
B 134
$\mathbf{b}$ 61,87
β, β_i 119
$\mathcal{B}$ 129
$\mathbf{B}$ 187
c 91
C 134
Cl_2 285
$\mathcal{C}$ 131
ca 327
χ, χ^2 113,130
d, d_i, d^* 130,229,233,238-9
$D, D_i, D_i^+, D_i^-, D^*, D^{sim}$
97,256,80,210,328,327
$\mathbf{D}, \mathbf{D}_i, \mathbf{D}^*$ 48,63,303
Δ 77,119,232
e, e_i, e_A, e_E 115,81,85
$\in$ 87-8,97,100
ε 220
E 202,334
$einfl$ 93
$\mathbf{F}_i$ 64
$\mathbf{E}$ 76
f, f_i 84,104,121
$\mathbf{f}$ 66
F, F_i 81
$F(a_1, ..., a_n) = b$ 153
$F_j(n_1, n_2) = n$ 97
F^m 242
$\mathbf{F}_i$ 64
$f : X \rightarrow Y$ 104
FR 202
fr 203
γ, γ_i 84,236
Γ, Γ^+ 113,224
g, g_i 83,115,204
G 85
$\mathbf{g}$ 64
gdw, gdw 61
$GR(e)$ 204
h, h^* 125,322
H, H_i 140,334,90,110
H_2 285
HCl 285
H-O 334
i 93
I, I_x 243,88
$\mathbf{I}$ 48
id_i 121
itt 107
j 63

J 93,113
$\mathbf{j}$ 64
K 119
$\mathbf{K}, \mathbf{K}_i$ 74
kom 204
l 202
λ 130
$\mathbf{M}$, $\mathbf{M}^*$ 48,303
m 84,104,327
$\mathbf{m}$ 76,226
$\mathcal{M}$ 125
max 239
min 239
μ 130
n, n_i 97
$\mathbf{n}_i$ 87
N 135
$\mathbb{N}$ 61
ν 141
o 83
O 84
Ω, Ω^+ 125,244,246
p, p_i 83,85
P 84,123,327
$\mathbf{P}$, $\mathbf{P}^*$ 265,303f
$\mathcal{P}$ 111
$\mathbf{p}$ 61,64,76
ϕ 129,180
Po , **Po**(Ω) 103-4
ψ 129
Q 123
R, R_i, R_i^* 87,97,246,334,80-1
$\mathbb{R}$ 61
$\mathbb{R}^*$, $\mathbb{R}^3$, $\mathbb{R}^n$ 232,84,85
$\mathbb{R}^+, \mathbb{R}_0^+$ 115
$\mathbf{R}$, $\mathbf{R}_i$, $\mathbf{R}_i^*$ 87,61,64
$R(a_1, ..., a_n)$ 153
$R_i(n_1, ..., n_m)$ 97
R^x, R^y 197
rh 204
R_i^+, R_i^- 209
Rl 135
$real^+, real^*$ 236
$s, s^*, s^+, s^b, s_d, s_K$ 327, 223,210,238,119
S 327
σ, σ_i 61,84
Σ 104
sin 223
sup 237
t, t_i 72,83,104
$\mathbf{t}$ 64,76
T 84,140,191,226
$\mathbf{T}, \mathbf{T}_i, \mathbf{T}^*$ 48,195,320
Th 303
τ, τ_i 84,113
θ 141
Θ 113
U 85,180
$\mathbf{U}$, $\mathbf{U}^*$ 48,303
v 104,189,257
V, V^* 61,304,135,144
$\mathbf{v}$ 76,225
W 130
x, x_i 81,97
X, X_R 104,198
$\mathbf{x}, \mathbf{x}_i$ 73,66
$\mathbf{X}$ 70
x_{-i}, $x_{-i}[R]$ 187
y, y_i 81,97
Y 104
$\mathbf{y}$, $\mathbf{y}_i$ 73
ξ, ξ^+, ξ^* 129,244,247
ζ 242
z, z_i, z^*, z^- 229,297,210
Z 141

$\in$ 87-8,97,100
$\notin$ 97
$\{...\}, \{x/...\}$ 97,100
$\neg, \wedge, \vee$ 66,68,97,102,322
$\rightarrow$ 66,69,97,102,104
$\leftrightarrow$ 97
$\forall, \exists$ 66,102
$\langle\ \rangle, \langle x,y\rangle$ 61,74,81,87,
97,101,103
$=$ 66,87,97,100
$\neq$ 97
$\times$ 103
$\subseteq$ 103
$\sqsubseteq$ 213
$\cup$ 232
$\cup_i$ 128
$\cap$ 232
$\equiv$ 179,328
$\approx$ 328
$\sim$ 184,328
$<, \leq, <^*, \leq^*$ 109,115,179
$>$ 104,184
$\prec, \prec^+, \prec^-$ 107,113,224
$\setminus$ 128
$\circ$ 180,265
$+$ 104-5,265
$-$ 190,265
$\cdot$ 104
$/$ 127,322
$|\cdot|$ 148
$[0,1]$ 129
$[\alpha,\beta[$ 211
$\int$ 130
$\|\ \|$ 107,315
∞ 232
$\spadesuit$ 93,95
$\heartsuit$ 95
$\triangleleft$ 107
$\otimes$ 305